Марат Гизатулин

БУЛАТ ОКУДЖАВА: ЖИЗНЬ ПОСЛЕ ЖИЗНИ

Бостон • 2024 • Boston

Марат Гизатулин
Булат Окуджава: жизнь после жизни

Редакторы Наталья Торбенкова, Евгения Азимова
Коректор Наталья Торбенкова

Copyright © 2024 by Marat Gizatulin

All rights reserved. No part of this book may be reproduced or utilized in any form or by any means, electronic or mechanical, including photocopying, recording, or by any information storage and retrieval system, without the written permission of the copyright holder.

ISBN 978-1-960533-61-6 (hardcover)

Published by M·Graphics | Boston, MA
www.mgraphics-books.com
mgraphics.books@gmail.com

Компьютерная вёрстка: Дмитрий Дзюба
Дизайн обложки: Вячеслав Черников
Фотографии в тексте —из архива автора

Отпечатано в США

Автор выражает величайшую благодарность своим друзьям Наталье Торбенковой и Виктору Юровскому за подготовку этой книги к изданию.

*Жизнь длиннее, чем надежда,
но короче, чем любовь.*

Б. Ш. Окуджава

Я люблю Булата Окуджава! Всю жизнь пытаюсь найти объяснение и не нахожу: почему я ещё ребёнком, случайно услышав этот голос, вдруг понял, что он останется со мною навсегда?

Дети по неопытности категоричны, и часто то, что им кажется навсегда, забывается уже назавтра. Но теперь, когда я проживаю седьмой десяток, уже не может быть сомнений, что Окуджава останется со мною навсегда. И я счастлив! Он ни разу не дал мне повода разочароваться в нём. Всю свою жизнь он неустанно писал обо мне, плакал обо мне и смеялся надо мной. Он-то думал, что пишет о себе, но оказалось, что, в основном, обо мне.

Никогда не забуду, как 4 мая 1985 года Булат Окуджава прочитал в Концертном зале имени Чайковского стихотворение «Памяти моего брата Гиви». И после этого из зала понеслись крики: «Спасибо!» За что спасибо, он ведь о своём брате писал и даже имя его указал?

Получается, Окуджава не только о себе и обо мне, но и о других писал, об их братьях, сёстрах и родителях, безжалостно растоптанных чудовищной эпохой.

И это, как мне кажется, главное в его творчестве. Суметь так пронзительно и точно описать свою судьбу и судьбу своих соотечественников — это дорогого стоит.

Папа мой, помню, очень сокрушался в последние свои годы, что приобщил меня к Булату. Ему казалось, что эта любовь плохо повлияла на моё душевное состояние.

Однажды мы сидели с папой поздним вечером во дворе его подмосковного дома в лирическом настроении. Папа пребывал в благодушном расположении духа после встречи с друзьями-однокурсниками, я с какого-то своего сабантуя приехал. Мы сидели и допивали каждый свою бутылочку, и папа вдруг сказал, что зря я так близко к сердцу творчество Булата Окуджава принимаю:

— Ну, что он такого особенного сделал? Он просто честно и горько написал о нас! Только и всего!

— А разве этого мало, папа?

Мои друзья, высоколобые интеллектуалы, выпускники Литературного института, когда-то на меня смотрели снисходительно, дескать, чего уж там от приезжего из Узбекистана и выпускника инженерного института ожидать? Пусть себе резвится на самодеятельной песне!

А теперь они рецензии пишут на мои книги о Булате Окуджава. И я им очень благодарен. Они тоже поняли, что честно и горько написать о нас — это совсем не мало!

Четверть века прошло, как нет с нами Булата Окуджава. Но со мной он навсегда, и я, как ребёнок, радуюсь:

— Навсегда! Навсегда!

А душа... Она ведь, знаете, «ежели обожжена — справедливей, милосерднее и праведней она».

В Википедии написано, что музей Булата Окуджава в Переделкине был основан 22 августа 1998 года, а открыт 31 октября 1999 года. Непонятна странная задержка более чем в год между основанием и открытием!

А мне помнится по-другому — открытие музея тогда же, 22 августа 1998 года, и состоялось. И помнится очень хорошо — ведь я был директором этого самого музея как раз с той даты. Правда, в директорах вышеупомянутого учреждения я проходил менее года, но, чтобы было понятно, как я, инженер-механик по образованию, вообще туда попал, мне придётся вернуться очень далеко назад. Поэтому прошу придирчивого читателя не подозревать меня в жульническом нагнетании объёма в погоне за гонораром, а безропотно вернуться вместе со мной на много лет назад.

ПЛЁНКА «ТИП 2»

Сколько себя помню, у нас дома, где-то в самой глубине шифоньера (сегодня это словцо напрочь забыто, а тогда было часто употребимым, и шибко культурные люди произносили его с прононсом: шифонэр), таился небольшой чемоданчик, набитый огромным количеством открыток с репродукциями известных художников. Их в юности собирала моя мама. Ещё там было несколько катушек магнитофонной плёнки. Это потом я узнал, что плёнка магнитофонная, а вначале эти катушки не только интереса у меня не вызывали, но и очень раздражали своей размотанностью и развязностью.

Дело в том, что в чемоданчике я любил копаться, разглядывая открытки, а катушки очень мне мешали. Плёнка была хрупкой и нежной, постоянно разматывалась, и, водворяя её на место, я всякий раз получал несколько обрывков, которые, однако, не выбрасывал, а складывал обратно в чемодан.

Открытки, которых было около тысячи, я систематизировал, разобрал по художникам и разложил по пакетикам из-под фотобумаги. Уйму таких пакетиков разных форматов я нашёл однажды на свалке танкового училища, находящегося по соседству с нашим домом. Там было страсть как много всего интересного!

Вообще, копаться в мусорках тогда было моим любимым занятием, и я много чего интересного для себя там находил, а кое-что и сейчас бережно храню. Всякий раз, когда родители отправляли меня вынести мусорное ведро, я возвращался нескоро и с почти таким же полным ведром, с каким уходил, стараясь незаметно проскользнуть в свою комнату, где прятал драгоценные находки под кроватью и под столом.

Должен признаться, что и во взрослом возрасте я сохранил любовь к свалкам. Видимо, эта любовь была призванием, которое, как чаще всего бывает с детскими мечтами, так и не стало профессией.

Через много лет я так веселился на свалках только с сотрудником Государственного литературного музея Серёжей Филипповым. Он звонил мне иногда и говорил:

— Слушай, тут кое-чего интересного выбросили. Приедешь?

Я приезжал, конечно, и мы шли обследовать какую-нибудь кучу мусора. Так однажды Музей Горького выбросил на свалку много всякого добра и экспонатов — видимо, освобождали помещение для сдачи в аренду. Была зима, и Сергей по такому случаю даже накинул на свой голый торс какое-то полотенце, но шорты, в которых он ходил зимой и летом, остались неизменными.

Ох, мы там и порезвились! Накануне выпал снег и припорошил все эти богатства, но от наших загребущих трясущихся ручонок ничто не укрылось. Я даже прихватил табличку с часами работы музея, висевшую раньше перед входной дверью, и повесил её у себя дома в своём кабинете. Поневоле пришлось примеривать писательский сюртук.

К сожалению, жить Серёже оставалось совсем недолго. Но я слишком забегаю вперёд, пусть он поживёт ещё пока.

Вернёмся, однако, к заветному чемоданчику, который я так часто доставал и так часто боролся с непокорной плёнкой, что со временем там, в чемоданчике, образовалась каша из её обрывков, в которой, как килька в томатном соусе, плавали мои любовно собранные пакетики с открытками.

Магнитофона в доме не было, и о содержимом катушек я не задумывался. Музыку я слушал по радио или на пластинках, которых в доме было всего несколько. Поэтому, наверное, мои музыкальные пристрастия не были слишком разнообразными. В раннем детстве самыми любимыми моими песнями были «Крепче за баранку держись, шофёр» и «Не кочегары мы, не плотники», которые я слушал всё время, пока вконец не «запилил» обе пластинки. Ну и, конечно, «Чёрный кот», которого я запомнил ещё до того, как научился слушать пластинки.

Вечер журнала «Огонёк». Слева направо: Б. Окуджава, А. Дементьев, М. Жванецкий, А. Иванов, неизвестный, В. Коротич.

И вот однажды, когда я уже был в первом классе, в доме у нас появилась новая пластинка, которая мне сразу понравилась вся, все четыре песни. Там были «Полночный троллейбус» в исполнении Кобзона, «Песенка о Лёньке Королёве» в исполнении Елены Камбуровой, «Песенка об Арбате» в исполнении Майи Кристалинской и «По Смоленской дороге» в исполнении Юрия Визбора. Новинка нашей фонотеки мне настолько пришлась по душе, что я, уже тогда не знавший меры ни в чём, стал крутить её чуть ли не непрерывно, — может быть, только «Полночный троллейбус» пореже: мне не очень нравилось исполнение. Остаётся только удивляться моему постоянству и прозорливости, ибо с годами этого певца я стал любить ещё меньше, а как человека... тоже не любил.

Помню, в эйфористическом завершении восьмидесятых годов попал я на вечер журнала «Огонёк», который был тогда чем-то вроде первого парня на деревне среди периодических изданий. Зал в Театре Эстрады — битком. Выступающих много, в основном хорошие люди. Но был там и Кобзон.

Выступающие сидели за длинным столом на сцене, и, кажется, сразу после Булата Окуджава вышел Кобзон и объявил, что сейчас он споёт песню «О Володе Высоцком» на стихи Булата Шалвовича, но на свою музыку. Окуджава, сидевший неподалёку, добродушно пошутил, сказав что-то вроде:

— Ну, давайте посмотрим, чья музыка лучше.

На что Кобзон вдруг страшно обозлился и, с трудом сдерживая себя, сказал:

— Лучше нас с вами, Булат Шалвович, напишет профессиональный композитор.

Правда, прозвучало это уже вдогонку уходящему за кулисы покурить Окуджава.

Но я опять отвлёкся. Этак я не только до директорства не дойду — средней школы не окончу.

В общем, крутил я, крутил эту пластинку, но «запилить» её мне не удалось — однажды к нам в гости пришёл мамин брат, взял её послушать, и больше я её не видел.

Так состоялось моё первое знакомство с песнями Булата Окуджава, хотя имя автора тогда не запечатлелось в моём сознании. Почему мне тогда, семилетнему, так понравились эти песни, я не знаю. Ну, ладно, «Лёнька Королёв», такая героическая, патриотическая, соответствующая тогдашнему моему настроению песня, но остальные-то здесь причём?

Потом в наших отношениях с Булатом Окуджава была пауза в семь лет, и я благополучно забыл о той пластинке и тех песнях.

И вот на летних каникулах после седьмого класса я решил поработать, чтобы купить мотоцикл. Была у меня тогда такая голубая мечта. Знаете, как в детстве бывает, — если уж хочется чего-то, то очень сильно. Сейчас тоже бывает захочется чего-то, но уже так слабо, что еле заметно.

Родители мои против работы не возражали, хотя цель у них восторга не вызвала. Папа насчёт будущей покупки что-то уклончиво пробурчал, но потом сказал:

— Ладно, иди к директору хлебозавода, я ему позвоню.

Без протекции я не мог пойти работать — четырнадцатилетних на работу тогда не брали.

И вот я работаю в лимонадном цехе чирчикского хлебозавода грузчиком. Чирчик — это город недалеко от Ташкента, где прошли моё детство и юность. Работа сказочная, зарплата тоже приличная — рублей семьдесят в месяц. Но, кроме зарплаты, были ещё и «левые», и это очень воодушевляло. Загрузишь в машину сто двадцать ящиков лимонада и едешь вместе с водителем развозить их по магазинам. Сама езда в грузовике — это ж какое удовольствие! За это с меня бы деньги брать, так нет же ж — в конце поездки водитель мне ещё рубль даёт! В хороший день у меня до трёх рублей «левых» выходило. И откуда сил столько бралось у семиклассника! Сейчас, боюсь, я и одного ящика в грузовик закинуть не смогу.

Так и получилось, что довольно быстро, месяца за два, я заработал деньги, достаточные для покупки мотоцикла. Тогда только-только появилась новая модель мотоцикла «Минск». Красивый такой, красненький. Стоил он, если мне не изменяет память, 230 рублей. И тут неожиданно выяснилось, что отец никакого такого согласия на покупку мотоцикла не только не давал, но даже слышать об этом ничего не желает!

— Только через мой труп, — завершил разговор о мотоцикле папа.

Он, видимо, не рассчитывал на мои «левые» заработки и до последнего пребывал в спокойной уверенности, что я просто не успею за каникулы заработать нужной суммы.

Так я и не стал мотоциклистом. А мой друг, с которым мы в первом классе тайком курили «Беломор», тем летом стал-таки счастливым обладателем новенького красного «Минска». Как я ему завидовал! А он — какой он был счастливый, когда махал мне рукой, пролетая по улице на своём начищенном до блеска мотоцикле! В то время мы уже учились в разных школах, и однажды, 31 декабря, он подъехал во двор нашей школы за мной. Мы собирались развезти поздравительные открытки знакомым девочкам. Но у меня возникли какие-то неотложные дела, и он уехал с другим парнем. И через десять минут они разбились насмерть.

Но это было потом, через полгода. А сейчас я думал, что же мне делать с мотоциклетными деньгами, раз моей голубой мечты не суждено было сбыться? Что же мне купить на заработанные деньги? Остаётся только магнитофон.

И вот уже магнитофонная приставка «Нота 303» стоит на моей радиоле «Беларусь». Стоила «Нота» значительно меньше мотоцикла — всего девяносто рублей. Куда я потратил остальные деньги — убей, не помню, но поскольку вредные привычки тогда ещё были у меня в зачатке, думаю, что на марки, которыми я увлекался много лет, пока не перестал видеть, что на них изображено.

Вот тут-то и пришёл час этих старых плёнок, что столько лет невостребованными валялись в чемоданчике. С благоговением заправил я хрупкую ленту в магнитофон и нажал кнопку воспроизведения. Отец стоял рядом. Момент был торжественным. Интересно, что я ожидал тогда услышать? Не знаю. Но что-то потрясающее, единственное, что могло оправдать столь длительное хранение этого хлама. И что же? Услышанным я был несказанно разочарован.

Заунывным голосом кто-то не то плакал, причитая, не то читал молитву неведомой мне конфессии. Разобрать удавалось лишь отдельные слова. «Вот и плёнка пригодилась, — думал я, мысленно потирая руки, — завтра по радио будет «С добрым утром», запишу-ка я сюда чего-нибудь, там часто бывают хорошие песни».

Меня, конечно, подмывало тут же остановить это безобразие, но при виде торжественно стоявшего рядом отца выключить сразу я не решился и вынужден был дослушать до конца эту галиматью. Наконец, плёнка на одной бобине закончилась, и та недоумённо остановилась, зато другая завертелась так, будто с ума сошла от услышанного.

Слушать другие катушки смысла не было, и так всё ясно. На всякий случай поделился планами с отцом, — уж больно серьёзно он слушал всё это.

— Это Окуджава. Не торопись, сынок, стереть всегда успеешь, послушай ещё раз, — ответил он и вышел из комнаты.

Я решил послушаться его, просто из уважения, хотя и был уверен, что решения своего не переменю ни после второго, ни после двадцать второго прослушивания этого неведомого мне «Окуджава».

И что за странное имя такое? Или это псевдоним? И как странно оно прозвучало из уст отца — «Огудьжява»! Через много лет я снова услышал такое произношение, но уже в Грузии. Откуда отец мог знать, что это и есть оригинальное звучание фамилии?

Я поставил катушку снова и стал мучительно вслушиваться в слова, чтобы хоть приблизительно понять, о чём там речь. И вдруг среди сумбура расслышал целиком строчку: «Вы слышите, грохочут сапоги?»

И я заболел. Я продолжал слушать этого странного и ни на кого не похожего Огудьжява в полуобморочном состоянии. Вдруг показалось волшебным всё: и этот голос, и эта гитара, и эти слова. Не знаю почему, но мне сразу подумалось, что это навсегда — эти песни останутся со мною до самой смерти. Понимаю, что всё это звучит пафосно и высокопарно, но именно такое ощущение я, четырнадцатилетний подросток, вдруг испытал. То было неземное счастье! И запомнил я это ощущение и тот день на всю жизнь.

Объяснить, чем на меня эти песни так подействовали, я ни тогда не мог, ни сейчас не могу. Точнее, я даже не хотел искать объяснений и анализировать. Потом, с годами, я обнаружил, что не одинок был в таком странном, близком к помешательству первом восприятии этих песен. Так же, почти слово в слово, вспоминали об этом и Юрий Карабчиевский, и Леонид Жуховицкий, и многие другие. Александр Володин, взахлёб рассказывая о только что услышанном волшебном певце, на вопросы друзей отвечал очень смешно:

— Что, хороший голос?
— Не в этом дело!
— Что, хорошие стихи?
— Не в этом дело!!
— Что, хорошая мелодия?
— Не в этом дело!!!

И меня Окуджава потряс очень сильно, сильнее даже, чем Высоцкий, которого я уже знал и любил. Да что я! Высоцкого можно было услышать в любом доме, где есть магнитофон. Высоцкий представлялся мне каким-то легендарным исполнителем блатных песен, даже не вполне реальным человеком, про которого все знают, но видеть никто никогда не видел. Позже, уже после школы, я работал на заводе, и к нам в город приехал Высоцкий. Концерт был назначен на два часа, в самый разгар рабочего дня. Тем не менее купить билеты было невозможно. Ну, билетами меня снабдил сам директор Дворца химиков, где должно было состояться мероприятие, а с работы я отпросился.

Высоцкий удивил меня чрезвычайно: он оказался маленьким, худеньким, совершенно не соответствующим своему голосу и моему представлению об авторе таких песен. Но он не запел ещё, а только заговорил, — и волшебство вдруг вернулось: на протяжении всего концерта меня не покидало чувство нереальности, какой-то сказочности происходящего. И если певец оказался всё-таки не Ильёй Муромцем, то уж Соловьём-разбойником точно, что моему впечатлению о нём нисколько не повредило. Именно Соловьём-разбойником он и должен был быть, — как я об этом раньше не догадался?

В первой части выступления Высоцкий рассказывал о своём театре и о коллегах. Я впервые услышал об актёре Дмитрии Межевиче, который настолько хорошо, оказывается, поёт песни Булата Шалвовича, что его похвалил сам мэтр. Очень захотелось послушать Межевича, но я понимал, что вряд ли в моей жизни это когда-нибудь случится.

Даже в самых бредовых мечтах я не мог представить, что настанет день и я буду слушать пение Дмитрия Евгеньевича у себя дома, что мы подружимся и будем вести многочасовые неспешные беседы.

...Я бережно, как младенца из ванночки, вытаскивал из чемодана каждый обрывочек плёнки, раскладывал их по всей комнате — на столе, на стуле, на полу — и склеивал это всё уксусной эссенцией. Совсем короткие обрывки пришлось выбросить, а более или менее длинные я прослушивал и находил место, куда их вклеить. Это было как пазлы собирать, которых тогда ещё не было. А плёнка «тип 2» рвалась всё в новых и новых местах порой просто от прикосновения.

Потом я переписал это на новую крепкую ленту на лавсановой основе, которая красиво называлась «Тип 10».

Дмитрий Межевич

Кстати, записи этой я нигде потом больше не слышал. И главным отличием её было то, что песня «Вы слышите, грохочут сапоги» здесь пелась гораздо медленней, почему и показалась сначала заунывной молитвой. Потом я много раз слышал её в других записях, в гораздо более быстром темпе, почти маршевом, и это всегда вызывало у меня некоторое неприятие — я привык к тому впервые услышанному исполнению.

Жизнь приобрела новые краски. Я донимал всех друзей, всех встречных и поперечных предложением поделиться своим богатством. Я замучил свою учительницу русского языка и литературы, пока она, наконец, не согласилась послушать. Через несколько дней она вернула мне катушку, но ничего не сказала. Ни-че-го! Правда, с тех пор вызывать к доске вообще перестала и только ставила просто так «четвёрки». Подозреваю, — она опасалась, что у доски я ляпну что-нибудь не то, и думаю, что опасалась она не напрасно: я уже регулярно слушал по радио «Немецкую волну», по которой частенько можно было услышать новости об интересующем меня субъекте.

Я облазил все городские библиотеки, но нигде не нашёл ни одной книжки Окуджава. Причём в картотеке они были, а в наличии — нет. Но кое-что удавалось найти в журналах и в альманахах «День поэзии». Все окрестные свалки на предмет поиска старых журналов тоже регулярно инспектировались. Впрочем, этим я занимался и до знакомства с Булатом Окуджава. С особым рвением я рылся в груде макулатуры возле школы, пока всю кучу бумаги не увезли.

Личность поэта меня захватывала всё больше и больше. Мне хотелось знать, кто он, что делает, как живёт, о чём думает. Я мечтал его увидеть. Если бы мне тогда сказали, что через двадцать пять лет я буду директором его музея, я бы счёл это сообщение более фантастическим, чем то, например, что Земля всё-таки, оказывается, не круглая, а кубиком.

Никого из друзей приобщить к своему увлечению мне так и не удалось. Они прощали мне маленькую слабость, считая её малоопасным чудачеством, но включать магнитофон при них категорически запрещали. Один из старых моих друзей Женя Гердт много позже, уже изрядно побитый жизнью, так сформулировал своё неприятие этих песен: «И так жизнь ни к чёрту, а твою Окуджаву наслушаешься, так только пойти повеситься остаётся!»

А совсем недавно моя нынешняя тёща, силясь понять, чем же это я всё занимаюсь, решила почитать стихи Булата Окуджава. Несколько дней читала и даже пыталась заучивать, я порой слышал её бубнение со второго этажа. Потом бубнение стихло и после двух-трёхдневной паузы возобновилось, но читала и пыталась напевать она уже что-то другое:

> Поле зыблется цветами...
> В небе льются света волны...
> Вешних жаворонков пенья
> Голубые бездны полны.

Спрашиваю тёщу:
— Чего это ты, Люба, так резко на Майкова перешла вдруг?
А она в ответ:
— А у твоего Окуджава все стихи какие-то смертоносные: «Здесь птицы не поют, деревья не растут», — и всё в таком роде. А Майкова читаю — и растёт всё, и цветёт, прямо душа радуется.

Это была самая короткая и ёмкая рецензия на поэтическое творчество Булата Окуджава, какую мне доводилось встречать.

Незадолго до окончания школы я получил дорогой подарок — на фирме «Мелодия» наконец-то вышла большая пластинка Булата Окуджава. Первая в СССР. Прекрасно изданная, с огромным портретом и статьёй Евгения Евтушенко на конверте. И ещё на конверте значилось, что составитель пластинки Л. Шилов. Так началось моё знакомство с Львом Алексеевичем Шиловым, который через двадцать с лишним лет круто повернёт мою судьбу.

Вот не верил я никогда, что в лотерею крупный выигрыш может случиться. Но однажды мне самому крупно повезло — с Лёвушкой Алексеевичем Шиловым познакомился. Познакомился, а потом и подружился, несмотря на почти тридцатилетнюю разницу в возрасте. И стали мы с ним так неразлучны, что перед самой смертью Лев Алексеевич даже квартиру свою в арбатском Пречистенском переулке захотел мне отписать, но, слава богу, супруга его Ниночка пресекла безумство.

ШИЛОВ И ЕГО ПЛАСТИНКА

Начиная с 1961 года, все неоднократные попытки издать пластинку с удивительными, ни на что не похожими песнями ни на кого не похожего автора со странным именем заканчивались неудачей.

Но в семидесятых годах фирма «Мелодия» обновляла своё оборудование, а старое передала Государственному литературному музею, в котором отделом звукозаписи заведовал Лев Шилов. Звукозаписывающая студия с профессиональной аппаратурой была оборудована в принадлежащем Литературному институту подвале дома номер 14 во Вспольном переулке. Когда-то там проходили «Никитинские субботники». Это было очень давно и никакого отношения к Сергею Яковлевичу Никитину субботники не имели, равно, как не имеют отношения и к теме нашего рассказа, поэтому задерживаться на них мы не будем.

Фирма «Мелодия» и помогла создать эту студию с условием, что некоторые из писательских записей она потом возьмёт для своих пластинок. Шилов с большим воодушевлением взялся за работу — записывали голоса современных писателей, реставрировали старые записи, в том числе с фоноваликов, на которых был записан голос Л. Толстого. Одна из книг Шилова даже называлась «Я слышал по радио голос Толстого...»

Конечно, Шилову очень хотелось записать Булата Окуджаву. Нет, он его записывал, конечно, и прежде в разных местах и даже у себя дома. Но теперь появилась возможность сделать это на профессиональной студии.

Окуджава согласился — в подвал Гослитмузея он мог приходить в любой удобный для себя день и час и записывать сколько угодно вариантов, тогда как на студии фирмы «Мелодия» был жёсткий график.

Вот так, не спеша, спокойно, было сделано три записи. Каждый раз всего по три-четыре песни. Сейчас, посмотрев давнишние свои заметки, могу уточнить, что 20 июня 1975 года в нашем подвале были записаны «Виноградная косточка», «Сумерки, природа...», «На фоне Пушкина снимается семейство...», «Моцарт», «Поднявший меч на наш союз...», а 27 июня 1975 года — ещё пять песен[1].

Так была создана основа для первой большой советской пластинки Булата Окуджава. Но некоторые старые песни Булату Шалвовичу петь было уже трудно или неинтересно, и пластинку пришлось дополнить из случайно сохранившейся фонограммы 1961-го года, когда была первая попытка выпустить его пластинку. И ещё для новой пластинки взяли три записи с французского диска Булата Окуджава, который вышел задолго до советского, и одну запись из журнала «Кругозор» — песню из кинофильма «Белорусский вокзал».

Остальные одиннадцать песен были свежезаписанными.

Последовательность расположения песен несколько раз менялась, кроме логики в соседстве песен, надо было ещё, чтобы не очень заметна была разница в звучании разновременных песен.

Сам Окуджава к составлению пластинки относился довольно безразлично: он, вероятно, мало верил в возможность её выхода, да и работа над прозой теперь его интересовала больше, чем песни.

Очень хотелось записать хоть несколько песен в сопровождении инструментального ансамбля, пусть даже небольшого. Но фирма «Мелодия» эту работу не финансировала, а репетировать и записывать задаром никто из эстрадников не соглашался, кроме одного гитариста из Москонцерта, Володи Рахманова, большого почитателя Окуджавы. С его аккомпанементом записали две-три песни, но в пластинку из этих вариантов вошла только «Грузинская песня».

Может быть, мне изменяет память, но мне кажется, что, когда Окуджава её записывал, она была одной из последних его песен, и он её не очень-то высоко ставил.

---

[1] *Шилов Л. А.* «Голоса, зазвучавшие вновь». М., 2004. С. 328.

А меня, оператора Лиду Муранову и главного инженера студии Степана Богданова (он неизменно приходил к нам на все записи Окуджавы) эта песня покорила сразу — а так не всегда бывает, когда первый раз слушаешь его песни, я знаю это и по себе, и по другим.

И только через некоторое время Окуджава оценил эту свою «Грузинскую песню» по достоинству и стал исполнять её почти на всех последующих (правда, всё более редких) выступлениях[2].

Фонограмма была готова, но это был лишь первый шаг к реальной пластинке. Надо было ещё пройти худсовет фирмы «Мелодия».

Решили провести пластинку по литературной редакции, а не по музыкальной — среди музыкантов к песням Булата Окуджава была ещё довольно стойкая неприязнь.

В Художественном совете по литературной редакции значилось тогда человек двенадцать, но на заседания приходило не больше трёх-четырёх. Стало быть, надо было выбрать такое заседание, когда бы пришли «хорошие» люди и совсем бы не было «плохих».

И вот на первом же совете такого состава пластинка была принята единогласно.

Только дважды за всё прослушивание на лицах представителей самой фирмы «Мелодия» возникло несколько напряжённое выражение. Первый раз, когда звучала песня «Поднявший меч на наш союз...», но мы объяснили, что, дескать, это стилизация старинной студенческой песни, что ни о какой современности здесь речи нет и что на конверте так и будет написано «Старинная студенческая песня».

Второй раз, когда Окуджава запел: «Ах, война, что ж ты, сделала, подлая...» Вот само это слово «подлая» по отношению к Великой Отечественной...

Но сразу вслед за ней была смонтирована «Мы за ценой не постоим», и это соседство как-то разрядило напряжённость. Никаких серьёзных возражений не последовало.

Пластинка была принята, но ещё некоторое время лежала без движения: ведь её не было в плане. Кстати, то, что её не было в плане, её и спасло. Как сказал один из опытнейших редакторов Студии: «Ведь то, чего нет в плане, и вычеркнуть невозможно».

Потом в каком-то квартале было какое-то недовыполнение, её пустили в производство, и она вышла летом 1976 года.

---

[2] Там же. С. 329–330.

С трудом верится, но первоначальный её тираж был определён в... 800 экземпляров.

В эти дни как раз шёл очередной съезд писателей, и пластинка Окуджавы среди других была там в киоске. Её мгновенно расхватали, но многим не досталось, и в Студию стали звонить видные писатели. Несколько удивляясь этому повышенному интересу, студия дала дополнительный тираж в 17 000. И сделано это было в один-два дня — ведь пластинка печатается с готовых матриц очень быстро, как газета. Но и этого тиража не хватило, он ушёл, как вода в песок.

Самому Окуджаве с трудом удалось купить коробку пластинок. Он большую её часть тут же на съезде раздарил и, лишь придя домой, обнаружил, что в конверты с его портретом была вложена пластинка с песнями Лазарева — где-то в технологической цепочке кто-то произвёл подмену, ибо даже сотрудникам фирмы и завода получить пластинку Окуджавы было непросто.

Тираж был удвоен, утроен, перевалил за сто тысяч, а пластинка всё ещё оставалась дефицитом. Во всяком случае, я никак не мог купить для себя и своих друзей достаточного количества.

И вот уже осень, и выходя из арбатского метро, я вижу сначала девушку с пластинкой Окуджавы в руках, потом каких-то ребят...

— Где купили, в Военторге? (Там почему-то чаще всего появлялись эти пластинки).

— Нет, на Новом Арбате, в «Мелодии».

Я бегу в магазин, и мне навстречу всё чаще попадаются люди с этой пластинкой в руках. Уже в полной уверенности, что опоздал, что расхватали, я вбегаю в магазин и вижу, что успел и что даже особой очереди нет, так как пластинка продаётся одновременно в трёх отделах: литературном, эстрадном и народной музыки.

Всё правильно: все три отдела имеют все основания её продавать!

На обоих этажах работают кассы, очередь идёт быстро и у касс, и у прилавков. Как к газетному киоску — берут и тут же отходят, берут и отходят. Никто другие пластинки не спрашивает и не покупает.

Я уж не помню, сколько тогда купил — десять или пятнадцать (а давали столько, сколько спросишь, и редко кто брал меньше трёх или пяти). Я вышел на улицу. На крыльце — помните, там такое широкое бетонное крыльцо, — мрачно толпились перекупщики с раздувшимися портфелями: они вмиг потеряли крупный заработок (ещё вчера-позавчера пластинка Окуджавы шла здесь по червонцу).

А из дверей всё выходили люди с пластинками, и так как обёрточная бумага уже давно кончилась, они несли пластинки незавёрнутыми, и на всех были крупные портреты Окуджавы.

Люди расходились направо и налево по Новому Арбату, и это выглядело почти как демонстрация, когда каждый пятый или десятый несёт портрет всё того же человека.

Я думал, что если бы когда-нибудь мне сказали, что я доживу до такого вечера, я ни за что бы не поверил. Такое могло только присниться[3].

И вот после выхода пластинки все участники проекта собрались отпраздновать это событие в подвале во Вспольном переулке, где и начиналась эта работа. Был, конечно, и звукорежиссёр пластинки Степан Богданов, и не один. С ним пришёл юный сын Дмитрий, ныне прославленный бард. Пришёл, конечно, и сам автор и спел собравшимся несколько новых песен, которые не вошли в пластинку. К счастью, сохранилась фонограмма этих посиделок.

Окуджава начал с «Я пишу исторический роман», но в процессе исполнения несколько раз сбивался и чертыхался. Закончив пение, Булат Шалвович пояснил свои затруднения:

— Ну, она ещё такая, не сделанная, в общем... А вот я ещё написал тарантеллу, это вам смешно будет. Лёва, это тарантелла для кино. Она называется «Два силуэта».

Окуджава начинает петь, но опять сбивается, а Шилов говорит, что уже слышал эту песню. Булат удивился:

— Да? Я уже пел её где-то? Ну тогда для тех, кто не слышал:

Среди житейского тумана кого-то ищем непрестанно,
но два знакомых силуэта мы различаем тем верней.
О Донна Анна, Донна Анна, мы всё не встретимся, как странно!
О Дульсинея, Дульсинея, кто Дон Кихот — тебе видней.

Потом виновник торжества спел ещё одну не совсем новую песню:

Идут дожди, и лето тает,
Как будто не было его.
В пустом саду флейтист играет,
А больше нету никого.

---

[3] Там же. С. 330–332.

Почему эта песня не совсем новая, стало ясно, когда, закончив её петь, Окуджава спросил:

— Её Дима Межевич хорошо исполнял, правда?

И подвёл итог:

— Ну всё, больше ничего нового.

Потом задумался и сказал о последней песне, что ей чего-то не хватает:

— В ней стопроцентный серьёз, а должна быть одна капелька иронии, что ли... Что-то такое должно быть, да. Иначе можно без конца эти трагедии усугублять и усугублять... рвать на себе волосы, это несложно. А вот не рвя волосы, передать трагедию — да, вот это вот...

Далее шло обсуждение этой замечательной песни, но к сожалению, запись в этом месте неразборчивая. Но всё равно, на мой неискушённый взгляд, этой песне всего хватает и не надо в ней никакой капельки иронии. Кстати, Окуджава пообещал тогда, что переделает эту песню, но она так и осталась в первоначальном виде.

Затем он вспомнил ещё одну новую песню:

Заезжий музыкант целуется с трубою:
Пассажи по утрам — так просто, ни о чём,
Он любит не тебя, опомнись, бог с тобою,
Прижмись ко мне плечом, прижмись ко мне плечом.

После этого Окуджава сказал, что теперь уже совсем всё, может быть, через год ещё что-нибудь появится, но Шилов ему напомнил ещё об одной. Пришлось спеть и её:

Аты-баты, шли солдаты,
Аты-баты, в дальний путь,
Не сказать, чтоб очень святы,
Но и не в чем упрекнуть.

Закончив петь, Окуджава сказал, что эта песня сочинена для кино.

Затем Шилов вспомнил ещё какую-то песню — здесь запись, к сожалению, снова неразборчива — но Окуджава петь её отказался:

— Нееет, это я не смогу! Нет, нет.

Потом вдруг воскликнул с досадой:

— Ах, дурак я, не принёс пленку, которую мне подарила студия «Ленфильм» с песнями к фильму — вот в суете всегда так. Фильм плохой, песни хорошие там были. Это «Соломенная шляпка», и там есть песни, которые в фильм не вошли. Вот Копелян покойный исполняет песню старого мужа, это потрясающе. Потрясающе! Вот идиот я! Да, это можно было бы послушать, да. Это настоящее. Ну ладно, теперь чего уж.

Я очень призываю интересующихся творчеством Булата Шалвовича исследователей посетить архив Ленфильма и обогатить нас новыми открытиями в окуджавоведении — сам я теперь от Ленфильма далеко. Две из не вошедших в фильм песни потом выходили на пластинках, но, может быть, что-то ещё осталось за бортом.

Булат Шалвович редко говорил о своих песнях с любовью, но вот в этот вечер в подвале во Вспольном переулке под воздействием угощенья ли или чего другого он разоткровенничался:

— Ну не знаю, там режиссёр вообще был, э, кретин полный. В части песен, которые вошли в фильм, нельзя понять ни слов, ни музыки, так они где-то там, эээ... А вот две песни были хорошо сделаны всё-таки, вот где Миронов поёт и Гурченко.

Далее запись опять неразборчива, но понятно, что речь шла о песнях «Женюсь, женюсь» и «О несостоявшихся надеждах».

Потом Булат Шалвович вспомнил самую первую в СССР пластинку со своими песнями, ту, где его песни пели другие исполнители. О ней я рассказывал выше, но здесь вдруг любопытная подробность вылезла. Оказывается, вначале для пластинки песню «Последний троллейбус» записали в исполнении Эдуарда Хиля. Но автору это исполнение не понравилось — слишком уж жизнерадостным был певец:

— Он в своём хорош, у него хороший голос, это всё так, но когда он вдруг начинает с счастливыми интонациями петь «когда подступает отчаяние», то...

И тут Окуджава кстати вспомнил, как ещё раньше той пластинки у него случился неудачный опыт работы со знаменитым композитором Блантером:

Вообще жалко, конечно, старика. Он хороший композитор, и старался от всей души. Он мне позвонил и сказал:
— С вами говорит Блантер.
Я очень обрадовался, а он сказал:
— Знаете, я хочу сделать... я... А можете вы приехать ко мне домой?
Я приехал, он меня сердечно встретил — такой милый, старый...
И говорит:
— Знаете, я написал много песен, но теперь, на старости лет, мне хочется сделать что-нибудь настоящее, на настоящие стихи.

Окуджава снова обрадовался и спросил, какие именно стихи понравились композитору. И Блантер назвал несколько стихотворений, которые давно уже были песнями с музыкой самого Окуджава.
Здесь молодой поэт уже не обрадовался и попробовал отговорить очень воодушевившегося композитора:
— Вы меня извините, я, конечно, не композитор, но к этим стихам у меня когда-то уже сочинились мелодии, я их пел, и это очень широко известно.
Но эта мелочь не обескуражила старика:
— Неважно, я сделаю профессионально!
Блантер всё же попросил поэта спеть эти стихи с той непрофессиональной музыкой, которую сочинил сам молодой нахал. И Окуджава, робея, дрожа, спел ему своё. Блантер был очень великодушен, прослушав всё это, но не отказался от своей идеи:
— Не беспокойтесь, я сделаю это всё профессионально, и будут прекрасные певцы, и наши песни пойдут очень широко и хорошо.
Ну что тут скажешь! И Окуджава согласился.
Блантер позвонил через три дня, и сказал:
— Приезжайте, получилось потрясающе!

Я примчался, послушал — две песни пока он сделал. Музыка интересная, но... Я как-то себя успокоил тем, что я так привык уже к своим мелодиям, что просто не могу воспринимать другую музыку.

В общем, он сделал пять песен, сразу же какую-то оперную певицу пригласил, всё это было нормально, профессионально, на высоком уровне. Потом он мне позвонил и сказал, что сегодня в Доме литераторов будет вечер «Круг друзей» и он там будет петь пять наших с ним песен. Я приехал, а там, в основном литераторы собрались, большинство из которых эти песни уже слышали с моими мелодиями.

Старик очень старался, пел, пел, но... была почти тишина, и получился жуткий его провал... Я не знал, куда деваться от стыда — не за себя, за него... Я должен был подойти и обнять его, как полагается, а я не подошёл и не обнял.

А потом Блантер пригласил Эдуарда Хиля, чтобы записать эти новые пять песен для пластинки. Ему почему-то казалось, что именно Хиль должен спеть эти песни. И пластинка моментально вышла — это же был сам Блантер. Но пластинка тоже была встречена холодно, и Блантер в конце концов обиделся, и почему-то на Булата Окуджава.

Кстати, отвлекаясь от рассказа о посиделках во Спольном переулке, должен сказать, что к моменту открытия музея пластиночка эта с песнями Блантера на стихи Окуджава стала огромной редкостью. А у меня она сохранилась, и когда я принёс свою пластинку в музей, Володя Альтшуллер ужаснулся:

— Ты что, с ума сошёл?! Это же такая ценность, она же здесь может пропасть!

Подумаешь! Я тогда принёс в открывающийся музей вообще всё, что у меня было связанного с именем Окуджава и всю свою коллекцию пластинок тоже, среди которых было немало редких, изданных «за бугром». У нас в главном экспозиционном зале музея, где проходили выступления гостей, потолок был деревянный — листы фанеры, разбитые рейками на квадраты. И вот на эти квадраты я и разместил конверты от больших пластинок. Весь потолок ими занял. Мне казалось, что получилось хорошо.

Потом, когда я был уже отлучён от музея, хозяйка распорядилась снять конверты с потолка, потому что это безвкусица. Дальнейшая судьба моих пластинок мне неизвестна, но мне их не жаль — у меня давно уже нет проигрывателя, чтобы их слушать. А коллекционирование чего бы то ни было — большая глупость, о чём начинаешь понимать лишь на склоне лет, к сожалению.

Однако вернёмся во Вспольный, где Окуджава уже закончил с Блантером и перешёл к другому примеру неудачного сотрудничества с композитором. Только в роли мэтра уже был сам Окуджава, а композитором был молодой Алексей Рыбников. Их пригласили написать песни для телевизионного фильма «Приключения Буратино».

Вообще-то, Окуджава не очень любил писать песни для кино — по заказу не всегда ему хорошо удавалось сочинить, и он чаще всего отказывался. Делал исключение для друзей, но даже Владимир Мотыль, близкий друг Булата Окуджава, который почти во все свои фильмы включал песни на стихи друга, вынужден был порой месяцами ждать, когда Булат, наконец, напишет обещанное стихотворение. Однажды так и не дождался и приехал домой к Булату душу из него вытряхивать. Булат предложил другу покопаться в его черновиках — вдруг что-то подойдёт. И Владимир Яковлевич нашёл такое стихотворение. Музыку к нему написал Исаак Шварц, и песня вошла в фильм Мотыля «Белое солнце пустыни». И фильм, и песня стали знаменитыми.

Пожалуй, есть только два фильма, для которых Окуджава работал самозабвенно и с удовольствием, благодаря чему они стали практически мюзиклами. Фильмы появились один за другим: первый, «Соломенная шляпка», о котором мы уже говорили, вышел в 1974 году, а следующий, «Приключения Буратино», в 1975-м.

С «Буратино» Окуджава размахнулся ещё больше, чем со «Шляпкой», — сочинил более двадцати песен. Именно песен, а не стихов — случайно, хоть об этом режиссёр фильма и не просил, сочинились и мелодии. Так же, как четырьмя годами раньше, получилось с песней к фильму «Белорусский вокзал». Но на том фильме композитором был гениальный Альфред Шнитке, который посчитал, что мелодия, сочинённая поэтом, очень хороша и её следует оставить. И мудрый режиссёр Андрей Смирнов с ним согласился.

С «Приключениями Буратино» такого не получилось, к сожалению.

Киногруппа приехала к Булату Шалвовичу домой вместе с приглашённым на фильм композитором Алексеем Рыбниковым. Незадолго до этого Окуджава напел режиссёру фильма Леониду Нечаеву свои песни для кинофильма, но тому они не понравились.

Окуджава рассказал собравшимся во Вспольном:

Ну, так не очень умело, я спел всё это, и он сказал, что не очень получилось, но у них есть талантливый композитор Рыбников и он сделает хорошо. И вот они приехали ко мне домой, и с ними молодой талантливый композитор Рыбников, нагловатый такой, и спел свои варианты на мои стихи. Я послушал, а половины моих слов нет! Я говорю: подождите, а где вот эти слова? А он ответил, что они ему мешают.

Я, хотя и деликатный человек, разозлился жутко, и тут же в присутствии сценариста — какой-то такой очень продвинутой дамы[4], режиссёра и всех остальных, сказал:

— Нет, либо вы берёте стихотворение полностью, либо совсем не берёте.

Он начал что-то кричать, что он не может, у него там для ритма... Не знаю, я вообще, конечно, покладистый человек, со Шварцем я делаю всё, что угодно, когда он попросит.

Но тут я был очень разозлён и сказал, что ни одной строчки, ни одного слова, ни одной буквы не отдам. Поэтому они вынуждены были нанимать ещё поэтов, дописывать слова...[5]

В результате в фильм вошли семь песен на стихи Булата Окуджава и шесть песен на стихи Юрия Энтина. Жаль, конечно! Мне, например, кажется, что музыка Булата Окуджава очень хороша, чему подтверждением и то, что в последующие годы

---

[4] Сценаристом фильма была Инна Веткина.
[5] На самом деле был приглашён ещё только один поэт — Юрий Энтин.

многие режиссёры пытались поставить спектакль именно с музыкой Булата. Но ничего не вышло, ибо вдова поэта всякий раз ставила невыполнимые условия в расчёте, наверное, на то, что мюзикл — это как на Бродвее и соответствующие деньги должен приносить.

Однако мы очень застряли в подвале во Вспольном переулке, эдак я до музея и вовсе не доберусь.

Тем вечером во Вспольном Окуджава попытался спеть ещё пару песен, вошедших в «Буратино», но со своими мелодиями. Несколько раз начинал, но всякий раз сбивался и оставил эту затею. Оставим и мы всю компанию продолжать праздновать выход в СССР первой большой пластинки Булата Окуджава. Повторюсь — в СССР, но не в мире, ибо первая большая пластинка его песен вышла во Франции восемью годами раньше.

ИЗ ЧИСЛА ПЕРЕДОВЫХ ПРОЛЕТАРИЕВ

Пока незнакомый мне ещё Лёва Алексеич наблюдал с замиранием сердца, как выпестованная им первая пластинка Булата Окуджава достигала миллионного тиража, я в далёком Чирчике тоже внёс свой вклад в это дело — купил парочку новых пластинок уже не Апрелевского, а Ташкентского завода грампластинок имени М. Т. Ташмухамедова.

После школы мне пришлось устроиться слесарем в цех контрольно-измерительных приборов и автоматики родного завода моих родителей. Вообще-то, я по состоянию своих глаз не имел никакой возможности работать на таком жутко вредном химическом предприятии. Но — блат есть блат!

Нет, вначале я, конечно, попытался поступить в вуз, зачем-то на исторический факультет. И почему-то в Чебоксарский университет, юный деградант. Это была идиотская идея, если не считать, что, поступая в вуз, я успел безумно влюбиться в девушку Валю из Новочебоксарска. У Вали была безумно белая кожа, уверен, что ничего более в своей жизни видеть вам не доводилось! А глаза! А улыбка!

Не помню, на какой факультет поступала Валя, но меня совершенно беспардонно «зарезали» на первом же экзамене по истории. Сейчас смешно вспоминать, но мы с экзаменатором разошлись в понимании термина «вторая треть XIX века». Я считал, что это с 1834 по 1867 годы, но экзаменатор меня мягко поправил, что это на самом деле годы с 1868 по 1900. Я имел наглость не согласиться (молодой был!), он настаивал. Слово за слово... В общем, сейчас я ему благодарен — быть историком дело безнравственное или опасное.

В общем, я вернулся в родной Чирчик и вскоре встретил там выпускницу Владимирского химико-технологического техникума, тоже Валю, по иронии судьбы, но с кожей гораздо белей, гораздо, чем у Вали новочебоксарской!

И вот, работая на заводе, я параллельно учился на вечернем факультете политехнического института, куда меня чуть ли не силком засунул мой папочка. Сам я, никакой склонности к инженерной науке не имея, рассчитывал повторить попытку с историей на следующий год, теперь уже в Казанском университете. Там хоть моя фамилия не будет так раздражать, как в Чувашии. Но отец сказал, что ничего, мол, одно другому не мешает, поучишься здесь годик, чем просто так балбесничать по вечерам.

— Да я же ничего не помню, я же по гуманитарным предметам готовился! Не поступлю я!

— За это можешь не беспокоиться.

Аргументов больше не было, пришлось идти сдаваться в политехнический. Действительно, с экзаменами проблем не случилось, сам декан факультета зорко за этим следил. Заминка вышла только с сочинением. В самом начале экзамена декан, прогуливаясь между рядами, невзначай сунул мне бумажку с текстом сочинения. Но сочинения я привык писать сам и вовсю уже что-то строчил. Я задумчиво отложил шпаргалку в сторонку и продолжил писать своё. Через некоторое время гляжу — декан мой нервничает. Снова подходит и шепчет:

— Я же тебе дал откуда писать!

Я отвечаю, что да, мол, спасибо, а сам продолжаю строчить своё. Декан ещё побродил немного и опять подходит:

— Ты что, идиот?

— Да, — ответил я рассеянно, не желая отвлекаться. Он вздохнул и пошёл о чём-то шептаться с членами приёмной комиссии.

И потянулись мучительные дни учёбы. Конечно, здесь я тоже никаких единомышленников по окуджавской теме не нашёл. После тяжёлого рабочего дня на заводе надо было до десяти часов вечера грызть гранит науки, а завтра ни свет ни заря снова бежать на завод. И так изо дня в день. Людям было просто не до песен.

Я, конечно, большого рвения к учёбе не имел. Зачастую мои дружки встречали меня прямо у института, и мы шли совсем в другую сторону. А через год у меня случилась совсем большая любовь, и какая уж там учёба — работал-то с трудом после бессонных ночей.

В самом начале второго курса мама моя уехала в командировку в Италию на долгие три месяца. Она была начальником химической лаборатории нового крупного производства, которое строили у нас итальянцы. Её командировка была для меня большим облегчением — пилить меня за плохое поведение стало некому: отец с утра до ночи на работе. В общем, на втором курсе я учился совсем из рук вон.

И тут вдруг к нам на завод приезжает доцент из Москвы вербовать на рабфак передовых рабочих, чему мой папа очень обрадовался. И хотя предлагаемый вуз был тоже технический — Московский институт химического машиностроения, я с лёгким сердцем побежал на собеседование — неотвратимо надвигалась сессия, и я малодушно решил, что поеду-ка я лучше в новый институт на нулевой курс, чем здесь сдавать экзамены за второй. Там-то я возьмусь за ум, и сессии больше не будут на меня наводить такого уныния. Опять же в дневном-то институте чего же не учиться, — на работу ходить не надо, любимая девушка останется в Чирчике — учись себе, да учись.

Собеседование меня очень повеселило — вопросы для передовых рабочих были настолько примитивными, что я даже усомнился, в московский ли институт и вообще в институт ли меня вербуют. Доцент попросил разложить квадрат суммы и назвать автора «Мёртвых душ». Ответы мои вначале привели его в восторг, особенно последний, на который я начал отвечать развёрнуто, и пока я вспоминал Белинского и Герцена, доцент удовлетворённо, но и не без испуга кивал головой, но стоило мне перейти к анализу статей и писем С. П. Шевырёва и Н. Я. Прокоповича, он взмолился и попросил меня отпустить его с миром.

К слову сказать, этот доцент через короткое время стал моим любимым тестем — я и сейчас его очень люблю! Любимая тёща, ошарашенная таким поворотом дела, долго приходила в себя и попрекала мужа:

— Ведь говорила же тебе — не езди в командировку в Узбекистан! Там люди коварные!

Потом-то они смирились — от судьбы не убежишь. И даже очень смирились. Мы полюбили друг друга сильнее, чем бывает у кровных родственников. И я очень счастлив, что несуществующий бог за что-то меня так любит, что всегда мне посылает любящих меня людей.

А тесть мой дорогой, Леонид Борисович Зарудный, ещё очень много лет, даже уже и после окончания мною института, восторгался моим недюжинным интеллектом. Но уже неизменно с добавлением слов: «Досталась же дураку умная голова!»

В общем, возвращавшаяся из Италии мама застала меня на полпути к дому — в Москве. Она навезла мне джинсов и кассет Адриано Челентано, но главного, о чём я её просил, не привезла. Накупила там много книг — Булгакова, Платонова... Купила и книгу Окуджава, но ей там объяснили её умные коллеги из Чирчика, что, если она привезёт в СССР что-то, изданное не у нас, то будет иметь большие неприятности. И она, испугавшись, оставила в поезде «Доктора Живаго» Пастернака и ту самую книгу Окуджава, что везла мне, — и то, и другое было выпущено хоть и на русском языке, но итальянским издательством. На мой вопрос, что же это была за книга, которую она не довезла, она сказала:

— Да, ерунда! Какая-то пьеса.

Дальнейший опыт показал, что я переоценил своё будущее рвение к учению в Москве. После первой сессии меня не выгнали только потому, что я был «из числа передовых рабочих и крестьян». Со временем я понял, что деваться некуда, шпаргалку мне здесь декан не принесёт, придётся становиться инженером. И постепенно втянулся, а к пятому курсу учился уже без троек и, если бы учиться не пять, а, скажем, семь лет, я, глядишь, вообще выбился бы в отличники.

В свободное от учения время я подрабатывал сантехником и сторожем, порой даже одновременно, так как заводской стипендии, которая была даже выше институтской, мне хронически не хватало. Мой отец со своими патриархальными взглядами сумел как-то донести до меня, что мужчина должен зарабатывать много, чтобы содержать жену и детей. И, учась в дневном институте, я умудрялся зарабатывать до трёхсот рублей в месяц (вместе с 46 рублями стипендии), что чуть не в три раза превышало среднюю зарплату выпускника института.

Время от времени я пытался найти единомышленников по увлечению песнями любимого автора. Среди своих сокурсников я, как и в школе, таких не обнаружил. И только староста нашей группы мой близкий друг Андрей Евстропов с уважением относился к моему увлечению и даже рассказал случившуюся с ним интересную историю, хоть косвенно, но имеющую отношение к Булату Шалвовичу.

Андрей до поступления в институт успел отслужить в армии. И однажды он летел самолётом из Тбилиси в Москву (не помню, то ли в отпуск, то ли после демобилизации). Рядом с ним сидел интеллигентного вида грузин. Они разговорились о том о сём, и как-то возникла тема Окуджава. Мой будущий друг решил блеснуть эрудицией и заявил, что недавно Булата Шалвовича исключили из Союза композиторов (не знаю, откуда он это взял, как и не уверен, был ли тот вообще членом Союза композиторов). Собеседник его с этой информацией не согласился. Заспорили, и Андрей снисходительно заметил, что жителю Тбилиси трудно знать перипетии столичной жизни:

— Откуда вы можете знать подробности жизни московского поэта? — спросил Андрей.

— Да оттуда, что я его двоюродный брат! — засмеялся попутчик и достал удостоверение члена Академии наук Грузинской ССР, в котором было написано: «Важа Михайлович Окуджава».

Я запомнил это имя и вскоре выяснил, что память Андрея не подвела — именно так звали академика. Этот брат Булата Окуджава ещё и ректором Тбилисского университета оказался.

— Эх, хорошо бы мне с ним познакомиться! — помечталось мне тогда, но, понимая, что это маниловщина, я на годы забыл о Важе Михайловиче.

Но прошло двадцать лет, и я познакомился не только с Важей Михайловичем, но и со всеми другими тогда ещё живыми братьями и сёстрами Булата Шалвовича.

«ПЕСНИ НАДО ПИСАТЬ, ПЕСНИ!»

А тем временем, что я осваивался в Москве и институте, Булат Окуджава теперь уже совсем недалеко от меня мечтал о даче, где он мог бы работать в уединении на свежем воздухе «вдали от шума городского». Однако мечта о даче долго оставалась только лишь мечтой. Купить собственную не хватало средств, и часто Окуджава снимали дачу на лето. Но это было не то — постоянное чемоданное настроение мешало сосредоточиться. Правда, когда-то в самом начале, когда он работал в «Литературной газете», он живал в одном из домиков дачного посёлка «Литературной газеты» в Шереметьеве, но в «Литературной газете» Булат Шалвович проработал недолго, соответственно, и дачником был недолго.

Был, конечно, знаменитый писательский дачный посёлок в Переделкине, принадлежащий Литфонду, где Союз писателей своих самых выдающихся и талантливых членов селил в домики разного качества — в соответствии с ранжиром. Правда, не навсегда — срок аренды дачи ограничивался годом смерти писателя, после чего семья покойного должна была покинуть дачу, которую нетерпеливо дожидались в очереди следующие талантливые и выдающиеся, обивая пороги начальственных кабинетов и подсиживая друг друга.

В разгар советского застоя (теперь уже нужно определение, поскольку в начале следующего века разгорелся новый, постсоветский застой и горит уже много лет, как тайга в Сибири) подозрительный и неблагонадёжный Булат Окуджава, сочинявший белогвардейские[6] песенки, никак не мог рассчитывать на писательскую дачу.

---

[6] Определение В. П. Соловьёва-Седого.

Как-то Окуджава рассказывал в компании друзей, что однажды ему позвонил незнакомый человек, который после долгих комплиментов и признаний в любви, предложил:

— Я знаю, Булат Шалвович, что вам хотелось бы иметь дачу, и хочу предложить вам как любимому моему поэту прекрасную дачу за символическую цену.

Окуджава поинтересовался, что же это за цена такая символическая, и собеседник назвал:

— Пятнадцать тысяч рублей.

— Откуда же у меня такие деньжищи?! — изумился Окуджава.

— Как?!! — настала очередь удивляться собеседнику. — Вы же только что получили гонорар за роман!

Рассказывая об этом звонке, Окуджава пошутил:

— Он думает, если я выпустил роман, я на всю жизнь теперь Константин Федин.

Казалось бы, автору такого количества популярных песен не стоило бы скромничать. Вон ведь, какой-нибудь Юрий Антонов в то время по десять тысяч рублей и больше в месяц зарабатывал своими песнями. Ну, Антонов — это Антонов, а на песнях Булата Окуджава, если кто помнит те времена, не то что заработать — своё потерять можно было.

Насчет доходности его песен есть замечательная история, рассказанная многими и многажды, но здесь она будет к месту, и я повторюсь. Случилось как-то Булату Шалвовичу подниматься в лифте с соседом, известным поэтом-песенником Андреем Дементьевым, и пока ехали, тот всё сетовал, что вот, дескать, забот полон рот: дачу строю, машину купил, жена в квартире ремонт затеяла, замучился совсем...

Окуджава его слушал, слушал и говорит:

— Послушай, а на какие шиши ты вот это всё?..

Тот посмотрел на Булата снисходительно, похлопал по плечу и назидательно сказал:

— Песни надо писать, песни!

С началом перестройки отношение властей к творчеству Булата Шалвовича переменилось, надежды на дачу стали более реальными, и он решил, что теперь уж осуществится его мечта. Что из этого вышло, он написал в стихотворении:

*Я дачу попросил у Мосгорисполкома,
Но Мосгорисполком ответил с удивленьем:
«Ну, просто нам не верится, что Вы, Булат, без дачи.
Да как же Вы без дачи живёте до сих пор?»*

*Да, Мосгорисполком ну просто возмутился:
«Вот Юлиан Семёнов имеет дачу в Ялте,
Евгений Евтушенко имеет дом в Гульрипши...
А Вы, Булат, без дачи, да это ж нам позор!»*

*Тогда я попросил мне предоставить дачу,
И Мосгорисполком ответил возбуждённо:
«Конечно, Вам, поэту, Булат, и ветерану
Необходима дача и воздух, и покой...»*

*Тогда я попросил оформить это дело,
И Мосгорисполком ответил убеждённо:
«Вы вправе как писатель и ветеран прекрасный
Встать в очередь на дачу и дачу получить».*

*Тогда я попросил дать в очереди место,
Но Мосгорисполком ответил мне смущённо:
«Ах, как ужасно видеть, что славный наш писатель
И ветеран прекрасный стоит в очередях!»*

*Я всё же попросил дать в очереди место,
Мол, это хоть не дом, а всё-таки надежда...
Но Мосгорисполком ну просто возмутился,
Что он греха такого на душу не возьмёт.*

*Так мне писал товарищ по имени Никулин.
Не тот, что Ю. Никулин, не Валентин Никулин,
А тот, что К. Никулин, большой начальник дачный,
Писал, глотая слёзы от жалости ко мне:*

*«Да пусть мы все погибнем, но нас нельзя заставить
Поэту дорогому так много мук доставить
И в очереди потной топтаться Вас оставить.
И Вас оберегая и слишком уважая,
Мы просто не посмеем Вас этим наказать
И вынуждены будем Вам в этом отказать».*

Помогло это стихотворение или что другое, но очень скоро, в том же 1986 году, поэт получил дачу, и не от Мосгорисполкома, а от Союза писателей. Дача находилась на станции Мичуринец, куда продолжился переделкинский писательский городок.

Когда-то в этом домике жила вдова писателя Евгения Петрова, соавтора знаменитых романов об Остапе Бендере. Вначале Евгений Петров с семьёй жил в самом Переделкине, но в 1942 году он погиб, и у вдовы престижную дачу забрали и дали поскромнее, в Мичуринце. Видимо, тогда ещё дачи после смерти писателя совсем не отбирали, если только сами власти его не расстреляли. Когда и вдова Петрова умерла, здесь оставался их сын, композитор Илья Катаев. Его песня из первого советского сериала «День за днём» на стихи Михаила Анчарова была настолько популярна в своё время, что в народе пелись разные переделки этой песни. Мы в Узбекистане, например, пели:

> Стою на полустаночке,
> Пью «Чашму»[7] из баночки,
> А мимо пролетают поезда...

В середине 80-х композитор уехал в Америку, и дача освободилась. Вот эту дачу и получил Булат Окуджава.

Это были уже не такие роскошные дома, как самые первые «перелыгинские» дворцы, но и не те халабуды, какие имело подавляющее большинство народа на своих шести сотках.

Вот написал про шесть соток, и вспомнилось мне некстати, как я был потрясён, переехавши когда-то на ПМЖ в Черногорию. Там, оказывается, любой подзаборный пьяница — землевладелец. И не просто землевладелец, а моих малозрячих глаз не хватает рассмотреть уходящие за горизонт его карабасовские поля. И что особенно удивительно — земли-то в Черногории практически нет совсем! Только узенькая береговая линия, а остальное всё — неприступные горы. А вот поди ж ты, всем хватило!

Потом я переехал на совсем уже крошечный островок Кипр, и там та же история. Всякий заскорузлый дедушка владеет обширными землями, и часто видишь в центре города среди строящихся небоскрёбов зажатый со всех сторон апельсиновый

---

[7] «Чашма» — популярное у узбекистанских пролетариев креплёное вино.

садик — потому что дедушка не хочет продавать свою землю. И строить на ней ничего не хочет. Его дед здесь держал апельсиновый сад, отец держал, и он будет держать, пока живёт. А внуки нетерпеливо потирают руки, ожидая момента, когда они смогут спустить этот участок в казино.

И стало мне тогда очень обидно! Не потому, что мне не с чем в казино идти, — я вообще не игрок, а потому, что у нас в стране и по шесть соток-то только избранные счастливцы имеют и даже последние два квадратных метра не все могут себе позволить — земля на кладбищах дорогая.

Очень мало в России земли. Некоторое время назад, правда, приехал из Америки гуру Солженицын и предложил, как поправить нам это положение. Надо говорит, чтобы Казахстан отдал нам свои северные территории, потому что у них земли слишком много.

Я и раньше-то с головой не сильно дружил, а тут просто физически почувствовал, сидя у телевизора, как крыша моя съезжает. Казахам, значит, земли слишком много, а вот русским её катастрофически не хватает. И это при том, что у нас до сих пор на 75% территории страны нога человека не ступала. Сейчас, слава богу, всё налаживается — китайцы осваивают наши территории. Просто так пришли, без танков и пулемётов. И я очень рад. Некрасиво же, когда ни себе, ни людям.

Но почему-то Северного Казахстана нам всё равно очень хочется! Может быть, тогда не по шесть соток, а по семь нам станут выделять? Дулю, конечно, нам выделят, да мне и не надо. Мне бы два квадратных метра, и то только потому, что на Кипре закон не позволяет вывозить покойников в море на съеденье акулам. А мне бы очень хотелось пользу хоть какую-нибудь принести напоследок.

Впрочем, я, как обычно, сильно отвлёкся.

МОСКВА И МОСКВИЧИ

Время пролетело, и институт я окончил. И засобирался в родной Чирчик, прихвативши ни в чём не повинных москвичей — жену и сына. Из Москвы я уезжал навсегда.

Каюсь, за годы обучения я так и не смог полюбить этот город. Отчасти потому, что за шесть лет мне так и не удалось найти здесь единомышленников насчёт Булата Окуджава.

А если серьёзно, был и ещё ряд причин моей нелюбви. И даже климат не был главным, что меня здесь не устраивало. Ещё не было тех пробок и давки в метро, какие начались потом, а мне казалось, что это предел, что ни одного человечка больше втолкнуть в метро не удастся. Но время показало, что нет предела совершенству.

Москва мне не нравилась своими размерами, своей суматохой и мрачностью. А ведь тогда и зимы в Москве совсем ещё не мрачными были — светлые, снежные, белые и пушистые! Это теперь зимы стали слякотными и мерзопакостными, почти с круглосуточной теменью.

Люди вокруг в основной массе казались нервными и странными. Как я понимал Фазиля Искандера, когда он в рассказе «Начало» потрясающе смешно описывал, как он удивлялся обострённому интересу москвичей к прогнозу погоды! Я ведь тоже этому удивлялся, когда ещё только приехал в Москву и не читал этого рассказа. Меня просто в ступор вводил один из первых вопросов, который при встрече задавал любой москвич: «Не слышал, какая завтра погода?» Мучительнее был только вопрос: «Как наши вчера сыграли?» Кто? С кем? Во что? Правда, справедливости ради надо отметить, что этим вопросом меня, равнодушного к футболу, хоккею и другим командным видам спорта, мучили не только в Москве — повсюду. Сидишь где-нибудь в очереди в учреждении, и вдруг незнакомый человек, сидящий поодаль, вскидывается нервно: «Не слышал, как вчера наши сыграли?» Я с надеждой верчу головой, но нет, это именно на меня он выжидательно смотрит. Приходится мямлить что-то невразумительное: дескать, не успел посмотреть... И думаешь — а вдруг это не по телевизору показывали, а по радио передавали? Сейчас он поймёт, что я нездешний, что я шпион, засланный с другой планеты, и вызовет, кого надо.

Я, конечно, так и так должен был возвращаться в Чирчик, ибо стипендию мне платил родной завод. Правда, стажа работы моих родителей на этом предприятии с лихвой хватило бы на двадцать выпускников, и мне дали бы открепление без разговоров. Тем более что в Москве мой тесть, тот самый доцент, который когда-то приезжал в Чирчик вербовать передовых рабочих на свою голову, спал и видел меня на своей кафедре и вынашивал тему моей будущей диссертации.

Я все годы учения говорил ему, что надежды его беспочвенны, но он мне не очень-то верил. Был убеждён, что к окончанию пятого курса я забуду свою фанаберию и останусь. И в этом я видел ещё одну странность москвичей — им казалось, что высшим человеческим счастьем является московская прописка. Думаю, что, когда я собирался жениться, мои дорогие будущие тесть и тёща были уверены, что одной из причин такого решения была московская прописка. Потом они были несколько озадачены тем, что я не тороплюсь её получить. Год прошёл, два, а я всё в общежитии числюсь. В конце концов уже перед самым окончанием института меня всё-таки вынудили прописаться — у нас с женой уже был ребёнок, и с учётом того, что тесть был лауреатом Государственной премии и участником войны, появилась возможность получить значительно бо́льшую квартиру.

Вот, наконец, диплом получен, и родители жены с ужасом наблюдают, как мы пакуем чемоданы. Я прихожу в паспортный стол выписываться.

— Мы вас выпишем временно, в связи с отъездом на работу по распределению, — любезно сообщают мне.

Я отвечаю:

— Не надо мне временно, совсем выписывайте.

Они пытались объяснить мне, дураку, почему этого делать нельзя, но я и слышать ничего не хотел. Я уезжал навсегда.

— Ну, и чёрт с тобой, кретин! — наконец не выдержали они.

И я, прихватив с собой жену и маленького сына, уехал.

Так и проработал бы я на своём любимом заводе в Чирчике всю жизнь. Это меня вполне устраивало, и я не помышлял ни о какой другой карьере, кроме как отравиться окислами азота во время очередной аварии или умереть, опившись некачественного спирта. У меня здесь был свой кабинет со столом и диваном (очень удобно!) и с сейфом, в котором стояла десятилитровая бутыль спирта. И ещё — работа от темна до темна и сумасшедшая зарплата. И сейчас я второй десяток лет уже был бы на пенсии (там из-за вредности производства мужчины уходили на пенсию в пятьдесят лет, а женщины и вообще в сорок пять), но перестройка поломала все планы. Она породила кооперативы, забили ключики и ручейки новой жизни, всё больше набирая силу. И я, как ни старался пересидеть наводнение на берегу, был смыт в этот бурный поток.

В Ташкенте жил мой троюродный братец Дима, чемпион мира по нудности и настырности. И вот он стал чуть не ежедневно приезжать ко мне и монотонным скрипучим голосом бесконечно долго расписывать, как мы с ним будем работать и зарабатывать, если я уйду с завода. Я и сам упрямый, но рядом с Димой просто щенок. И конечно, он меня добил, за что я теперь ему очень благодарен.

Занявшись новыми делами, я стал часто ездить в командировки в Москву, иногда по два-три раза в месяц.

И вот однажды мне представилась возможность поближе познакомиться с Булатом Шалвовичем. Где-то я раздобыл его домашний телефон и надумал пригласить его с выступлением в Ташкент. Долго набирался смелости, прокручивая в уме все подробности разговора и даже уже все подробности его пребывания в Узбекистане. Выступлений будет два, одно — во Дворце искусств в Ташкенте и одно у нас в Чирчике, во Дворце химиков, где уже когда-то выступал Высоцкий. Остановится он, конечно же, у нас в доме. Все возможности для этого были. Купим барана, отец сделает плов...

Разработав план до мелочей, я, наконец, позвонил. Трубку взяла жена, Ольга Владимировна. Я попросил к телефону Булата Шалвовича. Она спросила, по какому вопросу, и, выслушав ответ, сказала, что это не к нему, а как раз к ней надо обращаться. Как ни странно, моё предложение её заинтересовало, и она попросила перезвонить на следующий день. На следующий день я не перезвонил, потому что забыл свою записную книжку в будке-автомате, откуда им и звонил, и ещё раз найти их телефонный номер мне не удалось.

Так наше близкое знакомство и не состоялось.

Последовавшая за перестройкой перестрелка сделала малоприятным само проживание в Узбекистане. «Русские — в Рязань, татары — в Казань!» Но это всё сверху, конечно, насаждалось, сам я никогда ни от кого из своих знакомых узбеков плохого слова в свой адрес не слышал. Я и сейчас очень люблю этот народ, мне близки их обычаи, быт и особенно — непревзойдённая во всём мире кухня.

В общем, году в 1991-м я вынужден был вернуться в Москву. Правда, опять долго не прописывался, пока не стало обязательным ношение паспорта и не начались неожиданные проверки на улице. В 1993-м, по-моему, я прописался и был потом наказан за свою неторопливость, когда в 45 лет пришёл в паспортный стол вклеивать новую фотографию. Мне сказали, что все, кто приехал в Россию после 1992 года, должны проверяться, и процедура моя затянется на несколько месяцев. А я куда-то должен был ехать, нужно было получать новый загранпаспорт, — и всё рушилось. Раскипятился не на шутку, орал, что они ещё не родились, когда я уже жил в Москве. Пришлось им вызывать милицию. Вместо того, чтобы тут же ретироваться, я продолжал орать. Подъехавший наряд вывел меня на свежий воздух, где мы покурили, побалагурили. Они взяли с меня слово не возвращаться в паспортный стол сегодня и уехали.

ОКУДЖАВА И ОКРЕСТНОСТИ

Однако мы забежали сильно вперёд, а я ещё хотел рассказать, как я впервые «живьём» увидел объект своего повышенного почти болезненного интереса. Это случилось после того, как я стал московским студентом, году в 1979-м или 1980-м. В Концертном зале имени Чайковского был большой вечер грузинской поэзии. На афише было представлено много грузинских поэтов и несколько русских, переводивших их стихи: Ахмадулина, Евтушенко, Окуджава, Леонович — всех не помню.

Весь вечер выступающие находились на сцене, Окуджава с Ахмадулиной сидели рядом, шушукались и пересмеивались. Вечер получился длинный, в двух отделениях. Грузинские поэты выходили, читали свои стихи по-грузински, а потом свой перевод этих стихов читал кто-то из русских поэтов.

В перерыве я обежал все закоулки зала Чайковского и нашёл Булата Шалвовича в предбаннике туалета. Они стояли с Евгением Евтушенко и мирно курили. Близкий к помешательству, я подскочил к ним и о чём-то спросил Булата Шалвовича. Получив доброжелательный ответ, приглашающий к дальнейшей беседе, я немедленно убежал. Снова обежал все лестницы и фойе, нашёл свою спутницу, взял у неё заранее приготовленную пластинку для автографа и снова побежал в туалет.

Евгений Александрович, увидев меня, приближающегося на всех парах, опасливо отодвинулся от Булата и сделал вид, что с ним незнаком. Пока Окуджава подписывал пластинку, я его ещё о чём-то спросил. Получив ответ и подписанную пластинку, я снова убежал, сделал пару кругов и, вспомнив, что ещё о чём-то забыл спросить, направил свой бег к туалету. На сей раз они уже не беседовали и курить забыли, тревожно выглядывая из дверей предбанника. Так я ещё несколько раз прибегал и убегал, с каждым разом сокращая круги, пока, наконец, не обнаружил предбанник пустым. Конечно, они ушли не из-за меня, просто уже начиналось второе отделение, но впечатление на них я, думаю, произвёл. Во всяком случае, во все наши последующие встречи, которые случались лет через пятнадцать после первой, Булат Шалвович всякий раз пристально вглядывался в моё лицо, силясь что-то вспомнить.

А вечер грузинской поэзии в Концертном зале имени Чайковского запомнился ещё и своей концовкой. Завершал вечер, конечно, Окуджава, и под занавес после долгих аплодисментов он спел только одну песню — конечно, «Грузинскую». Аплодисменты возобновились с удвоенной силой, зрители долго не хотели его отпускать, надеялись, что он ещё что-нибудь споёт. И тут оглушительно взорвалась лампа где-то под потолком. Этот хлопок явно был дополнением к восторженным рукоплесканиям зала.

Будучи студентом, я несколько раз делал вылазки в КСП (Клуб самодеятельной песни), да всё как-то неудачно. Первый раз привели меня на улицу Трофимова, по-моему, но точно не помню. Народ там бегал озабоченный, меня никто не замечал, но и не гнали, правда. Когда я пытался спросить, вопрошаемые что-то буркали в ответ, в общем-то, доброжелательно, но тут же исчезали. Я побродил, побродил, как Остап Бендер в редакции газеты «Гудок», да и смылся потихоньку.

Через какое-то время попал я в КСП уже по другому адресу, вроде, в районе Киевского вокзала это было. Здесь тоже на меня никто не обращал внимания, тоже все озабоченно бегали из одной двери в другую.

Запомнились длинный коридор и развешанные по стенам портреты бардов. Я тщательно изучил стены и к своему удивлению не обнаружил на них портрета любимого поэта. Поймав за рукав кого-то пробегавшего мимо, спросил укоризненно, дескать, что же это вы, товарищи? Тот молча ткнул пальцем в конец коридора и побежал дальше. На торцевой стене действительно висел искомый портрет, но не такой, как остальные, а огромный. Как же я его не заметил? Да потому и не заметил, что он висел не среди всех. Это меня примирило с обитателями заведения, а то я уже начинал думать о них нехорошо. Я побродил там ещё минут десять, открывая разные двери и встречая за ними недоумённые и настороженные взгляды.

Потом кто-то мне указал на дверь комнаты, в которой шла перезапись, то есть все желающие записывали на свои магнитофоны какое-то выступление Булата Шалвовича. Видимо, и я за тем же тогда приехал, потому что магнитофон у меня оказался с собой. Всё было здорово организовано, на столах много-много разъёмов для подключения магнитофонов, и всем желающим их хватило. Что я тогда записал, не помню, но больше я там не бывал. Мне очень хотелось дружить с этими интересными ребятами, быть им чем-то полезным, но я чувствовал себя лишним, мешающимся под ногами.

Через много лет, начитавшись разных мемуаров тогдашних функционеров КСП, я, кажется, понял, в чём тут дело. Каэспэшники очень опасались агентов КГБ, которые, конечно, не могли оставить без внимания такой рассадник неблагонадёжности. Соответственно, всякого нового человека здесь встречали настороженно, и наверное, следовало долго среди них мельтешить, прежде чем тебя примут в свою компанию. Но тогда я этого не знал, прохладное отношение принял на свой личный счёт и решил не навязываться.

Так я и не стал каэспэшником. Но авторская песня всё-таки сыграла в моей жизни определённую роль. Я выучился как-то бренчать на гитаре и задушевно, как мне казалось, петь, чем неизменно вызывал сочувствие у девушек, которым (сочувствием) бессовестно пользовался. Сейчас я, конечно, совсем по-другому себя вёл бы, но, к сожалению, забыл аккорды. И главное, забыл, зачем вообще я это всё делал. Теперь ещё пою иногда, если напитки хорошие, но уже без аккомпанемента и без девушек.

На улицу Трофимова я больше не ходил, но тогда же по чьей-то рекомендации познакомился с замечательным парнем, внуком Артёма Весёлого[8] Сергеем, который был у каэспэшников кем-то вроде хранителя звукового архива, и выпросил его разрешение

---

[8] Артём Весёлый (*Николай Иванович Кочкуров*) (1899–1938) — русский советский писатель.

переписать у него кое-что. Он пригласил меня к себе домой — это где-то, по-моему, в Крылатском было. Вот надо же, не помню точно, хотя был у него потом несколько раз.

Это была однокомнатная квартира, полностью заваленная, точнее, заставленная магнитофонными катушками. Сергей сам в ней не жил, — видимо, это и было хранилищем архива. Поначалу он тоже отнёсся ко мне с прохладцей, как мне помнится. А может, это моя память так всех каэспэшников под одну гребёнку причесала? Как бы там ни было, человек бросил свои дела, приехал, чтобы сидеть тут со мной, ждать, пока что-то запишется. Если бы я тогда знал, что Сергей здесь не живёт, а специально приезжает, я бы вообще постеснялся обращаться с такой просьбой к незнакомому человеку. Но даже не зная этого, я чувствовал себя очень неудобно, мне хотелось как-то отблагодарить его. Я предложил ему денег за перезапись. Он коротко и сухо отказался. Я настаивал, что, мол, неудобно мне как-то. Тогда он сказал, что, если мне так хочется, в следующий раз я могу принести катушку чистой плёнки, потому что они очень много записывают и лишняя плёнка всегда будет кстати. Я обрадовался и потом, приходя к нему, каждый раз приносил по две новые бобины.

Ох, какое богатство на меня свалилось! Я записывал не только Булата Шалвовича, — много было Кима, Визбора, Никитина... В каком восторге я был от кимовской «Золушки» по Воннегуту, которого (Воннегута) я тогда безумно любил! Впрочем, я и сейчас их всех безумно люблю, ибо, застыв в своём развитии, как мушка в янтаре, так и остался в том времени.

В общем, походы к Сергею Весёлому были для меня настоящим праздником. Постепенно лёд его недоверия таял, и он давал мне переписывать уже даже Галича. Собственно, впервые Галича я услышал именно там — и был потрясён. Потом Сергею надоело сидеть со мной по нескольку часов, и он стал оставлять меня на всю ночь, а сам уходил.

Не помню, как закончились эти сеансы звукозаписи. Но, кажется, это было связано с тем, что я, окончив институт, уехал из Москвы. И с тех пор мы с ним много лет не виделись. А когда снова стали видеться, я решил выяснить, всё ли я правильно помню. Оказалось, всё неправильно — жил он не в Крылатском, а у метро «Аэропорт», и чтобы меня одного оставлял дома, совсем не помнит. Вот и верьте после этого мемуаристам! Ему, конечно, лучше знать, где он жил, но я сознательно ничего исправлять не стал, ибо если я своим воспоминаниям буду стараться придать документальную достоверность, то это уже будут не мои воспоминания. Но главное, что я хотел уточнить у Сергея, это кто нас познакомил или по чьей рекомендации я к нему пришёл. Однако этого он тоже не вспомнил. Да и где ему было помнить — он был нарасхват, и таких, как я, разные рекомендатели, наверное, пачками к нему посылали.

Я так и остановился на бардах первой волны. Из более молодых полюбил только Александра Суханова и Веронику Долину. Не потому, что барды следующих поколений были хуже, а просто я их не слышал. И вообще, в отличие от большинства любителей авторской песни, есть у меня некая всеядность или даже «беспринципность»: я почти с одинаковым пристрастием отношусь к Маккартни и Северному, к Никитину и Земфире, к Челентано и Покровскому («Ногу свело»), к Камбуровой и Градскому...

Совсем незадолго до окончания института мне представилась, как мне казалось, возможность попасть на концерт Булата Окуджава. Его выступления в Москве были очень редки и проходили они в основном в каких-нибудь научных или проектных институтах. А тут впервые за всю историю он должен был выступать в Концертном зале имени Чайковского, и не подпольно, а с афишами (правда, афиши вывесили, по-моему, в самый день концерта и билеты в кассах не продавали). Концерт был назначен на 4 мая и приурочен он был к 40-летию Победы. Попасть на концерт не было никакой возможности, но у меня был приготовлен козырь, на который я очень рассчитывал. Незадолго до этого я перенёс операцию на глазах, а потом ещё упал и сломал ногу. И теперь ходил на костылях и в тёмных очках. В таком виде я подошёл к кассам концертного зала, надеясь, что сойду за ветерана.

У кассы в тщетной надежде заполучить чудом завалявшийся билетик толпились человек двадцать настоящих увешанных орденами ветеранов, у кого-то даже звезда Героя Советского Союза была. Те, кто не были ветеранами, просто стояли на улице, ничего не ожидая, но и не уходя. Я понял — здесь мне костыли не помогут, и тоже вышел на улицу. Движение перед концертным залом было перекрыто, вся площадь от памятника Маяковскому до входа в концертный зал была оцеплена милицией.

Поняв, что силы неравны и попытка штурма заранее обречена на неуспех, я стал рассеянно наблюдать, как собирали свои манатки телевизионщики. Перед самым входом в зал стояло несколько их огромных машин — видимо, они собирались записывать сегодняшний вечер, но потом что-то изменилось, и буквально перед самым началом они вдруг собрались и уехали.

И всё-таки этот майский день закончился неплохо. Нет, на концерт я, конечно, не попал, но, видимо, в качестве компенсации всем непопавшим в магазине «Мелодия» недалеко от зала Чайковского «выбросили» две новые большие пластинки Булата Окуджава, тоже специально выпущенные к 40-летию Победы.

Некоторые подумают, что у него, может, каждый месяц по две пластинки выходило. Так вот, чтобы подчеркнуть эпохальность этого события, скажу, что всего таких пластинок в СССР у Окуджава вышло шесть. А после этих двух была ещё только одна.

«НЫНЧЕ Я ЖИВУ ОТШЕЛЬНИКОМ»

Пока я, вернувшись после учёбы из Москвы в Узбекистан, осваивался на химзаводе, Булат Шалвович осваивал свою только что полученную дачу.

Новый дом прославленного поэта состоял из трёх небольших комнат, кухни и застеклённой с трёх сторон веранды. Были в доме и туалет с ванной, что выгодно отличало писательскую от обычных советских дач. Одну комнату выделили сыну, другая стала спальней Ольги Владимировны, третья — гостиной. Самому хозяину осталась веранда, которую он обустроил под кабинет. Как-то утеплил его, закрыл некоторые окна книжными стеллажами, которые сам сколотил из старых досок. Соорудил себе и топчан, на котором спал тут же в кабинете.

*Вот комната эта — храни её Бог! —
мой дом, мою крепость и волю.
Четыре стены, потолок и порог,
и тень моя с хлебом и солью.*

*И в комнате этой ночною порой
я к жизни иной прикасаюсь.
Но в комнате этой, отнюдь не герой,
я плачу, молюсь и спасаюсь.*

*В ней всё соразмерно желаньям моим —
то облик берлоги, то храма,—
в ней жизнь моя тает, густая, как дым,
короткая, как телеграмма...*

Кроме самодельной мебели, были в комнате ещё письменный стол (за которым, впрочем, хозяин почти не работал, предпочитая исписывать страницу за страницей большой толстой тетради в клеточку, лежа на боку на своём топчане), и журнальный столик с двумя креслами, стоящими у единственной полноценной стены кабинета. За этим столиком он принимал своих немногочисленных гостей и журналистов, приезжавших к нему за интервью. Семья тоже приезжала, но нечасто, в основном он жил один. Сбылась мечта об уединённой жизни.

> *Нынче я живу отшельником*
> *меж осинником и ельником,*
> *сын безделья и труда.*
> *И мои телохранители —*
> *Не друзья и не родители —*
> *Солнце, воздух и вода.*

Над журнальным столиком во всю длину стены была прибита узкая дощечка, выполнявшая роль полки для колокольчиков, которых здесь было множество. На полочке они все не уместились, многие висели над письменным столом, привязанные верёвочками к вкрученным в потолок специальным крючкам.

Над полкой с колокольчиками и под ней по всей этой единственной в комнате стене было развешано множество фотографий близких Булату людей. Здесь были фотографии его родных: бабушки с дедушкой, отца, жены, сыновей, фотографии друзей: Беллы Ахмадулиной, Фазиля Искандера, Юрия Карякина, рисунок Галины Ваншенкиной, изобразившей Беллу Ахмадулину со спины, но при этом очень узнаваемо. Был ещё какой-то детский рисунок с изображением Пушкина с Натальей Николасвной, фотографии Бориса Пастернака, Игоря Северянина...

Висел здесь и очень трогательный подарок Елены Камбуровой — автопортрет: грустная тряпичная кукла-паяц, пришитая к холсту в круглой деревянной рамке.

В кухне Булат развесил по стенам утварь на крючках из алюминиевой проволоки, расставил баночки с грузинскими приправами, с которыми готовил разные блюда себе и своим гостям. Другой комнатой, которой пользовался Булат Шалвович, была гостиная, тоже увешанная фотографиями близких ему людей. Здесь стоял телевизор, который он любил смотреть.

Ближайшими соседями Булата были приятные люди и одновременно прекрасные писатели: с одной стороны — Олег Чухонцев, с другой — Людмила Петрушевская. По соседству имели дачи и его друзья — Анатолий Рыбаков, Белла Ахмадулина и Юрий Щекочихин, который как-то, будучи в особенно приподнятом настроении, испросил у Булата справку о том, что ему, Щекочихину, автор предоставляет монопольное право на исполнение песни «Последний троллейбус». Эту справку Юрий Петрович носил с собой и при случае удивлял и потешал ею своих друзей. Из дальних соседей, из самого Переделкина, захаживали Юрий Карякин, Фазиль Искандер, Ярослав Голованов, который тоже большую часть времени жил на даче в одиночестве.

Ярослав Голованов вспоминал: «...вечером из Москвы, иногда, не заезжая к себе, заезжал к нему. Пивка купим какого-то баночного...» Иногда Голованов заставал его за просмотром очередной серии мексиканского сериала, коими тогда только начинали потчевать нашего несчастного зрителя, и удивлялся:

— Булат, неужели ты это смотришь?

Тот стеснялся, бормотал что-то в своё оправдание, но досматривал:

— Ну сейчас, сейчас уже кончится.

Голованов:

> Жил он один, как раз работал над последней своей прозой «Упразднённый театр», и мы об этом много говорили. Он говорил, что, вот, заканчивает первую часть... А потом вдруг как-то заявил, что вторую часть ему писать не хочется.
>
> Я спросил: почему?
>
> — Ну, главное, что мне хотелось сказать, я сказал...

> *Пишу роман. Тетрадка в клеточку.*
> *Пишу роман. Страницы рву.*
> *Февраль к стеклу подставил веточку,*
> *чтоб так я жил, пока живу.*

В начале своего дачного существования Булат Шалвович с энтузиазмом занялся «земледелием»: расчистил участочек метра в полтора квадратных, посадил укропчик и с гордостью демонстрировал гостям свой «огород». Позже об этом можно было узнать только из видеодокумента, телепередачи о нём, которую сделал, кажется, Борис Ноткин. Потом Булат Шалвович к земледелию поостыл и весь участок благополучно зарос бурьяном.

Во дворе, прямо под окном веранды-кабинета, был пенёчек, на который Булат Шалвович прибил небольшую столешницу — получился столик, за которым он любил работать погожим летним днём. За этим столиком он писал свой последний роман «Упразднённый театр», как рассказывала Ольга Владимировна.

Название было неслучайное — упразднённой была эпоха, упразднённой ему представлялась его жизнь. «Я выполнил своё предназначение, — часто повторял он, — моя эпоха закончилась».

Строго говоря, Окуджава жил на даче не совсем один, с ним жила его собака. Булат выходил с этим своим пуделем прогуляться по окрестностям, иногда они заходили довольно далеко. Как-то прогуливаясь возле Дома творчества, собаковод Окуджава встретил лауреата Ленинской премии Егора Исаева, который тоже совершал моцион. Пошли вместе. Вдруг Егор Исаев его и спрашивает:

— Слушай, Булат, ты от славы не устал?
— Да я... как-то не думал об этом...
— А я устал, — вздохнул лауреат Ленинской премии.

Последние годы жизни поэт провёл почти безвыездно на даче. Изредка выезжал для поездок с выступлениями в разные страны. Ездить на гастроли ему было тяжело, но супруга настаивала — нужны деньги.

Вот и в тот последний раз ему совсем не хотелось ехать. На журнальном столике в его кабинете остался лежать вырванный из записной книжки листочек с именами и телефонами тех, кому он собирался позвонить перед отъездом. И позвонил. Мы опросили людей из списка, все они запомнили тот последний звонок Булата. Почти все вспоминали, что он не хотел ехать. Был там и телефон Шилова. Нина Григорьевна Шилова до сих пор удивляется: Лёвы дома не было, а Булат, обычно такой немногословный, вдруг стал обстоятельно расспрашивать о её делах, чего раньше с ним никогда не было. У Шиловой осталось ощущение, что он звонил попрощаться.

СТРАСТИ ВОКРУГ ФАНЕРНОГО ДОМИШКИ

Разговоры об открытии музея начались сразу же после смерти Булата Окуджава. Всем было очевидно, что такой музей непременно должен появиться, и никто не сомневался, что он обязательно появится. Да и как могло быть иначе — резонанс в обществе, вызванный смертью Булата Окуджава, был невероятной силы.

13 июня все новости по телевизору открывались этим печальным сообщением, все газеты вышли с огромными траурными статьями и фотографиями на первой странице. А в «Литературной газете» траурный блок вообще занял половину газеты — восемь полос, по верху каждой из которых крупными буквами шли слова: «Когда нам невмочь пересилить беду». Такого отклика на смерть писателя я не припомню ни до, ни после.

Поэтому в том, что музей Булата Шалвовича непременно и очень скоро появится, никаких сомнений не было. И как-то сразу стало ясно, что музей такой просто просится быть в его дачном домике в Переделкине.

Когда члены Клуба друзей Булата Окуджава приехали в Переделкино к его дому, увидели, что к закрытой калитке дачи кто-то уже принёс цветы и появился его портрет. Очень быстро и ворота, и забор дачи Булата Окуджава были завалены цветами.

Портрет скончавшегося поэта к калитке принесла журналистка из «Литературной газеты» Ирина Ришина, дача которой была на этой же улице Довженко. Она же начала кипучую деятельность по созданию музея, составила письмо в правительство, привлекла подписаться под ним известных деятелей культуры.

Калитка дачи Булата Окуджава на следующий день после его смерти

Были и другие письма разных инициативных групп и на имя тогдашнего премьера С. Кириенко, и на имя вице-премьера А. Чубайса, и даже на имя хозяина Москвы Ю. Лужкова, который совсем никакого отношения не имел к посёлку писателей в Подмосковье.

К сожалению, ни одно из этих писем не принесло успеха. Но не потому, что кто-то из тех, кому они были адресованы, был лично против такого музея. Более того, не знаю насчёт Лужкова, а все эти «младореформаторы» сами были поклонниками творчества Булата Шалвовича, в чём я потом не раз мог убедиться.

Анатолий Чубайс, например, так говорил о своём личном знакомстве и общении с поэтом: «Каждый раз, когда мне удавалось побыть с Булатом Шалвовичем, я ощущал, что в нашей жизни есть не только то наносное, ненастоящее, не только те бушующие политические страсти, тот грязный поток, который подчас составляет нашу среду обитания, но есть и какой-то здравый смысл, и реальные моральные ценности, ради которых стоит жить; есть правда, есть свобода, есть настоящее, есть подлинное... Вот этим и был для меня Булат Окуджава. И когда я узнал о том, что одно из своих последних стихотворений он посвятил мне, это было одним из самых больших событий в моей жизни».

Тем не менее на просьбы общественности о помощи в создании музея Анатолий Борисович даже не ответил.

Нам известна реакция на письмо, обращённое к другому вице-премьеру Олегу Сысуеву. На правительственном бланке он отдал распоряжение министру культуры России Н. Л. Дементьевой:

«Вопрос очень важный. Рассмотрите, не откладывая. Внесите проект решения Российской Федерации.

Срок — 2 недели.

Докладывать лично».

Но и это энергичное распоряжение не дало результата. Все эти благие устремления терялись в бесконечных бюрократических коридорах российской власти.

Лев Алексеевич Шилов тоже активно участвовал в сотворении этой эпистолярной литературы, но, поучаствовав в письмах с Ришиной и другими, дальше пошёл своим путём. Путь этот был, если можно так сказать, партизанским или даже пиратским. Шилов решил открыть музей явочным порядком, а подбираться к пустующей дачке в Мичуринце он начал сразу, когда инициативные письма ещё только задумывались.

На сороковой день со дня смерти хозяина интересующей нас дачи Шилов собирает свой Клуб друзей Булата уже не в Москве, а в Переделкине, в музее Чуковского, которым он заведовал, совмещая с руководством отдела звукозаписи. Были приглашены отдыхавшие в это время в доме творчества по соседству с музеем Чуковского Т. Жирмунская, Е. Храмов, А. Николаев, Л. Либединская, К. Ковальджи. Зашли и соседи И. Ришина и Ю. Карякин.

Сидели, делились воспоминаниями, и идея музея витала в воздухе, всё более и более материализуясь.

Однако прошёл почти год, а официального решения превратить дачу в музей так и не появилось. В мае 1998 года мы с Л. А. Шиловым взяли ключи у вдовы и отправились показать дачу давней знакомой Шилова журналистке из Японии Хироко Кодзима. Та готовила передачу о Булате для телерадиокомпании NHK. Хироко была давней почитательницей Булата Окуджава, впервые она перевела его стихотворение на японский в начале 70-х. Но была и ещё одна цель нашей поездки — мы хотели оценить объём работы, посмотреть, что там надо сделать по минимуму, чтобы вчерашнюю дачу превратить в музей.

Забегая вперёд, скажу, что с Хироко мы подружились и много куда с ней ездили уже и без Шилова: и по московским музеям, и за пределы Москвы — в Калугу, в Мелихово, в Шахматово... Она преследовала свои журналистские цели, я свои, окуджавские. Съездили мы как-то с ней в Дом ветеранов кино, встречались со сценаристом Николаем Рожковым и режиссёром Григорием Чухраем. Не помню, что ей нужно было от них, ну, мне-то, понятно, что было нужно. Григорий Наумович Чухрай много интересного говорил про Булата Окуджава, но вспомнить я ничего сейчас не могу. Мы всё писали на видеокамеру Хироко, а потом, когда она отдала мне кассеты, я не смог ничего на них увидеть, потому что у японцев стандарт другой.

А вот Николай Васильевич Рожков, один из авторов сценария «Сказания о земле Сибирской», поведал мне такое, что я забыть не смог: якобы первая жена Булата Окуджава Галина покончила собой и он, Николай Васильевич, сам-де вынимал её из петли, так как был председателем домкома или что-то вроде этого в писательском доме возле метро «Аэропорт», где они все проживали. Правдивость его рассказа вызывает большое сомнение — и потому, что его версия не подтверждается воспоминаниями других людей, и потому, что Рожкову в этот момент было уже почти 92 года. Через несколько месяцев после нашей встречи он умер.

Первая жена Булата Окуджава Галина Васильевна Смольянинова умерла в возрасте 39 лет, через год после того, как он её окончательно оставил, — 7 ноября 1965 года.

Некоторые из тех, с кем мне довелось говорить об этом, уверяли, что это было самоубийство, Галина повесилась. Но непосредственных очевидцев, которые бы, что называется «из петли вытаскивали», не находилось. Рожков, повторюсь, был уже очень старенький. Хотелось проверить его слова.

Галина с сыном Игорем. 1954 г.

Я рассказал об этом сестре Галины Ирине Живописцевой, и она категорически отвергла эту версию. Ирина Васильевна сказала, что есть свидетельство о смерти её сестры, где чёрным по белому написано, что та умерла в результате сердечного приступа. Но для меня, как для опытного следователя, свидетельство о смерти серьёзным аргументом не являлось. Я знал, что в Советском Союзе самоубийств быть не могло в принципе и такие случаи следовало трактовать как инфаркт или инсульт.

— Ну, хорошо, — продолжала убеждать меня Ирина Васильевна, — а как вы себе представляете, что мать наложила бы на себя руки в присутствии одиннадцатилетнего сына? Ведь она сына очень любила!

Такое представить было действительно трудно, каким бы плохим ни был бросивший её муж, как бы ей ни хотелось ему «насолить».

Но вопрос всё же оставался. И вот в 1998 году нашёлся свидетель смерти Галины. Как-то я пришёл домой к другу Булата литературному критику Бенедикту Сарнову. А они с Окуджава ещё и соседями были в то время, когда умерла Галина. Естественно, среди прочих я задал хозяину вопрос и о смерти бывшей жены Булата. Бенедикт Михайлович категорически заявил, что это был сердечный приступ.

Я усомнился и попросил подробностей. И тогда Сарнов позвал свою супругу, и они вдвоём, перебивая друг друга, рассказали мне, как было дело. Как прибежал к ним перепуганный Игорь, сын Булата и Гали (они жили не то этажом выше, не то ниже, не помню) и сказал, что маме плохо. Как они с женой побежали в квартиру Смольяниновой и обнаружили Галю ещё живой. Как безуспешно пытались вызвать «скорую помощь» (день был праздничный). Как они бегали к каким-то соседям, зная, что там живёт врач, но врач не захотел отрываться от праздничного застолья. «Скорая» всё-таки приехала, но опоздала.

На этом я своё расследование обстоятельств смерти Галины Васильевны закончил. Я уже и сам, казалось, неплохо знал Галину Васильевну по многим рассказам. И был рад, что не обманулся в ней — не могла такая женщина так подло поступить по отношению к своему любимому единственному сыну.

Поэт Григорий Левин, руководитель литературного объединения «Магистраль», в которое влился Булат Окуджава, вернувшись из Калуги в Москву в 1956 году, после смерти Галины написал стихотворение «Памяти Гали»:

> Женщина жила светло и ясно,
> Предана единственной любви.
> Всё в ней было стройно и согласно,
> И казалось — век людской живи.
>
> Радовала всех она собою,
> Добротой своею, простотою.
> Если посмеётся — не со зла.
> В добром мире женщина жила.
>
> Только мир не оказался добрым,
> Только был покой её отобран.
> Замутило ясность, как стекло.
> Добрый взгляд слезой заволокло.
>
> А улыбку — нет, не погасило.
> И сквозь слёзы улыбалась сила.
> И никто не видел этих слёз,
> Что любимый в жизнь её принёс.
>
> А улыбку — все её видали.
> Улыбнёмся тоже в память Гали.
> Камень сердца мхами не порос.
> Пусть никто не видит наших слёз.

Вернёмся, однако к нашему первому посещению интересующей нас дачи в Мичуринце. Шилов, конечно, и раньше бывал здесь неоднократно, в том числе и при жизни Булата Шалвовича, а вот нам с Хироко и сам посёлок Мичуринец не был знаком.

Подъехали к неказистому штакетнику, нашли калитку, отодвинули задвижку на калитке, которая не была закрыта на замок, прошли по двору и вошли в священный домик. Всё здесь было очень скромно, даже по тем временам.

Дача представляла собой два деревянных домика на участке в восемь или десять соток. Один — старый, обитый плохонькой вагонкой, напоминающей, скорее, тарную дощечку, и был, собственно, той дачей, которую Булат Шалвович получил немногим более десяти лет назад от Литфонда.

Сосед Булата Шалвовича Олег Чухонцев позже, уже в музее, рассказал мне, что, прочитав стихи Булата, где были строки:

*Мне нравится то, что в отдельном
фанерном домишке живу,
И то, что недугом смертельным
ещё не сражён наяву...* —

поначалу решил, что здесь есть некоторое поэтическое преувеличение насчёт фанерного домишки, но, как-то столкнувшись с небольшим ремонтом на своей даче, убедился, что так оно и есть. Каркас дома был сколочен из брусьев, изнутри и снаружи обит фанерой, а пространство между листами фанеры засыпано строительным мусором. Снаружи для солидности фанера была закрыта вагонкой.

Конечно, по нынешним временам, это был более чем скромный домик, но в середине 50-х годов, когда его строили, это было вполне приличное жильё для советского писателя, правда, не идущее ни в какое сравнение с теми самыми первыми роскошными домами в Переделкине, куда Сталин вселял своих классиков.

Союз писателей разрастался, как снежный ком, писателей становилось всё больше. Дач всем не хватало, и после войны городок писателей вышел за пределы Переделкина. В соседнем посёлке Мичуринец появилась улица Довженко, сплошь состоящая из писательских дач. По одной стороне улицы шли дачи, принадлежащие «Литературной газете», по другой — Литфонду. Эта улица была совсем на отшибе, в лесу, позже в самом её начале появилась дача скульптора Зураба Церетели. Его дом с аляповатой разноцветной лепниной на фасаде стал хорошим ориентиром для будущих посетителей музея.

Был и ещё один плюс для будущих посетителей будущего музея в Мичуринце. Для тех, кто ехал из Москвы на электричке, путь до посёлка Мичуринец от одноимённой железнодорожной платформы был куда короче, чем от станции Переделкино до переделкинских дач.

К слову, повезло тем, кто имел дачи, принадлежащие «Литературной газете», — с развалом Советского Союза эти дачи были приватизированы. Литфондовские же так и остались в ведении Литфонда и после смерти владельца должны были выдаваться другим писателям. И это как раз было везением для музея. Ведь если бы дача Булата Окуджава стояла на другой стороне улицы, её давно бы приватизировали и вряд ли вдова поэта согласилась отдавать собственную дачу под музей.

Мы с Шиловым деловито осматривали два дома — старый и новый, прикидывая, как здесь разместится музей, а Хироко Кодзима плакала на пороге кабинета Булата.

Кстати, кроме разных других заданий, Хироко должна была написать в иллюстрированную японскую детскую энциклопедию статью о России. Этой статье было предназначено целых две страницы, большую часть которых должны были занимать фотографии, и Хироко решила не писать ничего о России галопом по европам, а найти типичную русскую семью и написать о ней, сопроводив статью серией фотографий этой семьи в разных бытовых ситуациях.

Долго билась Хироко в поисках типичной русской семьи, пока, наконец, Шилов не указал ей на меня. Я упирался, стыдя их обоих за подлог, но кончилось тем, что я и моя семья попали-таки в японскую энциклопедию, составив у бедных японских детишек неправильное представление о типичных русских людях.

Ключи от дачи бывшей хозяйке мы не вернули, потому что буквально на следующий день там собрались члены Клуба друзей Булата Окуджава с тем, чтобы начать работу по благоустройству участка.

Правда, нас ещё отвлекла выставка в Литмузее, о которой я расскажу попозже.

ЛЁВА АЛЕКСЕИЧ

Поработав после института на химическом предприятии в Узбекистане и снова перебравшись в Москву, я случайно узнал, что на Арбате, во дворе дома, где когда-то жил Окуджава, каждое 9 мая, в день его рождения, собираются поклонники. Поют, общаются. Несколько лет я пытался попасть туда, приходил и в 10 часов утра, и в 12, и после обеда — и всё тщетно. Потом оказалось, что они вечером собирались. Так я и не привык к тому, что в Москве, в отличие от периферии, жизнь начинается ближе к обеду, вот и не догадался прийти часикам к шести-семи вечера.

И как-то — это уже был апрель 1998 года — я по делам оказался в районе Трубниковского переулка и решил зайти в дом 17, где когда-то, как я помнил, располагался отдел советской литературы Гослитмузея. Захотелось посмотреть, что здесь теперь.

Я там бывал пару раз в первой половине восьмидесятых годов. Один раз просто смотрел экспозицию, другой — слушал выступление Льва Шилова году в 1981-м, по-моему. Затрудняюсь определить жанр этого выступления: лекция — не лекция, концерт — не концерт. Помню только, что очень понравилось. Лев Алексеевич рассказывал, показывал фотографии, ставил магнитофонные записи. Шилова к тому времени я уже давно знал по его публикациям в разных изданиях, и из этих публикаций видно было, с какой нежной любовью и трепетом он относился к Булату Окуджава. Очень хотелось подойти к нему тогда, познакомиться, но я не решился.

А сейчас, подойдя к Литературному музею, я увидел, что парадное наглухо закрыто. Обошёл здание, вошёл во двор и обнаружил объявление на задней двери о том, что здесь каждый месяц под председательством всё того же Шилова собирается Клуб друзей Булата Окуджава и следующее заседание будет в апреле. Обрадовался страшно — наконец я найду единомышленников.

Много лет мне не удавалось найти друзей по увлечению, а потом я и сам потихоньку остыл в своих поисках — семья, дети, забот и так хватало. И вдруг — на тебе, есть, оказывается, есть целый клуб *искомых когда-то друзей!*

Немного смутило название «Клуб друзей»: а что если это действительно близкие друзья Булата Шалвовича собираются и посторонних туда не принимают? Как бы там ни было, я страшно обрадовался и, запомнив дату следующего собрания, отправился домой считать дни.

В назначенный день я с утра не находил себе места. По пути даже немного выпил не в силах справиться с возбуждением. Заседание проходило в зале на втором этаже. Яблоку упасть было негде. Выступал кинорежиссёр Владимир Мотыль.

В конце встречи Шилов предложил всем присутствующим как-то поучаствовать в работе Клуба, что тоже было здорово — не надо навязываться, он сам пригласил.

Шилов встретил меня своей обаятельной улыбкой, но во время разговора я чувствовал, что он несколько напряжён и как-то недоверчиво относится к моим предложениям помощи. Вспомнились вечно настороженные каэспэшники — ну, так сейчас времена как будто другие, не думает же он в самом деле, что я из КГБ! Позже я узнал, что сам он — непьющий и не жалует тех, кто выпивает, а от меня, видимо, попахивало. Тем не менее он назначил мне свидание в своём отделе звукозаписи во Вспольном переулке, и через несколько дней я сидел у него.

Это был подвал, уставленный множеством шкафов, до отказа заполненных катушками с разными записями — Шилов в Литературном музее заведовал отделом звукозаписи. Пробыл я у него недолго. Он дал мне папку с газетными вырезками и попросил их как-то систематизировать, сделать список, что ли. С работой не торопил. Прощался со мной, как мне показалось, с облегчением, может быть, даже не рассчитывая на ещё одну встречу. Во всяком случае, не в ближайшие два-три месяца.

Вырезки представляли собой статьи и заметки из разных газет неважно о чём. Объединяло их одно: все они были озаглавлены какой-либо цитатой из Булата Окуджава. Я поступил очень просто: открыл в компьютере электронную таблицу Excel, завёл колонки: *«Цитата», «Издание», «Дата», «Примечания»... Остальное было делом техники — занести все данные из вырезок в эти колонки.*

Оказалось, что песни Булата Шалвовича давно разошлись на крылатые выражения. Особенно полюбилась журналистам песня «Союз друзей»: очень много статей имело заглавие «Поднявший меч на наш союз» и «Чтоб не пропасть поодиночке». Было интересно анализировать, в какой газете или в какое время появлялись те или иные цитаты. С компьютером это сделать было очень легко — отсортируй данные по любой колонке и моментально увидишь, в какой газете больше цитат, на какую тему и в какой временной промежуток.

Через три дня звоню Шилову, говорю, что работа выполнена. Он в явном замешательстве, но свидание назначил на следующий же день. Я перед встречей распечатал результат своей работы именно в разной сортировке, зная, что он совершенно не владеет компьютером и не сможет понять сразу, насколько упростится исследовательская работа, если результаты представить сразу с разных углов зрения.

Шилов был поражён результатами, а я, конечно, был польщён его реакцией, хотя ничего сверхъестественного я не сделал. Он тут же выволок откуда-то целую коробку с газетами. Давайте, говорит, уж и это всё вводите в компьютер.

— Месяца за два управитесь?

Я ему перезвонил через неделю. Говорю, что всё готово. Он аж дара речи лишился на минуту. А потом вдруг предложил мне встретиться в Переделкине, в Музее Чуковского. Мне тогда невдомёк было, что он и там ещё работает, директором. Лев Алексеевич сказал, чтобы я приезжал с семьёй на всё воскресенье, пусть дети порезятся на природе. Что мы и сделали.

Дети, действительно, резвились, а мы со Львом Алексеевичем проговорили весь день. Этой одной беседы хватило, чтобы мы сблизились настолько, что мне уже казалось, будто мы всегда были знакомы.

В тот день я приобрёл не просто единомышленника и даже не учителя, как должно было быть с учётом хотя бы разницы в возрасте, а друга. Конечно, старшего друга, но в чём-то он был и младшим, как ни странно. В каких-то жизненных вопросах он казался мне настолько наивным, что я диву давался, как он вообще сумел дожить до такого возраста и сохраниться. А было ему тогда 66 лет. Иногда он мне казался просто беззащитным, и тогда я чувствовал себя старшим — с присущей мне безапелляционностью и категоричностью давал какие-то рекомендации в тех или иных жизненных ситуациях. И он часто слушался.

Позже он рассказал причину своей холодности при первой встрече. Оказывается, выпитое мной для храбрости здесь было совершенно ни при чём. Он просто принял меня за бандита и страшно испугался. Время было такое, что чуть не в каждом бандита видели, как когда-то кагэбэшника. Видимо, неслучайно одни пришли на смену другим: время показало, что разница между ними небольшая, а в последние годы они и вовсе слились в одно лицо.

Справедливости ради должен отметить, что это не фобия какая-то у Шилова была. Меня многие принимали (и, по-моему, продолжают принимать) за «братка». Всему виной мои физические особенности. Ну, лицо у меня, как бы это помягче выразиться, большое. Очень большое и помятое. Нос набок. Шея ещё больше, чем лицо. Мой сынок, будучи совсем ещё маленьким, сделал удивительное открытие:

— Папа, а ведь у тебя шеи-то нет! Щёки, щёки и сразу живот!

Да, живот... На него не налезают ни одни брюки, а если налезают, то тут же сворачиваются трубочкой, не выдержав напряжения. И я вынужден ходить в спортивных штанах. Чтобы на резиночке были. Это усугубляло неблагоприятное впечатление от моего лица.

Лет двадцать назад, почти сразу после смерти Шилова, я купил избушку в черногорской деревне, чтобы не раздражать никого в Москве своим лицом и брюками. Живу я, значит, в этой деревне и вижу, как уважительно все со мною здороваются. Во, думаю, культура! Европа! Потом с соседями поближе сошёлся, говорю им: как приятно, какие все у вас вежливые, как раскланиваются при встрече... Так соседи мне отвечают: конечно, все же знают, что ты бандит.

Ладно, оставим в покое моё тёмное прошлое, настоящее и будущее. Бандит так бандит. Обидно, конечно: я ведь даже никого не убил, хотя порою хочется. Правда, сейчас вспомнилось, что не везде моя внешность вызывает негативные ассоциации, есть места на земле, где я очень даже котируюсь. Это, как правило, страны Юго-Восточной Азии. Как-то раз, ещё в начале 90-х годов я с двумя приятелями приехал по делам в Арабские Эмираты. Приятели выделялись на моём фоне повышенной стройностью, и наши дубайские партнёры (а это были сплошь выходцы из Индии и Пакистана) просто в упор их не видели, а всё время смотрели мне в рот, ловя каждое слово и отмечая его неизменным «йес, сэр!» Потом я нашёл этому объяснение: в голодных странах толстый человек вызывает уважение и является образчиком красоты, — взять хотя бы ту же звезду индийского кино Раджа Капура (если кто-то помнит). Или наш фильм 1948 года, в разгар очередного голода, «Кубанские казаки», где все девушки-колхозницы имели лица, раза в два превышающие моё по площади.

Ой, опять я не в ту степь кубанскую, вернёмся поскорее в Переделкино.

Итак, я стал частым посетителем Музея Чуковского. Жизнь моя изменилась. Мой несчастный бизнес отошёл на второй план, став при этом ещё несчастнее. Время было то ещё, приближался дефолт и прочие прелести. Дело дошло до того, что мне приходилось вставать в пять утра и заниматься «бомбёжкой», то есть таксовать на своей машине, чтобы как-то отдавать проценты по банковским кредитам и обеспечивать зарплатой моих теперь уже немногочисленных сотрудников.

Всё было бы совсем мрачно, если бы не встречи с Шиловым. Мы с ним гуляли по Переделкину, ходили в магазин за продуктами, обедали, ужинали и всё время говорили, говорили, говорили...

Однажды он, рассказывая о городке писателей и его обитателях, довёл меня до конца улицы Павленко и сказал задумчиво:

— А вот здесь была дача Лидии Сейфуллиной, она потом сгорела. Вы знаете такую писательницу?

— Ну, как же, как же! — заблистал эрудицией я. — Помню-помню такую советскую-просоветскую писательницу, ныне заслуженно забытую!

Он хмыкнул что-то неопределённое с ангельской улыбкой, что я счёл одобрением, и мы продолжили путь. И буквально через несколько дней я случайно узнал от кого-то, что Лидия Николаевна Сейфуллина была любимой бабушкой Льва Шилова, точнее, родной сестрой его бабушки. Но вырос он именно у неё, у Лидии Николаевны, в том самом доме в Переделкине, который потом сгорел.

Мне просто дурно сделалось, когда я это услышал. Как я ему теперь в глаза посмотрю? Эх, язык мой — враг мой. Ну что мне стоило не лезть со своими «умными» комментариями, а просто слушать? Ведь неслучайно он меня туда привёл, он собирался рассказать о своём детстве! И главное — с чего это я взялся судить о достоинствах и недостатках писателя, если я его не читал?! «Солженицына мы не читали, но осуждаем».

Пожаловался на свою судьбу-злодейку тестю, а он ещё масла в огонь подлил:

— А между прочим, напрасно ты... Я помню в юности ещё читал её повесть «Виринея», и она мне очень понравилась! До сих пор помню, хотя прошло уже шестьдесят лет!

Мы, конечно, в школе проходили Сейфуллину, но я с присущим мне максимализмом всю эту когорту двадцатых годов — Гладкова, Серафимовича и т. д. — с их «Цементами» и «Железными потоками» посчитал ерундой и читать не стал. Бог с ними, с Гладковым и Серафимовичем, с их внуками я не знаком, но с Сейфуллиной я точно попал впросак.

Мне было так стыдно перед Львом Алексеевичем, что я даже подумывал прекратить с ним дальнейшие отношения, но всё обошлось. Мы потом вместе посмеялись над моей оплошностью. И про детство своё он много рассказывал, и про Лидию Николаевну, и всё было хорошо.

Многочисленные знакомые Шилова звали его не иначе, как Лёвой. Это звучало очень ласково, и скоро мне стало казаться, что только так его и можно звать. Но мне, молодому, называть его Лёвой было бы слишком фамильярно. И я стал звать его Лёвой Алексеичем.

... И ЕГО КЛУБ

Клуб друзей Булата Окуджава, куда я так случайно и счастливо попал, к моменту моего появления существовал, оказывается, уже четыре года. То есть он возник ещё при жизни Булата Шалвовича и даже не просто при жизни, а прямо при нём, в его присутствии. В конце мая 1994 года в здании Литературного музея в Трубниковском переулке два дня чествовали Булата Шалвовича в связи с его семидесятилетием. Называлось это конференцией. Выступали писатели Валентин Берестов, Лидия Либединская, Бенедикт Сарнов, Мариэтта Чудакова, актёры Елена Камбурова, Владимир Качан. Был среди выступавших и Лев Шилов. И он вынес на обсуждение собравшихся недавно опубликованное в газете «Книжное обозрение» письмо профессора-лингвиста из Магадана Р. Р. Чайковского, где тот предлагал объединиться всем почитателям таланта Булата Окуджава. И Шилов тут же подал идею собравшимся — создать клуб любителей творчества Булата. Да что там любителей — друзей! Ведь песни Булата настолько автобиографичны и пронзительны, что всякий полюбивший их находит в биографии поэта что-то настолько близкое себе, что начинает ощущать себя не только другом написавшего такие строки, но чуть ли не родственником.

Впоследствии, когда при Льве Алексеевиче заходил разговор о нём как о создателе Клуба, он всегда поправлял говорившего, отмечая приоритет профессора Чайковского. А мне в этой связи сейчас почему-то вспомнился мой дедушка, которого я в раннем детстве спросил — а кто всё же лучше: Ленин или Сталин? Мне было доподлинно известно, что оба они лучшие из людей, когда-либо живших на земле, но пытливый детский ум требовал математического порядка. И дедушка тогда мне ответил так: «Понимаешь, Ленин задумал, а Сталин сделал». И мне сразу стало ясно, что Сталин всё-таки хоть чуть-чуточку, но лучше...

Понимаю, что «лучший» — это очень бледный эпитет для иллюстрации их исключительности. Гораздо больше мне нравится то, что написал по этому поводу мой друг Леонид Соколов: «Где-то в первом классе, а было это в доисторическом 1963 году, все люди делились на две категории: те, кто писает и какает, и те, кто этого не делает. Например, Ленин, Хрущёв и учителя в школе относились ко второй категории».

Боже, как это меня угораздило провести параллель между профессором Чайковским с Шиловым и Лениным со Сталиным! Нет, надо поаккуратнее с яблочным сидром!

После окончания конференции зрители потянулись записываться «в друзья». Булат Шалвович при этом всём, повторюсь, присутствовал, чувствовал себя неловко, но, наверное, в глубине души ему было приятно. Всего тогда записался 31 человек.

На первом заседании Клуба решали организационные вопросы и договорились встречаться здесь же, в здании Гослитмузея, в Трубниковском переулке, 17, ежемесячно, в первый вторник двадцатых чисел.

Чем занимались эти замечательные друзья-любители? Обсуждали что-то, спорили, приглашали интересных людей. Иногда даже встречались с самим Булатом. Так 18 января 1996 года они взяли у него интервью. Ну, конечно, не всей толпой ввалились к нему домой в Безбожный переулок, а заранее на очередном собрании подготовили вопросы, и с этими вопросами Шилов с Серёжами Филипповым и Авакяном отправились к Булату Шалвовичу.

Летом того же года состоялась ещё одна встреча членов Клуба с Булатом Окуджава. На этот раз они приехали к нему в Переделкино не просто пообщаться. Они привезли первую коллективную работу членов Клуба — макет подготовленной к печати книжки текстов, фотографий и рисунков, запечатлевших вечер поэта в Центральном доме литераторов весной 1981 года[9]. К книжке прилагались две аудиокассеты с записью этого вечера,

---

[9] Запись выступлений сделал Лев Абрамзон. Фотографировал Михаил Пазий (1945–2023).

точнее, с аудиокомпозицией, составленной из двух вечеров (на первый, 21 марта, не смогли попасть все желающие даже из членов Союза писателей, и программа была продублирована 4 апреля). Это был интересный вечер, в котором, кроме самого Булата Окуджава, участвовали ещё Татьяна и Сергей Никитины и пародист Александр Иванов, а вёл программу Эльдар Рязанов.

Работа над книгой с аудиоприложением продолжалась долго. Вообще, перевод устных выступлений в письменную форму — дело непростое, а тут ещё надо было делать выборку из разных вариантов исполнения одних и тех же произведений на двух вечерах, приводить к единому знаменателю нюансы в ответах на вопросы, и по всем этим поводам среди членов Клуба то и дело возникали длительные дискуссии.

Над книгой и аудиокассетами, как значится в выходных данных, работали члены Клуба В. Альтшуллер, В. Арнольд, К. Доквадзе, С. Картушев, Л. Коптева, Н. Лауфер, С. Филиппов, Л. Шилов, С. Авакян, М. Пазий, А. Аверин, П. Малафеев. Булату Шалвовичу книжка понравилась, и 9 мая 1997 года, в день рождения поэта, при поддержке АО «Финтех», где работал Константин Акакиевич Доквадзе, был напечатан тираж в сто экземпляров с приложением аудиокассеты.

Шилов рассказывал:

— Мы с нетерпением ждали возвращения Булата из Парижа, чтобы вручить ему это необычное издание. Но не дождались. Книга оказалась последним прижизненным изданием произведений Булата Окуджавы.

Но это всё было до меня. Я же, повторюсь, появился в Клубе лишь в апреле 1998 года, почти через год после смерти героя Клуба, и из всего Клуба знал пока только Шилова.

Следующее после первого моего появления заседание Клуба друзей совпало с выставкой, посвящённой Булату Окуджава, которую устроил Литературный музей у себя в Трубниковском, 17. Во многом эта выставка была тоже детищем Шилова.

Но с рассказом про выставку мы снова немножко повременим, а пока продолжим про Клуб и его замечательных клубников.

Бизнес мой медленно, но верно умирал, и я без сожаления проводил всё больше времени с Шиловым, усугубляя и без того плачевное состояние моих дел.

Вот думаю я, почему же он тогда так обрадовался моему приходу в Клуб, если у него под рукой давно уже была куча народу? Наверное, дело в том, что никто из членов Клуба в сподвижники ему в полной мере не подходил — по разным причинам.

Старейшие члены Клуба, очень интеллигентные, аккуратные Абрам Вениаминович и Эмилия Ильинична Мили не подходили именно потому, что были старейшими. У них просто не было сил с головой окунуться в это дело. Константин Акакиевич Доквадзе, энергичный, добрый, хороший организатор, вообще всем хорош, но он работает на ответственной должности, и ему не хватает времени. Художник и поэт Сергей Авакян тоже прекрасный человек во всех отношениях, его можно попросить что-то нарисовать, но бегать по инстанциям — не поэтическое это дело.

Единственным, пожалуй, у кого времени и сил хоть отбавляй, был Володя Альтшуллер. К тому же он был самым «продвинутым окуджавоведом» в Клубе, энциклопедически образованным и вообще, как я потом убедился, замечательным человеком. Был и остаётся. Почему же он не стал надёжей и правой рукой Шилова? Ответ прост — Володя очень обстоятельный человек. Что же в том плохого? А плохо то, что Володя ну очень-очень обстоятельный человек. Если, скажем, вы будете иметь неосторожность спросить его, который час, ответ может занять минут сорок, и то, если вы решительный человек и в какой-то момент сумеете вставить «спасибо» и быстрым шагом отойти прочь, не сожалея о пуговице, за которую он вас придерживал. Конечно, своей обстоятельностью Альшуллер не мог не раздражать Шилова, который был склонен к другой крайности и «кавалерийским наскокам».

Через пару лет Володя Альтшуллер как-то раз подошёл ко мне — видимо, уже как к человеку, посвящённому в интимные подробности жизни Шилова, и спросил своим вкрадчивым голосом, не знаю ли я, почему Шилов его так ненавидит, и вообще, не антисемит ли он часом? Меня его предположение очень развеселило, и я сказал, что Шилов вовсе тебя не ненавидит, более того, очень уважает, просто темпераменты у вас разные, и, видимо, чтобы случайно не стать антисемитом, Шилов решил сократить личное общение с тобой до минимума.

Тут нельзя не рассказать о двух сотрудниках отдела звукозаписи, с которыми мне посчастливилось познакомиться буквально в первые же дни нашей с Шиловым дружбы. Они не были самыми лучшими сотрудниками его отдела, просто этих сотрудников было всего двое. Но то, что эти двое были одними из самых замечательных людей, встреченных мной на жизненном пути, это, как говорят теперь, однозначно.

Один — Сергей Николаевич Филиппов занимался собственно фонограммами, другой — Лев Меерович Абрамзон больше внешними, так сказать, сношениями. Оба были не просто неординарными — совершенно потрясающими людьми.

Серёжа Филиппов работал во Вспольном переулке, дом 14, да не просто работал — жил в этом подвале основательно и не испытывая никаких неудобств. Шилов в подвале появлялся нечасто, у отдела звукозаписи было ещё одно помещение в Трубниковском переулке. Но большую часть времени Шилов вообще проводил в Переделкине, в Музее Чуковского. Так что Филиппов во Вспольном был полновластным хозяином. В любое время года он ходил в шортах и сандалиях на босу ногу, даже без майки. На руке его всегда была надета группа часов, нанизанных на один ремешок и показывавших разное время. Но Сергей практически не выходил из своего подвала, поэтому экстравагантность его одеяния бросалась в глаза не всем окружающим, а только посетителям подвала — поэтам, прозаикам, артистам, голоса которых Серёжа записывал.

Меня он почему-то сразу прозвал Махмудычем, но — любовно. Шилов предупреждал, что Серёжа вначале всех любит, а потом, через совсем непродолжительное время и без всякого видимого перехода, сразу ненавидит. Здесь я не могу не возгордиться, ибо в моих отношениях с Серёжей второй фазы так и не наступило, чему больше всех удивлялся сам Шилов. Это тем поразительней, что выступал я как бы конкурентом Филиппова, в отличие от всех, кого он к этому времени возненавидел. С первых дней Серёжа видел: Шилов теперь приходил не один, мы появлялись вдвоём, и в устоявшейся подвальной жизни я не просто принимал участие, но активно предлагал, куда нужно что переставить и чем заняться в первую очередь. Я далеко не сразу, а может быть, только теперь понял, что вёл себя бестактно. Но Серёжа со мной всегда был доброжелателен и весел. Правда, только до порога своей студии, — вот уж там он ничего никому не позволял трогать. А руки мои так и тянулись ко всему, как щупальцы гидры. И тут он приказывал:

— Махмудыч, сядь вот сюда и сиди!

И я послушно садился.

В общем, я Серёжу Филиппова искренне полюбил. Как мы с ним делали набеги на мусорки, я уже рассказывал в самом начале.

Лев Меерович Абрамзон был полной противоположностью Сергею. И не только тем, что не носил шорт и множества часов (кажется, он вообще часов не носил). Это был немолодой уже небольшого роста человек с пышной шевелюрой и окладистой бородой, с не до конца ещё поседевшими волосами, торчавшими в разные стороны и составляющими вместе объём, примерно равный всему Льву Мееровичу, что придавало ему вид старого хасида. Жил Лев Меерович хоть и не в подвале, но трудно, как все советские люди, а ещё и с крохотной зарплатой сотрудника Литературного музея. Шилов говорил, что Лёва практически ничего не ест — то ли с желудком проблемы, то ли не хочет объедать своих близких. При всём этом Абрамзон был очень весёлым человеком, во всяком случае на людях.

Я говорю «был», имея в виду, что речь идёт о том времени, когда мы с ним виделись часто. К счастью, он и сейчас есть, и долгие ему лета. Видимся мы с ним теперь редко, только когда я приезжаю ненадолго в Россию. А вот Сергей Николаевич Филиппов умер 15 сентября 2004 года в возрасте 43 лет ровно через неделю после Льва Алексеевича Шилова.

Итак, Лёва Абрамзон был весёлым человеком, что отчасти роднило его с Филипповым. Правда, в отличие от громогласного Филиппова, Абрамзон произносил свои шутки очень тихо и грустным голосом, усыпляя бдительность слушателя. Захожу как-то к нему, поговорили о том о сём, и вдруг он так заговорщицки мне шепчет:

— А вы знаете, Марат Рустамович, всё-таки действительно во всём виноваты евреи и велосипедисты!

Я, потеряв бдительность, сразу выпалил:

— А почему велосипедисты?!

Тут же понял, что меня «купили», но было уже поздно: Лев Меерович, заливаясь детским смехом и довольно потирая руки, удалялся по коридору. Шилов тоже был любителем пошутить и как-то сказал Абрамзону:

— Вот скажите мне, Лёва, вам что мало быть просто Лёвой, так нет, вы ещё и Меерович! Вы ещё и Абрамзон!

Шилов, видимо, хотел намекнуть, что вот он, Шилов, как человек с чувством меры ограничился тем, что он Лёва.

К слову, для особо интересующихся этой темой могу сказать, что сам Лёва Шилов ни к велосипедистам, ни к другим «виновникам» всех бед никакого отношения не имел. Он просто родился в семье, где к Сталину отношение было, мягко говоря, прохладное. И что же, скажете вы? Причём здесь вообще имена, евреи и велосипедисты? Ну, велосипедисты, как я раньше заявил Абрамзону, действительно ни при чём. А вот имена! В то время, в начале тридцатых годов, многие приверженцы Троцкого называли сыновей Львами, да и не обязательно даже приверженцы, — часто просто из неприязни к Сталину выбирали имя его злейшего врага.

У Филиппова с Абрамзоном отношения были сложными. Это мягко говоря. Правильнее будет сказать, что Филиппов кроткого Абрамзона люто ненавидел и ни от кого этого не скрывал. Вместе их держать было нельзя, поэтому Лев Меерович работал в Трубниковском переулке. Но пятый пункт здесь опять же ни при чём, просто, как и в случае с Альтшуллером и Шиловым, виной всему была разность темпераментов. Абрамзон, конечно, тоже, как и Вова Альтшуллер, был обстоятельным, но не настолько, не настолько... И не этим он был неприятен Филипову.

Главной отличительной особенностью Абрамзона была не обстоятельность, а дотошность. И в этом смысле он был незаменим именно во внешних сношениях. Ну у кого ещё хватит терпения, получивши от чиновника отлуп по какому-либо вопросу, снова и снова напоминать о своей просьбе? Получивши исчерпывающий и не предполагающий новых встреч ответ «зайдите завтра», Абрамзон заходил снова и снова, и завтра, и послезавтра, и на всякий случай ещё в промежутках: утром, в обед и вечером. И всё это с кроткой извиняющейся улыбкой. Самый отпетый хам и бюрократ сдавался.

Для Лёвы не существовало неразрешимых задач. Лишь однажды он потерпел фиаско. Послал его утром Шилов на Горбушку купить новый диктофон, и вдруг тот возвращается вечером ни с чем. Оказывается, Абрамзон довольно быстро, часа за полтора, выбрал нужный диктофон и начал обстоятельно расспрашивать продавца о физических и умственных достоинствах и недостатках приглянувшегося ему аппарата и его родословной. Первые минут пятнадцать продавец радушно или даже радостно удовлетворял любознательного старца. Потом его ответы становились всё суше и односложнее. Продавец попался молодой и хорошо воспитанный, поэтому он так и не стукнул старенького дедушку и даже не заорал, а просто через пару часов беседы сказал, что вынужден отлучиться на несколько минут, и был таков. Наверное, он прятался где-то поблизости и наблюдал за своим павильоном, ожидая, когда, наконец, посетитель уйдёт. Но Лев Меерович честно прождал до вечера, когда рынок уже стали закрывать.

И ЕЩЁ ОДНО ЗНАКОМСТВО

И вот, наконец, наступил тот знаменательный день, когда случилось мне познакомиться с самой вдовой Булата Шалвовича.

В какой-то из выходных я с семьёй был по обыкновению в Музее Чуковского. День был прекрасный, и мы с сыновьями развлекались, вскапывая землю для какой-то грядки.

Вдруг отворилась калитка, и во двор неспешно и величаво вошла женщина. Я её сразу узнал по косичкам, которые уже видел по телевизору. Обычно я не очень обращаю внимание на внешность человека, и вообще зрительная память на людей у меня слабая, из-за чего я частенько испытываю неловкость, когда со мной по-свойски начинает говорить какой-нибудь человек, а я никак не могу вспомнить, где я его видел. Частенько пытаюсь знакомиться по нескольку раз. И нужно что-то экстраординарное, ну, например, рог на лбу, чтобы я запомнил человека с первого взгляда.

И вот этаким «рогом на лбу» у Ольги Владимировны были косички, которые никак не вязались с обликом далеко не юной дамы. Как сейчас вижу: она ВЕЛИЧАВО входит во двор, и вдруг... детские косички.

Ольга Владимировна уже прошла чуть не полпути к домику, где обитал Лёва Алексеич, а её всё никто не встречал. Я продолжал ковыряться лопатой в земле на довольно приличном расстоянии, позволяющем делать вид, что не замечаю никаких изменений в окружающем ландшафте. И тут, наконец, откуда-то из-за домика вынырнул Шилов и, широко улыбаясь, неспешно двинулся навстречу гостье, радушно раскинув руки. Сойдясь, они облобызались, из чего я заключил, что они старые добрые друзья.

Подруги: жена Льва Шилова Нина и жена Булата Окуджава Ольга

Поговорив минутку с гостьей, Шилов подозвал меня и представил.

Потом-то я понял, что он специально тогда её пригласил, чтоб показать ей меня, поскольку вынашивал какие-то далеко идущие планы, о которых я тогда ничего не знал. Этакие смотрины устроил.

На близком расстоянии Ольга Владимировна поразила меня ещё больше: она была не просто величава — было в ней что-то царственное. Говорила она низким голосом, без модуляций и акцентов. Кого-то она мне очень напоминала, но тогда я так и не понял, кого. Много позже, когда у нас в Клубе выступала Галина Корнилова и рассказывала о том, как она приводила чету Окуджава в гости к Ахматовой, я, наконец, это понял: Ольга Владимировна удивительно походила на постаревшую Ахматову — и статью, и низким голосом. И говорила она так же неспешно и значительно. Меня могут спросить, откуда я так хорошо помню Ахматову? Очень просто: голос её я слышал на записях Шилова, а стать видел на его же фотоснимках. Только вот косичек у Ахматовой не было.

Тогда я удивился такому сходству, а потом, значительно позже, мне подумалось, что Ольга Владимировна специально это сходство вырабатывала.

Нас познакомили. Она была чрезвычайно благосклонна и доброжелательна. Шилов занялся своими делами, а мы с Ольгой Владимировной продолжили беседу вдвоём, прогуливаясь по тенистым дорожкам Музея Чуковского. Она делилась со мной издательскими планами, рассказывала, что скоро должны выйти четыре тома романов Булата Шалвовича, с воодушевлением обсуждала будущие книги. Через несколько лет, действительно, эти книги вышли в так называемом «ситцевом» оформлении. Ещё Ольга Владимировна рассказывала, что Алексей Иващенко и Георгий Васильев собираются выпустить диск лучших бардовских песен и планируют вставить туда четыре песни Булата Шалвовича (впоследствии выяснилось, что речь шла о будущем бардовском проекте «Песни нашего века»).

Всё было очень мило. Ольга Владимировна была мила. Я был очень мил. Некоторая неловкость возникла лишь тогда, когда я попросил разрешения сфотографировать её вместе с моим сыном, которого, как и её мужа, тоже зовут Булат. На это она вдруг решительно, если не резко, заявила, что вообще никогда не фотографируется.

Ну, нет так нет. Потом мы все вместе пили чай и продолжали вести неспешную благодушную беседу...

Пройдёт немного времени, и я буду бывать у Ольги Владимировны в гостях в её московской квартире. По делам, конечно, но и водочкой иногда она меня угощала.

ВЫСТАВКА В ЛИТЕРАТУРНОМ МУЗЕЕ

Наконец мы добрались до давно уже анонсированной выставки. 18 июня 1998 года в здании Литературного музея в Трубниковском переулке открылась выставка, посвящённая Булату Окуджава. Много экспонатов для выставки Литмузей у себя нашёл по сусекам, но ещё больше взяли на время у друзей и родных виновника торжества. К сожалению, некоторые из друзей потом мне говорили, что им вернули не всё.

На пресс-конференции директор музея Наталья Владимировна Шахалова рассказала о том, как выставка создавалась:

> Выставка строится не по хронологическому принципу, а по тематическому и духовному настроению. Большая заслуга в создании выставки нашей заведующей отделом советской литературы XX века Анны Рудник, которая руководила созданием этой выставки. Она и художник Юрий Решетников нашли какой-то образ, созвучный поэзии Булата Окуджавы. Мы хотели, чтобы это не бытовая выставка была, чтобы здесь присутствовал дух Булата.

Не обошла вниманием Наталья Владимировна и давно уже витавшую идею создания музея:

> Сейчас идёт очень серьёзный разговор о том, что нет музея Булата Окуджавы, и я думаю, что эта выставка может стать основой для создания в Москве такого музея. На Арбате есть много замечательных мест, залов, и было бы очень хорошо, если бы Юрий Михайлович Лужков выделил бы какие-то помещения для такого музея.

После Шахаловой выступила Анна Эмильевна Рудник:

> Я добавила бы совсем немного к тому, что сказала Наталья Владимировна. Было очень трудно делать экспозицию, посвя-

щённую человеку, который так недавно ушёл, которого считаешь своим близким современником — ведь прошёл всего год. Когда мы начинали, у нас было какое-то двойственное чувство. Казалось, всё будет очень просто, а оказалось, нет — вдруг выяснилось, что даже мы, сотрудники Литмузея, выросшие на его песнях и стихах, очень мало о нём знаем. И нам хотелось, чтобы после нашей выставки Булата Шалвовича ещё раз послушали и ещё раз прочитали. И открыли что-то для себя, чего раньше не видели.

И перед тем, как перейти к вопросам журналистов, Шахалова сказала ещё несколько слов:

— В конце выставки есть специальный зал, подготовленный Львом Алексеевичем Шиловым и его отделом, там собраны очень интересные, уникальные материалы, кадры, аудиозаписи. Там можно посидеть, посмотреть всё, а потом, может быть, вам захочется вернуться и ещё раз посмотреть выставку.

И тут, расшифровывая аудиозапись пресс-конференции и дойдя до этого места, я вспомнил забавный случай, связанный с этим «специальным залом». Это, собственно, не зал какой-то был, а просто в последнем помещении, если память мне не изменяет, уже под лестницей на второй этаж стоял компьютер, набитый мною всякими аудио-, видео- и фотофайлами по теме выставки. Не просто так набитый, конечно, как мешок Санта-Клауса, а мой друг Иван Григорьев, замечательный программист, сделал удобную и красивую оболочку или, как говорят компьютерщики, интерфейс. Да, получилось очень здорово — любой желающий мог легко найти всё, что его заинтересует. Но забавное случилось потом, через несколько лет после выставки. Как-то раз я в интернете наткнулся на эту самую программу, которую мы сделали с Ваней Григорьевым, но там уже появился неведомый правообладатель, который строго остерегал от пиратства. А как-то я встретил в интернете свою фотографию (в смысле, сделанную мной), которая тоже, оказывается, уже поменяла хозяина.

Самый первый вопрос журналистов директору Гослитмузея опять касался будущего музея Булата Окуджава:

— Скажите, пожалуйста, есть ли план открыть музей в Переделкине?

Наталья Владимировна ответила:

> Нет, плана такого нет, но писатели обратились в правительство с письмом с тем, чтобы в Переделкине сделать музей на даче, где он жил и где его супруга Ольга Владимировна сохранила всё, как было при жизни Булата Шалвовича. Там маленький домик, там прелестный небольшой кабинет, в котором он работал.
>
> Конечно, было бы хорошо создать там музей, но мне думается, что всё-таки создание музея — дело непростое и надо очень много чего сделать, чтобы его открыть. Конечно, в Переделкине он будет несколько по-другому смотреться, и я предлагаю — я и с Ольгой Владимировной говорила, и с некоторыми писателями, и в нашем министерстве — что может быть, пока, чтобы сберечь то, что там есть, сделать там пока частный музей. Такая практика в мире существует.
>
> Литературный музей может помочь и с экспозицией, и с сотрудниками, вплоть до того, что там будут дежурить наши сотрудники, да и Клуб друзей Булата Окуджавы никогда не откажется помогать этому музею. Сделать же государственным этот музей сейчас я не представляю себе возможным, учитывая, что на сегодняшний день все филиалы Литмузея существуют только благодаря энтузиазму, терпению и просто подвигу наших музейных работников. Потому, что сейчас нам всё очень сложно — и реставрация, и оплата всех аренд и коммунальных услуг, я уж не говорю о научной деятельности.

Наконец, пресс-конференция закончилась и все вышли во двор музея, где продолжилась церемония открытия выставки. Выступали министр культуры Н. Л. Дементьева, политик С. Н. Юшенков, художник Б. А. Мессерер, режиссёр М. Г. Розовский, писатели В. П. Аксёнов и А. А. Вознесенский, и через два года ставший академиком В. В. Иванов.

Приведу заключительные слова Вячеслава Всеволодовича Иванова:

> Последняя наша долгая встреча с ним была в Переделкине. Булат был в очень дурном настроении, в последние годы он часто бывал в депрессии, и мы как-то в Переделкине почти целый день просидели с ним во дворе музея Чуковского, разговаривали. Он не хотел уходить и говорил, что чувствует безысходное одиночество. Грусть, конечно, свойственна поэтам, входит составной частью в их мироощущение, но здесь дело было не в его лирических переживаниях.

Через три дня после открытия выставки, 21 июня 1998 года, мы собрались всем Клубом там же, на выставке, и провели очередное заседание. Гостей было сразу трое: школьные друзья Булата Зураб Казбек-Казиев и Филипп Тер-Микаэлян, дружбу с которыми он пронёс до конца своих дней, и журналист и поэт Михаил Поздняев («последний хороший советский поэт», как написал о нём мой друг Владислав Кулаков). Друзья Булата рассказывали много интересного. Поздняеву тоже было что рассказать — оказалось, что он не только общался с Булатом Шалвовичем как журналист, но и дружил в детстве с Игорем, сыном Булата, умершим в один год с отцом.

«Последний хороший советский поэт» умер рано, к сожалению, в 2009 году в возрасте пятидесяти шести лет. Понимаю, что не к месту, но не могу удержаться и не привести здесь одно из стихотворений Михаила Поздняева:

ЭЛЕГИЯ,
навеянная статьёй,
в которой автор назван был
последним хорошим советским поэтом,
что и не знаешь, как понимать:
как приговор или как амнистию

Я последний хороший советский поэт
(написал в «НЛО» Кулаков).
Я поскрёбыш, осадок, подонок, послед,
я посол из страны дураков.
Я селёдка балтийская, пряный посол,
в Бухаре, в чайхане, в ноябре
серебром отливает мой тесный камзол,
борода и усы в серебре.
<...>
И поэтому я после первой пою,
что бывают названья у зим,
а приняв по второй, почему-то пою
про «зелёное море тайги»,
а последний стакан опрокинув, пою:
«Артиллерия бьёт по своим», —
и, держа его перед глазами, пою:
«Не сдаются «Варягу» враги!»

Я последний хороший советский балет,
я последний троллейбус и звёздный билет,

бочкотара, последний звонок.
И последний хороший советский предмет
размещён у меня между ног.
<...>
Мой последний читатель! Шампанским залей
и заешь бомарше свой зевок.
Потому что совок я по крови своей,
и поймёт меня только совок.

Я потому не смог удержаться, что это ведь и про меня стихи — не в том смысле, что я тоже хороший поэт, а в смысле двух последних строчек.

«...ЕСЛИ Б КАЖДЫЙ ИЗ СОГРАЖДАН ДАЛ МНЕ ПО РУБЛЮ»

В один из дней начала лета «заседание» Клуба было назначено на даче Булата. Во дворе всё заросло чертополохом или чем-то другим, в ботанике я слаб. Предстояло очистить территорию будущего музея. Работали весело, как на первом ленинском субботнике. Было ощущение праздника. Обсуждали, как нам устроить музей. Напрашивалось, что в старом доме будет мемориальная часть, а в новом — экспозиция и выступления гостей.

На участке, как уже было упомянуто, было два строения, одно старое, собственно, дача Литфонда, а другое — новое, построенное Булатом Шалвовичем для сына, как сказала нам вдова. Старое было очень уж неприглядное (определение О. Чухонцева), а новое, хоть и деревянное тоже, но добротное, красивое, только-только построенное.

Логичнее было, казалось бы, не новый дом строить на маленьком участке, а старый переделать. Сначала я не понимал, какими соображениями руководствовалась семья Окуджава, строя новый дом на не принадлежащей им территории, — хозяин был уже очень нездоров, и сомнительно было, что они успеют достроить дом раньше, чем их выселят. Так, собственно, и получилось, пожить в новом доме они не успели ни дня.

Но идея эта до меня дошла позже. Хозяйке, оказывается, представлялось, что новый отдельный дом, построенный не за деньги Литфонда, а за свои, позволит им не выезжать из писательского посёлка после смерти самого (как правило, год давался после смерти писателя для освобождения дачи), а остаться в нём навсегда. Потом я получил подтверждение своих догадок от самой вдовы — она рассчитывала, что Литфонд пойдёт на компромисс, разделив участок пополам.

Самого хозяина, как рассказывают, не очень интересовала эта стройка, всем руководила его жена, а в техническом отношении стройку курировал ближайший друг Булата архитектор Зураб Казбек-Казиев. Он и спроектировал новый дом.

Члены Клуба работали, конечно, с энтузиазмом, но что мы могли, кроме как рвать траву и мыть полы? Рукастых среди нас не оказалось. Пришлось мне вызвать своего троюродного брата Рифката Галина — электрика, сантехника и проч. Работа ему предстояла долгая, и я посулил ему сто долларов в месяц из своего кармана. Поселили Рифката мы прямо в будущем музее, чтобы его ничего не отвлекало. Он и не отвлекался — работал с раннего с утра до позднего вечера, благо летом световой день длинный.

Рифкат вырос в деревне, у него были «золотые руки», но при всей драгоценности рук Рифката, нужны были материалы, чтобы их строгать, пилить и приколачивать, а без денег материалов не дают.

С деньгами было напряжённо, хотя до нас доходили слухи, что кто-то где-то сколько-то пожертвовал на музей. Рассказывали, что Сергей и Татьяна Никитины пожертвовали выручку от своего концерта в зале «Россия», вроде бы целых пять тысяч долларов. Всё это было передано Региональному фонду Булата Окуджавы, президентом которого была вдова поэта О. В. Арцимович. Ольга Владимировна в замужестве фамилии не поменяла, но подписывалась обычно как Ольга Окуджава.

Не знаю ничего про пять тысяч, но триста долларов Ольга Владимировна нам действительно «для музея» выдала, на покупку ковролина в новый домик. Правда, на покупку машины гравия, чтобы сделать дорожки во дворе, Лев Алексеевич Шилов уже свои деньги из дома принёс.

Вообще, этот Региональный фонд оказался весьма и весьма загадочной организацией. Иногда я в газетах и журналах встречал страстные призывы жертвовать Фонду деньги на строительство музея, подкрепляемые цитатой:

И если б каждый из сограждан
Дал мне по рублю — всего лишь,
Дал мне по рублю — всего лишь,
Дал мне по рублю,

> *Я б себе купил однажды*
> *То, чего люблю, конечно,*
> *То, чего люблю, а как же!*
> *То, чего люблю.*

Помимо этого, доводилось иногда читать в периодике, что да, таки Региональный фонд, не зная роздыху, трудится на ниве создания музея. Ничего не могу сказать, не видел. Шилова видел, Рифката видел, а Фонд не видел.

Ну да ладно.

Шилов наметил открытие музея через два месяца, и надо было торопиться.

Проще всего было со старым домом. Там только снаружи надо было что-то подделать, подкрасить, а внутри мы решили почти ничего не трогать. Чуть не написал, что мемориальная часть музея, то есть домик, в котором жил и работал Окуджава, не претерпела никаких изменений. Но это не совсем так и не по нашей вине. Изменения коснулись стены кабинета, где были развешаны фотографии милых хозяину людей.

К счастью, мы ещё в первое посещение домика с Хироко догадались сфотографировать и заснять на видео обстановку кабинета, так что, если когда-нибудь у работников музея возникнет желание, можно будет всё восстановить как было при жизни Булата Шалвовича.

Так вот, к открытию музея стена с фотографиями непостижимым образом претерпела некоторые изменения: исчезли портрет старшего сына Игоря, большое фото Беллы Ахмадулиной, ещё что-то, а взамен появились дополнительные фотографии Ольги Владимировны. А когда я посетил музей уже через пару лет после своего отлучения, с изумлением заметил, что к автопортрету Елены Камбуровой какой-то «шутник» прикрепил под ручку с куклой плюшевого крокодила. Я не удержался и спросил экскурсовода, что сие должно означать. Та не нашлась, что ответить, и предположила, что так было всегда, но к следующему моему посещению музея крокодил всё-таки исчез.

За несколько дней до открытия музея, 10 августа 1998 года, в Политехническом музее был вечер памяти Булата Окуджава. Мне этот вечер запомнился тем, что там я познакомился с известным каэспэшником и замечательным человеком Виктором Шлёмовичем Юровским, ставшим потом моим близким другом.

Постепенно восполнялись мои пробелы в знакомстве с Клубом самодеятельной песни и его деятелями. Буквально через несколько дней после открытия музей посетил руководитель КСП Игорь Каримов, признавшийся мне, что на самом деле он Ильдар. Знакомство было приятным, прощаясь, Игорь велел обращаться к нему, если потребуется какая-то помощь.

Открытие музея Шилов во всеуслышание пообещал 15 августа, и я чувствовал себя, как Остап Бендер после окончания последней шахматной партии в Васюках, — побьют. Ну, какое 15 августа, когда тут ещё конь не валялся, начать да кончить!

Я был уверен, что ещё минимум пару месяцев надо всё строить и готовить. Но авантюрист Шилов был как никогда весел и на мои увещевания не горячиться внимания не обращал.

На счастье Рифкат не только обладал золотыми руками, но ещё и делал всё с невероятной скоростью. Маленький, шустренький, ладненький, он мельтешил тут и там так, что рябило в глазах. За считанные дни он сколотил длиннющий стол для посетителей, занявший чуть не половину участка, кучу лавок, скамеек, выкопал большую яму в углу участка, где соорудил элегантный деревянный деревенский туалет, в новом доме наделал полок и стеллажей для экспонатов. Оставалось только наполнить их содержимым. С экспонатами тоже проблем не было, у нас уже было много книг, афиш, фотографий... Основную часть их составили коллекции Шилова, Клуба друзей, я принёс всё, что у меня было. Ольга Владимировна тоже кое-что дала. В музей была перевезена вся библиотека Клуба, богатая фонотека оригинальных записей Булата Окуджава, видеотека... Что-то приносили друзья, соседи Булата, в частности, Ирина Ришина.

Ближе к середине августа Шилов всё-таки сдвинул на неделю открытие музея, но всё равно никому не верилось, что в намеченный день 22 августа музей будет открыт. Шилов же был невозмутим. Чем ближе был день открытия, тем чаще в будущем музее появлялась и подолгу не уходила соседка Ирина Исааковна Ришина. Не вдаваясь в конкретные дела, она приняла самое деятельное участие — всем давала дельные советы, и её пронзительный голос слышен был то тут, то там.

Мы с Шиловым привезли из Литературного музея копировальный аппарат, дубликатор кассет, телевизор и видеомагнитофон. Причём всё это не было собственностью Гослитмузея — это было куплено заранее специально для будущего музея Булата Окуджава на средства Фонда Сороса, грант от которого на 10 000 долларов получил член нашего Клуба Константин Акакиевич Доквадзе.

А чуть позже, уже после открытия музея, 10 000 долларов от того же Фонда Сороса получил и я — «на технику для создания аудиовизуального и фотографического фонда материалов, связанных с творческим наследием Булата Окуджава». Эта техника нам очень пригодилась для оцифровки и сохранения сотен фотографий, аудио-, видео- и других документов.

Низкий поклон Джорджу Соросу за его огромную поддержку российской культуры!

Мы тогда даже специально наш Клуб в юридическое лицо оформили, чтобы иметь счёт в банке, на который планировали получить соросовские денежки. Обстоятельства вылетели у меня из головы, но, кажется, все эти старания не пригодились. Мне помнится, что грант я получил как физическое лицо.

Во всяком случае, когда я через год, как положено, представил в Фонд отчёт об использовании гранта, там, зная, что я уже не в музее, поинтересовались, где теперь купленная на их деньги техника. И когда я сказал, что осталась в музее, мне ответили строго: «Это вы напрасно, грантополучатель — вы, стало быть при вас всё должно было и остаться».

А к чему мне всё это добро, оно отслужило своё. Помню, там был один из первых цифровых фотоаппаратов — громоздкий и дорогой SONY. Сейчас мало кто поверит, но носителем информации у него была 3,5-дюймовая дискета, на которую помещалось всего 3-4 фотографии! Как же улетела в космос техника за какие-то двадцать лет!

С утра до ночи мы делали какие-то копии с автографов, сканировали негативы, расставляли экспонаты.

Нужно ещё было наделать чего-то, что гости музея могли бы купить и унести с собой. И им приятно, и нам какая-то копеечка для музея. Я накопировал штук сто кассет с песнями. Эти-

Обложки брошюры

кетку для них делал на ксероксе, предварительно склеив макет из вырезанных слов и картинок. Шилов таким же образом сделал буклет музея на обычную страницу формата А4, которая должна была складываться втрое, как письмо. Их мы тоже штук сто или даже двести сделали.

А потом я вообще на книжку размахнулся! Я заметил, что многие стихотворения у Булата Окуджава посвящены Белле Ахмадулиной, а у неё, соответственно, ему. И придумалось мне двойную книжку сделать. По-моему, это аллигат называется.

С одной стороны моя книжка открывалась обложкой «Белла — Булату», а с другой — «Булат — Белле». Брошюру я снабдил большим количеством иллюстраций, и так мне самому эта книжка понравилась, что я не удержался и в выходных данных «скромно» себя обозначил как составителя — Г. И. Затулин.

Л. А Шилов, пролиставши книжку, крякнул удивлённо и где-то даже досадливо:

— Ну, уел!! Вот ведь гад! Уел...

Потом увидел имя составителя и хмыкнул насмешливо. Наконец, ещё разок перелиставши книжку в разных направлениях, он заявил уже серьёзно, что пора мне свои книги писать, а не чужие составлять.

Я тогда счёл это за шутку, но оказалось, что эта мысль прочно угнездилась в его голове, и он всё чаще стал мне напоминать, что я не своим делом занимаюсь, имея в виду бизнес. В этой части мне не особенно было чего возразить, потому что, увлекшись музеем, я сильно поостыл к своему бизнесу и он, соответственно, ко мне тоже. И мне всё чаще приходилось вставать в пять, а то и в четыре часа утра «побомбить» на своей «Волге», чтобы на завтрак детям купить молочишка.

Тираж первого, на принтере и на ксероксе выполненного, издания Белла-Булатовской книжки в количестве 100 экземпляров практически весь на корню был скуплен Борисом Мессерером по 20 рублей за книжку, когда они с Беллой Ахатовной приезжали в музей выступать.

Последние дни перед открытием музея работали почти круглосуточно. Особенно много сделали Е. Азимова, К. Доквадзе, Н. Зарудная, Э. Миль, Н. Пьяниченко. А Сергей Авакян создал серию картин на темы стихов Булата Окуджава, которые очень украсили двор музея.

Разбирая груду старых газет и журналов, которые хозяйка дома собиралась выбросить, мы обнаружили на последней странице обложки журнала «Новый мир» черновой автограф стихотворения об этом самом «фанерном домишке». Журнал с автографом и стал смысловым и эмоциональным центром экспозиции.

ПЕРВЫЙ ГОСТЬ И ПОСЛЕДНИЕ ШТРИХИ

Перед самым открытием к нам заглянули Анатолий Жигулин с супругой. Они привезли с собой новую книгу Анатолия Владимировича в дар музею. С ними общался Шилов, а я, чем-то занятый, слышал их разговор только мельком. По счастью, Шилов не забыл включить диктофон, и содержание их разговора не кануло в лету. Говорить Анатолию Владимировичу было уже нелегко, но он с удовольствием рассказывал и даже пел. Выступать в музее публично он наотрез отказался, поэтому рассказ его вкратце приведу по записи.

Вначале Жигулин попытался вспомнить, когда он вообще услышал имя Булата, и помнилось ему, что это чуть ли не в 1955 году было. Мне эта дата кажется маловероятной, ибо Анатолий Владимирович говорил, что впервые услышал Булата с магнитофонных плёнок.

А лично они познакомились в 1963 году, когда Булат жил в Ленинграде, а Анатолий Жигулин в составе группы поэтов от «Молодой гвардии», в которую входили так же Владимир Цыбин, Олег Дмитриев, Анатолий Поперечный и старый ещё калужский друг Булата Николай Панченко.

> Весёлая была такая командировочка. Это осенью было, как раз под ноябрьские праздники. Первое наше выступление было в театре «Эрмитаж». Я читал свой «Лагерь», то есть уже известные теперь стихи: «Кострожоги», «Бочка», «Дуб», «Забытый случай», «Как задавили стукача», «Кладбище в Заполярье», «Побег», «Сны»... И Булат был в зале. Я имел грандиозный успех... Панченко сказал, что это мой персональный вечер получился. Ну, конечно, такая тема, тем более в 63-ем году...
> Потом к нам за сцену подошёл Булат Окуджава:

— Здравствуйте, Анатолий Жигулин! Я потрясён вашими стихами. А прозу вы пишете? Ведь вы должны писать хорошую прозу.

Я говорю:

— Да, понемногу занимаюсь, понемногу пишу...

Как раз «Чёрные камни» я уже тогда начинал, какие-то записи, наброски делал...

Потом я рассказал ему, как отношусь к его творчеству, спел ему несколько его песен. А потом мы все вместе сидели за столиком и выпивали...

Затем Анатолий Владимирович напел Шилову песню Булата «Музыкант в лесу под деревом наигрывает вальс» и вспомнил, как в восьмидесятые годы написал на эту песню вариацию или пародию, которая понравилась Булату:

Музыкант в лесу под деревом наигрывает вальс,
И уже листы берёз поблёскивают ржаво.
Что касается меня, то я прослушиваю вас
И не могу наслушаться, маэстро Окуджава.

Когда мы поселились в одном доме в Безбожном, теперь уже вновь Протопоповском переулке, мы часто общались. Моя квартира 59-я, а его 60-я, один этаж на лифте проехать — и пожалуйста, мы рядом. Был такой обычай: как кто что-то написал — звонить. Вот звонит Булат и говорит:

— Толя, поднимись, я тебе новую песенку спою.

У нас он спел впервые песню о Высоцком. Ещё не было музыки, не пел он, а читал стихи. Я их сразу запомнил. И Чухонцев у нас был тогда.

Как-то я ему прочитал стихи: «Чёрный ворон, белый снег», и они ему очень понравились, он их часто повторял и говорил:

— Как это хорошо, как это здорово, Толя, — «Чёрный ворон, белый снег»!

И я ему сказал:

— Булат, это я тебе посвящаю. Они очень тебе подходят, по-моему.

Булат ответил:

— А у меня тоже есть тебе посвящённая песенка, тоже про ворона.

И Анатолий Владимирович спел песню Булата «Примета».

Ещё Жигулин вспомнил, как его выручил Булат, когда в диссидентские семидесятые он подписал письмо в защиту кого-то, и тут же последовала кара — сняли с производства готовые книги в «Советском писателе» и в «Молодой гвардии».

В буфете ЦДЛ, где грустный Жигулин стоял в очереди за ста граммами, к нему подошёл Булат и сказал:

— Толя, говорят, ты трудно живёшь сейчас...

— А что?

— Да вот, я слышал, у тебя сняли с печати две книжки...

— Да, это так...

— А у меня книжка как раз вышла. Давай я тебе дам денег.

«И он дал мне денег. Сколько — не помню. Но по тому времени много, и в общем-то это нам помогло».

Это, к слову, не единственная такая история. Позже аналогичную историю рассказал нам Юрий Карякин.

И под конец Анатолий Владимирович спел Шилову свою «Колымскую песню»:

> Я поеду один
> К тем заснеженным скалам,
> Где когда-то давно
> Под конвоем ходил.

Как-то вечером мы стояли с Ольгой Владимировной на крыльце мемориального дома, и она мне давала указания по дальнейшему юридическому оформлению музея. Физическое открытие музея должно было вот-вот состояться, а может, уже и состоялось, я не помню точно. Среди прочего она сказала, чтобы я не забыл написать заявление в телефонный справочник, чтобы нас вставили, а также нужно дать информацию о музее на какой-то сайт в интернете, где собраны все музеи. Нужна подробная информация с указанием фамилии директора.

— А кто у нас директор-то? — поинтересовался я.

— Как кто? Вы!

Чуя недоброе, Ирина Исааковна Ришина давно уже крутилась рядом, что-то подметая вокруг наших ног, и видно было, что последние слова её неприятно поразили. Но она справилась с собой и подошла с улыбкой:

— Оля, а литературным директором давай буду я! Буду организовывать вечера, я всё-таки всех знаю, мне не откажут.

Потом Ирина Исааковна сетовала в разговоре с кем-то на странный выбор Ольги Владимировны — ведь я даже не был членом Союза писателей!

С каждым днём всё чаще к нам наведывался комендант писательского посёлка Ю. М. Гольдин и стращал, что за самоуправство мы будем наказаны. В один из последних дней перед открытием музея он снова явился, ругался и пригрозил, что сейчас пойдёт за милицией. К счастью, в последние дни почти всё время у нас находились какие-то корреспонденты из газет и журналов, и, услышав, что скоро прибудет милиция, они очень обрадовались. «Давайте, скорее ведите милицию», — веселились они, предвкушая вкусный репортаж.

Последнюю ночь почти не спали. На рассвете всё было готово.

Информационную поддержку завтрашнее мероприятие тоже получило. За два дня до открытия музея — 20 августа в газете «Известия» появилась короткая заметка «Дом Окуджавы открывает двери» о предстоящем открытии первого народного музея.

Откликнулись на предстоящее событие и другие СМИ.

ОТКРЫТИЕ

На следующий день, 22 августа, с раннего утра к музею стали стекаться люди. Ещё накануне мы развесили по всему посёлку стрелочки с короткой надписью: «К Булату», и нас было нетрудно найти.

Люди шли от железнодорожной платформы «Мичуринец», от станции «Переделкино», из переделкинского Дома творчества и из соседних домов. Собирались группами, тихо разговаривали, ждали начала. Во дворе, под тентом — длиннющий стол с самоваром, пряниками, бутылками с пивом. Всем понятная цитата потом будет символически продолжена: в «склянки тёмного стекла из-под импортного пива» поставят красные розы — правда, увы, искусственные. И цвести «гордо и неторопливо» они будут условно.

Огромный тент позаимствовали на время в музее Чуковского. Рядом у стола поставили прозрачный куб из стекла — копилка. Копилка постепенно заполняется десятками, пятерками, рублями... Это те самые народные деньги, на которые будет существовать музей.

Ровно в 12 часов дня на импровизированную трибуну, в которую было превращено крыльцо дома, поднялся Лев Шилов. Позвонив в колокольчик, он провозгласил открытие музея и предоставил первое слово Фазилю Искандеру. Фазиль Абдулович засмущался:

— Я не ожидал первого слова: здесь есть люди, которые гораздо больше сил употребили для того, чтобы этот музей был открыт. Я полагаю, что здесь будет не просто музей, а место, где будут собираться писатели, часто вспоминая об ушедших старых друзьях, которые так много сделали для нашей литературы.

Я здесь несколько раз бывал у Булата. Он очень любил это место, это уединение. Огромное количество своих произведений он написал здесь. Я полагаю, что для искренних любителей творчества Булата место это будет прекрасным и в какой-то мере священным, и мы не раз здесь встретимся.

Журналисты потом отметят, что порядок выступлений, по-видимому, заранее не составлялся. Так и было — Ирина Ришина просто объявляла тех, кто ей на глаза попадался, поэтому всё происходящее воспринималось как домашний праздник.

За Искандером вышла Инна Лиснянская:

Я очень рада, что открыт этот музей в доме, где последнее время жил и работал Булат Окуджава — давний мой друг. В этом доме мы не однажды встречали Новый год. Многие правильно считают, что сюда не зарастёт народная тропа. Я прочту «Первую поминальную», которую я написала вскоре после того, как Булат от нас ушёл.

> Там семистороннее
> лунных струн движение,
> там не раз с иронией
> вспомним наши бдения.
> Юность поднадзорную,
> младость подцензурную,
> дружбу многоспорную
> да весёлость бурную.
> Вспомним, как на Соколе
> с алкогольной тарою
> мы по лужам шлёпали
> за твоей гитарою.
> Незабудки походя
> выливали дождики.
> Где же наши, Господи,
> локоны и ёжики?
> Жизнь полураздетая,
> правда недобитая,
> песня недопетая,
> чаша недопитая.

Затем выступали Вячеслав Иванов, Анатолий Приставкин, Юрий Карякин, Лев Разгон. Они говорили об уникальности Булата и о счастье быть его современниками, выпавшем нам.

Давний друг Булата Окуджава Станислав Рассадин, работавший вместе с ним ещё в издательстве «Молодая гвардия» в пяти-

Открытие музея

десятые годы, улыбнувшись, отметил, что «говорить перед людьми, которые собрались здесь, занятие бессмысленное, потому что мы все думаем одинаково. И это тот редкий случай, когда единомыслие прекрасно».

Тем не менее Станислав Борисович продолжил своё выступление:

> Когда мы узнали о смерти Булата Окуджавы, то несколько человек мне сразу сказали: наступил конец эпохи. Это очень страшно звучит — действительно, как будто бы его уход подвёл черту. Но проходит время, и начинаешь понимать, что эти слова исполнены самой живой, трогательной благодарности и самого замечательного, извините за это слово, оптимизма. Эпохи уходят, чтобы оставаться. Все эпохи русской культуры кончаются, чтобы остаться с нами и уже точно никуда от нас не деться. Слава богу, что — во многом благодаря Окуджаве — замечательная, сложная, странная, глупая, нелепая эпоха шестидесятых останется навсегда.

Актёр и режиссёр Михаил Козаков сказал, что если в этом доме будут проходить вечера поэзии — ради одного этого уже стоило бы создавать этот музей:

— Хотя сам Булат отнёсся бы к такому иронически, точно так же, как и его друг, поэт Давид Самойлов. Они, наверное, сейчас улыбаются, глядя на нас.

Затем Михаил Козаков прочитал стихотворение Булата Окуджава, посвящённое Михаилу Козакову.

Ещё один давний друг Булата кинорежиссёр Пётр Тодоровский рассказал о том, что ему посчастливилось ежедневно общаться с Булатом Окуджавой в течение двух-трёх лет, когда они писали сценарий к фильму «Верность», ставшему его режиссёрским дебютом.

Для Булата это были трудные годы — его не издавали, он занимался переводами. Это было на Украине, на Одесской киностудии. И первый секретарь обкома, такой жлобина, Синица, на объединённом пленуме сказал: «Мне доложили, что на Одесской студии появился какой-то Окуджава, антисоветчик. Так вот, я хочу предупредить руководство студии, чтобы я не видел и не слышал эту Окуджаву!»

Пришлось снять фамилию Окуджава с титульного листа, он шёл под фамилией «Андреев».

Свои старые стихи, 1981 года, посвящённые Булату Окуджава, прочитала Тамара Жирмунская:

> Мы — поколенье унесённых ветром.
> Куда ни кинь, разлуки и распад.
> Мир не в себе, и только Небу ведом
> всех передряг конечный результат.
> И я склонялась мыслями к отъезду,
> ждала чего-то с жаром и тоской.
> Но, точно кошка привыкает к месту, —
> привыкла я к Москве, срослась с Москвой.
> Не завела я ни икон старинных,
> ни ваз — что мне таможенный досмотр?
> Но мамина могила, пять былинок,
> кто их посадит в землю и польёт?
> Я не стяжала ни мехов, ни злата,
> в одной руке багаж свой унесу.
> Но жалко было покидать Булата
> и нескольких родных по ремеслу.
> Нет, я к виску не приставляла дуло —
> лишь леденела с головы до пят...
> Две чаши у весов — перетянула
> та, где Москва, и мама, и Булат.

> Меня пытают: что всё это значит?
> Туда... Сюда... Россия — не вокзал!
> По мне хорошая дубинка плачет.
> Ну, а Булат иное мне сказал.
> Познав любовь, и веру, и надежду,
> не страшно в самом яростном огне.
> И сбросила я прежнюю одежду,
> и свет Преображения на мне.

Предоставляя слово главному режиссёру театра «Школа современной пьесы» Иосифу Райхельгаузу, Ирина Ришина напомнила, что это в его театре впервые широко отмечался юбилей Булата Шалвовича — семидесятилетие:

> Это был совершенно необыкновенный праздник, какого не могло быть в прежние времена. Чествование Булата Окуджавы транслировалось на Трубную площадь, где собралось огромное количество людей. В этом же театре 12 июня, в скорбный день, Иосиф Райхельгауз снова собрал тех, кто любил и любит Булата.

Как оказалось, режиссёр приехал на открытие музея неожиданно для себя, случайно услышав по радио, что в 12 часов здесь соберутся люди и откроется этот дом. Приехал вместе с мамой, одетый по-домашнему, и совсем не собирался выступать. Сказал, что благодарен судьбе за то, что она подарила ему возможность бывать в этом доме и что последние пять или шесть лет он встречал здесь старый Новый год в небольшой компании вместе с Булатом Шалвовичем.

Иосиф Леонидович пообещал, что каждый год 9 мая будет проводить день Булата Окуджава в своём театре на Трубной площади, и как показали последующие годы, не обманул.

Затем вышел поэт Евгений Храмов:

> Я узнал Булата в 56-м году. Вот и прочту первое стихотворение Булата, которое я услышал. Это стихотворение он читал на занятиях литературного объединения «Магистраль». Хотя там были очень хорошие поэты, как-то сразу повеяло настоящим:
>
> *Год сорок первый. Зябкий туман.*
> *Уходят последние солдаты в Тамань.*
> *А ему подписан пулей приговор.*
> *Он лежит у кромки береговой,*
> *он лежит на самой передовой:*
> *ногами — в песок, к воде — головой.*

> *Мутная волна наползает едва —*
> *приподнимается слегка голова;*
> *вспять волну прилив отнесёт —*
> *ткнётся устало голова в песок.*
> *Эй, волна! Перестань, не шамань:*
> *не заманишь парня в Тамань...*
> *Отучило время меня дома сидеть.*
> *Научило время меня в прорезь глядеть.*
> *Скоро ли — не скоро, на том ли берегу*
> *я впервые выстрелил на бегу.*
> *Отучило время от доброты.*
> *Атака, атака, охрипшие рты...*
> *Вот и я гостинцы раздаю-раздаю...*
> *Ты прости меня, мама, за щедрость мою.*

Несмотря на такое громкое заявление, время не отучило Булата от доброты. И когда я вижу вас сейчас — у вас у всех прекрасные лица, такие же прекрасные, как были на Арбате год с лишним назад на его похоронах. Тем, кто смотрит сейчас телевизор, иногда становится страшно. Я тоже боюсь, что вместе с Булатом ушла не эпоха даже, но как-то уходят те ценности, которые он отстаивал. Я боюсь, что вместо «возьмёмся за руки, друзья» будут слышаться другие выражения: «а это его проблемы», как теперь часто говорят. Странно быть в музее человека, с которым ты совсем недавно разговаривал, общался... Этот музей, к которому, надеюсь, «не зарастёт народная тропа», поможет нам сохранить то, что было дорого и ценно для Булата.

Меня очень тронуло, что Евгений Львович с 1956 года помнит не песню даже — стихотворение другого поэта. Мы подружились с ним, и впоследствии я мог убедиться, что он не к случаю стихотворение подучил — он его часто читал, безошибочно и без шпаргалки, даже когда я у него дома бывал.

Политик Сергей Юшенков, с которым судьба меня через короткое время тоже осчастливила дружбой, сказал:

> Сегодня Юрий Щекочихин мне сказал, что утром здесь собиралась группа нацистов, которые хотели сорвать наш праздник. И я подумал: «Боже, а ведь действительно, нет на земле такого человека, у которого есть только друзья. У всех, наверное, есть враги. И, слава богу, что у Окуджавы именно такие враги — очень мерзкие, которые и мне ненавистны. Я думаю, они ненавистны всем здесь присутствующим. Хотя слово «ненависть» не очень уместно, когда говоришь о великом поэте.

Ф. Искандер и С. Юшенков на открытии музея

И что ещё меня поразило — все эти разговоры о том, что нельзя здесь создавать музеи, что здесь должны жить другие писатели. Наша страна такая «маленькая», у нас действительно очень «мало» места, и нам надо так экономить наши площади?

Мне кажется, что чиновники, занимающие высокие посты, просто живут прежними представлениями — считают, что они должны распределять, они должны указывать, кто как должен жить, что должен писать и где должен быть музей, а где не должен. Жаль, конечно, что эти кабинеты занимают не друзья Булата Шалвовича.

Затем слово дали драматургу Юлиу Эдлису, знавшему Булата ещё с 43-го года. Юлиу Филиппович был немногословен:

Когда он вернулся с фронта после ранения, мы вместе занимались в Тбилиси в литобъединении при газете «Молодой сталинец». Так вот, за прошедшие пятьдесят пять лет я ни разу не слышал, чтобы Булат говорил о том, что он пишет песни. Он говорил: «песенки». И если бы Булат при жизни услышал, что будет музей, он бы усмехнулся в усы и пожал худыми плечами. Кроме всего прочего, Булат был наделён замечательным чувством вкуса, и это ему мешало видеть себя на пьедестале. И очень хотелось бы именно сегодня, когда мы почтительно и с любовью открываем этот музей, чтобы для каждого из нас Булат, как всегда, не стоял на пьедестале, а стоял рядом.

С Юлием Филипповичем у меня тоже в ближайшем будущем будет много интересного и даже забавного, правда, из-за моего свинства закончилась эта дружба горько. Но не будем торопить события.

Поэт Олеся Николаева вспоминала:

> Мне ещё раз хочется сказать о любви. Булат Шалвович был человеком, которого невозможно было не любить, и каждый любил его по-своему. Он дружил с моим отцом, и я знала его с детства. Поэтому отношения наши были окрашены удивительными детскими и игровыми интонациями.
>
> Мы много путешествовали вместе, ездили на праздник поэзии в Гренобль и Париж. Это был 1988 год, только-только открылись границы, и казалось, что вот сейчас эта лазейка захлопнется и больше ничего не будет. Поэтому все поэты, которые туда поехали, были, как дети, — мы всё время колобродили, играли в какие-то игры.

Я не стану здесь приводить выступление Олеси Николаевой полностью, чтобы не повторяться. Через полгода она выступит в музее сольно, там и поговорим подробней.

После Олеси Николаевой слово взял Михаил Федотов, недавно ещё постоянный представитель России в ЮНЕСКО. Он с чувством говорил о том, какую большую роль в создании музея и преодолении всяческого сопротивления властей сыграл Фонд Булата Окуджава, членом попечительского совета которого он, Михаил Федотов, имеет счастье состоять.

Для меня это стало откровением — я, как уже говорил, и ведать не ведал, что этот Фонд имел какое-то отношение к созданию музея. Да и самого Федотова видел в первый раз в жизни.

Ещё Федотов сказал, что член конституционного суда Эрнест Аметистов подарил музею записи, сделанные им в 1981-м году и призвал всех последовать его примеру и приносить в музей всё, что связано с именем Булата Окуджава.

Я не понял, о какой кассете шла речь, так как её тоже не видел. Видимо, он передал её через Ольгу Владимировну, а она забыла. Вообще, мне потом не раз доводилось слышать от разных людей, что они что-то такое дарили музею, о чём я узнавал только от них.

Затем вспоминал писатель и историк Игорь Волгин:

> Булата очень любила провинциальная интеллигенция. Я вспоминаю 64-й год. Поскольку нельзя было посылать только его, бюро пропаганды посылало бригаду поэтов, и, конечно, народ приходил на Окуджаву. Театры в Новосибирске, Казани, Куйбышеве были полны. И контакт между залом и Булатом был потрясающий.

Культурный атташе посольства Израиля в России писатель Шамай Голан бывал в этом доме и раньше. Он сказал, что для него большая честь быть здесь сегодня, что он всегда считал Окуджава совестью русского народа. «Окуджава принадлежит не только вам, он принадлежит всему миру». В конце своего выступления Шамай Голан прочитал стихи Булата Окуджава «Простите пехоте» в своём переводе на иврит.

Ещё он принес в дар музею антологию русских поэтов в переводе на иврит, среди которых Вознесенский, Слуцкий, Симонов и Окуджава.

Юрий Черниченко сказал, что Булат сделал из него шестидесятника, как папа Карло сделал своего Буратино. И он, Черниченко, так же, как полено в руках папы Карло, сначала очень сопротивлялся этому.

Ещё много прекрасных людей с замечательными словами выступили в этот день на открытии музея. Среди них Феликс Светов и Леонид Жуховицкий, Лидия Либединская и Игорь Губерман, Ярослав Голованов и Юрий Щекочихин...

Сразу после этого стихийного митинга музей начал работать, как и подобает музею — то есть начались экскурсии. Экскурсоводами были только что выступавшие друзья поэта. Первую группу повёл Евгений Храмов.

Праздник открытия музея продолжался до позднего вечера. Экскурсии проходили непрерывно сразу в нескольких комнатах основного дома и флигеля. Гости гуляли по двору, пили чай (и не только), пели, читали стихи.

На следующий день, в воскресенье, праздник продолжился. В новом музее снова было многолюдно: пришли и те, кто был вчера, и множество новых гостей.

Были одноклассницы Булата Шалвовича, знавшие его с четырнадцатилетнего возраста, были соседи по дому на Краснопресненской набережной, в котором больше сорока лет назад Булат недолго жил с мамой. О Булате Шалвовиче рассказывали Валентин Оскоцкий, Наталья Крымова и другие замечательные гости.

Экскурсии по музею и беседы в выставочном зале вели члены Клуба Е. Азимова, Н. Зарудная, Л. Коптева, Э. и А. Мили, Л. Шилов и примкнувшая к ним Ирина Ришина. Мне очень нравилось проводить экскурсии. Иногда случались забавные вещи. Однажды приехал на экскурсию целый класс школьников, и не маленьких уже, но одна девочка, увидев в кабинете Булата Окуджава портрет Пушкина, поинтересовалась, дружили ли они между собой.

ПЕРВЫЕ БЛИНЫ КОМОМ

На следующий день музей проснулся, что называется, знаменитым. Вчерашнее открытие не прошло незамеченным. Сюжеты об открытии прошли по основным каналам телевидения: ОРТ, РТР, НТВ, по каналу «Культура». Не говоря уже о газетах.

«Комсомольская правда» 25 августа написала о сложностях, связанных с открытием музея, о противодействии Литфонда, которому принадлежит дача писателя, об угрозе коменданта посёлка опечатать дом, о писателях-очередниках, об оставшихся без ответа письмах в высокие инстанции с просьбой создать музей и о том, что открывшийся несмотря ни на что музей Окуджавы — это первый народный литературный музей — «тёплый, домашний и светлый».

Жалко, что газетчики в погоне за «вкусными» фактами не брезгуют непроверенными. Насколько мне известно, председатель Литфонда Владимир Фёдорович Огнев, нежно относившийся к Булату Окуджава, никогда не противодействовал созданию музея. Тогда, в разгар борьбы за музей, Огнев, помню, передал нам через Леонида Жуховицкого, что Литфонд согласен сдать этот домик в аренду Гослитмузею, если Гослитмузей сделает его своим филиалом.

В «Новых Известиях» также от 25 августа в рубрике «У телеэкрана с Еленой Кацюбой» в конце заметки под названием «А шарик летит» сообщалось, что «наконец-то открылся музей Булата Окуджавы», что «растущая смена графоманов может остаться без дач, а писательский посёлок превратится в заповедную зону». Автор утверждала: «Книга Булата Окуджавы написана не нотами и не буквами. Она пропета», и «не стоит зацикливаться на музеях, мемориальных досках и памятниках, потому что Окуджава пел не для музеев, а для живых людей».

Леонид Жуховицкий в газете «Вечерний клуб» написал «о музее на тесной дачке Окуджавы в Переделкино», «где хозяин сам варил кофе для друзей, и, прощаясь, махал рукой с крыльца». Автор назвал открытие музея праздником добра, сказав, что хотя нет ни средств, ни нужных законов, ни прецедента, музей есть, потому что в России есть один-единственный Булат Окуджава. «Незнакомых много, а чужих нет — все свои. Три с лишним десятилетия песни Булата были для честных людей паролем — паролем и остались». Музей этот, считает Жуховицкий, возник только потому, что «взялись за руки».

Так же доброжелательно и тепло о событии в писательском городке писали и другие газеты.

В один из первых дней после открытия музея приехала Елена Камбурова. Она с удовольствием побродила по даче Булата и немного повспоминала:

> В первый раз я услышала плёнку Булата Окуджавы в Москве, в каком-то доме. Очень плохая запись была. Не могу сказать, что песни меня ошеломили. Может быть, потому что трудно было разобрать текст.
>
> А потом, совершенно случайно, в первый же мой приезд в Ленинград композитор Кирилл Акимов меня повёз к нему с Олей. Тогда только что родился Буля — больше всего мне запомнился Буля в коляске.
>
> Мне очень хотелось бы, чтобы здесь появился такой экспонат — он много делал таких вещей: ему не писалось какое-то время, он брал кусочек деревяшки, наклеивал много газет, чтобы так кругленько получилось, и делал такие картинки — вырезал из журналов какие-то лики, просто картинки или портреты — в основном старые, 18-го века, чтобы было ощущение старины. И после этого он их лаком покрывал, а по бокам — красной или чёрной краской. Получалось что-то вроде старинных миниатюр. Это меня так поразило, что я тут же начала делать такие же.

Я удивился, как похоже у нас с Еленой Антоновной произошло знакомство с песнями Булата Окуджава. Ведь при первом прослушивании я тоже воспринял их прохладно и тоже потому, что трудно было разобрать текст.

Уже до открытия музея стало ясно, что заседания Клуба в Гослитмузее в Москве нам теперь проводить ни к чему. Да и не сможем мы разорваться. А в новом музее мы сможем не один раз в месяц, как прежде, а каждую субботу мероприятия проводить.

Первый гость в музее выступил уже через неделю после открытия, 30 августа. Правда, это была не суббота, а воскресенье. Гостьей была Белла Ахмадулина. Народу собралось уйма! Сергей Филиппов специально привёз из Литмузея видеокамеру (это потом, на соросовские денежки мы купим свою), спросил, умею ли я ею пользоваться и, получив утвердительный ответ, отбыл восвояси, в подвал во Вспольном переулке. Японская камера SONY была почему-то перемотана советской синей изолентой, но, зная Серёжу, я не стал ничему удивляться и ни о чём спрашивать.

Белла Ахатовна запаздывала. Все с напряжением ждали: приедет — не приедет, приедет — не приедет. Наконец к воротам подъехала машина, из неё вышел Борис Мессерер и помог выйти супруге. Они потоптались немного у машины, а потом он взял её под руку и повёл в музей. Белла Ахатовна шла с трудом, была не в лучшей форме, но в прекрасном настроении. Я поспешил подхватить её под другую руку, и мы пошли втроём, делая остановки, во время которых Белла Ахатовна произносила длинные и замысловатые монологи. По пути она успела мне поведать, что в её фамилии, так же, как и в моей, потеряли одну букву «л», а Борис Асафович успел посетовать, что татарское иго до сих пор никак не кончится — сил больше никаких нет это терпеть!

Это самое первое «сольное» выступление в музее мне запомнилось плохо, и тому была причина. Наш «народный умелец» Филиппов камеру, оказывается, модернизировал, примотав к ней изолентой другой микрофон, получше, чем родной, на камере. И перед началом записи там надо было переключить специальный тумблерок, чтобы запись звука шла именно с этого хорошего микрофона. Иначе ни один из микрофонов, ни родной, ни пришлый, работать не станут. Но поставить меня в известность о существовании тумблера Серёжа забыл.

И я весь вечер с этой камерой, как дурак, ходил за Беллой Ахатовной и записывал. А записывалось только изображение. Почему, как дурак, понятно, а почему я ходил за ней вместо того, чтобы сидеть спокойно и слушать выступление гостьи? А потому, что выступления никакого и не было — она ходила по музею и рассказывала. В общем, первый блин вышел, как положено, комом.

А я, когда записываю кого-то на камеру или диктофон, особенно не вникаю в услышанное, рассчитывая потом всё просмотреть и прослушать в спокойной обстановке. Вот и получилось, что почти ничего из того выступления я не помню. Помню только разговор в неформальной обстановке в кабинете Булата Шалвовича, где она рассказывала историю коллекции колокольчиков. Оказывается, это она подарила ему самый первый колокольчик, сопроводив подарок стихами. Белла Ахатовна не без труда, но всё же нашла, как ей показалось, тот самый первый колокольчик и вспомнила стихи, какими она сопроводила подарок:

Я Булату подарила однажды колокольчик, с этого и начались все другие колокольчики. У этого колокольчика был яркий, абсолютно точный звон.

Когда суровый барин хочет
Призвать ленивого слугу...
Как быть, Булат?
Вот колокольчик.
Ты позвони.
Я прибегу.

А потом все стали дарить колокольчики. Мой был такой медный, с ручкой. Слуг-то вызывали таким, с ручкой — барыня лежит и звонит... Мой был очень хороший, а главное, первый. Вот этот похож. Я их несколько ему подарила потом.

Сохранились и другие какие-то слова, что говорила в тот день Ахмадулина. Слова несколько сумбурные, но пытаться причесать речь Беллы Ахатовны выше моих сил:

Кем приходится нам Булат Окуджава?
Я догадалась давно. Его осанка, его повадки, его голос обозначили некоторое новое время. Может быть, оно не станет лучшим для нас.
Я очень люблю шутки, мои и Булата Шалвовича шутки, потому что остальное излишне.
Когда Булату Шалвовичу исполнилось 60 лет, он зашёл ко мне и говорит:
— Как ты думаешь, они не могут мне насильно орден дать?
Я говорю:
— Нет, Булат, нет, что ты, для этого надо заполнять какую-то анкету...
Никто орден Булату тогда не дал. Да и зачем ему?

Для Булата Шалвовича, не получившего и не искавшего никакой награды, тогда, в День Победы, жизнь ещё была в начале. Он приехал в Тбилиси, учился в Тбилисском университете... Но как сын врагов народа он всё-таки опасался ареста.

У Булата Шалвовича очень интересно совпадает всё то, что он говорит... — я не буду говорить о нём в прошедшем времени никогда — всё совпадает с... вот... — бояться или не бояться? На войне — бояться или не бояться?

Незадолго до 12 июня прошлого года он сказал:

— Смеяться — не значит смерти не бояться.

Или когда ему предстояли какие-то медицинские... участия, он всегда шутил и говорил, что, «да, ведь мне палец порежут, я уже боюсь». Но на самом деле это был совершенно бесстрашный — бесстрашный человек.

Когда Булат Шалвович был учителем русского языка в Калуге, чего он боялся? Вот 1 мая праздник был, а он себе перешивал брюки, потому что с учениками идти как-то страшно было ему, стыдно, что лохмотья на брюках... Вот и подшивал, сидел и подшивал.

У Булата Шалвовича интересная связь вот с этой техникой, которую я не понимаю. Тогда в Калуге, когда Булат Шалвович учительствовал и учил русскому языку (он будет всегда нас учить языку и смеху), он в какой-то случайной лотерее выиграл такой маленький, наверное, отвратительный на вид зелёный предмет... Это был радиоприёмник. И с помощью этого предмета Булат узнал, что умер Сталин. И он догадался, что его матушка Ашхен Степановна, которая сидела в лагере, вернётся из заключения. И прошло какое-то время, Ашхен Степановна вернулась, была реабилитирована.

Прошло ещё какое-то время, и Булат Шалвович поехал в Париж, что было довольно удивительно: где Калуга, а где Париж, где лагерь, а где Париж? У него было мало денег, и он там купил другой предмет, который называется магнитофон. Но при выходе из магазина в Париже он уронил его, и этот магнитофон разбился. Продавец сказал: «Мы сможем его заменить». И ему дали другой. И я ему сказала:

— Это наверняка связано с тем зелёным отвратительным предметом, по которому ты услышал, что умер Сталин.

Надо сказать, что с Беллой Ахатовной впоследствии я общался не раз, бывал у неё дома, и вышеприведённая её речь, пожалуй, была самой стройной и логичной из всего, что я услышал от неё.

Действительно, после подарка Ахмадулиной многие друзья и даже незнакомые люди стали дарить Булату колокольчики. Очень трогательный подарок сделала маленькая дочка Ярослава Голованова. Сходив на ёлку, она вернулась с новогодним подар-

Б. Ахмадулина в музее. Слева направо: И. Ришина, Б. Ахмадулина, М. Гизатулин, Л. Шилов, Р. Галин, Ю. Карякин, Б. Мессерер

ком — конфеты в полиэтиленовой емкости серо-грязного цвета в виде колокольчика. Конфеты она съела, а колокольчик сохранила и, приехав к отцу в Переделкино, сразу сказала:

— Папа, пойдём подарим мой колокольчик дяде Булату!

До этого она уже бывала у дяди Булата в гостях, видела, какая у того замечательная коллекция колокольчиков, и ей захотелось сделать ему приятное, внести свою лепту.

Когда она торжественно вручила свой «колокольчик» дяде Булату, тот страшно растрогался, тут же отдарил её настоящим бронзовым колокольчиком и надписал ей свою книгу.

Мы вошли в колею будничной жизни. Каждый день, без всяких выходных с утра до вечера мы принимали гостей и водили экскурсии. Параллельно продолжали что-то доделывать, работали над экспозицией. Рифкат начинал свой рабочий день с первыми лучами солнца и заканчивал затемно — мелькал то тут, то там, что-то ремонтировал, что-то приколачивал...

Но в конце недели нас ждал праздник — к нам в гости приходили друзья Булата — те, кто знал и любил его, кому было что вспомнить. Эти встречи мы так и назвали — «В гостях у Булата». Афиши вывешивали заранее, и пришедшие сегодня могли видеть, кто будет выступать через неделю.

Осень выдалась тёплой и сухой, и наши «встречи выходного дня» продолжались на улице за столом под красивым тентом, который Музей Булата Окуджава в лице своего директора Гизатулина не торопился возвращать владельцу. А владелец тента Музей Корнея Чуковского в лице своего директора Шилова не напоминал.

На столе самовары, на портрете Ольга Владимировна работы Серёжи Авакяна. «Дама на портрете».

Через неделю после Ахмадулиной в музее выступали «Иваси» — Алексей Иващенко и Георгий Васильев. Их выступление оказалось вторым блином из тех, что комом. Не в том смысле, что выступление было неудачное — тут-то всё в порядке. Но кассета с их выступлением сразу же куда-то пропала, и этого вечера я тоже не помню в силу несовершенства своего ума и памяти.

«Иваси» хоть и не близко, но были знакомы с Булатом Шалвовичем и рассказали, как были здесь однажды, пели хозяину свои песни и очень волновались. Теперь они снова пели в этом доме. Народу собралось очень много, разных поколений. Много было студентов, главным образом, из МГУ.

Заканчивая выступление, Георгий Васильев поблагодарил за музей Льва Алексеевича и Марата. Шилов хотел было поправить, что спасибо Булату, мол, но Васильев настаивал на своей версии.

Неожиданно появился ещё один гость — актёр Валентин Никулин. Он уселся вместе с остальными зрителями под тентом и, будучи в тот день не слишком пьян, замечательно слушал и живо реагировал.

В конце его попросили тоже выступить, и он экспромтом прочитал два стихотворения Булата Окуджавы — «Мы убили комара» и «Прощание с новогодней ёлкой».

С Никулиным я познакомился за год до этого, когда после вечера памяти Булата Окуджава в театре Райхельгауза Валентин Юрьевич вывалился из служебного входа в состоянии грогги и растерянно озирался по сторонам, не узнавая улицу и город. Мне ничего не оставалось делать, как подогнать к нему машину, усадить и отвезти домой.

С тех пор мы с ним близко и тепло общались.

«ПИВО ПЬЁТ ДИРЕКТОР»

Практически сразу, с первого выступления, была заведена практика чаепитий. После выступления гостя все садились пить чай за длинный стол во дворе, и в неформальной обстановке выступавший гость вспоминал что-то интересное, что ускользнуло от его внимания или было сочтено малоинтересным во время основной части.

Так было, пока было тепло. Зимой чай стали пить в помещении, и из-за тесноты приглашались за стол, конечно, уже не все.

Первое время в посёлке регулярно, чуть не каждый день пропадал свет. Иногда на несколько часов, иногда до следующего дня, и это очень мешало, потому что работалось обычно до глубокой ночи. Я почти совсем переехал жить в музей, и без света было скучно — спать вроде рано, а делать ничего нельзя.

В начинающихся сумерках в доме было уже совсем темно, и я выходил во двор и сидел, пытаясь раскладывать что-то по папочкам, пока быстро сгущающаяся темнота не отнимала и эту радость.

Однажды сижу я так в сумерках и вижу: машина подъезжает к воротам, «девятка». Кого это, думаю, бог послал нам в такой час, а было, наверное, уже полдесятого, совсем вечер. Подошёл я к калитке, а это, оказывается, Олег Митяев приехал. Он расстроился, что света нет:

— Можно, — говорит, — мне зайти, хоть во дворе побыть немного?

Обрадовался я нежданному гостю и отвечаю:

— Да что во дворе, пойдём в дом, у меня фонарик есть, всё увидим.

Митяев никуда не торопился, и я от души попотчевал его своей экскурсией.

А через несколько лет довелось мне услышать такую песню Олега Митяева:

> В доме в Переделкино отключили свет,
> А Булата Шалвыча вот уж год как нет.
> У крыльца музейного, руки в рукава,
> Пиво пьёт директор, да шумит трава.
>
> Мы пойдём с директором в тихий кабинет
> Посмотреть с фонариком фото на стене,
> Он про всё рассказывать станет в тишину:
> Про войну, про маму и первую жену.
>
> Отключили свет в доме,
> Тенью дом повис в небе,
> Словно человек помер
> И глаза уткнул в темень.
>
> Я не стану спрашивать и перебивать,
> Буду только вежливо слушать да кивать
> И смотреть, как кружится над его столом
> Всё, что не дописано стареньким пером.
>
> А запах молока и дыма
> И голос дорогой вдали.
> Всё плывет стволов мимо
> И тает в голубой дали.
>
> Мы допьём с директором пиво. Помолчим.
> И в осенних сумерках тихо посидим...
> Всё ещё наладится, и подключат свет,
> А Булата Шалвыча здесь не будет. Нет.

Всё в этой песне достоверно описано, за исключением одного — пиво пил я один. Я, конечно, предложил Олегу, но он, сославшись, что за рулём, отказался.

А 1 сентября Клуб принял участие в празднике «День города». Мы собрались в сквере у Никитских ворот и три часа пели под предводительством Володи Альтшуллера. К нам подходили прохожие и тоже включались в общий хор. В том числе подошёл Сергей Кириенко, ещё неделю назад бывший премьер-министром России, и долго и вдохновенно пел вместе со всеми.

«И В ГЕРМАНИИ МЫ ПОБЫВАЛИ, И ВО ФРАНЦИИ!»

12 сентября в музее выступал Константин Ваншенкин. В этот же день в музей случайно заехал Анатолий Гладилин. Не выступать заехал и не выступление Ваншенкина послушать, а случайно, незадолго до начала выступления Ваншенкина. Наверное, был в гостях у кого-то в Переделкине, а заодно и музей решил посмотреть. И не один заехал, а с дочерью Аллой и с внуком Сашей. Шилов был хорошо знаком с Анатолием Тихоновичем, поэтому сам показывал музей гостям.

Тем временем подъехали Ваншенкин с дочерью Галиной и присоединились к импровизированной экскурсии. Шилов удвоил энергию гостеприимства:

— Ваншенкин достойно представлен у нас в музее, но мы надеемся, что он ещё нам добавит. Каждый день что-то новенькое у нас появляется! Вот вчера наш замечательный Марат Гизатулин поехал и совершил небольшую кражу в доме Приставкина — фотографию с его стола. Это комитет по помилованию[10]. Так что музей практически каждый день пополняется благодаря друзьям и современникам Булата!

Я теперь совсем не помню подробностей своей поездки в гости к Приставкину, но совершенно уверен, что ничего я у Анатолия Игнатьевича не крал — он сам дал мне эту фотографию для музея. Шилов пошутил.

Однако он своей шуткой что называется накаркал — меньше, чем через год из музея меня попёрли, обвинив среди прочего и в воровстве. Но не будем забегать вперёд.

---

[10] Анатолий Приставкин возглавлял Комиссию по помилованию при президенте РФ (1992–2001).

Домушник втирается в доверие к бесхитростному писателю

Лев Алексеевич продолжал витийствовать:

— Одна комната у нас — альбомная. Вот альбом, посвящённый Белле Ахмадулиной. Один мальчик, влюблённый в неё, снимал её с 1959 года по 1981, и эти фотографии и составили этот альбом.

— Я даже знаю этого мальчика, — не удержался я.

Кстати, когда мы с Шиловым уходили из музея, он ничего своего, кроме этого альбома, забирать не стал. Видимо, не хотел расставаться со своей любовью. Но неожиданно, приехав домой, то есть в Музей Чуковского, он отдал этот альбом мне, перелистав его на прощанье.

Шилов наконец отпустил гостей, и Гладилин подошёл к Ваншенкину:

— Ты сегодня выступаешь?

— Да.

— Извини, я с детьми и внуками просто на десять минут сюда заскочил, не знал, что ты будешь. Я вообще в Москву на неделю приехал. Очень тихо, по семейным делам. Между прочим, с большим интересом читаю твои статьи в «Литгазете». Особенно по поводу того, что сейчас делается с русским языком.

Они тепло попрощались, и Гладилины направились было к выходу, но по пути разговорились с посетителями музея о жи-

Алла и Анатолий Гладилины рассматривают шиловский альбом с фотографиями

вущих во Франции художниках Олеге Целкове и Оскаре Рабине. Все вышли во двор и ещё основательно там задержались — до самого начала выступления Ваншенкина, которое тоже проходило во дворе.

Гладилин начал рассказывать, как оказалось, что его дочь стала одной из последних, кто был рядом с Булатом в последние часы его жизни в военном госпитале в пригороде Парижа Кламар:

— Она оказалась там случайно, потому что в 11 вечера в панике нам позвонила Оля и сказала, что Булату очень плохо и она не знает, как оставаться ночью около Булата одной, потому что сама она никакого языка не знала. Мы её успокоили — сейчас позвоним Алле, она живёт в пяти минутах от госпиталя, она приедет и поможет Ольге общаться с врачами. Госпиталь военный. Порядки строгие, мы позвонили в комендатуру госпиталя и сказали, что Булат Окуджава нуждается в переводчике. Они разрешили.

Дальше рассказывала Алла:

> Я пришла ночью, когда у него началось резкое ухудшение, он начал задыхаться. Дело в том, что они ему давали кортизон большими дозами. Медики мне объяснили, что астматику дают в больших дозах кортизон, иначе он просто задохнётся. И чем тяжелей становилось состояние больного, тем больше ему давали кортизона, и в конце концов у него от этого началось внутреннее кровотечение. Меня поразила Оля. Как она держалась, как она

входила к нему в палату, и у неё на лице не было какой-то жалости или слабости. Она входила просто с сияньем на лице, а он к ней тянулся, как ребёнок к матери.

Снова заговорил Анатолий Тихонович:

А я ничего этого не знал и на следующий день просто по каким-то своим делам попал в этот район и решил заехать, узнать, что там происходит. Выяснилось, что Алла домой так и не возвращалась, до сих пор в госпитале.

В палату я заходить не стал, увидел через стекло, как у постели Булата сидит Оля и пять врачей разговаривают с Аллой. Это был последний раз, когда я видел Булата. После этого Булата увезли в реанимацию, где рядом с ним была только Алла до самого момента, пока его не усыпили.

Снова включилась Алла:

Врачи долго боролись за его жизнь, они его не усыпляли до последнего момента потому, что понимали, что проснуться он уже не сможет. Но чем дальше, тем ему становилось хуже. Он лежал с кислородной маской, но задыхался всё больше и больше. Он очень мучился. И его усыпили, потому что без этого он умер бы от удушья. Надежды не было никакой.

Улучив момент, Алла сбегала ненадолго домой пообедать. В это время у них был дома знакомый французский врач, и Алла рассказала ему про Булата и спросила, какие у больного перспективы. Врач выслушал её и сказал, что когда у человека астма, то его можно лечить тем-то, но только, если у него нет язвы желудка. Алла сказала, что язва есть. Тогда врач предположил, что в таком случае можно попробовать то-то, но только если нет ещё и такого-то заболевания. Алла ответила, что такое заболевание тоже есть. Тогда врач сказал, что сейчас есть какое-то совсем новое лекарство. Вероятность успеха небольшая, но можно попробовать. Но это только если у больного нет ещё и такого-то заболевания. Алла сказала, что это заболевание тоже есть.

Врач помолчал, а потом сказал:

— Сейчас медицина может очень многое, иногда врачи делают чудеса. Но одного они не могут — отменить смерть.

Алла продолжала:

За три дня до болезни, так стремительно унесшей его в могилу, он был у нас в гостях, и это был последний его весёлый вечер. Он пришёл и с порога потребовал крепкой водки. Мы ему ответили:

— Пожалуйста, водка у нас есть. Толя Приставкин как раз недавно привёз какую-то очень хорошую кремлёвскую водку.

— Нет, мне нужна крепкая водка! Я боюсь простудиться, а мне этого нельзя!

Окуджава не зря боялся инфекции. Похоже, что он заразился от Копелева, с которым встречался за неделю до этого в Германии. У Льва Копелева было воспаление лёгких, и он умер через неделю после Булата Окуджава.

И ещё Алла вспомнила, как после всего случившегося Ольга Владимировна чуть было не пожалела о поездке:

— Зачем же я его вывезла? Может быть, надо было сидеть дома, чтобы он не заразился... Зато какая поездка была! И в Германии мы побывали, и во Франции!

«В НЁМ СОЧЕТАЛИСЬ ЛЮБОВЬ К ОБЩЕНИЮ И ТЯГА К ОДИНОЧЕСТВУ»

На этом Гладилины откланялись, а я, пока оставалось несколько минут до выступления Ваншенкина, составил ему компанию. Я попытался выяснить, как давно они знакомы с Булатом, но Константин Яковлевич не помнил:

— Да практически сразу, как он приехал из Калуги, мы и познакомились. Конкретных обстоятельств я не помню. Никаких песен он тогда не писал, и все очень удивились, когда он вдруг запел. И многие были очень возмущены поначалу, даже очень хорошие поэты.

Я, добрый следователь, попытался напомнить имена:

— Твардовский. Смеляков...

— Твардовский долго об этом даже и не знал, а вот Смеляков, Луконин восприняли так, что будто он хочет на гитаре в поэзию въехать. А я с самого начала понял: то, что Булат делает, — это замечательное искусство. Что это очень высокого уровня. А авторская песня — всё это, конечно, муть, все эти слёты, их он и сам не переносил, хотя в глаза часто похваливал.

Следователь в моём лице подлил масла в огонь:

— Тут у нас неделю назад Иващенко и Васильев выступали, рассказывали, как они показали Булату Шалвовичу несколько своих песен и он, вроде, их в пух и прах разнёс.

Константин Яковлевич обрадовался:

— А Дольский такой есть в Ленинграде! Мне однажды дали на рецензию его рукопись, я читаю... Как-то разбросано всё, не чувствуется за этим автор, и где-то там он между прочим Булата упоминает. Я позвонил Булату и думаю: пусть он сам сначала выскажется, и если Дольский Булату дорог, я сквозь зубы похвалю его в рецензии. А Булат, как услышал, сразу заявил:

— Это ужасно!

Я взгрустнул, что таким мерзким провокатором уродился, но Ваншенкин, к счастью, вернулся к тому, как ненавидели Булата:

— А композиторы? А музыканты как его ненавидели! А он, между прочим, замечательную музыку, на мой взгляд, писал. Мелодии его просто потрясающие. Много лет назад он подарил мне кассету, выпущенную в ФРГ, где просто звучала его музыка в исполнении маленького оркестрика. Это было замечательно! И пластинки он мне дарил, и французские, и шведские, когда у нас его пластинки ещё не выходили.

Дальше Константин Яковлевич собрался мне поведать о чём-то совсем другом:

— Он очень хорошо готовил и любил это делать...

Но тут оказалось, что пора начинать мероприятие, и из динамиков зазвучала песня на стихи Ваншенкина «Как провожают пароходы». Вслед за песней Ирина Исааковна Ришина двинула кратенькую вступительную речь. О том, что музей у нас народный, потому что создан народом. И ещё что это музей для друзей. Наконец, она перешла непосредственно к гостям:

— Константин Яковлевич и Булат дружили долгие годы. А дочь его Галина — прекрасный художник, и две книги Булата: «Чаепитие на Арбате» и «Упразднённый театр» оформлены Галиной Ваншенкиной.

На этом Ришина речь свою закончила, и на сцену вышел Константин Ваншенкин и сразу огорошил:

> Тут звучала песня на мои стихи. В общем, представлять и меня, и мою жену Инну Гофф, как авторов песен, не совсем правильно. Она, в первую очередь, замечательный прозаик.
>
> Но та, что сейчас звучала, песня!.. Её написал замечательный композитор Аркадий Островский, он взял мои стихи из сборника. Но ему непременно нужен был припев, и он сочинил это дурацкое: «Вода, вода, кругом вода», чем привёл меня в полнейшую ярость. Но он сказал, что уже ничего нельзя сделать, что песня «пошла пулей» и вышла на пластинке, и её в магазине на улице Горького, как воблу, разбирают. С тех пор при этой песне я всегда говорил: «Стихи мои, музыка и вода Аркадия Островского». Так что представлять здесь меня этой песней было не слишком осмотрительно.

Расправившись с песней, Константин Яковлевич заявил, что он вообще не большой любитель выступать и делает это редко. И в этой связи рассказал такую историю:

Мы с Булатом много лет общались и дружили. И не раз ездили с жёнами и детьми отдыхать и работать в Ялту. И вот один раз в Ялте — там такой писательский дом был на горе, над парком, — после ужина мы вышли и стоим. И тут из парка выходит незнакомый человек. Одет по-городскому, в костюме и в галстуке, с платочком в кармашке, и ищет Булата. Увидел его, подходит и говорит:

— Булат Шалвович, я ответственный работник филармонии. Здесь открыли летний театр на три тысячи мест, и его очень трудно заполнить. Здесь выступали цыгане, мы возили людей на эти концерты из санаториев, но всё равно не было заполнено.

Поэтому очень просим, чтобы вы выступили, хорошо бы два или три раза. Мы хорошо платим, и вообще, филармония — могущественная организация. Нужен будет номер в гостинице или билеты в вагон СВ — всегда пожалуйста.

Булат выслушал его и сказал:

— Хорошо, я выступлю, но только при условии, что со мной вместе будет выступать Константин Ваншенкин.

Тот обрадовался:

— Хорошо! А где он?

— А вон стоит.

Работник филармонии подбегает ко мне довольный — дело сделано:

— Константин Яковлевич! Вот сейчас Булат Шалвович дал согласие выступить у нас в летнем театре и сказал, что хочет с вами вместе. Мы очень рады!

Я его радости не разделил:

— А я выступать не буду.

— Как не будете?! Но Булат Шалвович...

— Это его дело! Но я выступать не буду.

Тот обратно бежит к Булату, так, мол, и так, Ваншенкин не хочет выступать. А Булат ему:

— Я же вам сказал, выступлю только вместе с ним! Договаривайтесь...

Филармонист возвращается ко мне совершенно растерянный и говорит про цыган, про билеты СВ и про номера в гостинице. Я сказал, что мне некогда, извинился и ушёл в дом.

Этот коварный замысел Булата для меня был совершенно очевиден — он приехал туда не выступать, а отдохнуть и поработать и не хотел сам отказывать. Начали бы его уговаривать, а он таким коварным способом справился с этим человеком. Когда я вышел обратно, он как ни в чём не бывало помахал мне ручкой и заговорил о чём-то другом. Это я к тому рассказал, что я не большой выступальщик.

Рассказав о своей нелюбви к выступлениям, Ваншенкин перешёл к основной теме и поведал собравшимся, что с Булатом его связывает огромный пласт жизни. Знакомы они были более сорока лет. Много общались и лично, и семьями. И в этом доме в Мичуринце Ваншенкин бывал неоднократно. Одно время он довольно долго жил на соседней станции во Внукове и иногда заезжал к Булату, хоть и не часто.

> Булат, когда приехал из Калуги, был этаким грузином с чувством собственного достоинства, который писал стихи. И вдруг через какое-то время выяснилось, что он сочиняет музыку к своим стихам. Эти песни появлялись одна за другой и были потрясением для многих. В оценках этого явления разделилась вся литературная среда, а отчасти и композиторская. Были поэты, которые не приняли этих песен, а были и те, кто восхитился ими. Я был из последних.

Дальше Константин Яковлевич перешёл к рассказу о том, как Булат хорошо готовил, — видимо, то, о чём он не успел рассказать мне приватно. И поведал, как однажды чета Окуджава пригласила Ваншенкина с супругой в гости, а Ольга в последний момент куда-то уехала. Но Булат не стал отменять приглашение, а приготовил всё сам, и притом блестяще приготовил.

Ваншенкин выступал долго и много всего интересного успел рассказать. Всего я не буду передавать — многие фрагменты из его воспоминаний потом были опубликованы в разных изданиях. Расскажу об эпизоде, связанном с именем выдающегося актёра и певца Марка Бернеса:

> В 58-м году Бернеса после клеветнических фельетонов и статей перестали приглашать сниматься в кино. Потом прошли эти времена, он снова выступал, гастролировал, пластинки записывал, но в кино его уже не так охотно приглашали. В плохих картинах он не хотел сниматься, а хороших не предлагали. И как-то я сказал Булату, смотри, как заканчивается карьера такого замечательного киноартиста. И Булат специально для него вписал в сценарий «Жени, Женечки и "катюши"» роль «полковника, похожего на Бернеса» — так и значилось в титрах. Бернес очень серьёзно отнёсся к роли, покрасил волосы в светлый цвет — это резко меняло его имидж. Но Мотыль всё сокращал, сокращал роль Бернеса, и в результате тот не получил творческого удовлетворения. Но это была последняя его роль и, благодаря Булату, Бернес напоследок ещё раз вдохнул воздух съёмочной площадки.

Константин Ваншенкин с дочерью Галиной и моей женой Надеждой

Закончив с Бернесом, Константин Яковлевич продолжил тему кино и рассказал историю песни Булата к кинофильму «Белорусский вокзал». Но этот рассказ я точно опущу — история эта многими и многажды уже озвучена.

Видимо, вспомнив неприятности Марка Бернеса в 1958 году, связанные с автомобильной темой, Ваншенкин решил и про Булата Окуджава на эту тему что-то вспомнить и рассказал несколько историй, одну из которых я здесь приведу, хотя, как мне кажется, она тоже уже публиковалась:

> Мы ездили хоронить моего однокашника Бориса Балтера. Вот по этой дороге, за Малеевкой, в районе Рузы он построил в деревне дом. Балтер написал мало, но запомнился. Запомнилась его повесть, она была напечатана в «Тарусских страницах» и называлась «Трое в одном городе» — совершенно безликое название. Потом он догадался попросить у Булата разрешения назвать эту повесть строкой из его песни: «До свидания, мальчики!» И эта повесть приобрела сразу звучание, потом был снят фильм, его поставил Калик.
>
> Булат за мной заехал. Ещё с нами ехали Искандеры, Фазиль и Тоня. И вот мы едем по этому шоссе. В Голицине около стекляшки остановились, мы с Фазилем приняли по стакану коньяку, чтобы снять напряжение. После похорон на поминки мы не остались.

Выбрались на шоссе, едем, и вдруг, посигналив, со свистом, нас вихрем обогнал Вася Аксёнов. А Булат даже никак не отреагировал, не дёрнулся. Знаете, в таких случаях водители обычно на какой-то момент нажимают на газ, тоже как бы хотят себя показать — и мы, мол, не хуже. Он совершенно никак не отреагировал.

Приведу ещё, пожалуй, пару эпизодов из отпускной жизни Ваншенкина и Окуджава:

Мы часто ездили вместе в Ялту. И вот в Ялте он мне как-то вдруг говорит:
— Ты знаешь правила игры в крокет?
— В крокет? Нет, не знаю.
— Я тебя научу!

Там, в ялтинском Доме творчества, в библиотеке, где всякие игры, хранился набор этого крокета. Была площадка, Булат поставил эти воротца, и стали мы бить молотками по шарам. Одного раза мне хватило, чтобы насытиться этой игрой. Но он каждый день примерно за час до обеда стучал ко мне в комнату со словами:
— Костя, нам пора играть.

Потом люди уже идут на обед, останавливаются и с недоумением смотрят, какая игра старомодная! И согнувшись надо играть... И только стук этих шаров, напоминающих бильярдный стук, радовал немножко душу. И в Москве зимой он часто говорил, потирая руки: «Скоро поедем в Ялту, поиграем в крокэт». В «крокэт». То ли ему что-то здесь дворянское такое виделось в этом... В усадьбе, понимаете, такое, наверное... У него было полно всяких таких штучек.

В Ялте по крымско-кавказской линии ходил пароход «Грузия». Капитаном был замечательный человек, меценат, Толя Гарагуля. И вот там у него можно было встретить Володю Высоцкого, Таривердиева, очень многих. Один раз мы были компанией, и Гарагуля позвал фотографа, чтобы запечатлеть нас всех вместе на память. Тот пришёл, щелкнул несколько раз и стал записывать себе на бумажку, как свойственно фотографам, кого он снял. Гарагуля ему диктовал: «Рыбаков, Ахмадулина, Инна Гофф, Ваншенкин, Окуджава». И вдруг он увидел, что пишет фотограф, и зашипел:
— Что вы пишете?

А тот говорит:
— Как что? Кужалый.

Капитан свистящим шёпотом:
— Вы с ума сошли, это же Окуджава!

А фотограф так с достоинством отвечает:
— Я и пишу: Кужалый!

«КОГДА ЖЕ Я УЖЕ ПЕРЕСТАНУ ТЕБЕ МЕШАТЬ?»

19 сентября в музее выступил Михаил Козаков. Он читал фрагменты своих воспоминаний, посвящённых Булату Окуджава. Приводить их здесь нет смысла, потому что всё это давно опубликовано. Затем Михал Михалыч перешёл на чтение стихов и замечательно читал Бродского.

Я не очень люблю актёрское чтение стихов — всё они перевирают и тянут одеяло на себя. Но Михаил Козаков и Валентин Никулин мне нравятся. Хотя и они, конечно, несколько пересаливают, как мне кажется.

Мне больше по душе авторское исполнение. Ну не настолько, конечно, чтобы слушать в авторском исполнении стихи Бродского — это уже перебор. Поэтому я с удовольствием слушал Козакова.

А потом ещё экспромтом выступил и Юрий Карякин.

Через неделю, 26 сентября, гостьей музея была Сильва Капутикян. К сожалению, ничего не могу сказать о её выступлении — не видел. Не помню почему, но в этот день меня в музее не было. И запись, видимо, никто не вёл, мне не удалось увидеть ни видео, ни аудиокассет.

В следующую субботу, 3 октября, в музее выступала Зоя Крахмальникова. Было ещё достаточно тепло, и всё было прекрасно. Но запомнился этот день не погодой, а тем, что это выступление было первым, из-за которого разразился скандал.

Собственно, насчёт Ольги Владимировны я давно уже не питал иллюзий. Мы давно уже не сиживали у неё в Безбожном переулке, и она не угощала меня водочкой. Не раз и не два уже она по разным поводам, которых я теперь и не помню, дрожа от ярости, высказывала свистящим шёпотом своё неудовольствие мной. Я не понимал, чем вызван такой темпераментный всплеск эмоций, и отвечал, наверное, недостаточно почтительно, во всяком случае, на колени не валился и голову пеплом не посыпал. Это Ольгу Владимировну ещё сильнее распаляло, видимо, она к такому не привыкла.

Одна известная певица рассказала мне годы спустя, как однажды она стала свидетельницей неприятной сцены. Куда-то они вместе с Булатом и Ольгой ездили на их машине. За рулём была Ольга. И вот они приехали, но машину нужно было припарковать. Булат с певицей вышли из машины и стояли в сторонке, пока Ольга проделывала сложные манипуляции, чтобы поставить машину. И что-то у неё всё никак не получалось. И в какой-то момент она вдруг очень зло выговорила мужу, высунувшись из окна, чтобы он отошёл в сторону: разве он не видит, что мешает ей. И Булат на этот внезапный приступ агрессии задумчиво заметил:

— Когда же я уже перестану тебе мешать, Оля?

Обычно после каждого приступа недовольства мною Ольга Владимировна через несколько дней сама звонила и извинялась. Теперь я думаю, что это не было искренним порывом, просто, пока музей не получил официального статуса и финансирования, я был ещё нужен.

Итак, 3 октября выступала Зоя Крахмальникова, давняя, ещё по «Литературной газете», подруга Булата Шалвовича, которой он посвятил песню «Прощание с новогодней ёлкой». А мы с самого начала работы музея взяли за правило к каждому выступлению готовить, кроме афиши, большой плакат с фотографиями и текстом, из которого было бы видно, чем известен очередной гость и как он связан с Булатом Окуджава. Вот и на этот раз я смастерил такую «стенгазету».

Было там, конечно, и стихотворение «Прощание с новогодней ёлкой», были высказывания Зои Александровны и Булата Шалвовича друг о друге. Хороший плакат получился. Я его повесил с наружной стороны двери, что вела в старый дом. Встреча прошла замечательно.

На следующий день пожаловала вдова. Что тут началось! Я был в музее один и разговаривать со мной свистящим шёпотом необходимости не было. Ольга Владимировна, вся трясясь от негодования, басила:

— Да как вы посмели повесить в моём доме плакат, посвящённый другой женщине?!

Я несколько опешил от такого неожиданного хода мыслей, но всё же пробормотал негромко что-то вроде того, что это вообще-то музей, а не жилой дом. И в этом была своя правда, ибо, если бы музея не было, то и Ольги Владимировны бы здесь не было.

Услышав такую дерзость, она аж дара речи лишилась на мгновенье. Только теперь, наверное, она поняла, что напрасно доверилась Лёвиным рекомендациям и пригрела змею на своей груди. Конечно, от кроткого Шилова она такого никогда бы не услышала. Да и вообще, слушать возражения ей, похоже, было не в привычку.

А может, она и не услышала мою реплику, потому что ничего на это не ответила, а помолчав, продолжила, что стихотворение о новогодней ёлке вообще не Крахмальниковой посвящено, Крахмальникова здесь ни при чём, и неизвестно, зачем её вообще позвали.

Ну, Крахмальникову приглашал не я, а Ирина Ришина, поэтому я ничего не стал отвечать на это, а про себя подумал, что ведь и сам подозревал, что это стихотворение посвящено совсем другой женщине, а Крахмальникова возникла, чтобы Ольга Владимировна не догадалась. И вот теперь сама Ольга Владимировна подтвердила мне мои догадки. Стало быть, напрасно Булат Шалвович конспирировался.

Кассету с записью выступления Зои Крахмальниковой я почему-то тоже не нашёл, видимо, кто-то её взял с обещанием расшифровать да и «заиграл». Я потом перестал так легкомысленно относиться к записям и для расшифровки специально делал дубликат кассеты.

Ну, кое-что из того, что Крахмальникова рассказывала в тот день, она написала годом ранее в специальном выпуске «Литературной газеты», посвящённом сороковинам смерти Булата Окуджава. Поэтому я процитирую Зою Александровну оттуда:

> Он позвонил мне незадолго перед отъездом в Германию, позвонил из больницы, куда лёг на короткое время. Он хотел узнать, какова судьба письма, подписанного 31 марта одиннадцатью писателями (Б. Окуджавой, Г. Баклановым, Д. Граниным

и др.). Речь шла об открытом письме главному редактору «Литгазеты» по поводу перемен, внезапно её постигших.

После разговора со мной Булат тут же, из больницы, позвонил в редакцию и затем снова мне, и мы решили найти возможность опубликовать это письмо во что бы то ни стало. Оно напечатано в «Литературных вестях».

Я не напрасно вспоминаю этот последний звонок Булата. Он позвонил мне не потому, что ему было скучно в больнице, он придавал этому письму большое значение.

Булат любил «Литгазету». В начале 60-х годов во время короткой «оттепели» он работал в «Литературке». В его кабинете висела гитара. Он пел нам, сослуживцам, свои первые песни. И именно в то время ... он и нашёл тот оригинальный «синтез» разных жанров — поэзии и шуточной песни, стиха и любовного или городского романса.

Он не был диссидентом, не был он и признанным обществом правозащитником, но он был защитником слабых, гонимых, узников. Для него было делом чести защищать людей от рабства тем способом, который был для него органичным. Его творчество защищало нас от лжи, страха и пошлости. Стихи возвращали нас к себе, они открывали нам закрытый невидимой колючей проволокой тот другой мир, мир нежности, любви и преданности, мы должны были научиться самоиронии поэта, ибо она — основа самооценки, значит, спасительна даже в тюрьме. Его песни радуют детей, помню, как в ссылку к нам привезли внуков и новые песни Булата. Их постоянно «крутили», и дети танцевали под его песни, подпевали, строили милые гримасы, они радовались Булату.

Тогда, в начале 60-х годов, мы впервые почувствовали, что мы можем мыслить, что мы можем говорить и что мы можем петь. И вот Булат запел. Он пел сначала очень сдержанно, сначала в кругу своих друзей, нашим сотрудникам ЛГ. Бывало так, что мы с ним работали «свежими головами», то есть мы должны были читать полосы перед отправкой их в печать. И пока мы ждали новых полос, он звонил мне и говорил:

— Зайди ко мне, я написал новую песню.

Я приходила, и он пел мне новые песни, которые мне всегда очень нравились. Я даже не могу определить, что за очарование в них было, в чём оно. Это было чудо в то время, когда вся страна громыхала совсем чуждыми нам словами. Это была надежда на свободу.

А когда за надежду стали бросать на тюремные нары, он оказывался с этими людьми, он им помогал. Так было и со мной.

Когда меня посадили за мою «Надежду»[11], Булат нашёл способ помочь мне. Это было страшное время, это был гнёт лжи и насилия. Он написал письмо в мою защиту, он помогал моей семье, причём помогал способом, который мог придумать только Булат. Он не просто давал деньги моей дочери, у которой уже был ребёнок тогда и ей было очень тяжело. Он заказал ей работу. В то время он уже был историческим романистом, и он заказал моей дочери перевод писем с французского языка. Таким способом он ей помогал. Он помогал очень многим людям.

Через неделю 10 октября в музее выступали Сергей и Татьяна Никитины. Они, конечно, много пели, говорили меньше, но и о той малости я ничего не мог бы сказать, если бы не Женя Азимова — кассеты с их выступлением у меня тоже не сохранилось, увели какие-то «меломаны». Единственное, что я запомнил, это как в приватной беседе Сергей спросил меня, пригодились ли музею те пять тысяч долларов, которые они после своего концерта в КЗ «Россия» передали Ольге Владимировне для создания музея. А я не знал, что ему ответить.

Вообще, в первые музейные месяцы я был легкомысленным, и записи каких-то выступлений не сохранились. Мне казалось — кому они нужны, ведь каждый может всегда прийти в музей и посмотреть интересующую его запись. Но я был слишком наивным.

В случае с выступлением Никитиных я и вовсе расслабился — снимать их выступление приехало телевидение. Ну и чего мне было особенно стараться, когда работали профессионалы?

Приведу один эпизод из рассказов Никитиных в этот день. Татьяна вспомнила, что, когда они с Сергеем ещё были студентами, их друг познакомился где-то с симпатичной француженкой, у которой, как оказалось, была пластинка Булата Окуджава, изданная во Франции. Они набрались смелости позвонить Булату и сказали, что хотят подарить ему эту пластинку. Он им ответил, что такая пластинка у него есть, но она одна и её никогда не проигрывают — боятся испортить. Если ему подарят вторую, он будет очень благодарен.

---

[11] «Надежда. Христианское чтение» — самиздатский машинописный религиозный сборник, который выпускала З. А. Крахмальникова с 1976 до её ареста в 1982 году.

Они пришли вчетвером — Сергей с Татьяной, их друг и француженка — в ЦДЛ на вечер Окуджава. Встретила их красавица Ольга — молодая жена Булата.

После концерта они все вместе поехали к Булату, в его квартиру на Речном вокзале. И там была ещё одна красавица — Зоя Крахмальникова. Булат спел «Синюю крону, малиновый ствол» — только что написанную им песню, посвящённую Зое.

Вот как всё связано-переплетено — неделю назад у нас выступала Крахмальникова, и вот она снова возникла в стенах музея.

«ОН ОКАЗАЛСЯ ОКУДЖАВОЙ»

Игорь Иртеньев давно мне нравился как поэт, и как человек он был мне симпатичен. Я решил пригласить его выступить у нас в музее. Тем более, что повод был — Игорь с Булатом успели обменяться посвящениями друг другу.

И вот в воскресенье 18 октября выступление Игоря Иртеньева в музее Булата Окуджава состоялось.

Для начала Игорь очень смешно рассказал страшную историю, как однажды написал некое ироническое стихотворение, но публиковать его никак не решался, не получив благословения Булата Окуджава. Но как это сделать правильней? Позвонил приятельнице, Веронике Долиной. Та, умудрённая разными опытами общения с Булатом Шалвовичем, выслушав стихотворение, сказала:

— Ты, по-моему, вообще перетанчиваешь, потому что ничего в твоём стихотворении, строго говоря, нет такого обидного...

— Ну, так дай мне его телефон, я ему прочитаю, — обрадовался Игорь.

— А вот звонить тебе ему как раз и не стоит, потому что он может оказаться не в настроении, а ты человек впечатлительный, тебя это как-то травмирует. Но, если тебе так уж неймётся, напиши ему письмо, хотя, повторяю, ничего тут особенного не вижу

Я написал письмо, составленное в довольно-таки высокопарных выражениях. Написал его, потом позвонил ещё одному своему приятелю, большому знатоку бонтона, — Александру Кабакову. Он мне пару мелких правок сделал в письме — ну, условно говоря, исправил «Ваше превосходительство» на «милостивый государь», допустим... не знаю, неважно... Вот, я это откорректировал, подписал и отправил.

В ожидании ответа Игорь Моисеевич дней через десять обнаружил это письмо у себя на столе («у меня на письменном столе довольно быстро культурные слои такие образуются, зрелище не для слабых») и понял, что отправил, видимо, черновик, а главное, засомневался, послал ли он вообще само стихотворение, из-за которого весь сыр-бор. В панике начал звонить Булату Окуджава по телефону, чтобы отозвать письмо, но к телефону никто не подходил. В конце концов, он плюнул на всю эту историю и постарался забыть.

А через пару месяцев Иртеньев столкнулся с Окуджава в ЦДЛ.

Начинаю судорожно рассказывать ему эту историю. Это наша первая встреча была, он сочувственно так меня слушает, чувствую, как сумасшедшего, и мягко прерывает:

— Ну, а само-то стихотворение, вы не могли бы его прочесть? О чём там речь?

Это всё происходит в гардеробе. Я себя чувствую полным идиотом — мне только не хватает сейчас встать на стул и стихотворение читать, как мальчику на ёлке. Но деваться некуда, и я читаю:

> Я шёл к Смоленской по Арбату,
> По стороне его по правой,
> И вдруг увидел там Булата,
> Он оказался Окуджавой.
>
> Хотя он выглядел нестаро,
> Была в глазах его усталость,
> Была в руках его гитара,
> Что мне излишним показалось.
>
> Акын арбатского асфальта
> Шёл в направлении заката...
> На мостовой крутили сальто
> Два полуголых акробата.
>
> Долговолосые пииты
> Слагали платные сонеты,
> В одеждах диких кришнаиты
> Конец предсказывали света.
>
> И женщины, чей род занятий
> Не оставлял сомнений тени,
> Раскрыв бесстыжие объятья,
> Сулили гражданам забвенье.

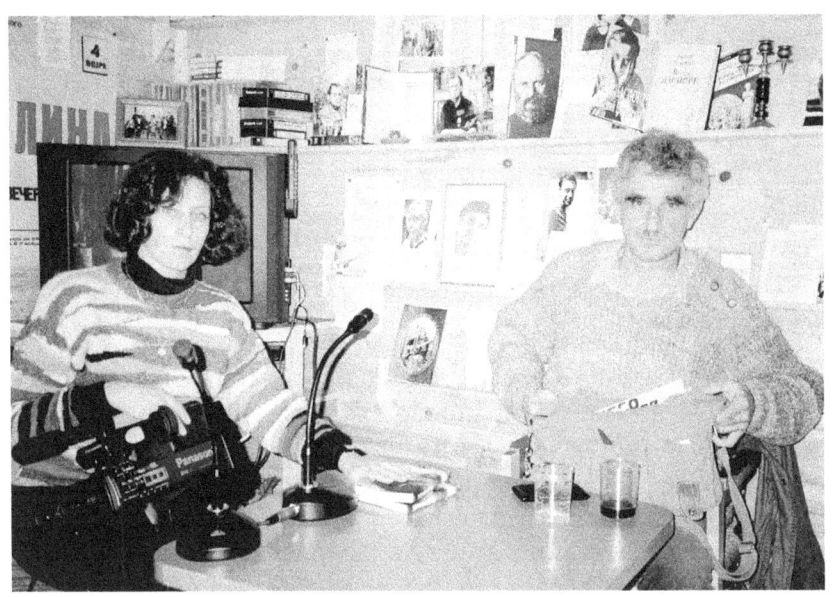

Игорь Иртеньев и наш постоянный кинооператор Надежда Зарудная

— Ужель о том звенели струны
Моей подруги либеральной?! —
Воскликнул скальд, меча перуны
В картины адрес аморальной.

Был смех толпы ему ответом,
Ему, обласканному небом...
Я был, товарищи, при этом,
Но лучше б я при этом не был.

Окуджава, послушав, хмыкнул: «А что, по-моему, очень милые стихи, вы их обязательно напечатайте, а если они у вас войдут в книжку, то я был бы очень рад от вас эту книжку получить».

Потом стихотворение появилось в «Юности», и Иртеньев послал эту публикацию Булату Шалвовичу, а ещё спустя какое-то время вышла и книжка Игоря, куда вошли и эти стихи.

Я подарил ему свою книжку на какой-то встрече — в театре Жванецкого была встреча, где нас ещё раз познакомили... в смысле... меня к нему подвели... И вдруг через неделю, я сижу у себя дома, раздаётся звонок, он говорит:

— Здравствуйте, Игорь, это говорит Булат Окуджава. Я прочёл вашу книжку.

Дальше он мне сказал такие вещи, которые мне просто неловко пересказывать... Я так не краснел никогда, в общем, он мне сказал очень тёплые слова, действительно, это была высокая оценка. Я совершенно кирпичным покрылся румянцем и говорю:

— Мне это даже неловко слышать.

А он отвечает:

— Я вообще не комплиментщик, так что это всё от сердца.

Одним из самых сильных впечатлений в моей жизни был этот звонок.

И хотя Иртеньев постеснялся привести слова, которые ему говорил Окуджава, можно догадаться, что слова были действительно очень хорошие. Потому что позже, уже незадолго до смерти, Булат Окуджава в одной из последних своих журнальных публикаций напечатал стихотворение с посвящением Игорю Иртеньеву. Это большая редкость, когда Окуджава посвящал стихи не кому-то из своих друзей-ровесников, а молодому поэту, человеку из другого поколения.

Стихотворение называлось «Гоп со смыком», приведу одну строфу, чтобы ясно было, о чём идёт речь:

Вот какая странная пора:
митинги с утра и до утра.
Гитлеровские обноски
примеряет хам московский,
а толпа орёт ему «ура!»

Стихотворение грустное потому, что как позже стало понятно, гитлеровские обноски московскому хаму очень пришлись к лицу.

Сам Иртеньев услышал посвящённое себе стихотворение чуть раньше, когда они вместе с Окуджава выступали в концертном зале «Октябрь» на вечере «Литературной газеты». Иртеньев так вспоминал этот день: «...трудно было описать мои чувства... это такой подарок судьбы!»

Потом Игорь читал свои стихи.

Мне захотелось сделать небольшую книжку стихов Игоря Иртеньева, чтобы продавать её в музее. Игорь великодушно разрешил. Выбрал я свои любимые стихи Игоря, хоть это было и непросто — их много. И ещё поместил в книжку расшифровку его выступления у нас в музее и на обложку фотографию Игоря, сделанную здесь же, в музее. В общем, слепил я брошюрку и тысячу экземпляров заказал типографам. А заодно и тысячу предыдущей книжки «Белла — Булату, Булат — Белле».

С иртеньевской книжкой я ещё и похулиганил: один экземпляр из тысячи у меня несколько отличался от остальных. Я там ради шутки одно из стихотворений сопроводил посвящением Евгении Азимовой, одной из главных наших музейных подвижников. Вот это стихотворение:

> Женщины носят чулки и колготки
> И равнодушны к проблемам культуры.
> 20% из них — идиотки.
> 30% — набитые дуры.
>
> 40% из них — психопатки.
> Это нам в сумме даёт 90.
> 10% имеем в остатке.
> Да и из этих-то выбрать не просто.

И этот самопальный экземпляр я как бы невзначай подарил Жене, по-акопянски ловко выхватив его из тысячного тиража. Ей, бедной, чуть дурно не стало, когда она увидела посвящение себе. Но я не мог долго сдерживаться и оставаться серьёзным, и Женя поняла, что и автор посвящения не Иртеньев, и что посвящение только в одном экземпляре. Долго бы она гоняла меня по музею, вооружившись веником, но тут в музей пришли посетители и наказания я избежал.

Тут я немного отвлекусь от темы и скажу, что лет через пятнадцать мне попался любопытный ответ Игорю Иртеньеву на вышеприведённые стихи:

> Носят мужчины усы и бородки,
> И обсуждают проблемы любые.
> Двадцать процентов из них — голубые.
> Сорок процентов — любители водки.
> Тридцать процентов из них — импотенты,
> У десяти — с головой не в порядке.
> В сумме нам это даёт сто процентов,
> И ничего не имеем в остатке.

Этот ответ так мне понравился, что даже не верилось, что это не автопародия, а, как указано под стихотворением, автор Тамара Панфёрова!

А потом как-то на просторах интернета я нашёл и ещё один ответ, примиряющий двух предыдущих авторов:

> Сорок процентов из тех, что в колготках
> Неравнодушны к любителям водки.
> Любят порой голубых психопатки,
> Правда, у них с головой не в порядке.
> Дуры всегда импотентов жалели,
> А идиоток придурки хотели.
> В сумме, конечно же, нас — сто процентов:
> Дур, идиоток, козлов, импотентов.

Здесь под стихами стояла подпись — Константин Эрнст.

«ЛУЧШЕ ГОРЬКАЯ ПРАВДА, ЧЕМ СЛАДКАЯ ЛОЖЬ»

В моём календаре выступлений следующее значится почему-то только через две недели. Не помню, почему в ближайшие выходные у нас в музее никто не выступал, но это был редкий случай в мою бытность там.

Ну, раз у нас возникла пауза, я немного отвлекусь от гостей музея.

Ольга Владимировна Арцимович при ближайшем рассмотрении оказалась совсем не такой мудрой, рассудительной и доброжелательной, какой увиделась вначале. Нет, она, конечно, очень умный человек — не мудрый, но умный, расчётливый. Рассудительности её речам придавала не предполагающая иных мнений манера говорить — веско, медленно подбирая слова. Но теперь эта манера мне напоминала не ахматовскую речь, а сталинскую. Насчёт доброжелательности совсем не в это окошечко — главной чертой характера Ольги Арцимович я бы назвал злобность. Необъяснимую злобность ко всем окружающим, в том числе к собственному мужу. Злобности к мужу, впрочем, можно найти какое-то вполне разумное объяснение, но что насчёт злобы к своему малолетнему сыну?

Вот что вспоминает писатель Владимир Соловьёв:

> В Коктебеле Буля был примерным мальчиком, но достигалось его послушание довольно своеобразно: чуть что, Оля большим и указательным пальцем сжимала его руку чуть выше локтя. Как-то Оля испытала свой педагогический метод на толстом Камиле Икрамове — тот взвыл от боли. Мы стояли в очереди на почте, ожидая междугородных разговоров: Камил — с Москвой, Оля — с Ялтой, я — с Питером. Оля — красотка-блондинка,

волевая, властная, идеологически, как неофитка, истовая: крестила агностика Булата на смертном одре и без сознания — и наречен был Иоанном. Но это забегая далеко вперёд. Помню, добрейший Камил Икрамов, который безропотно уступил жену другу и ученику Володе Войновичу, — «толстовец без толстовки», как посмертно определила его Таня Бек, — называл Олю Арцимович Эльзой Кох — не заглазно, а напрямик, но опять-таки с ангельской улыбкой. Понять, шутит он или всерьёз, было невозможно. Оля молча сносила прозвище, но испепеляла его взглядом. «Нет, правда, — не унимался Камил, — у вас есть общие родственники?»

Как-то — ещё перед открытием музея, по-моему, это было — приехала она на своей машине, заглушила её, а фары забыла потушить. Ходила, смотрела, давала ценные советы и указания, и тут я на свою беду заметил, что она забыла выключить фары, и простодушно ей об этом сообщил. Она вдруг страшно осерчала и прошипела, подойдя ко мне совсем близко:

— Я на машине ездила, когда вы ещё не родились!

Я задумался о своём недостойном поведении, но так и не смог понять, в чём моя вина: в том ли, что я родился слишком поздно, в том ли, что она поторопилась?

Поэтому я на всякий случай не стал говорить вдове (а она не спрашивала), кто у нас намечен на воскресенье 1 ноября. А намечена на 1 ноября была Ирина Живописцева, сестра покойной Галины Смольяниновой, первой жены Булата Шалвовича. Ирина Васильевна недавно выпустила книгу воспоминаний «Опали, как листва, десятилетия» и теперь по моему приглашению специально приехала к нам из Петербурга.

Ирина Исааковна Ришина от греха подальше вообще не пришла в музей в это воскресенье, понимая, что добром это не кончится. Но не пригласить Ирину Васильевну я не мог. Дело в том, что без таких свидетелей, знавших Булата Шалвовича задолго до знакомства с нынешней вдовой, биография писателя получалась неполной, и больше того — сильно искажённой.

Так, например, Ольга Владимировна ещё в начале нашего знакомства говорила мне, что до встречи с ней Булат ничего хорошего не написал и, только получив в её лице строгого критика, несколько вырос в своём творчестве и написал песен десять терпимых. Хотелось мне тогда ей возразить, что основные свои песни он вроде бы именно до знакомства с ней написал, но я чудом удержался.

Через шесть лет, правда, в интервью Дмитрию Быкову Ольга Владимировна несколько «подобрела» и заявила, что песни мужа ей нравятся почти все, а стихи уничтожила бы все, за исключением, может быть, штук тридцати[12].

И это удивительно — ведь многие стихи у Булата Окуджава какое-то время, иногда много лет, не имели мелодии! Стало быть, взыскательной Ольге Арцимович нравились в творчестве мужа исключительно его ноты и красивый перебор струн?

Бог бы с ними, с изысканными вкусами вдовы, но ведь она, как я уже сказал, сильно искажает биографию мужа и даже творчество его переиначивает. После смерти мужа Ольга Владимировна стала переиздавать его произведения, не только переписывая их на свой вкус, но и посвящая себе некоторые стихи, которые Булат Шалвович посвящал совсем другим людям. Видимо, это от чрезмерной любви к себе или от безграничной ненависти к покойному мужу. В стихотворении про другую женщину вдова взяла да и заменила слово «кровь» на слово «кровать».

Скажете, что вру я всё? Нет, ещё лет двадцать назад я написал статью по поводу экспериментов вдовы. Она называлась «Ложка дёгтя-2» и была опубликована в «Русском журнале». Но теперь в интернете я её не обнаружил, поэтому вставлю-ка я её сюда, чтобы не пересказывать. А потом вернёмся к выступлению в музее Ирины Васильевны Живописцевой.

ЛОЖКА ДЁГТЯ-2

Булату Окуджава при жизни с издателями было нелегко. Многие произведения пробивались в печать с трудом, иногда выходя в искажённом виде. Так, например, стихотворение «Молитва» смогло увидеть свет только с названием «Молитва Франсуа Вийона». Другие стихи долгие годы просто не печатались. То же было с посвящениями. Если человек становился неугодным советской власти, упоминание о нём изымалось из книги. В этом ничего удивительного не было: ведь в то время не ленились даже перекраивать титры давно снятых фильмов.

---

[12] Окуджава О. «Он был смелый парень» / [беседовал] Д. Быков // Огонёк. 2004. №18 (3–9 мая). С. 17–19.

Только в последние годы жизни Окуджава смог публиковать то, что хотел, и так, как хотел.

Как ни странно, после смерти поэта издательские дела его пошли, пожалуй, даже хуже, чем при советской власти. Новые книги изобилуют ошибками и неточностями. А ведь почти все они издаются под эгидой и при непосредственном участии Регионального общественного фонда Булата Окуджавы (далее — Фонд), руководит которым вдова поэта Ольга Арцимович (не путать с Ольгой Окуджава, тётей Булата Шалвовича).

Не стала исключением и последняя книга «Ваше благородие, госпожа разлука», составленная Виктором Куллэ и вышедшая в издательстве «Эксмо-Пресс» тиражом 8000 экземпляров. Ошибки начинаются с обложки, с названия. У Окуджава в этой строчке запятой нет, в чём издатели легко могли бы убедиться по любой его книге. Тогда не пришлось бы повторять эту ошибку четырежды на одной лишь странице 169.

Книга снабжена подзаголовком «Альбом для друзей» и состоит из стихотворений, ответов на записки из зала во время выступлений, взятых из книги «Я никому ничего не навязывал» (составленной в 1998 году А. Петраковым), и отрывков из прозаических произведений Булата Окуджавы. Всё обрамлено какими-то виньетками и цветочками, уместными скорее в альбоме семиклассницы, чем в «Альбоме для друзей» Булата Окуджавы. Да и что за друзья имеются в виду, непонятно: ведь людям, хорошо знакомым с творчеством Булата Шалвовича, ни к чему отрывки из «Путешествия дилетантов» или «Упраздненного театра»; если же подразумеваются новые, потенциальные друзья, то вряд ли они появятся после прочтения вырванных из контекста по прихоти составителя фрагментов. Разумеется, в «Альбоме для друзей» много фотографий, но подписи под ними тоже зачастую вызывают недоумение. Под фотографией на стр. 68, где Окуджава снят с П. Антокольским, нет ни даты, ни автора снимка, хотя эти сведения секрета не составляют, фотография публиковалась неоднократно. Фотография на стр. 89 (с Евгением Евтушенко) ошибочно датирована 1965-м годом. На самом деле снимок сделан в апреле 1969-го, в тот же день, что и тот, который помещен на стр. 65. Неточностей очень много, почти в каждой подписи. На странице 22 под одной из фотографий читаем: «Слева направо: Н. Панченко, Б. Окуджава и Обновленский». Непонятно, чем провинился перед составителем фельетонист калужской газеты «Молодой Ленинец» Борис Обновленский, но в книге он оказался без имени. (И не он один — так, на странице 258 помещен шарж на Булата Окуджава с разъяснением: «рисунок художника Смирнова». Составителю, видимо, лень было уточнять инициалы художника, и он решил ограничиться указанием его профессиональной принадлежности). Положим, это мелочи.

Но как быть с тем, что на фотографии Н. Панченко, Б. Окуджава и Б. Обновленский сидят не «слева направо», как утверждает подпись, а в точности наоборот? Не верь глазам своим!

Вторая фотография на той же странице 22 подписана так: «с друзьями в Тбилиси. 1955 г.». На самом деле Булат Шалвович запечатлен с коллегами по работе Андреем Ивановичем Анчишкиным и Виталием Михайловичем Светловым, и не в Тбилиси, а в Шамордине, и не в 1955-м, а в 1951-м году. Я понимаю, что не все члены Регионального общественного фонда обязаны знать и понимать творчество того, чье имя носит их фонд (в нашей стране фонды, как правило, создаются для других целей), но хотя бы вдове поэта должен был быть известен такой факт его биографии, как работа в школах Калужской области.

Подпись под фотографией на странице 150 гласит: «Афиша кинофильма «Женя, Женечка и «катюша». Сценарий Б. Окуджавы». И снова не верь глазам своим! Хотя для установления авторов сценария совсем не нужно смотреть сам фильм или, не дай бог, ехать в Шамордино! Достаточно взглянуть на саму афишу. А на афише черным по белому написано: авторы сценария — Б. Окуджава и В. Мотыль. Но это ещё не все. Чтобы окончательно запутать «друзей», дальше, через страницу, приводится фрагмент этого же сценария с примечанием: «Сценарий фильма написан совместно с кинорежиссером Петром Тодоровским»!!! Вряд ли подобный «Альбом для друзей» порадует друзей Булата Окуджавы Владимира Мотыля и Петра Тодоровского. Вряд ли порадуется и другой друг, Галина Венгерова, названная в альбоме почему-то Т. Венгеровой.

После всего этого странности в общей композиции книги уже не удивляют. Например, то, что афиша фильма «Женя, Женечка и «катюша» иллюстрирует стихотворение «Прощанье с Польшей», а не сам фильм, фрагмент сценария которого напечатан лишь через страницу.

Чехарда с посвящениями, начавшаяся после смерти поэта, получила в этой книжке дальнейшее развитие. Ранее никогда никому не посвящавшееся стихотворение «Нынче я живу отшельником...» теперь почему-то адресовано В. Войновичу. Правда, есть у Окуджава другое стихотворение, тоже из шести строчек, посвященное В. Войновичу, — это, видимо, и ввело в заблуждение составителя. «Мне нужно на кого-нибудь молиться...», адресованное во всех прижизненных сборниках О. Батраковой, публикуется почему-то без посвящения. А стихотворения «Молитва» и «Ночной разговор», наоборот, не имевшие в авторских стихотворных сборниках адресатов, обрели посвящение: «Оле». А «Заезжий музыкант» и вовсе сменил адресата: с «Ю. Левитанскому» на «Оле».

Что касается «Молитвы», однажды Окуджава сказал, что написал ее в связи с тяжелой болезнью жены. Есть свидетельства о том, что стихотворение это возникло под впечатлением от внезапной смерти первой жены поэта, зеленоглазой Галины. Как бы там ни было, сам Окуджава в своих сборниках публиковал «Молитву» без посвящений.

Могут возразить, что в последнем прижизненном сборнике поэта «Чаепитие на Арбате» «Молитва» имеет посвящение «Оле», но это не совсем так, а точнее, совсем не так. После смерти Булата Окуджава вышло второе «Чаепитие на Арбате», на первый взгляд точно такое же, как и прижизненное. Но это только на первый взгляд. Некоторые стихи из него были изъяты, другие сменили посвящения или впервые обрели их, а несколько стихотворений оказались «подправленными» таинственным составителем под псевдонимом О. Окуджава. Вот лишь наиболее яркие примеры.

Стихотворение «Отъезд». В прижизненном «Чаепитии...» второй куплет этой песни начинается строкой: «Времени нету на долгие проводы...» Составителю нового «Чаепития...», видимо, не понравилось разговорное слово «нету», и строка приобретает вид: «Времени не остается на проводы...». В результате пропадает эпитет «долгие», а строка лишается важных смысловых обертонов.

Ещё пример. Всем известная песня «Полночный троллейбус» заканчивается словами:

...Полночный троллейбус плывёт по Москве,
Москва, как река, затухает,
И боль, что скворчонком стучала в виске,
Стихает,
Стихает.

Составитель, по-видимому, большой любитель рифм типа «брат — двоюродный брат», поэтому заменил «затухает» на «затихает».

Но, наверное, наибольшей «творческой удачей» составителя посмертного «Чаепития на Арбате» следует считать редактуру стихотворения «После дождичка небеса просторны...» Песня на эти стихи прозвучала в фильме «Законный брак», где Булат Окуджава исполнил ее в дуэте с актрисой Натальей Горленко. Финал у песни такой:

Но из прошлого, из былой печали,
как ни сетую, как там ни молю,
проливается черными ручьями
эта музыка прямо в кровь мою.

Составителю не понравилось слово «кровь», и его заменили на... «кровать», что, конечно, поломало ритм, но зато придало юмора этому излишне грустному стихотворению.

Естественно, вся эта отсебятина добросовестно перенесена из недобросовестного «Чаепития...» в недобросовестное «Ваше благородие...» Впрочем, есть и новые «открытия».

Стихотворение «Приезжая семья фотографируется у памятника Пушкину» составителю и Фонду, видимо, показалось незаконченным, и к нему подверстали ещё строфу из совсем другого стихотворения. Как бы это «ноу-хау» не получило своего развития и в последующих книгах «под управлением» Фонда!

Вообще, участие Фонда в подготовке новых книг Булата Окуджавы не идет делу на пользу. В предыдущей книге, выпущенной «Профиздатом» в 2001 году в серии «Поэзия XX века» и «подготовленной при участии» не только Фонда, но и Государственного музея Б.Ш. Окуджавы в Переделкине, дважды было напечатано одно и то же стихотворение. На обложке книги, выпущенной при участии Фонда годом ранее издательством «Феникс», как осиновый кол, торчат столь ненавистные Булату Шалвовичу новомодные фонари, обезобразившие его любимый Арбат.

...В конце 2002 года вышло новое «Ваше благородие...» в том же издательстве, но уже тиражом в 12000 экземпляров. Отличий немного. Другая обложка, снят подзаголовок «Альбом для друзей», исключен отрывок из романа «Путешествие дилетантов», убраны цветочки и рюшечки. Изменены названия разделов: вместо «Старого флейтиста» — «Дежурный по апрелю», вместо «Московского муравья» — «Часовые любви по Арбату идут» и т.п. Но содержание осталось тем же и с теми же ошибками.

Виктор Куллэ сделал несколько лет назад отличный номер «Литературного обозрения», посвященный памяти Булата Окуджавы, и опубликовал в своё время в журнале «Знамя» хорошую статью о сборнике Окуджава, изданном в питерской серии «Новая библиотека поэта» (одна из немногих посмертных книг Булата Окуджава, вышедших без участия Фонда). Целиком соглашаясь с оценкой качества той книги, хочу только заметить, что ее составители, пообщавшись в течение нескольких месяцев с автоответчиком Ольги Владимировны и отчаявшись пробиться к ней, вынуждены были обращаться за уточнениями к совершенно посторонним людям (впрочем, это их не извиняет). Статья Виктора Куллэ называлась «Не пробуй этот мёд: в нём ложка дегтя». Жаль, что автором новой «ложки дегтя» стал сам Виктор Куллэ.

«НИ КУКУШКАМ, НИ РОМАШКАМ»

Однако мы слишком увлеклись талантливой вдовой, а ведь нас ждёт замечательная Ирина Васильевна Живописцева. Но, к сожалению, без такой чудовищно длинной преамбулы было бы непонятно, почему я с опаской принимал гостью и почему в начале своего выступления сама Ирина Васильевна чувствовала себя очень неуверенно, опасаясь, что здесь её встретят в штыки. Тем более что в книге своей она недвусмысленно давала понять, кого считает виновником в преждевременной смерти своей сестры и племянника.

«Мои воспоминания могут вызвать возмущение и негодование друзей и почитателей Булата Окуджавы, радость и торжество его недругов, но написать по-другому, видит Бог, я не могла».

Нет, она не озлобилась и сумела, успела всё-таки в самом конце жизни своего бывшего свояка простить и пожалеть его, почувствовав по его последним стихам, как он сам мучился.

«Лучше горькая правда, чем сладкая ложь», — написала она в предисловии к своей книжке. И лучше этого не скажешь.

И ещё мне очень не нравится поговорка: «о мёртвых либо хорошо, либо ничего». Мне больше нравится формула «о мёртвых либо хорошо, либо правду». Равно как и к живым эта формула применима.

Ирина Васильевна привезла с собой штук двести экземпляров своей новой книги «Опали, как листва, десятилетия», основную часть которой, как я уже сказал, составляли воспоминания о сестре Гале и её муже Булате. Поэтому книга вызвала большой интерес и народу собралось изрядно.

Конечно, в своём рассказе Ирина Васильевна, в основном, повторяла написанное ею. Но были всё же кое-какие и довольно существенные «нюансы». И одним из важных дополнений было то, что во время чаепития её уговорили всё-таки, несмотря на упорное сопротивление, напеть песенку «Однажды Тирли-Тирли-Тирли...», о которой она вспоминала в книге, не будучи уверенной в авторстве своего зятя. Но теперь, когда доподлинно известно, что песня принадлежит ему, представляется очень важным, что и мелодию удалось воскресить.

Спустя много лет я получил возможность проверить музыкальную память Ирины Васильевны. На Кипр частенько приезжал Владимир Николаевич Войнович, я имел счастье с ним общаться. И вот в один из его приездов я заставил и его напеть мне эту песню — он её хорошо помнил и именно как принадлежащую Булату.

Очень интересен ещё один момент в рассказе Ирины Васильевны, который может пролить свет на не до конца ясный вопрос о том, когда Окуджава впервые взял в руки гитару. В книге она пишет о том, что играть на гитаре Булата научил тесть, Василий Харитонович. В то же время сам Окуджава не раз вспоминал, что научился играть значительно позже, лишь в 1956 году, а есть свидетели, которые утверждают, что, наоборот, играть на гитаре он начал даже раньше, чем познакомился со Смольяниновыми. Об этом, в частности, вспоминал друг юности Булата Давид Барткулашвили[13].

В тот день Ирина Васильевна упомянула о гитаре, на которой её отец научил зятя играть: «Семиструнная обычная гитара, он брал её в политотделе, у них там отдельская была». Так, может, в этом-то и всё объяснение? То есть Василий Харитонович учил зятя играть на семиструнной, а потом, в 1956-м Булату показали несколько аккордов на шестиструнной, после чего, кстати, он только на шестиструнной и играл. Тогда и утверждение Давида Барткулашвили о более раннем умении Булата играть на гитаре вполне укладывается в эту версию: сначала Булат кое-как выучился играть на шестиструнной гитаре, потом, попав в семью Смольяниновых и не имея под рукой шестиструнки, вынужден был освоить семиструнную, а уже в 1956-м, расширив свой аккордный ряд, вновь вернулся к шестиструнке.

---

[13] Подробнее см.: *Гизатулин М.* Булат Окуджава: «...из самого начала» // М., БУЛАТ, 2008. С. 50–75.

И ещё: рассказывая о встречах Булата в Тбилиси со знаменитыми поэтами, Ирина Васильевна из таких поэтов назвала Тихонова и Межирова, чего в книге не было.

Однако пора бы уже дать слово самой Ирине Живописцевой:

У меня две книжки написаны. Первая книга — сборник стихов, издана в 1997 году. Она успела выйти с напутственными словами Булата Окуджава. Вторая книга вышла в этом году, ко дню его рождения. Это воспоминания о Булате Окуджава и о нашей семье, называется она «Опали, как листва, десятилетия».

Мой дед со стороны матери — купец второй гильдии. Со стороны отца — портной. Это был бы неравный брак, если бы к этому времени революция не сравняла богатых с бедными. Поженились они рано, маме было 18 лет, папе — 20. Появилось нас трое, почти подряд: сестра старше меня на год восемь месяцев, потом я и брат, с интервалом в четыре года.

Жили мы у дедушки на окраине Воронежа или, как говорят в Воронеже, «внизу», а сам город расположен на высоком берегу реки, «на буграх», так тоже говорят в Воронеже.

Я счастлива тем, что у нас была дружная весёлая семья. Я счастлива тем, что родилась в Воронеже — южном, певучем, красивом городе, там, где родились Никитин, Кольцов, Маршак. И, наверное, с молоком матери я впитала и стихи, и музыку, и песни...

Началась война, и кончилось детство. Отец с первых дней на фронте, а у нас две эвакуации, сначала в Казань, потом в Среднюю Азию, в город Джамбул. Ну, конечно, и голодно, и холодно, и всякое было, но тем не менее, как только немецкие войска были остановлены и после Сталинградской битвы наши войска перешли в наступление — за это время мы не имели никаких сведений об отце, потеряли связь с ним, — мы сразу вернулись в Воронеж. И вот, в 45 году я закончила там школу, сестра немного раньше закончила, и после победы мы поехали к отцу в Крым.

По воле судеб отец оказался в Грузинской дивизии заместителем начальника политотдела дивизии. Эта дивизия в составе Приморской армии освобождала Тамань, участвовала в боях за взятие Керченского пролива, полуострова Керченского и штурмовала Сапун-гору под Севастополем.

В декабре 1945 года дивизия была отправлена обратно в Грузию. Солдаты с радостью возвращались на родину после победы, а мы ехали в незнакомую для нас страну, к незнакомым людям.

Так наша семья оказалась в Тбилиси. Я поступила на филологический факультет университета, на первый курс, потому что в Симферополе училась на первом курсе педагогического института. Сестра в Симферополе училась в медицинском институте, но в Тбилиси её не приняли в медицинский, потому что практические задания в связи с переездом она не успела выполнить. И тогда решили, чтобы не терять год, она тоже будет поступать на филологический факультет. И вот мы вдвоём сдали зачёты за первый семестр и явились в одиннадцатую группу русского отделения филологического факультета, туда же, где учился Булат Окуджава.

Ирине запомнилось, как они с сестрой впервые оказались в гостях у Булата. После ареста родителей он жил со своей тётей Сильвией в бывшей родительской квартире напротив консерватории. Особое место в квартире занимало пианино, на котором готовилась к поступлению в консерваторию двоюродная сестра Булата Луиза. Но и Булат любил побренчать на пианино, и в первый же раз он исполнил сёстрам Гале и Ире весёлую песню про Тирли и Дугу.

Потом он исполнил неизвестную нам несколько смелую песенку на слова Бернса о Дженни. В свою очередь мы с сестрой спели популярные в России песни Лидии Руслановой «Валенки» и «Извозчик».

На втором курсе Булат и Галя поженились, но жить им было негде, комнату Булата продала его тётя, уезжая в Ереван. Пришлось жить вместе с родителями жены. Василий Харитонович, хоть и имел как высокопоставленный военный трёхкомнатную квартиру в центре Тбилиси, но всё равно было тесно — шесть человек.

Дальше Ирина Васильевна рассказала, как появилась книга её воспоминаний. Написала её она в 1993 году и не знала, что с ней дальше делать. На целый год положила рукопись «в стол». Пытаться опубликовать её, не показав Булату, она не могла. И стала пока писать воспоминания о более раннем времени, о детстве, где Булата в их жизни ещё не было.

К 95-му году где-то, наверное, почувствовалось — к этому времени умер мой муж, — что все эти беды, которые обрушились сразу и на меня, и на всю страну, когда всё разваливалось, распадалось, требуют какого-то выхода. И совершенно неожиданно для меня пришли стихи. Они шли на меня такой плотной стеной, что я не могла сопротивляться. И когда я написала стихи, позвонила Булату. Заодно сказала и про давно написанные воспоминания.

Булат заинтересовался литературными опытами свояченицы, и они договорились встретиться. В 1996 году Ирина специально приехала в Москву. Посидели, повспоминали, она оставила рукопись Булату и вернулась в Петербург. Ждала звонка Булата со страхом. Наконец раздался звонок из Москвы:

— Ну, в стихах ты открытий не делаешь, а насчёт воспоминаний — да, всё так и было!

И вот то, что он мне сказал: «Всё так и было», сняло с меня, знаете, тяжесть какую-то — я очень боялась невольной пристрастности в своих воспоминаниях, неточности, ошибки...

А по поводу стихов я всё-таки осмелилась ему возразить, что, дескать, кое-что уже напечатано, значит, не так уж плохо? Он говорит:

— А разве я сказал, что их печатать нельзя?

И когда он сказал, что можно печатать, то я совсем осмелела и спросила, не может ли он написать несколько напутственных слов для этой книги стихов. И он написал эти напутственные слова в маленьком предисловии к моей книге стихов.

Мне так хотелось, чтобы эта книга вышла к его дню рождения, но она задержалась в печати, и я уехала на дачу в конце мая с внуком, а в июне месяце пришло известие, что Булата не стало.

Книга стихов вышла, но воспоминания я так и не решалась напечатать — мне казалось, что это слишком личное, слишком больное... Но после смерти Булата стали появляться публикации, часто в погоне за сенсацией недобросовестные и недостоверные. И тогда я отдала свои воспоминания в ленинградский толстый журнал «Звезда».

После выступления Ирины Живописцевой было долгое чаепитие. Вопросы продолжали сыпаться.

— Правильно ли мы поняли, что Булата Шалвовича играть на гитаре научил ваш отец?

Да, вы абсолютно правильно поняли. Это был сорок седьмой, ну, может быть, сорок восьмой год. Собственно, папа нас обучал всех: и меня, и брата, и сестру, и Булата. Я оказалась неспособной, робкой. А сестра играла, она немножко пела даже, и даже хотели вроде, чтобы она поступила в театральный институт. Но потом решили, что это ненадёжная профессия. Папа в Булате сразу почувствовал способности к музыке, показал ему какие-то аккорды, и очень скоро Булат потихонечку начал на одной струночке мелодии подбирать, а аккорд какой-то он уже имел в запасе.

Так начиналось всё это. Гитару папа брал в политотделе, у них там своя гитара была. И не только гитара, но и мандолина, балалайка — и на всём этом мы играли. Вся наша семья была очень песенная, а Булата я просто не представляю без песен.

Но самым интересным в этот день мне показался разговор о песне «Ни кукушкам, ни ромашкам» («Эта женщина! Увижу и немею»). В своих воспоминаниях Ирина Васильевна написала, что эту песню Булат сочинил в Тбилиси, тогда, когда они жили все вместе. Получается, что было это не позже 1950 года, а сама Ирина Васильевна помнит, что даже раньше, не позже 1947-го. Это меня тогда очень удивило, ведь общеизвестно, что единственной из домосковского периода песней, которую Окуджава не «забыл» и продолжал исполнять и в Москве, была песня «Неистов и упрям». Позже, правда, выяснилось, что и «Над синей улочкой портовой» тоже была домосковская, и её он тоже не «брезговал» петь в Москве. Первое время в Москве он, правда, и «Тирли и Дугу» с большим успехом исполнял, но быстро пожелал «забыть» о ней.

Ирина Васильевна очень убедительно написала, что хорошо помнит обстоятельства появления песни «Ни кукушкам, ни ромашкам» и помнит, как эта песня понравилась её отцу, хотя в целом тот скептически относился к стихотворным опытам зятя. Но мне это казалось совсем невероятным — настолько мы привыкли воспринимать эту песню московской, и я тогда посчитал, что она путает. Но теперь решил уточнить этот вопрос, потому что в выступлении Ирины Васильевны прозвучали такие слова: «Я боюсь неточного слова, случайного слова, я хотела написать только о том, что я твёрдо знаю, в чём я абсолютно уверена, поэтому, может быть, книга и получилась не такой объёмной, какой могла бы быть». А ещё, оказывается, и сам автор песни читал эти воспоминания и никаких неточностей не обнаружил.

И Ирина Васильевна теперь уже после выступления, за чаем, твёрдо настаивала на своём:

Я очень хорошо помню, как именно эта песня тогда понравилась папе — я условно называю её «Гадалка». Поэтому я очень твёрдо знаю, что это было в Тбилиси.

Разговор зашёл о других неизвестных ранних песнях Булата, и Ирина Васильевна сказала, что помнит много каких-то обрывков, но не уверена, принадлежат ли они Булату, как не была уверена с «Тирли и Дугу». И в качестве примера привела четверостищие:

> Я ощущаю запах сладкий,
> восторгом полнится душа.
> О, дайте, дайте куропаткой
> мне насладиться не спеша!

Не помню, какова была реакция Ольги Владимировны на последнюю гостью, а может, и не было никакой. Приезжала в музей она всё-таки нечасто.

«ЖИВЁМ ВЫРАЩИВАНИЕМ КАРТОШКИ»

Следующим гостем 7 ноября у нас был безобидный для вдовы, как мне казалось, писатель Ярослав Голованов. Хотя уже трудно было угадать, кто ей может показаться безобидным.

Ярослав Кириллович начал с того, что «было бы ошибкой считать меня человеком, который был близок с Булатом». Потом рассказал, как впервые увидел Булата в 1960 году в редакции «Комсомольской правды». Уже ходили слухи о каком-то новом необыкновенном певце, и заинтригованные сотрудники «Комсомольской правды» собрались у себя в Голубом зале.

Это был довольно высокий, о-очень худой человек с явно... такой уже тронутой плешью шевелюрой... и с каким-то чарующим совершенно голосом. Я могу сказать, что никогда не слышал, кто бы пел песни Булата лучше самого Булата, ну даже вот... Лена Камбурова... ну, она хорошо поёт, очень хорошо поёт... И всё-таки Булат пел лучше всех.

Надо сказать, что реакция на это его выступление, была не столько восторженная, сколько... все были в каком-то лёгком недоумении, потому что это было ни на что не похоже.

Ну что же это такое: «А шарик вернулся, а он голубой»?

Понимаете, весь строй этой поэзии был непривычен для того времени, он был чужд этому времени. Я помню, что расходились мы из Голубого зала в какой-то растерянности... Я бы мог сказать сейчас, что вот я его услышал в первый раз и сразу влюбился в его поэзию, в его песни, — но нет, этого не было, врать не хочу...

Что касается других наших журналистов, я помню, как подошёл к Васе Пескову и спросил:

— Ну как, Вась?

Он говорит:

— Чёрт его знает, ни на что не похоже, странно как-то... но вот «По Смоленской дороге» — замечательная песня, мне очень понравилась.

Это выступление мы записали на плёнку и часто потом крутили у себя в газете, всё больше и больше влюбляясь в эти песни.

Спустя два года Булат стал необыкновенно популярным.

Потом уже я познакомился с ним в Ленинграде, где он тогда жил, а мы большой группой от журнала «Юность», куда входила редколлегия и авторы журнала, приехали туда выступать. Называлось это «Дни «Юности» в Ленинграде».

В нашей компании были популярнейшие тогда писатели Василий Аксёнов, Анатолий Гладилин, Фазиль Искандер, Марк Розовский, авторы юмористического раздела «Юности» Аркадий Арканов и Григорий Горин. В Ленинграде к ним присоединились тамошние авторы «Юности» Булат Окуджава и Борис Никольский.

Целыми днями группа ездила в автобусе от одного дома культуры к другому, и там, в автобусе, Голованов и Окуджава познакомились поближе.

Выглядел он довольно затрапезно, и жил он довольно плохо тогда, как я понял. Он ходил в чёрном глухом свитере грубой вязки, в чёрных же штанах с вытянутыми коленками... В общем, вид у него был совсем не бравого солдата. Он рассказывал мне, что живёт... я не был у него в Ленинграде, и не знаю, на какой конкретно улице он жил, но он говорил, что у него какой-то есть земельный участок, где они с Ольгой сажают картошку, и этим тоже живут...

Мне эта душещипательная история про картошку показалась малоубедительной. Чтобы избалованная племянница известнейшего академика и дочка кинорежиссёра жила выращиванием картошки, и где — в Ленинграде! Но сегодня выступаю не я, а Голованов, поэтому пусть продолжает. Да и причём здесь он, если это ему Булат так рассказывал. Ярослав Кириллович за что купил, за то и продал.

Я ему говорил: «Господи, да ведь нету же магнитофона в Советском Союзе, на котором твоих песен не записано! Если бы тебе платили по копейке не за песню даже, а за одну бобину переписанную, ты был бы уже миллионером.

Принимали нас очень хорошо. Но один инцидент мне запомнился. Я не помню, в каком это было Дворце, но Булат уже выступил, и мы с ним вышли в фойе прогуляться. Вдруг на нас налетели какие-то молоденькие девчонки, совсем юные, и с остервенением набросились на Булата и кричали: «Что вы делаете, как вам не стыдно! Вы развращаете молодёжь своими песнями! Это совершенно чуждо нашей молодёжи!»

Больше всего в этой ситуации меня удивил сам Булат, который, вместо того, чтобы просто послать их или уйти, стал им что-то объяснять, доказывать, что он не развратитель молодежи, а вроде бы — наоборот. Это долго продолжалось, и мне по их горящим глазам показалось, что ещё немного и они его ударят...

Я уже как-то встревожился и говорю: «Пойдём-пойдём отсюда!» — и увёл его обратно за кулисы.

Вспомнил Голованов и то, как много позже был ведущим «Журнала журналов», и представляя Булата Окуджава, сказал залу:

— Вы знаете, мы будем гордиться тем, что мы современники этого человека.

Зал захлопал, а Булат очень смутился.

Когда Голованов получил дачу в Переделкине, встречаться стали чаще. Это уже в самые последние годы было. Оба жили на своих дачах в одиночестве, и это тоже их сблизило.

— Я часто ходил к нему в домик, бывало, и он ко мне заходил, но чаще я к нему всё-таки.

Как-то раз справляли день рождения Льва Разгона на даче Голованова небольшой мужской компанией. Были ещё Юрий Давыдов и Юрий Карякин. И гости заспорили с именинником: Разгон говорил, что нынешние коммунисты такие же, какие были и в тридцатые годы, а Ярослав с Булатом настаивали, что те были лучше, те хоть во что-то верили, а нынешние — циники, ни во что не верят, в собственное коммунистическое дело не верят.

Однажды, когда Голованов пришёл к Окуджава в очередной раз, Булат его прямо с порога встретил:

— Ты представляешь, я смотрю телевизор, и мышонок вылезает из норки, садится и вместе со мной смотрит телевизор. Я ручаюсь, что он смотрит и всё он понимает!

С тех пор Окуджава с мышонком каждый вечер смотрели телевизор вдвоём. Кончилась эта идиллия очень печально. Однажды Окуджава услышал шум захлопывающейся мышеловки. Оказывается, он забыл убрать одну из них...

Об этом мышонке Булат Шалвович написал пронзительный рассказ в серии «Автобиографических анекдотов». Как бы снижая пафос этого рассказа и желая приблизить его к анекдо-

Б. Окуджава и Ф. Искандер

ту, он заканчивает рассказ тем, как он рассказывал эту историю Фазилю Искандеру, и в том месте, где раздаётся звук захлопывающейся мышеловки, Фазиль воскликнул с болью в голосе: «Насмерть?!»

Когда Фазиль Абдулович прочитал этот рассказ, он воскликнул: «Как же он был одинок!»

> *Мой дом под крышей черепичной*
> *назло надменности столичной*
> *стоит отдельно на горе.*
> *И я живу в нём одиноко*
> *по воле возраста и рока,*
> *как мышь апрельская в норе.*
>
> *Ведь, с точки зрения Вселенной,*
> *я мышь и есть, я блик мгновенный,*
> *я просто жизни краткий вздох...*
> *Да, с точки зрения природы,*
> *ну что — моя судьба и годы?*
> *Нечаянный переполох...*

Голованов продолжал свой рассказ:

Однажды я завёл разговор о популярности его поэзии — почему столько лет его стихи и в особенности песни остаются популярными. Он сомневался, что эти песни являются такими уж нужными сегодняшней молодёжи, востребованными, и сказал:

— Понимаешь, Слава, если бы я сейчас написал эти песни, не в шестидесятом году, а сейчас, то они остались бы незамеченными.

Я не соглашаюсь:

— Ну хорошо, но почему твои песни продолжают и петь, и в фильмах исполнять, и вообще везде?

— А это я уже отношу к области ностальгии, может быть, по молодости какая-то тоска.

Не прав он, думаю. Всегда считал и сейчас считаю, что дело совершенно не в этом и что ограничивать его творчество какими-то временными рамками, какой-то определенной эпохой неверно. Что бы мы ни говорили: и Высоцкий, и Галич, и Городницкий, и Ким, и Визбор — все они идут всё-таки второй волной. Рядом с ним никого нет.

Все они, конечно, и Булат, и Высоцкий, и Юра Визбор были личностями. И делить им было нечего. Юра Визбор, кстати, тоже здесь жил довольно долго на даче у внучки и приёмной дочки Хрущёва, у Юлии Хрущёвой, он несколько зим здесь жил, мы тогда с ним тоже общались.

Часто разговоры наши касались злобы дня. Помню, зашёл какой-то разговор о демократии, и Булат сказал:

— Да демократы-то наши, они, в общем, не демократы ещё пока.

— А как же Гайдар, Явлинский?

— Да нет, они хотят быть демократами, хотят, но не могут ещё пока называться демократами.

Ещё мне запомнилась такая его фраза, что вообще демократия — это не свобода, это уважение к мнению другого человека. Я думаю, что он был прав.

Помню, мы говорили и о Чечне. Он был убеждённым противником этой войны и считал, что нельзя было её развязывать, говорил, что надо уходить оттуда.

— Ура-патриоты будут кричать: «нельзя уходить, получится — мы проиграли войну». Но мы её всё равно проиграли и рано или поздно всё равно оттуда уйдём.

Как-то я его спросил, как он пришёл к исторической прозе. Он говорит:

— Ну я же в Ленинграде какое-то время жил. Ленинград располагает к занятию исторической литературой... А вообще, — продолжил он с лукавой улыбкой, — денег не было сначала, а кто-то — или Вася Аксёнов, или Толя Гладилин, — разнюхали, что «Политиздат» начинает новую серию книг «Пламенные революционеры» и там очень хорошие гонорары платят. Непонятно было вначале, о чём, о ком я могу написать? А потом спрашиваю Гладилина, который собирался писать о Робеспьере:

— Толь, а ты что, французский язык знаешь?

Он говорит:

— Нет, конечно.

— Может, ты историю французскую хорошо знаешь?

— Да нет, откуда?!

— А как же ты за Робеспьера берёшься? — удивляюсь я.

— А что такое? — удивляется он.

— Ну, знаешь, по Робеспьеру и вообще по Французской революции целые библиотеки написаны... И ты как-то думаешь своё видение дать, что ли...?

— Да, брось ты! Ерунда какая! Справимся как-нибудь, всё будет в порядке.

Ну и я загорелся. Поехал в «Политиздат», сказал, что буду писать про Пестеля. А потом, чем больше я читал о Пестеле, тем меньше он мне нравился. И в конце концов совсем разонравился, и я стал сочинять про писаря Абросимова.

БУРЯТ ОКУДЖАВА

На следующий же после выступления Голованова день 8 ноября в музее снова были гости. На этот раз целый десант высадился — «Новая газета». Тогда ещё эта газета была одной из многих, потом она стала единственной, «последней из могикан», непонятно как выжившей, хотя и было сделано всё, чтобы она не выжила, вплоть до физического уничтожения её сотрудников. Впрочем, покончено было и с ней.

Думаю, главная особенность «Новой газеты» тогда, позволившая ей в конце концов остаться единственной и неповторимой газетой, — это замечательный сплочённый коллектив очень симпатичных людей.

Начал разговор главная звезда газеты и наш сосед Юрий Щекочихин, заявивший, что у них в газете две команды: «чёрная», которая занимается всякими расследованиями, её представляет он, Щекочихин, и «белая» — это присутствующие здесь Олег Хлебников, Андрей Чернов и Станислав Рассадин.

— У меня особая ситуация, — продолжал Щекочихин, — я сосед Булата Шалвовича, он пел свои песни у меня на даче, и я к нему часто заходил. Он интересовался, что там у нас в Думе происходит, и я ему подробно всё рассказывал.

Потом Юрий Петрович сказал, что сегодня в основном будет выступать «белая» команда, и предоставил слово своему коллеге поэту Олегу Хлебникову.

> За несколько дней до той последней поездки Булата Шалвовича, из которой он не вернулся, мы с Андреем Черновым пришли к нему не просто в гости, а по делу. У нас в газете есть такая рубрика — «Авторский вечер», то есть отдельная полоса, посвящённая одному человеку.

Музей на пятидесятилетие Юрия Щекочихина подарил ему кружку, посвящённую семидесятипятилетию Булата Окуджава

И мы договорились о том, что, когда Булат Шалвович вернётся из поездки в начале июня, он приготовит нам тексты для своего «Авторского вечера».

Это был единственный случай, когда Окуджава меня подвёл...

В разные годы я работал в разных изданиях, и он часто давал мне свои новые произведения: в «Крестьянку», которая ему совершенно была, наверное, не нужна, в «Огонёк», в совершенно тогда никому не известный и, к сожалению, так и оставшийся неизвестным журнал, который мы организовали, уйдя из «Огонька», — «Русская виза». Туда он нам дал свою старую неопубликованную повесть — «Пушкин в Одессе». Окуджава поражал меня своей абсолютной точностью и отзывчивостью.

Бывали у нас с ним и общие поездки, одна из них в Иркутск, она называлась так: «Пушкинские дни в декабристских местах», — очень забавная была поездка. Ну, во-первых, я в очередной раз убедился, насколько его любят везде. В самых глухих местах, в самых отдалённых бурятских селениях, где, казалось, даже по-русски-то не очень хорошо должны понимать, у него

был абсолютный успех. Я даже такую нахальную манеру завёл: после вечера подходил к Булату Шалвовичу и говорил:
— Булат Шалвович, я должен вам сказать что-то очень важное.
— Да?! — спрашивал он, поддерживая игру. — И что же?
— Быть знаменитым некрасиво!
Он смеялся всякий раз.

Ещё я придумал ему такую дразнилку, поскольку ездили мы по бурятским местам — «Бурят Окуджава», на что он мне замечательно тут же отпарировал:
— Ну, тогда давайте вместе напишем «Приключения Бурятино».

Это был 1986 год, когда было принято антиалкогольное постановление. 1 июня, когда вступало в действие это постановление, был день рождения Давида Самойлова, мы послали ему оттуда телеграмму, что, вот, поздравляем с днём рождения и соболезнуем по поводу вступающего в действие постановления. В этот же день у нас был вечер в Ангарске, в какой-то библиотеке, после чего нас ведут куда-то за стенды книжные, за полки, и там стояло невероятное количество спиртного!

Мы довольно активно тогда отметили начало борьбы с пьянством.

А потом, когда автобус всю ночь вёз нас из Ангарска обратно в Иркутск, мы все хором пели песни Булата Шалвовича. Сам Булат Шалвович их тоже подхватывал, но слова почему-то помнил хуже остальных исполнителей.

Во главе нашей делегации была Лидия Борисовна Либединская, но все считали, что всё-таки главный — Окуджава, и поэтому на меня жаловались именно ему. Лидия Борисовна не обижалась на нарушение субординации и часто говорила: «Какое всё-таки счастье, что у нас есть Окуджава!»

А жаловались на меня вот почему: я в Иркутск приехал уже второй раз и угораздил меня бог написать стихи об Иркутске, да ещё их там и прочитать. Их посчитали, почему-то антибурятскими:

...Зачем-то мне показывают все...
Теперь Иркутск с его полубурятством
и неожиданностью ананаса
в шикующих витринах овощных...
Там, где отсутствие кедровых шишек
я неожиданным не назову.
Зачем-то мне показывают их
и остальное... Или я живу,
чтоб засвидетельствовать: мир прекрасен
и широка страна, хоть и узка
та щёлочка, в которую ты смотришь...

Лариса Миллер

Прочитав эти стихи, я почувствовал совершенно жуткую ненависть зала. Ну, по крайней мере, двух третей этого зала, поскольку в нём была такая свинцовая подушка, которая ложится на тебя. И пошли записки из зала такого свойства: «Зачем вы вообще вот это дерьмо с собой привезли?» Все они почему-то шли к Окуджаве.

А Окуджава встал и заступился за меня. И все успокоились. Потом, после вечера он долго ещё меня успокаивал.

Вообще, надо сказать, я тогда был ещё в совершенно отвратительной категории: «молодой поэт». Есть всякие категории: «московский поэт», «значительный поэт», «крупный поэт», и есть такая — «молодой поэт». Но рядом с Булатом Шалвовичем я совершенно не чувствовал себя «молодым поэтом», он общался со мной на равных.

При этом он какую-то дистанцию, безусловно, держал. Это давало ему возможность того одиночества, которое он очень ценил. Окуджава умел сочетать две вещи — умел быть абсолютно верным другом и при этом, не переходя в панибратство, сохранять себя как суверенную, неприкосновенную личность.

Потом слово взял Станислав Борисович Рассадин и говорил очень долго и обстоятельно. Я не буду сейчас ничего пересказывать из его выступления не потому, что он говорил неинтересно, совсем нет. И вспомнить ему было много чего, ведь с Окуджава они были знакомы и дружны с 1957 года. Просто всё, что рассказывал Станислав Борисович, в разное время им было опубликовано.

Потом ещё выступили режиссёр и писатель Сергей Миров, поэт и историк Андрей Чернов и ветеран чеченской войны и автор песен полковник А. Чикунов.

Вечер получился долгим, но тёплым.

Через неделю, 15 ноября, в музее выступала прекрасный поэт и соседка Булата Окуджава Лариса Миллер. Вместе с ней пришли Галина Пухова и Михаил Приходько — дуэт, в репертуаре которого много песен на стихи Ларисы Миллер на музыку самого Михаила.

Выступали гости замечательно, но я был не очень доволен потому, что они ничего не рассказали про того, в чьём доме выступали. Нет, я не настолько зашорен, чтобы, кроме Окуджава, мне ничто не было б интересно. Но мне казалось, что вот сейчас, по свежим следам, нам надо собирать свидетельства тех, кто был рядом с ним. Мне казалось, что не должны кануть в Лету самые незначительные, крохотные эпизоды, связанные с Булатом Окуджава. Пока время не ушло. Поэтому я всегда говорил потенциальному гостю, что очень хотелось бы хоть два-три слова и о хозяине дома услышать.

А потом, через сто лет, пусть к нам приходят все замечательные прозаики и поэты и говорят всё, что им вздумается, даже не вспоминая имени бывшего хозяина дома, где теперь музей. Но некоторых гостей приглашала Ирина Ришина, и она завлекала их тем, что это будет исключительно их творческий вечер.

СИЛЬВА ДАРЕЛ РУБАШОВА ЭЛЬДАР

21 ноября в музее выступила Сильва Дарел. Никто не знал, кто это, а это была журналистка из Лондона, много лет работавшая на радиостанции Би-би-си. А кроме того, это была давняя подруга Лёвы Шилова. Но выступить сегодня её пригласили не из-за дружбы с Шиловым, а из-за того, что предисловие к книге Сильвы написал когда-то Булат Окуджава.

К выступлению Сильвы Дарел, или Сильвы Рубашовой, или Сильвы Эльдар мы, как это часто бывало, подготовили стенгазету. В последовательности её фамилий я запутался, но вначале она была Хайтина. Прибыв в музей, гостья и Лёва Алексеич стали изучать этот «документ». Сильва была несколько ошарашена содержанием стенгазеты, потому что я очень творчески отнёсся к этому делу, снабдив фотографии игривыми подписями. Например, там, где она была снята со своей собакой, я подписал: «Любимая собака Сильвы Дарел», а фото, где она с Шиловым, по аналогии назвал: «Любимый друг Сильвы Дарел».

«Любимый друг» тут же от меня отмежевался и, тыча в меня пальцем, закричал:

— Я здесь ни при чём, это всё он, это всё его хулиганские выходки! Гнать бы надо таких из музея, но, к сожалению, это невозможно — он сам здесь директор.

Сильва посмотрела на меня, всё ещё не решив, обижаться ей или нет, и вдруг улыбнулась:

— Ладно, но хотелось бы знать, кто дал фотографии этому хулигану?

— Выкрал! Он их выкрал! Ты только посмотри на его лицо — от такого всего можно ожидать!

Сильва сделала вид, что поверила.

Наконец, все расселись по местам, и выступление началось. Но вначале Лёва представил гостью собравшимся, причём сделал это в лучших ришинских традициях — коротенько, на половину вечера. И начал издалека — решил рассказать самой Сильве о музее:

> Когда мы быстро-быстро сделали этот музей, мы думали сделать в этом зальчике что-то вроде библиотеки. Но этого не получилось. Тогда мы решили выложить здесь посвящения Булата другим людям. И поняли, что это лучшее решение. У него оказалось больше ста посвящений. Среди них были как люди знаменитые, так и малоизвестные, но что важно — он ни в ком не ошибся — это всё были прекрасные люди.
>
> И когда мы эти его стихи — не только его посвящения, но и ему посвящённые, стали раскладывать, получилась очень органичная картина шестидесятых годов. Получился музей 60-х годов. Поэтому здесь не так много фотографий самого Булата, здесь те люди, которые тогда определяли русскую культуру. Здесь сошлись все, даже те, кто тогда друг с другом и не встречался даже. Здесь есть Бродский, которого тогда мало кто знал в Москве, здесь есть Довлатов, столь любимый теперь всеми, и Максимов, который потом со всеми разругался. А здесь они все рядом — молодые, красивые, прекрасные. Так что эта комната стала наиболее полным выражением идеи будущего музея. Это получился музей шестидесятничества, и он продолжает делаться каждый день. Вот сейчас в газете вышла очень интересная подборка писем Чичибабина — эта публикация найдёт место и у нас. Недавно у нас была вдова Юрия Домбровского, которая принесла какие-то его фотографии. Так что музей растёт прямо на глазах, и я думаю, что весной, а то и раньше, мы снимем эту экспозицию и заменим её другой. У нас будут сменные экспозиции — месяц гостит такой-то поэт или прозаик, потом месяц — другой.
>
> В 1955 году был первый вечер, посвящённый Сергею Есенину, и докладчик, всячески оправдываясь, говорил, что у Есенина есть некоторые стороны, которые мы можем принять, пейзажи там, что-то ещё, а что-то — нет. Потом выступил Назым Хикмет и сказал: почему товарищ докладчик говорит, что нельзя нам знать, какие Есенин писал стихи. Нет, мы должны знать его стихи. Может быть, конечно, мы пить должны немножко меньше, но мы продолжаем пить, как Сергей Есенин.
>
> Это была очень смелая речь в защиту Есенина. И Назым Хикмет вполне естественно здесь у нас присутствует. Вполне естественно здесь присутствует и Набоков, который в одном из последних своих романов назвал Булата Окуджава гением.

И здесь мы каждое воскресенье или субботу, а иногда и в оба выходных, проводим встречи с людьми, так или иначе знавшими Булата, не обязательно с литераторами. А бывает, выступают гости и не связанные с Булатом. В нашем тесном дружеском кругу идут такие дебаты, приглашать ли только людей, близко знавших Булата, или приглашать всех. И я считаю, что надо приглашать всех.

Ещё не стемнело, когда, Шилов, наконец, закончил рассказ про музей, и перешёл к рассказу о самой Сильве Дарел и рассказывал так долго, что самой ей, казалось, рассказывать будет уже и нечего:

Вот то, что я хотел, чтобы Сильва Рубашова знала про наш дом. Сегодня у нас объявлена встреча с писательницей Сильвой Рубашовой, Сильвой Дарел и Сильвой Эльдар. Это она меняла клички — у неё были сложные отношения со спецслужбами, я этим объясняю множество её паспортов и множество её кличек.

Сильва — человек замечательный, и я очень рад, что судьба мне послала это знакомство через Елену Цезаревну Чуковскую. Когда я попал в Лондон, Сильва очень много помогала мне. Я её снял в фильме «Русские голоса над Темзой». Это было переломное время в Советском Союзе. Тогда в первый раз её напечатали на родине, в «Московском комсомольце». Тогда нельзя было произносить слово Израиль, и во вступительной заметке было сказано, что Сильва Рубашова уехала на Ближний Восток. Это было в 1988 году! А когда в фильме я её снимал, нельзя было говорить, что это журналист, который работает на Би-Би-Си, и в фильме было сказано, что Сильва Рубашова — коллекционер.

Как-то мы шли по Лондону, и Сильве нужно было зайти на Би-Би-Си, и она пригласила меня с собой. Я шарахнулся от этого страшного слова, и она оставила меня в кафе напротив. Я сидел, как на иголках, надеясь, что никто меня не увидит вблизи такого ужасного места.

А через несколько дней я уже официально пошёл на Би-Би-Си — наше посольство с радиостанцией созвонилось и договорилось. И не один пошёл, а вместе с советским представителем Шишковским, это был очень хороший телеоператор. Он тоже в первый раз пересёк порог этого страшного места, хоть и жил в Лондоне уже несколько лет. Сильва оказывала нам какие-то содействия, но за кулисами.

И вот мы стоим, ждём в холле, и Шишковский мне говорит:
— А что это мы стоим, давай сядем. Мы же советские люди!
Мы сели и очень напряжённо ждали, когда нас примут во вражеском логове.

Но в стране победившего пролетариата всё уже рушилось прямо на глазах, и когда я в следующий раз приехал, то запросто пошёл на Би-Би-Си. Теперь не нужно было никаких предварительных заказов и пропусков (я сегодня больше буду говорить о себе, потому что Сильва сказала, что про неё говорить не нужно).

Сильва тогда мне просто прицепила какой-то значок, и мы пошли в студию. Мне было интересно посмотреть, как там они работают. Меня поразило, что получасовую передачу они записывали за 15-20 минут. Сильва тогда вела очень популярную в России передачу «Взгляд в прошлое» — о том, что писали советские газеты в разные годы. Поэтому её голос знал весь СССР.

А до этого она восемь лет вела огромные передачи по искусству: про Гумилёва рассказывала, Чуковскую читала, много всего...

И вот мы сидим с Сильвой, она готовится записываться, и выясняется, что не пришёл мужской голос. И она мне говорит:

— Почитаешь?

Я сначала опешил, но согласился. Думал, что она сейчас пойдёт по кабинетам утрясать, согласовывать... Но она никого ничего не стала спрашивать, просто мы начали запись. Мы сидели друг напротив друга, и это очень удобно было технологически — ты видишь, когда твой собеседник заканчивает свою реплику, и у тебя есть время вовремя вступить со своей. Я волновался ужасно — боялся подвести Сильву! Потом мне ещё и заплатили! Я боялся, чтобы у нас не узнали, что я подрабатываю на Би-Би-Си, но время уже было другое. Месяца через два эта передача пошла в эфир, и там даже объявили мою фамилию.

Во второй приезд я воспользовался гостеприимством Сильвы, и она меня поселила на втором этаже своего прекрасного дома в северном районе Лондона. Книжки, что были у неё дома, я почти все перечитал ещё в первый приезд. Понимаете, да, что это были за книжки? Сплошь запрещёные в СССР!

А в этот раз среди её книг мне попалась машинопись какой-то повести, которую я читаю, читаю, читаю с удовольствием, и вдруг рукопись обрывается, не закончившись. Я спускаюсь вниз к Сильве и спрашиваю хозяйку:

— А вот это вот что такое?

— А-а, ерунда...

Оказалось, что это рукопись её собственной книги. Которая уже вышла, по крайней мере в 15 странах, но совершенно не проходима для СССР. Потому, что это рассказ о сталинских лагерях, о ссылке...

— Ладно, но где же окончание?

Сильва нашла концовку рукописи, и Лёва сумел дочитать повесть до конца. На него эта повесть[14] произвела очень сильное впечатление. При первом прочтении он даже не оценил, насколько эта книга написана хорошо, но его очень тронули события, описанные в книге — как маленькая девочка едет в Сибирь в товарном эшелоне вместе с другими ссыльными из Прибалтики в 1940 году. Когда советские войска «освободили» балтийские республики, они подогнали товарные составы и «освобождённых», тех, что позажиточней, отправили в Сибирь. Так оказалась сосланной семья Сильвы. И эти события проходят перед широко распахнутыми глазами маленькой девочки, которой всё очень интересно.

Забегая вперёд, должен сказать, что на меня, Марата Гизатулина, эта повесть тоже произвела сильное впечатление. При том, что я уже был глубоко в теме — в конце 80-х — начале 90-х журналы много чего страшного опубликовали о тех временах. Но это было увидено глазами восьмилетней девочки. Один эпизод особенно застрял в моей больной памяти — возможно даже, что его нет в повести, может быть, что это Сильва рассказывала отдельно. Сильва потом говорила, что самые страшные моменты она выбросила из рукописи, чтобы не слишком расстраивать читателей.

И вот эта восьмилетняя девочка едет в набитом людьми, как сельдями в бочке, товарном вагоне с выпиленной дыркой в полу вместо туалета в течение нескольких месяцев и видит, как молодая мама качает и качает свою новорождённую малышку, а та всё плачет и плачет. Потому что не качка нужна малышке, а еда. А молока у мамы уже нет, конечно. И однажды малышка замолчала. Это было приятно другим пассажирам, но появилось другое неудобство — от малышки всё сильнее и сильнее дурно пахло. Сошедшая с ума молодая мама продолжала качать своё несчастное дитя. А другие детишки, и Сильва в том числе, видели, что малышка неживая. Они решили, что это кукла, и просили дать её им поиграть. В конце концов пришёл охранник, отнял «куклу» у сумасшедшей и, изящно взяв её тремя пальчиками за две вчера ещё розовые ножки, ловко выбросил её в маленькое окошко товарного вагона.

---

[14] Дарел С. Воробей на снегу.

Некоторые говорят, что злопамятный я, как и все татары, а на самом деле нет. Просто память у меня хорошая. И злая, к сожалению, да. Куда положил очки две минуты назад, совершенно не помню, а картинку, как девочка плакала, когда понравившуюся ей игрушку взяли тремя пальчиками с аккуратно подстриженными ногтями за две ножки с ямочками возле щиколоток и выбросили в окошко, я, похоже, буду видеть в самую последнюю свою минуту.

Однако я, как обычно, слишком на себя одеяло стянул. Вернёмся к Лёве Шилову, у которого память тоже оказалась изысканной. Видимо, потому, что он внучатый племянник Лидии Сейфуллиной, а про зловредность татар я уже упоминал. В продолжение своего рассказа о Сильве Дарел Лёва сказал следующее:

> Очень грустная повесть. У меня было ощущение какого-то стыда и вины. Потому что я очень хорошо помню, как в 1940-м году у нас появились прибалтийские конфетки и прибалтийские игрушки. Очень красивые, заводные и разные. Я, восьмилетний, ел эти конфетки, катал этот паровозик, а моя сверстница, та, чьи были эти конфетки и паровозик, ехала в это время в ссылку в товарном вагоне.

Лев Алексеевич тогда заявил решительно, что книгу надо обязательно напечатать в СССР. Сильва слабо протестовала:
— Да кому это будет интересно? Не надо...

Но Лёва с ней не согласился и повёз рукопись в Москву. В Москве он попробовал предложить книгу в одно издательство, другое, третье, но безуспешно. Давал читать всем, кто соглашался, и одним из таких прочитавших был Булат Шалвович Окуджава, который под впечатлением от прочитанного написал Сильве личное письмо:

> *Я прочитал Вашу повесть «Воробей на снегу», и она произвела на меня очень хорошее впечатление. Это очень чистая, искренняя, точная вещь без претензий, горькая и в то же время чрезвычайно человечная. Замечательна главная героиня. Желаю Вам всего самого доброго.*
> Б. Окуджава. 29. 12. 89

Булат принял участие в судьбе рукописи, и книга Сильвы Дарел «Воробей на снегу», наконец, была издана.

На этом Лев Алексеич своё кратенькое вступление решил закончить и сказал только, что Сильва заранее объявила, что выступать сегодня не будет, что она давно уже ничего не пишет и нигде не выступает и согласна только отвечать на вопросы, да и то — не на всякие. Предпочтительны вопросы о ценах на лондонских базарах.

— В общем, давайте разговаривать на любые темы, которые нам и ей покажутся интересными. А чтобы она чувствовала себя совсем уютно, давайте оставим её сидеть там, где она сидит, среди зрителей, — Лёва на секунду задумался и закончил: — Нет, всё-таки иди сюда!

К микрофону вышла Сильва, и Шилов задал ей первый вопрос:

— Вот мне было бы интересно узнать — я не помню, чтобы ты это мне рассказывала — как ты начала работать на Би-Би-Си?

Сильва задумалась:

— Я и сама забыла, как это было... Я уехала в Израиль в 1965 году, когда никто ещё не уезжал. Не очень чисто уехала — у меня была не очень хорошая биография, потому, что я 10 лет провела в Сибири, причём в два захода. В первый раз до 13-летнего возраста. После этого не убежала, но уехала оттуда не очень законно.

Я сказала маме, что, если она не отпустит меня, я повешусь. Это было в 1947 году, дело было в городе Канске Красноярского края. Мама договорилась с проводницей поезда, посадила меня в вагон, и я доехала до Москвы, где меня встретил родственник.

Меня отдали в школу в Щербаковском районе на Мархлевского. Через две недели из школы меня выгнали за плохое поведение. Тогда другие родственники забрали меня в Каунас. Там оставались не сосланные родственники моей мамы. Там я окончила гимназию и поехала учиться в Питер. У меня была серебряная медаль, но меня никуда не принимали, потому что это был 1950 год и не подходил мой 5-й пункт. К экзаменам меня не допускали потому, что у меня медаль, на собеседование тоже не пускали.

Я села за телефон и стала обзванивать все институты подряд, и меня приняли на радиофакультет института имени Бонч-Бруевича, который в те времена считался самым плохим институтом. На третьем курсе меня арестовали, забрали прямо из общежития. Два месяца я просидела в одиночке в Ленинграде, и никто не знал, где я и что. Потом по пересылкам два с половиной месяца меня везли обратно в город Канск. Вынесли из вагона меня уже на носилках.

После этого я сильно невзлюбила советскую власть. До этого ещё как-то терпела, а после этого совсем сильно невзлюбила и думала только о том, как бы мне сбежать из этой страны.

В местном КГБ мне дали подписать бумагу, что если я уйду из Канска на 5 километров, мне дадут 5 лет, если я уеду дальше, а потом сама вернусь, мне дадут 10 лет, а если не вернусь, то мне дадут 25 лет и пожизненную ссылку. Из КГБ меня так же на носилках отнесли домой к маме, которая ничего не знала ни о моём аресте, ни о том, что я уже в Канске.

Потом всё пошло хорошо: буквально через два дня, как меня выпустили из тюрьмы, умер Сталин. После его смерти мне разрешили учиться, и, потеряв год, я окончила технологический институт в Красноярске. Всем ссыльным надо было каждые 10 дней ходить отмечаться в КГБ, и мы, студенты из ссыльных, вместо того, чтобы сидеть на лекциях, шли цепочкой посреди выкопанной в снегу канавы по льду речки. И не дай бог было не отметиться.

Там я начала поглядывать на тех, кто со мной вместе учился и три раза в месяц ходил со мной отмечаться, и начала делать какие-то записи. Так родилась эта книжка.

Вообще, я даже раньше начала записывать свои мысли, ещё когда отца арестовали. Его арестовали в том же 1941 году, когда нас выслали. Пришли ночью и забрали его прямо из постели.

Мы не знали, где он, что он, но потом выяснилось, что ему дали 10 лет за антисоветскую агитацию. Он в колхозе спросил одну тётку в очереди за овсом, как готовить овёс. Мы приехали в ссылку в сентябре, ехали три месяца, и на трудодни колхоз давал только овёс. Женщина на него посмотрела удивлённо и спросила, почему он не знает, как готовить овёс. А он сказал, что там, где они жили, овсом кормили только лошадей. За это он получил 10 лет лагерей и пожизненную ссылку в Красноярском крае. После этого я начала записывать всякие разные деревенские истории. Мне всё было интересно.

Потом расстреляли Берию, и нам начали выдавать паспорта и даже отпускать из ссылки. Это был уже 1954 год.

Я вернулась в Ленинград, там у меня был человек, за которого я собиралась идти замуж перед самым арестом. Меня арестовали в ночь, когда на следующий день должна была приехать его мать и мы должны были идти в ЗАГС. Он потом приехал ко мне в Сибирь, и мы поженились, но любовь быстро кончилась по ряду причин, одной из которых было то, что мы жили вместе и спали в одной койке, но боялись разговаривать. Он даже боялся спросить, за что меня арестовали. Я и сама была осторожна, мне мама всегда говорила:

— Не открывай рот, живее будешь.

И муж ни разу меня не спросил, что со мной случилось. А я пыталась ему рассказать и пыталась объяснить, сколько тысяч женщин я видела и которые на все мои вопросы честно говорили, что сидели ни за что. Из всех политических заключённых женщин, что я видела, ни одной не было, которая что-либо совершила или даже сказала что-то, за что её можно было бы посадить.

Ну вот, приехал муж, увёз меня в Ленинград, и с тех пор я стала всё время думать, как бы мне уехать из этой страны. Я думала, что меня хотя бы как туристку выпустят в Болгарию, а оттуда я как-нибудь сбегу. Но с моей биографией ни о какой Болгарии нельзя было и мечтать.

Однажды Сильва прознала, что родственники израильского президента Залмана Шазара живут в Ленинграде и много лет уже пытаются покинуть свою прекрасную родину. Некоторые удивятся — почему это у родственников президента Израиля родина СССР? А очень просто, ведь сам президент Израиля Залман Шазар был когда-то российским подданным и даже носил фамилию Рубашов.

Как-то израильский президент встретился на похоронах ещё какого-то президента с советским президентом А. И. Микояном. И пожаловался ему, что вот, мол, коллега, какие дела грустные. Хотелось бы воссоединить семью. Тот удивился — что вы, коллега, тут какое-то недоразумение! Мы никого не держим, у нас любой может ехать куда вздумается. И действительно, вскоре родственники израильского президента получили-таки разрешение навсегда покинуть берега Невы.

Вот об этом случайно и узнала будущая шиловская подруга Сильва, пришла к собирающим чемоданы без пяти минут израильтянам и чуть ли не в ноги им бухнулась:

— Заберите меня отсюда! За любое вознаграждение!

Среди выезжающих из СССР членов семьи израильского президента был молодой человек, племянник президента Лев Рубашов, который, пообщавшись с Сильвой, к несчастью её, проникся к ней большим, чем она рассчитывала, чувством, и стал её на настоящую женитьбу уговаривать, а не на фиктивную. Она не была настроена на это, но договорились, что когда-нибудь потом, может быть, она и передумает.

Сильва приехала в Израиль и там начала работать корреспонденткой радио «Свобода» и даже вышла замуж за англичанина, уже не фиктивно, а по-настоящему. Он тоже работал на «Свободе», в английском отделе.

И осталась бы она в Израиле, может быть, навсегда, но в 1969 году случилось так, что старый приятель Сильвы писатель Анатолий Кузнецов сбежал из СССР в Великобританию. Даже бежать ему не пришлось, он очень изобретательно провернул эту операцию. Анатолий Васильевич заявил на родине, что собирается писать биографию Ленина и для этого ему очень нужно в Лондон, где в библиотеке Британского музея очень много материалов о II съезде РСДРП. Его похвалили за патриотизм и правильный выбор темы для творчества. И как убеждённого и зрелого коммуниста его выпустили в логово врага, где Анатолий Васильевич Кузнецов на следующий день после прибытия попросил политического убежища. Это был удар, от которого Советский Союз не сразу оправился! Ну, хоть бы он не о Ленине писать туда был отпущен!

> Кузнецов знал, как я уехала из Союза, ещё Приставкин знал и ещё несколько человек. Кузнецов разыскал меня и попросил приехать в Англию и остаться на год, чтобы помочь ему издавать «Бабий Яр» и другие книги. Я английский тогда не очень знала, знала немецкий, и в первую очередь мы издали его книгу на немецком языке.
>
> Он работал на «Свободе», в лондонском корпункте. У него была еженедельная пятнадцатиминутная передача, иногда она шла двадцать минут. Очень хорошие передачи, об Англии, о его отношении к Западу, к событиям в России.
>
> В 1978 году Кузнецов там, в Англии, женился, когда «Бабий Яр» выходил уже по всему свету и даже в Японии. Его всюду приглашали, но он никуда не ездил, потому что боялся. За ним велась сильная слежка, его пытались убить. Когда я приехала, я и на себе это испытала. Мы шли с Кузнецовым по улице, причём мы возвращались не поздно, и к нам подошёл какой-то человек и сказал Кузнецову:
> — Ну, ты, сука, мы тебя и здесь прикончим!
> Потом посмотрел на меня и сказал:
> — И тебя, сука, заодно тоже.
> Я ответила:
> — Что же вы не убиваете?
> А он сказал, что ещё не время, повернулся и ушёл.

Я давно заметил — у этих ребят все ходы по минутам расписаны на тысячелетия вперёд. Давно уже в другом тысячелетьи я живу и в другой, к счастью и горю, стране. И вот однажды наступил такой день, когда я вынужден был повесить украинский флаг над своим домом. Почему вынужден? Потому что не люблю атрибутики, не люблю нарочитости. Потому и футбол просто ненавижу!

Но в жизни человека бывают такие моменты, когда он должен чётко свою позицию обозначить просто для того, чтобы не забыть о своей принадлежности к человеческому виду.

И мой лимасольский сосед, земляк из прошлого тысячелетия, выговор мне сделал:

— Тебе, русскому писателю, стыдно должно быть, что ты предаёшь родину!

Я ему ответил, что мне очень стыдно, но совсем за другое. И тоже спросил его:

— А тебе, Лёша, непорядком не кажется, что русский язык на Кипре до сих пор государственным не стал. Может быть, вы и Лимасол бомбить начнёте уже наконец?

И Лёша мне ответил очень по-доброму, очень по-русски:

— Ещё не время, Марат, ещё не время!

Однако вернёмся в прежнее тысячелетие и к рассказу Сильвы Дарел-Рубашовой:

> Запуганный Кузнецов писать совершенно не мог, писал какую-то чушь в стол и постепенно угасал. Он умер у меня на глазах.

Когда Кузнецов прочитал рукопись Сильвы, удивился:
— Что же ты, дурочка не издаёшь?

И взял на себя все заботы по изданию книги Сильвы.

Сильва с мужем приехали в Лондон на один год, но из-за своей книги она застряла, а муж не хотел оставлять её одну, и отпуск без содержания на израильском радио им пришлось продлить ещё на один год. Книга Сильвы начала выходить в разных странах, а саму её на Би-би-си взяли в штат, и стало ясно, что в Израиль они с мужем больше не вернутся.

Сильва предложила своим новым работодателям сделать литературную программу про писателей, которых не издают в Союзе, и ей дали зелёный свет. Она пошла прямо с начала XX века — с Гумилёва, Ахматовой, Пильняка, Замятина, Цветаевой, Мандельштама. Потом и из России стала получать всякие интересные рукописи.

Шилов попросил Сильву рассказать, как она слушала Булата будучи ещё в Советском Союзе, в Комарове.

У меня был родственник Анатолий Горелов, он писал книжки на литературные темы. Однажды он позвонил мне и сказал, что приезжает Булат Окуджава с молодой женой, обещали вечер в столовой в Доме творчества в Комарове. Тогда я услышала его в первый раз вживую.

Потом помню интересное его выступление в Лондоне. Это было ещё в брежневские времена. На Би-би-си кто-то втихаря сказал, что будет петь Окуджава. У нас за Темзой есть три огромных зала, и нам сказали, что он будет петь в одном из них. Я подумала: как это возможно, без афиш, там зал на несколько тысяч. А оказалось, ему дали небольшую комнату, причём туда пришли все из советского посольства и заняли все места. Ему поставили стол, он стоял, прижатый к самой стенке. Когда посольские увидели, что пришли люди из Би-би-си, нам дали места на камчатке, и устроитель сказал, что записывать нельзя и вопросы тоже задавать нельзя. Булат пел минут сорок. В тот день он плохо себя чувствовал, плохо пел, вид у него был, как у загнанного зверя. Хотели мы пригласить его на Би-би-си, но этого устроители концерта нам тоже не разрешили.

«И ВСЁ ЗАКОНЧИЛОСЬ ЗАКАТОМ»

22 ноября у нас был Игорь Волгин. И не один, а вместе со своими учениками, молодыми поэтами. Своё выступление Игорь Леонидович начал с разговора о Переделкине:

> Это место уникальное — самая большая концентрация писателей на один квадратный километр. И конечно, соответствующая атмосфера тут. Я живу на даче, где сначала жил ректор Литинститута Пименов, а до него с 1936 года жил драматург Погодин, мой кабинет в той комнате, где он умер. И у меня ощущение, что по ночам по дому бродит призрак Ленина из «Человека с ружьём». Вся эта аура переделкинская сохранилась. Место трагическое, конечно, кровавое. Рассказывают, что как-то здесь гулял Пастернак и встретился с Катаевым, с которым много лет был в ссоре. Катаев поздоровался с Пастернаком, а тот в темноте, не увидев, что это Катаев, ответил на приветствие. Спутник Пастернака спросил его:
>
> — Борис Леонидович, а вы видели, с кем вы поздоровались?
> — Нет.
> — Это Катаев был.
>
> Пастернак извинился перед спутником:
> — Я на секундочку!
>
> Развернулся, догнал Катаева и сказал:
> — Валентин Петрович, простите, я беру своё «здравствуйте» обратно.
>
> Вот это стиль переделкинской жизни, которая, кстати, описана многими переделкинскими дачниками и самим Катаевым в том числе. В частности, в «Алмазном венце» есть вкрапления.
>
> Здесь территория духовная, и в наше время такие крепости духа, как музеи Окуджавы, Пастернака, Чуковского, вселяют некоторую надежду, что не всё ещё пропало и страна ещё вернётся к литературе. А если не вернётся, она будет уже другой страной. Потому что без литературы, без таких людей, как Окуджава, представить нас самих трудно.

Вспомнив про Окуджава, Волгин вдруг задумался: если бы, скажем, в Америке или в Европе жил человек такого духовного масштаба, такое явление, как Окуджава, чьи песни знала вся страна? В каких бы условиях он жил? Да он бы имел виллу в Калифорнии и виллу в Майями. Здесь же он жил в высшей степени скромно, не имея никаких вилл, в фанерном домишке. Это участь русского писателя, даже самого знаменитого, у которого даже не было своей Ясной Поляны.

Тут встрепенулась Ришина и вставила:

— Пастернаковское поле называли «Неясная поляна».

— Да-да, теперь это поле застраивать собираются, идёт планомерное наступление на Переделкино, и неизвестно, что здесь будет через десять лет. Эти островки духа, конечно, очень важны.

Засим Волгин продолжил:

Окуджава, конечно, занимал исключительное место в нашем сознании, в сознании моего поколения. Я помню первую мою поездку в Сибирь с агитбригадой Московского университета, это был 1962 год. Мы ехали по Сибири и всюду выступали, пели Окуджаву. И на строительстве знаменитой Братской ГЭС тоже. А после выступления, уже в автобусе, мы тоже всё время пели Окуджаву.

Я подумал, почему эти песни обрели такую поразительную популярность? Думаю, это можно назвать резонансным эффектом. Герой Окуджавы — это маленький человек, но не гоголевский, не униженный, не ущемлённый. Он занимает маленькое социальное место, но это полный человек. Человек ироничный, грустный.

Одна из первых его книжек называлась «Весёлый барабанщик», хотя ничего весёлого и барабанного в ней не было[15]. Эпоха была барабанная. Булат подарил мне «Весёлого барабанщика», а я ему в ответ подарил свою первую книжку с надписью: «Весёлому барабанщику от грустного литавриста».

Смеляков написал стихи, неплохие, кстати, своеобразные:

> Пролетарии всех стран,
> бейте в красный барабан!
> Сил на это не жалейте,
> не глядите вкось и врозь —
> в обе палки вместе бейте
> так, чтоб небо затряслось.

---

[15] Мне тоже, кстати, кажется, что песня «Весёлый барабанщик» одна из самых грустных песен Булата Окуджава. А, стало быть, и самая грустная из тех, что придумали люди. Потому что ничего грустней, чем поэзия Булата Окуджава, пока не придумалось.

Окуджава же, абсолютно не барабанный поэт, называет свою книгу «Весёлый барабанщик». Герой этих стихов — человек, который всё знает, прошёл войну, лагеря — через мать и других родственников, имеет советскую биографию. «О чём ты успел передумать, отец расстрелянный мой?» Поразительное стихотворение! Это человек с исторической памятью. И мироощущение героя стихов Булата совпало с нашим мироощущением. Окуджава интуитивно почувствовал мироощущение страны. И в стране произошла смена героя, героем стал лирический герой Окуджавы. Эти песни были в крови поколения.

По-моему, замечательно сформулировал Игорь Леонидович истоки феномена Булата Окуджава! Вообще, Волгин очень хорошо и интересно рассказывал, и мне совсем не хочется пересказывать для печати его устную речь. Поэтому такие длинные цитаты.

Познакомились мы с ним году в 1962–63. Я тогда начал печататься, мне путёвку в жизнь дал Павел Григорьевич Антокольский. Он написал большое предисловие к моей первой подборке стихов в «Литературной газете». По-моему, он нас и с Булатом познакомил. Момента знакомства я не помню. А потом, в 1964–65 годах — я ещё студентом был тогда — мы очень много с ним ездили по стране в составе поэтических бригад.

Это для нас была форма литературного заработка. Конечно, «паровозом» был Булат. Мы приезжали в какой-нибудь город, там уже висели большие афиши с объявлением вечера молодых поэтов. Одного его не выпускали. Помню, часто в бригаде бывали Инна Кашежева, Евгений Храмов, Олег Дмитриев. Сначала мы читали свои стихи, Окуджава пел в конце. Были полные залы!

Конечно, на нас одних столько народу не приходило бы. Окуджава был известен как почти не печатающийся поэт. Но он был на слуху, на плёнках, его имя уже было знаменито. Его стихи были кодом для интеллигенции. Мы выступали в больших залах. Помню громадный театр в Куйбышеве, в Новосибирске мы выступали в академгородке...

Я помню, как события в стране налагались на то, что с нами происходило. Это было, по-моему, в Куйбышеве в октябре 1964 года. Мы жили в какой-то плохонькой гостинице, по-моему, она называлась «Жигули», и вот однажды Окуджава стучит мне в дверь:

— Игорь, вставай, на улицах танки!

Какие танки в 1964 году? А это, оказывается, был день, когда сняли Хрущёва. И вот вечером Окуджава читает стихи «Молитва Франсуа Вийона», которые ещё не были тогда положены на музыку, и там есть поразительная строчка «Дай рвущемуся к власти навластвоваться всласть». И зал замирает.

Были и забавные истории. В том же Куйбышеве была такая забавная и одновременно грустная история. После какого-то вечера мы возвращались в гостиницу, и Булат шёл впереди, с кем-то разговаривая, а мы с Женей Храмовым и с Инной Кашежевой приотстали. Вдруг глядим — впереди какая-то потасовка. Милиция приехала. Выяснилось, что какой-то парень толкнул Булата и Булат что-то ему сказал. Парень извинился, а Булат ему ответил: «Ради бога!» Эта фраза почему-то взорвала парня, и он дал Булату в глаз. Парня передали милиции, стали составлять протокол, и тот, когда узнал, что это Булат Окуджава, страшно загордился.

У нас, конечно, возникла проблема, потому что утром у Булата был здоровый синяк. Приехал кто-то из областного начальства извиняться. Мы с Кашежевой развели траву-бодягу, которую Булат прикладывал в течение дня, а вечером приехал гримёр из театра, где мы выступали, и припудрил синяк Булата.

Мы хорошо зарабатывали на этих гастролях. Во всех городах были полные сборы. Бюро пропаганды платило тогда — я ещё не был членом Союза писателей — семь рублей восемьдесят копеек. А Булат как главный получал вообще пятнадцать или шестнадцать рублей с копейками. И это для нас был хороший заработок — десять выступлений, и уже солидная сумма.

После насыщенной гастрольной жизни в первой половине шестидесятых годов Окуджава и Волгин не были очень близки — общих выступлений не стало. Да и вообще Окуджава в последние годы очень мало выступал. Поэтому от воспоминаний Игорь Леонидович перешёл к литературоведению и сказал, что вот тексты Высоцкого невозможно отделить от его хриплого голоса, от его личности. Стихи же Булата Окуджава легко отделимы от музыки, хотя, конечно, в его исполнении эти песни были просто бесподобны. Но стихи можно читать и исполнять отдельно. Как правило, песенные тексты при переносе на бумагу сильно проигрывают, а у Булата это редкий случай, когда его стихи существуют и в песенном, и в стихотворном виде. Перенесённая на бумагу его поэзия ничуть не утрачивает своих поэтических свойств.

Дальше Волгин задался вопросом: почему песни Булата Окуджава нашли такой отклик?

Вот, если вы проследите по его стихам, у него есть несколько излюбленных, магистральных, что ли, тем. Тема войны. Абсолютно непохожая на то, что писали поэты его поколения. Винокурова, Ваншенкина можно узнать по строчке. Булата тоже, но у него совсем другая война. Кстати, и в прозе тоже. Первая его повесть — «Будь здоров, школяр» — и там война, мироощущение совсем иное, чем у прозаиков этого поколения. Ещё одна важная тема для него — это тема Сталина. Я только двух поэтов знаю в России, которые так маниакально возвращались к мучающей их теме — Булата и Слуцкого.

Тема отца, тема музыки, тема поэзии…

Давайте попробуем исключить все тексты Булата из нашей художественной памяти. Насколько беднее по звуку будет эпоха! Звук времени воплотили всего лишь несколько поэтов: это, конечно, Булат Окуджава, это, несомненно, Евтушенко, Вознесенский, Высоцкий. Несомненно.

Я разговаривал с ним в последний год и увидел, насколько он был разочарован. Он очень большие надежды возлагал на наше обновление и в конце жизни окончательно разочаровался. В последних его стихах это очень видно.

У нас с ним было расхождение по поводу письма с одобрением расстрела парламента, которое он подписал.

Пора, наконец, внести ясность в этот животрепещущий и до сих пор усердно муссирующийся на каждом перекрёстке вопрос о расстреле парламента в 1993 году. Я был активным очевидцем событий, поэтому беру на себя смелость оспорить расхожее мнение.

Не было никакого расстрела парламента, а было подавление бунта распоясавшегося быдла. Я видел этих «парламентариев», которые, набившись в грузовики, пьяные, с гиканьем и автоматами выезжали из ворот здания парламента громить телевидение и убивать людей. Это главные парламентарии страны Руцкой с Хасбулатовым их автоматами снабдили. И если это парламентарии, то я мать Тереза. Даже с Терезой у нас побольше сходства!

Теперь о письме с одобрением расстрела несчастных парламентариев. Кстати, где список расстрелянных депутатов? Что-то я не видел такого. Подписью под этим письмом покойного Булата Окуджава уже измордовали всего в интернете. Измордовали люди, которые этого письма не читали, ибо такого не существует. А в том, что существует, нет никакого одобрения расстрела парламента. Поэтому никто его нигде и не цитирует.

Впрочем, интересующихся отправим читать письмо, а сами вернёмся к Волгину. Дальше Игорь Леонидович поговорил о прозе Булата Окуджава. Говорил, что его исторические романы дают очень чёткий образ Х1Х века, его личный, окуджавский, образ. Поэтому не только стихи, но и проза Булата Окуджава займёт достойное место в русской литературе.

И мы снова плавненько вернулись к поэзии:

> А лучшей в его исторической теме мне кажется песня «Я пишу исторический роман». Поразительная песня! Гениальная строчка про бутылку из-под импортного пива. В контекст Х1Х века вдруг вторгается бутылка из-под импортного пива!
>
> Правильно сказал Чехов: как описать ночь? Не надо её описывать — надо показать, как блестит бутылочное стекло в лунном свете. И этого достаточно, чтобы описать ночь. У Булата в высшей степени есть это качество — изображение явления через один эпитет.
>
> Можно многое ещё сказать. Я думаю о Булате ещё будут написаны книги. Не только как о поэте, хотя он прежде всего поэт, в том числе и в своей прозе. Будет, я уверен, книга, где будет определено место Булата не только в поэзии, а в духовной жизни страны, когда по кухням он звучал, как камертон. Тогда, когда в начале 60-х годов мы выступали в огромных залах, нам было понятно, что мы говорим со зрителем на одном языке. Было понятно единство того поколения, которого теперь больше нет.

Дальше Игорь Волгин очень интересно рассказывал про Достоевского и про свою новую книгу «Колеблясь над бездной».

Потом читали свои стихи ученики Волгина по студии «Луч» Мария Ватутина, Дина Сабурова, Владислав Тарасенко, Виктор Дмитриев, Виктория Иноземцева. Подробно остановлюсь на выступлении студентки Литературного института Дины Сабуровой, ибо, представляя её, Игорь Волгин заинтриговал слушателей:

— У неё есть целый цикл стихов, посвящённых Булату Окуджаве!

Дина Сабурова вышла и начала своё выступление так:

> Для меня общение с Булатом началось с опоздания на электричку всего на одну минуту. Я позвонила Булату с Киевского вокзала и сказала:
>
> — Булат, я опоздала, я не могу представить себе, что я вас не увижу.
>
> Он меня успокоил:
>
> — Ничего страшного, приезжайте на следующей электричке.

Дальше я, пожалуй, просто приведу выступление Дины Сабуровой целиком, без всяких моих комментариев.

Я приехала, и с тех пор во мне произошло такое, что я до сих пор не могу прийти в себя. Булат живёт для меня, я не могу представить, что его нет. Как сказала Белла Ахмадулина: о Булате невозможно говорить как об ушедшем. И для меня тоже к нему это просто неприменимо, говорить как об ушедшем. Его дух витает над нами. Его дух — Москва, а мы все в ней. Булат — как свет погасшей звезды для меня.

    Солнце щурится рыжею кошкою,
    И мурлычет оно о Мичуринце.
    И лечу бесконечной дорожкою
    До заветной немыслимо улицы.
    Вечер клонится белой берёзою
    К чёрной ночи, и облако жмурится.
    Как поэзия сменится прозою,
    Если лучшая муза в Мичуринце?
    Я лечу обезумевшей птицею,
    И звезда спешит обезумиться
    Далеко за вопящей столицею,
    Ведь арбатское эхо в Мичуринце.
    И калитка откроется тайная,
    И пред дверью бы мне не сутулиться,
    Где мой бог с поднебесной окраины.
    В райском пении лето в Мичуринце.

И ещё два стихотворения:

    «Житан». Ночь. Сигареты крепкие.
    Лоб с бороздкой, прикрытый кепкою.
    Джинсы тёртые, сорочка байковая.
    Коньяк армянский. Тосты с байками.
    Глаза печальные, усы и тапочки.
    — Ну что ты, девочка, родная, лапочка?
    И руки добрые, и пальцы длинные,
    И пахнет ночь мечтой старинною.
    Стихи и проза, письмо в конвертике,
    Всё в норме таинства блаженной этики.
    Всё дышит страстностью, святой романтикой,
    Ночь в Переделкино — окно в галактику.
    Шаги и шорохи, Шекспир, и щурится
    Фонарь-старик на строгой улице.
    Скрипит забор, собаки маются,
    Как будто жизнь понять стараются.
    Шестидесятые, семидесятые,
    Всё перемешано эпохою.
    Я плачу, каюсь, смеюсь и охаю.
    Живу без времени, но девяностые
    Плывут крестами, слывут погостами.

***

Как тополиный пух, летели.
Летели в никуда. Два года
Цвели луга, мели метели,
Менялась мода, как погода,
Менялись люди, сцены, лица.
Портреты в никуда исчезли,
И память снова запылится.
И будет, так и будет, если,
Как тополиный пух, летели,
Летели в никуда два года
В иголках новогодней ели.
Откуда мы, какого рода?
Сюжеты, фабула, прогнозы
Навек заснули в электричке.
Мне ехать некуда в морозы.
Открыть судьбу, закрыв кавычки.
Как тополиный пух летели —
Арбат, Мичуринец, ворота.
От боли травы порыжели,
Как от тоски уходит рота.
Восходы, всходы, ожиданье,
И всё закончилось закатом.
Мечты и мачты и рыданья
Об исчезающем Булате.

После студийцев свои стихи читал сам Игорь Волгин. И начал со стихотворения, посвящённого Булату Окуджава:

Эти поздние стихи
не исправят положенья.
Всё же — сделай одолженье,
их на случай сбереги.

И беда невелика,
если случай не случится
и бумага источится,
и — забудется рука.

Не выбрасывай их вон,
а запрячь без огорчений
меж квитанций, извещений
и счетов за телефон.

В этом избранном кругу
нет ни лести, ни подвоха —
ибо здесь верна эпоха
своему черновику.

...Мы писали как могли,
наспех, не перебеляли,
думали, что потеряли,
а выходит — обрели.

Тёмен смысл и беден слог,
и в грамматике небрежность.
И осталась только нежность —
безымянно, между строк.

«ОКНО В ДОМЕ, ГДЕ ЖИВЁТ ЧЕЛОВЕК, КОТОРЫЙ УБИЛ МОЕГО ОТЦА»

Не успел я в себя прийти от Игоря Волгина и его одарённых учеников и учениц, как новое испытание — Лёва Шилов договорился о большом вечере памяти Булата Окуджава в Центральном доме литераторов. Точнее, мы вместе с ним ходили договариваться, и там я познакомился с администратором ЦДЛ Натальей Познанской. Она навсегда завоевала моё сердце тем, что в её кабинете прямо над её креслом висел огромный живописный портрет Булата Окуджава, не копия, оригинал хорошего мастера.

Мы, конечно, очень подружились с Наташей и встречались с ней потом в разные годы и в неофициальной обстановке, в том числе на Кипре.

А почти через двадцать лет я написал книгу о Булате в Калуге. И размечтался, что хорошо бы презентацию её в ЦДЛ сделать. Ну, бредовая, конечно, идея — там график вечеров на год вперёд расписан для официальных членов Союза писателей, а не для куроводов из Лимасола, всё очень строго. А я ещё и иностранец.

Хотя... ну, за спрос же не бьют, и я позвонил на всякий случай Наташе Познанской. А она как будто ждала моего звонка:

— На когда хочешь, Маратка?

Я так опешил, что проблеял, что через неделю могу приехать в Москву.

Наташа пообещала, что через три дня будут готовы афиши, и деловито поинтересовалась, много ли водки готовить на послепрезентационный фуршет.

И здесь я должен усомниться — какая-то ошибка у Союза писателей со мной случилась, они, видимо, с Солженицыным меня перепутали или с Достоевским — я тоже иногда подолгу не бреюсь. Вначале, четверть века назад, они мою машину на территорию Дома писателей стали пропускать, как родную, и устраивать на директорской стоянке. Потом, когда из музея Булата Окуджава я был с позором изгнан, мне номер люкс в Доме творчества в Переделкине был предоставлен — в здании аккурат через дорогу от музея Чуковского. А потом я попросил сынишек моих приютить, и им тоже номер дали, по соседству с моим. Интересно, что Шилов здесь ни при чём — он сам удивлялся, ко мне в гости захаживая.

Эту загадку мне никогда не разрешить, и мне остаётся лишь преклонить колени перед огромным количеством людей, которые меня любили, даже не надеясь, что я когда-нибудь как-нибудь сумею оправдать их чрезмерно великодушный аванс.

Однако, если мне не изменяет память, я о другом садился писать — о большом вечере памяти Булата Окуджава в Центральном доме литераторов.

Мы, конечно, подготовились к вечеру на все сто! Кроме упомянутых раньше брошюр, мы растиражировали кучу аудио- и видеокассет с записями выступивших уже у нас в музее гостей. В назначенный день, 28 ноября, мы захватили весь ЦДЛ — тут и там у нас стояли торговые точки, везде были установлены тематические стенды. В фойе большого зала была устроена выставка художников-авангардистов с работами по нашей теме. Перед концертом тут же, в фойе в сопровождении рояля и гитары пели песни наши замечательные клубные ребята Владимир Альтшуллер и Александр Иоффе. Не помню, был ли в тот день третий участник этой замечательной троицы — Александр Силонов. А замечательна она тем, что именно они уже в течение многих лет в день рождения Булата Окуджава устраивали концерты во дворе дома на Арбате, где он родился.

Открыл вечер Лев Шилов, а вела его Лидия Борисовна Либединская.

Первым выступил Сергей Юшенков, тогда ещё заместитель председателя партии «Демократический выбор». В начале своего выступления Юшенков предложил почтить память убитой ровно неделю назад Галины Старовойтовой. Потом он рассказал несколько историй, связанных с Булатом Окуджава, в частности, о том, как Окуджава удивлялся, почему Сергей связал

Автограф стихотворения, посвящённого Л. Разгону

когда-то свою жизнь с Вооружёнными Силами. Оказывается, и сам Окуджава однажды чуть было не поступил в военное училище, но быстро пожалел о своём решении и пошёл к командиру повиниться в том, что будучи сыном врагов народа, скрыл от комиссии. Но командир приободрил его:

— Ничего-ничего, у нас сын за отца не отвечает!

Погрустневший Булат ушёл, сокрушаясь, что не удалось ему от профессиональной воинской службы отделаться.

А на следующий день собрали всех будущих курсантов на плацу и зачитали список принятых в училище. И фамилии Окуджава, к счастью, в списке не оказалось. Несмотря на то, что у нас сын за отца не отвечает.

Ещё Сергей Николаевич рассказал, как однажды Окуджава ему пожаловался, что песни его устарели, а некоторые с годами вообще приобрели новый смысл. Юшенков удивился — как так?!

— Ну, вот же, смотрите, Серёжа: девушка плачет, женщина плачет... Как же им не плакать, когда он у них «голубой»?!

Затем на сцену вышел Лев Разгон и рассказал о своей любви к Булату не только как к поэту, но и как к человеку, сравнивая его с Чеховым.

За ним выступили виолончелистка Алла Васильева и пианистка Василиса Белова.

Потом Либединская рассказала о музее и о роли Льва Шилова в его создании, сообщив собравшимся, что весь сбор от концерта пойдёт музею.

Потом выступал Игорь Иртеньев, а завершал вечер Сергей Никитин.

А уже на следующий день после нашего вечера в ЦДЛ, 29 ноября 1998 года, в музее выступала шведская певица Кристина Андерсон. Приехавши из самого Стокгольма, она, конечно, много где выступала, не только в нашем музее. Но надо сказать, что везде она выступала с одной темой — нашей. А у нас она представляла свой новый, четвёртый по счёту, диск с песнями Булата Окуджава под названием «Булату от Кристины».

Это был первый диск Кристины, записанный не в Швеции, а в России. Великая певица Елена Камбурова (определение Булата Окуджава), давно с большой теплотой относящаяся к Кристине Андерсон, дала ей для записи этого диска замечательных музыкантов из своего театра: гитариста Вячеслава Голикова и пианиста Дмитрия Мальцева. Они же аранжировали песни для нового диска и сделали это очень тактично и бережно.

Как раз тогда о Кристине Андерсон в Москве вышла брошюрка под названием «Сестра Булата Окуджава». Поэтому я, пожалуй, не буду рассказывать о встрече с певицей в музее, а процитирую книжку. Тем более, что сам я её и написал.

> Живёт в Стокгольме удивительная актриса и певица, основной репертуар которой вот уже более двадцати лет составляют песни Булата Окуджава. Именно она по-настоящему открыла для своих соотечественников русского мастера. Десятки песен Булата Окуджава, переведённые на шведский язык, звучали в её исполнении в концертных залах, по радио, были записаны на пластинках.
>
> В 1975 году Кристина Андерсон работала в Королевском драматическом театре в Стокгольме. В театре ей приходилось много петь, и она часто выступала в разных аудиториях с песнями на стихи Бертольда Брехта. Дело дошло даже до того, что известная фирма грамзаписи «Caprice» заключила с ней контракт на выпуск пластинки с песнями на стихи Бертольда Брехта. И тогда для совершенствования своего вокального мастерства она решила поехать на учёбу в Международный театральный

центр в Австрии, где преподавались разные актёрские специальности, в том числе оперное и балетное искусство.

В 1976 году Кристина уезжает учиться в Австрию.

В австрийском театральном центре был очень сильный преподавательский состав. Среди преподавателей вокального мастерства был знаменитый режиссёр из Польши Александр Бардини. У него учились даже оперные певцы, и попасть к нему было очень трудно. Бардини устроил конкурс, чтобы выбрать себе учеников. Среди конкурсантов была и Кристина, был и какой-то певец не то из Болгарии, не то из Румынии. И этот певец пел странную песню на незнакомом ей языке. И песня эта перевернула душу Кристины, хотя понять, о чём в ней поётся, она не могла.

На следующий день Александр Бардини пришёл к Кристине, посмотрел на неё своими чёрными глазами и очень учтиво спросил: «Можно, я буду работать с вами?» Она так растерялась, что пробормотала только: «Пожалуйста, если хотите...»

На первом же уроке она спросила мэтра, что это за песня была, которую она услышала на конкурсе.

— Это гениальный поэт, пой, — сказал Бардини и дал ей тексты песен Булата Окуджава на русском и польском языках.

А голос самого Булата Кристина услышала впервые в 1977 году в доме шведского писателя Ханса Бьёркегрена. Исполнение уже полюбившихся ей песен самим Булатом Окуджава произвело на Кристину такое впечатление, что, возвращаясь после этого по ночному Стокгольму домой, она плакала от радости.

С этих пор Кристина, по её собственному выражению, «заболела» этими песнями. «Русского языка я не знала, но этот тихий голос, завораживающий своей искренностью и убеждённостью в чём-то необыкновенно важном, звучащий под незамысловатые гитарные аккорды, тотчас и навсегда вошёл в мою душу», — вспоминает Кристина Андерсон.

Очень интересно, что такое определение — «заболел этими песнями» — мне доводилось слышать много раз, когда я спрашивал разных людей о том, какие ощущения они испытывали, услышав эти песни впервые. И о своём отношении к этим песням я тоже так могу сказать.

И это, по-моему, сильный аргумент в пользу того, что Булат Окуджава, кроме прочего, был великим певцом, ведь Кристина «заболела» этими песнями только после того, как услышала их в исполнении самого автора. Да, там в Австрии, когда она услышала песню Булата Окуджава в чужом исполнении, она была потрясена, но ещё не заболела.

То же самое случилось ведь и со мной: году в 1967-м, впервые услышав эти песни в исполнении Е. Камбуровой, Ю. Визбора и И. Кобзона, я влюбился в них, о чём писал в самом начале книги, но «заболел» только в 1974 году, когда услышал их в авторском исполнении.

Вернувшись из Австрии, Кристина сразу пошла к директору фирмы «Caprice» и заявила, что ей бы хотелось, чтобы на пластинке были не только песни на стихи Бертольда Брехта, но и песни Булата Окуджава. Директор, конечно, опешил от такой наглости, но почему-то согласился послушать, что же это за песни неведомого ему Окуджава, из-за которых сходит с ума бедная Кристина. Собрали — назовём его так — худсовет. Послушали, ничего не поняли. Но Кристина была преисполнена такой решимости, что ей предложили в кратчайший срок перевести эти песни на шведский язык и тогда, так уж и быть, включить несколько песен в пластинку. Кристина до сих пор удивляется, почему они пошли на поводу у молодой малоизвестной певицы.

Начались поиски переводчика. Им стал журналист, много лет проработавший в Москве, хорошо знавший Булата Окуджава лично, Малькольм Диксeлиус. Работа была очень трудной. Как перевести на шведский язык боль и переживания русского поэта? И в коллективе появился хорошо знающий и любящий Булата Окуджава писатель Ханс Бьёркегрен, сам пишущий стихи. Работали с полной самоотдачей. Так, например, было сделано двадцать четыре варианта перевода «Песенки о бумажном солдате»! Всем очень хотелось, чтобы в переводе сохранилось обаяние поэзии Окуджава.

Александр Бардини несколько раз приезжал к Кристине в Стокгольм, чтобы помочь ей в работе над пластинкой.

Наконец пластинка вышла. В ней было шестнадцать песен. Четыре из них были песнями на стихи Бертольда Брехта. Остальные двенадцать принадлежали Булату Окуджава!

Это был 1978 год. Пластинка имела большой успех.

Газеты писали:

«Певица и актриса Кристина Андерсон исключительно убедительно интерпретирует песни Окуджава. Её красивый голос меняется в зависимости от текстов — от политической сатиры до лирических песен. Да, она просто великолепна».

«Svenska Dagbladet»

«... Будучи по профессии актрисой, она доверяет несущей силе текстов и приспосабливает к ней свой голос. Здесь присутствуют поразительная чуткость как к нюансам и ритму, так *и к различным ударениям и акцентам, и Кристина Андерсон таким образом привносит в песни личное обаяние и энергию, которые возникают в самом исполнении. Редко бываешь свидетелем того, как певица столь уверенно приспосабливает звучание своего голоса к содержанию стихов и делает заложенное в них автором своим собственным...*

...Про музыкальную аранжировку в целом надо сказать, что её отличает достойная подражания чувствительность и бережное отношение к выразительной простоте мелодий».

«Upsala Nya Tidning»

Кристина получала много писем от слушателей, которые выражали ей благодарность за знакомство с Булатом Окуджава и делились с ней душевными переживаниями, вызванными этими песнями, рассказывали о себе. Кристина ушла из театра, поскольку теперь ей приходилось много выступать с концертами. Она вспоминала: «Я никогда не видела у людей таких глаз, таких лиц, как тогда, когда я пела Булата. Они сидели, как дети, позабыв обо всём на свете».

Через год Кристина захотела пригласить Булата Окуджава в Швецию.

Это была, конечно, наивная затея! Она извела кучу денег на международные звонки в различные советские организации (о факсах и электронной почте тогда ещё даже фантасты не помышляли), но всё было напрасно. Звонит она, например, в Союз писателей СССР, а там ей отвечают: «Да, конечно, хорошая идея, но вы, к сожалению, попали не по адресу. Вам надо звонить в Союз композиторов». Она звонит в Союз композиторов, и там отвечают: «Хотите пригласить Булата Окуджава в Стокгольм? Это замечательно. Но, к сожалению, вы звоните не по адресу. Вам надо связаться с Союзом кинематографистов». И так далее.

Эпопея с приглашением продолжалась целый год и закончилась полным фиаско, несмотря на упорство Кристины.

А вскоре к компании переводчиков песен русского автора присоединяется один из крупнейших шведских поэтов Ларс Форсель.

И в 1982 году выходит вторая пластинка Кристины с песнями Булата Окуджава, которую так же тепло принимают слушатели в Швеции.

Только в 1990 году Булат Окуджава смог попасть на гастроли в Швецию — времена изменились. Инициатором и организатором его выступлений была, конечно, Кристина Андерсон.

Она очень переживала — а вдруг Булат не понравится её друзьям, которым она «все уши прожужжала» о нём. «Я так нервничала, что готова была драться, если бы кто-нибудь сказал о нём плохо. Но он всем очень понравился, и даже моя мама сказала, познакомившись с ним: «Теперь я понимаю, почему ты так много о нём говорила».

Было запланировано по одному концерту в нескольких городах, но так как залы не смогли вместить всех желающих, пришлось давать по два концерта.

В 1995 году Кристина Андерсон выпускает третью пластинку с песнями Булата Окуджава, а также изданную на собственные средства книгу песен знаменитого поэта с нотами и стихами, переведёнными на шведский язык старыми друзьями Булата Окуджава Малькольмом Дикселиусом, Хансом Бьёркегреном и Ларсом Форселем. О чувствах, которые вызывает в ней творчество её друга Булата Окуджава, певица сказала в этой книге:

«ПОЭТУ, ПЕСНЕ — тем, кто шаг за шагом помогает нам преодолевать невзгоды, хранить наше человеческое достоинство и всегда возвращает нас к этой божественной, жестокой и чудесной жизни».

Выход книги стал событием и вызвал большой резонанс в Швеции.

В статье «Русские песни, полные чувств» Леннарт Брумандер писал:

«Семнадцать лет назад актриса Кристина Андерсон выпустила пластинку с песнями необычайно популярного и почитаемого в России барда Булата Окуджава. Мне понравилась эта пластинка, я и сейчас храню её в своём собрании.

Любовь Кристины Андерсон к Окуджава не угасла, актриса расширила и углубила изучение его песен, в настоящий момент выходят в свет компакт-диск и сборник, полностью посвящённые Окуджава и его типично русским песням, трепещущим от тоски и поэзии высокого класса, полной сильного чувства».

Газета «Arbetet» 8.11.1995

На презентации нового диска в Центральном доме литераторов Лев Шилов сказал:

Одной из особенностей песен Булата Окуджавы является парадоксальное сочетание качеств народной песни и яркой индивидуальности его поэтического дара. Песни Окуджавы, так же, как и народные песни, имеют простую запоминающуюся мелодию, в них присутствуют элементы фольклора (и повторы, и образы), и вместе с тем на каждой его песне лежит яркий отпечаток его личности. Обычно в народных песнях этого нет, мы не знаем имен авторов этих песен. Специалисты нам их время от времени напоминают, а мы их снова забываем, потому что в самой песне образ автора не возникает. Что же касается песен Окуджавы, то здесь мы ясно представляем себе их создателя, их исполнителя, их героя.

Поэтому все другие исполнители песен Булата Окуджавы встают перед очень трудной задачей: как передать личность самого автора, как не исказить авторской интонации и смысла произведения. Разные актёры решают это по-разному. Некоторые создают на основе песен Окуджавы своё произведение, так, например, как это делает Елена Камбурова. Она создаёт из каждой песни яркие драматические сцены, по сути, законченные спектакли. Другие стараются очень бережно передать все интонации автора, буквально повторяя все оттенки, как это замечательно делает Дмитрий Межевич ...

Кристина Андерсон пошла по трудному пути. Она так же, как Камбурова, создаёт сценически яркое театральное представление, но с другой стороны, мы чувствуем присутствие автора в её уважении к нему, в её восторге перед этой песней — она в каждом своём движении, в каждой своей интонации восхищается этой песней. Она, как это иногда бывает у эстрадных певцов, нимало не озабочена, как ОНА выглядит, как ОНА это делает, она, прежде всего, живёт в самой песне. Кристина как бы говорит: «посмотрите, какая прекрасная песня, как замечателен художник, который её сотворил».

Кристина Андерсон рассказывала:

Мы с Ларсом Форселем работали над «Песенкой о Моцарте». Там были такие слова:

...Но из грехов нашей родины вечной
не сотворить бы кумира себе.

Мне трудно было понять глубину этих слов. Когда я увиделась с Булатом, то воспользовалась случаем и спросила его об этом.

Он мягко взял меня за руку, подвёл к окну и показал: «Видишь, Кристина, окно в том доме — там живёт человек, который убил моего отца».

Стало совершенно тихо — как в цирке, когда смолкает музыка, и в тишине я услышала вздохи Господа Бога на небе.

И напоследок дадим слово главному виновнику торжества:

Кристина Андерсон для меня уже не певица и не подруга, а родственница — как сестра...

«Я ЕГО НЕНАВИДЕЛА!!!»

В очередную субботу, 5 декабря, в музее выступал Иосиф Раскин. Откуда он взялся, не помню, но познакомился я с ним совсем незадолго до его выступления. Обстоятельств знакомства тоже не помню. Думаю, что он приходил в музей на чей-то вечер, и мы с ним разговорились. И как-то мы с ним моментально подружились.

Я тогда совершенно не знал, кто он такой. Не знал, что он автор нашумевшей и выдержавшей уже много изданий «Энциклопедии хулиганствующего ортодокса».

Раскин, оказывается, имел опыт неоднократных личных общений с Булатом Окуджава, но этого было бы недостаточно, чтобы выступать в музее — много ещё близких друзей Булата не охвачено. Но оказалось, что Раскин был знаком и достаточно близко с покойным сыном Булата Шалвовича Игорем. Про Игоря мало что было известно, и меня, конечно, не мог не заинтриговать колоритный автор «Энциклопедии».

Я предложил Иосифу Захаровичу выступить у нас, хотя это и было чревато самыми нехорошими последствиями — на имени Игоря было табу, как на всём, что было в жизни Булата до Ольги Владимировны. Не зря же она перед открытием музея даже фотографию Игоря на стене кабинета мужа заменила своей. Впрочем, своей она заменила и фотографию Беллы Ахмадулиной.

Про колорит Раскина можно долго рассказывать, но «Энциклопедия» его оказалась ещё колоритней! Поспешив пригласить его выступить, я не успел ознакомиться с его книгой и лишь перед самым выступлением престарелого хулигана с ужасом обнаружил, что книга его чуть не сплошь состоит из самых скабрёзных анекдотов, а нормативная лексика в ней встречается только

Иосиф Раскин со своей подружкой Алёной

в выходных данных, как метко оценила мой редактор и подруга Наташа Торбенкова. Я был в ужасе! Но отменять выступление было поздно, уже собрались люди, и я решил — будь, что будет.

Гость пришёл к назначенному часу и не один, а с внушительной и впечатляющей свитой. С ним были: огромный чёрный кобель водолаз, как две капли воды похожий на хозяина, такой же обросший и нечёсаный, симпатичная девушка Алёна (лет шестнадцати, как мне показалось) и отец Алёны, годившийся Раскину в сыновья. Я совсем запаниковал — не хватало ещё, чтобы нас прямо в музее повязали за развращение несовершеннолетних, но Раскин заверил меня, что Алёне уже почти двадцать.

Колоритный Раскин был чем-то похож на престарелого Карла Маркса, хотя объект для сравнения я выбрал, конечно, неудачный — мало кто нынче помнит, кто это такой, а тем более представляет, как он выглядел. Роднил их пышный волосяной покров головы, отчего голова становилась сопоставимой по размерам с остальным телом.

Я Раскину сразу строго сказал:

— Иосиф, надеюсь, ты не собираешься нам отрывки из своей «Энциклопедии» зачитывать?

Он мне твёрдо пообещал, что будет строго придерживаться музейной темы и за лексикой своей постарается следить. Но всё же я был неспокоен.

Раскину было под семьдесят, и он вполне соответствовал своей книге — упомянутый уже волосяной покров, лицо постоянного обитателя Казанского вокзала со следами всех существующих пороков и в соответствующей, как мне показалось, одежде. Сейчас пересмотрел видеозапись встречи с ним и понял, что не совсем справедлив к его одеянию. Не знаю, почему у меня сложилось такое впечатление — ведь одет он был хоть и без лоска, но вполне аккуратно. Впрочем, мой собственный одёжный стандарт не сильно отличается от образцов моды обитателей Казанского вокзала, поэтому я не могу особо авторитетно рассуждать на темы моды.

Иосиф Захарович пришёл не с пустыми руками — принёс «Охотничью» водку, так что мысль о чаепитии после выступления грела душу возможностью вылиться во что-то другое. Один из активнейших членов Клуба Константин Акакиевич Доквадзе тоже не ударил в грязь лицом в смысле напитков. Впрочем, Костя Доквадзе никогда не ударял лицом в грязь. Чай, правда, тоже был, но сейчас не об этом.

Я представил собравшимся Раскина, и он начал рассказывать о себе:

— Я тридцать пять лет отдал книжной торговле. Тогда в Москве я был очень знаменитым. Знаменитым книгоношей. В переходе около гостиницы «Москва» и у «Детского мира» я торговал книгами. Началось это, когда я ещё учился в институте, надо было подрабатывать, а потом я понял, что это моё призвание. Были и другие книгоноши, но как я, в Москве книгами не торговал никто. Бывали месяцы, когда я двадцати пяти магазинам помогал выполнять государственный план, при этом про меня писали фельетоны.

А потом как-то появилась и первая хвалебная статья обо мне. Подходит ко мне однажды пожилая женщина, а с ней совсем пожилой мужчина небольшого роста с огромной фотокамерой. Она говорит мне:

— Моя фамилия Месхи, я журналистка. Вы знаете, я за вами давно наблюдаю, мне хотелось бы с вами побеседовать.

Договорились встретиться завтра здесь же. Назавтра она пришла, я собрал книги, и мы пошли в вестибюль гостиницы «Москва», потому что на улице было холодно. Она оказалась потрясающей женщиной и очень известной журналисткой. В серии ЖЗЛ у неё книга была о комсомольцах, и в «Огоньке» она много печаталась. Вот в «Огонёк» она и хотела написать обо мне. Мы с ней долго проговорили в тот день, после чего она исчезла. Я регулярно покупаю «Огонёк», жду, когда же...

И вдруг однажды я как обычно стою в переходе, торгую, подходит ко мне пожилой грузин и спрашивает:

— Вы Раскин?

— Да.

— Завтра будете здесь? Я вам кое-что принесу.

И назавтра он приносит мне газету «Вечерний Тбилиси». А там огромная статья Л. С. Месхи обо мне и огромное со мной интервью.

Когда я в первый раз приехал в Тбилиси, я позвонил ей. Тогда только-только построили гостиницу «Иверия», и после её звонка мне тут же дали роскошный номер в этой гостинице. Мы с ней встретились, и она рассказала, что написала тогда материал обо мне для «Огонька», но софроновский «Огонёк» об Иосифе Захаровиче Раскине печатать, конечно, ничего не захотел, и, чтобы материал не пропал, она отдала его в «Вечерний Тбилиси».

Я был человек очень компанейский, легко знакомился с людьми прямо около своей торговой точки и обычно водил новых знакомых в ресторан «Москва» на третьем этаже. Меня там все знали. Я мог зайти позавтракать, пообедать, поужинать, просто так перекусить, хотя тогда трудно было в ресторан попасть. Причём ходил я в депутатский зал. Там, в этом зале я познакомился и подружился со многими известными людьми. Потом начал часто ходить в Дом литераторов. Сначала какие-то знакомые меня туда водили, а потом уж я и сам.

Я не пропускал ни одного концерта Булата. Как-то мне захотелось сделать ему приятное, и я подарил ему какой-то большой альбом — я же имел доступ к любым книгам, самым дефицитным[16]. Потом как-то мы оказались рядом за столиками в Доме литераторов. Он был с женой. Поговорили, я оставил ему свою визитку, говорю, Булат Шалвович, пожалуйста, если вам что-то надо будет из книг, обращайтесь, мне будет приятно.

И вдруг через месяц или полтора часов в одиннадцать вечера у меня дома раздаётся телефонный звонок. Звонил не сам Булат, а его жена Ольга Владимировна. Она сказала: «Извините, Иосиф Захарович, я вот о вас вспомнила, может, вы поможете. Дело в том, что у Булата есть старший сын Игорь».

---

[16] На этом месте рассказа Иосифа Захаровича я вспомнил, что уже видел его однажды по телевизору, когда он во время концерта Булата Окуджава подошёл к сцене и подарил выступающему, правда, не альбом, а бутылку коньяка. Потом Раскин мне рассказал, что это у него такая традиция была — на всех выступлениях Булата он подходил к сцене и дарил ему бутылку армянского коньяка.

Она меня заговорила часа на два, два с половиной. Всё это время она рассказывала, какой Игорь прекрасный. Я говорю, ну пусть подойдёт ко мне.

Я придумал ему работу. Стоять целый день на больных ногах в переходе он не мог, он отморозил их в армии. А у меня давно уже в самом центре Москвы, близ Кремля было маленькое помещение, где я хранил книги. Я много лет, лет двадцать, помогал Историческому музею продавать их буклеты. И однажды сказал директору Исторического музея: можно я найду себе через знакомого техника какое-нибудь помещение, а вы возьмёте его в аренду для меня (был у меня знакомый техник-смотритель в Хрустальном переулке). Он согласился, я нашёл себе помещение, и они платили за него деньги через ЖЭК, какие-то копейки. Это помещение мне потребовалось, чтобы не возить книги через всю Москву: у меня уже было несколько торговых точек, и нужен был склад.

Там у меня хранились книги, все стены были увешаны фотографиями, и туда ко мне пришёл Игорь. Это было году в 1990-м, наверное. Я увидел человека и сразу в него влюбился. Он мне рассказывал о себе, но я уже о нём и так много знал, ведь Ольга мне все уши прожужжала, какой он прекрасный, какой он чудесный, какой он хороший. И вот в этом помещении Игорь с утра до вечера сидел, выдавал книги моим продавцам. Что-то вроде завскладом он был. У меня к этому времени уже работали два-три человека.

Игорь пришёл ко мне вместе с женой, Алёной Габрилович. До меня они работали в театре Еланской. Их оттуда выгнали, и теперь они нигде не работали. Она рассказывала, что, когда она с Игорем познакомилась, тот работал лифтёром в подъезде. А она была тогда замужем за режиссёром Алексеем Габриловичем. Она Игоря полюбила и оставила Алексея, который тогда тоже дико пил. Но Алексей, конечно, не был таким законченным алкоголиком, как Игорь.

И вот теперь они оба работали у меня, только Игорь работал в тепле, а Алёна с утра до вечера в переходе торговала книгами на этом диком морозе. Это был хороший заработок всё-таки.

Думаю, Алёна, конечно, тоже немного виновата, что он пил. Она и сама иногда была не прочь выпить. Я ей говорил, пойми, это больной человек. Не надо ему составлять компанию. Не надо при нём пить. Алёне, конечно очень тяжело с ним было. Игорь пьяный, дочка её Нина[17] маленькая ещё, лет 10-11. Они жили в брежневском доме, на Кутузова, 26, а напротив жили её родители, на Кутузовском тоже, в доме композиторов.

---

[17] Дочь Алёны и Алексея Габриловичей.

Отец её Константин Саква, крупнейший музыковед, автор нескольких книг о Моцарте, входил в правление Союза композиторов, ему было 90 лет, а мать сильно тронулась, когда погибла их старшая дочь — известная тележурналистка Таня Коршилова.

Работая со мной, Игорь редко запивал, раза три-четыре это было, раз в полгода примерно. Я его сильно ругал потом.

При этом я доверял ему безгранично. Мог оставить с ним что угодно: книги, деньги не пересчитанные. Ему не нужны были деньги. Для него счастьем было выпить бутылку хорошего пива, больше ему ничего не нужно. И гитара его. Он в любой момент готов был играть, петь свои песни, он прекрасные песни сочинял. Однажды Игорь своими руками сделал очень хорошую гитару, но через две недели запил и разбил её.

Андроников сказал как-то о своих родителях, что они были большие музыканты — мама любила слушать музыку, а папа немножко играл на скрипке. Вот и Игорь был большой музыкант, музыкант по духу своему.

Потом Раскин рассказал о том, какое яркое впечатление осталось у него от того вечера, когда в театре Райхельгауза праздновалось 70-летие Булата. В зале сидел весь московский бомонд, половина правительства — Гайдар, Панфилова, Шохин, Бурбулис, Козырев... В ложе, в окружении множества цветов, каких-то игрушек сидел сам именинник с женой Ольгой, с сыном Булей и его декольтированной невестой, что Раскина очень покоробило (не невестка — всего лишь невеста, которая потом так и не стала женой).

А я знаю, что накануне Алёну Габрилович отправили в Склиф, потому что она выпила 40 таблеток, чтобы покончить с собой, а её муж Игорь в этот день ссаный, сраный и пьяный в дымину валяется дома почти без сознания. И все выступают, говорят какие-то слова про сына, сидящего в ложе. А Игоря как будто и не существует.

Справедливости ради надо сказать, что Булат Окуджава в тот день был совсем не весел. Его друг Серго Ломинадзе, присутствовавший при торжествах, видел, что Булат находится в чудовищном настроении и знал причину. Он рассказал нам об этом, но причину назвать не захотел.

Только однажды, я помню, в журнале «Домовой» было интервью с Окуджавой, и там он упомянул и другого своего сына. Игорь, помню, был такой счастливый, что отец его упомянул.

Вообще-то этот разговор уже после выступления был, во время чаепития с ограниченным числом участников. Даже и Шилова не было, он убежал в свой музей Чуковского, сославшись на то, что не пришёл экскурсовод и некому вести экскурсию. А я-то знал, что экскурсия здесь не при чём — Шилов избегал чаепитий с водкой.

А Раскин под водочку продолжал витийствовать и очень сокрушался по поводу тяжести алкогольного заболевания:

— Игорю стоило чуть-чуть выпить, и это был совершенно другой человек. Он мог на Алёну руку поднять, а Нину, дочку Алёны, конечно, возмущало это. Последнее время особенно.

И Раскин продолжал рассказывать про трагическую жизнь и финал Игоря Булатовича Окуджава:

Когда умер Алёша Габрилович, от него осталась квартира и ещё много всего. У Алёны появились деньги. Ей уже было неинтересно стоять и торговать книгами. И отношение её к работе и ко мне стало другим.

В брежневский дом они сами поменялись, никакого отношения ни Булат, ни Оля к этой квартире не имели. И ещё хорошая большая квартира у них от родителей Алёны досталась, тут же, на Кутузовском проспекте.

Алёна после развода с Игорем купила ему маленькую квартиру на Войковской. К этому времени я уже с ними не общался.

Потом ему отрезали ногу. И Алёна продолжала за ним ухаживать. Столько она с ним натерпелась! Сколько она кормила его, вкалывала за него, одному богу известно.

Игорь, когда выпивал, терял всякую гордость — мог пойти побираться, говоря, что он сын Булата Окуджавы. Или когда его забирали в милицию, он этим козырял. Именно в пьяном виде! А когда он был трезвый — это были довольно большие периоды тогда, когда я его знал, — он никогда этим не спекулировал. Один раз я его привёл на концерт отца. За все три года работы Игоря у меня, Булат ни разу сам не позвонил, ни разу им не поинтересовался. Когда я звонил, он спрашивал:

— Ну, как там Игорь? Всё пьёт?

Я говорил:

— Что вы, Булат Шалвович!

А он не верил. Через несколько месяцев, как Игорь стал у меня работать, я Оле как-то говорю про него:

— Вы знаете, какой он чудесный?!

А она мне:

— Он чудесный?! Да вы его ещё не знаете!

— Да что вы? В нём столько благородства!

А она продолжает:

— Вы когда-нибудь общались с уголовниками? Он хитрый, он мерзкий.

Она мне об этом говорила постоянно. А ведь сама всегда звонила Игорю, чтобы Булат знал, как она любит его сына. И ещё этим она показывала всем, как она Булата оберегает от забот и неприятностей. Вся её жизнь — это театр.

Какие дифирамбы она мне пела, когда звонила! А когда мы встретились в театре Райхельгауза, она сделала вид, что со мной незнакома. Она и мужа никогда не любила, такая женщина не способна любить. В ней всегда работал разум. Практицизм у неё был всегда.

Говорят, о мёртвых надо говорить или хорошо, или ничего. А вот Лесков, русский классик, сказал: про мёртвых нужно или ничего не говорить или правду. Я считаю, что, конечно, Окуджава — великий певец, великий поэт, но, всё-таки... всё очень сложно в этой жизни. Пушкин избивал беременную жену, но не стал при этом для всех менее дорог.

Давайте не будем чокаться и выпьем за светлую память Булата Шалвовича и Игоря Булатовича. Я думаю, что если там что-то есть, они там друг друга простят. Игорь очень добрый был, он всегда легко прощал. Вообще, он никогда на отца не держал обид, ему было больно, но он всегда любил отца. И как поэта он его боготворил.

Однажды Игорь говорит мне радостно:

— Они меня обещали взять с собой за границу, я отдал им документы на оформление!

Через некоторое время я спрашиваю Игоря:

— Ну что? Когда выезжаете?

А он, не глядя на меня:

— Оля сказала, что на меня документы оформить не успели.

Теперь, закончив рассказ о выступлении Раскина, я хочу отвлечься от музея и вспомнить другие эпизоды, связанные с героями рассказа Раскина, да и с ним самим мне тоже не хочется расставаться.

Я уже говорил, что с Иосифом Захаровичем мы быстро подружились, перешли на «ты» и часто бывали друг у друга дома. Иосиф, не чуждый альтруизма и преисполненный добрыми отеческими чувствами, пытался и меня спасти от алкоголизма, да и моральный облик мой его не радовал. Поэтому он время от времени приглашал меня в подвальное кафе Дома литераторов, за бутылочкой водки объяснял, что пить вообще-то совсем не годится, и показывал мне специально принесённую для меня какую-то старую книгу с описанием этой страшной болезни. Я трясся от страха, разглядывая картинки в той книге.

А для спасения моего морального облика Раскин время от времени вваливался к нам в гнёздышко пьяный и с юной курсисткой с Курского вокзала. В гнёздышко, где мы с начинающей женой любовно обустраивали свой быт и холили котика, который вскоре оказался ещё хуже Раскина. Но это тема совсем другого рассказа.

Но были, были у Раскина и иные интересы! Он всё собирался меня познакомить с Алёной Габрилович, но не успел, потому что я с ней познакомился сам, притом совершенно случайно.

Я видел могилку Игоря Окуджава на Востряковском кладбище (ездил туда раньше с тётей Игоря Ириной Живописцевой). Он похоронен в одной оградке с мамой Галиной Васильевной Смольяниновой. Их могилка была совсем неухоженной, а у него вместо памятника стоял обломок от чужого обелиска с коряво от руки написанными его фамилией и инициалами.

Через несколько лет я бродил по Востряковскому кладбищу. Не помню, что меня туда в тот день привело, но я вообще люблю по кладбищам бродить. И вот бродил я и увидел, что в одной оградке сажает цветы какая-то молодая женщина. Я не сразу узнал могилки Игоря и его матери, настолько они преобразились. У Игоря теперь стоял нормальный, как и у матери, обелиск, и земля вокруг могил преображалась на глазах. Я понял, что женщина, сажающая цветы, не иначе как и есть Алёна Габрилович. Я подошёл к ней, и мы познакомились.

Она не удивилась мне и оказалась очень приятной собеседницей. Потом мы встречались с ней дома у Иосифа. Алёна много всего мне рассказывала, но я не всё запомнил, а кассету с записью искать не хочется — я и так уже слишком подробно всё это рассказываю.

Запомнился один эпизод после суда, когда Ольга Владимировна судилась с Алёной Габрилович из-за квартиры Игоря на Войковской, которую Алёна купила Игорю на собственные деньги. Конечно же, Ольга Владимировна суд выиграла. Она вообще все суды выигрывает.

После суда Алёна подошла к Ольге и спросила её, за что та всю жизнь так сильно не любила Игоря.

И Ольга Владимировна расхохоталась ей в лицо:
— Не любила?!! Да я его не не любила, я его ненавидела!!!

Иосиф Захарович Раскин любил повторять:
— В мире есть только две нации — хорошие люди и плохие люди!

А мой самый близкий друг Леонид Александрович Соколов по-своему уточняет формулу:
— Да, есть только две нации — пьющие люди и непьющие.

Я их обоих люблю, друзей своих, и не могу определить, чья формула правильней.

ВЕЩИ ОКУДЖАВА СТОРОЖИТ

Через неделю нас посетила газета «Демократический выбор России». Записи их выступления я у себя почему-то не нашёл. Из выступавших в тот день помню только Сергея Юшенкова и Аркадия Мурашова.

А 20 декабря в музее выступил писатель Леонид Жуховицкий, преданный почитатель Булата и один из самых больших друзей музея. Леонид Аронович никогда не отказывал нам в просьбах где-то выступить или вести концерт.

Начал он с рассказа о том, как ему было трудно общаться с Булатом. Не потому, что тот держал себя небожителем, а потому, что сам Леонид Аронович относился к Булату с большим пиететом:

> Вы знаете, пожалуй, самое сложное для меня было: встречаешься с человеком, обнимаешься, руку пожимаешь, говоришь с ним на «ты» — и в то же время какое-то внутреннее чувство огромной дистанции, понимаешь, что ты говоришь с гением. Сам он очень не любил такого к себе отношения, не принимал и всячески подчёркивал, что он такой же, как ты, — не лучше и не выше. И всё это выглядело очень достоверно, пока он не брал в руки гитару. И тогда эта дистанция сразу возникала вновь.
>
> Но дом Булата удивительный. Этот человек был талантлив во всём, что он делал. Вот вы видите этот маленький домик, он такой личностный, что просто страшно — вдруг там перевесят один колокольчик и уже будет не совсем дом Булата. Я сейчас вошёл — и придирчиво смотрю: а где это мы тут кофе пили, который сам Булат варил? А, вот на той верандочке. Смотрю, не переставлен ли стол? Не переставлен, слава богу.
>
> У меня страха не было, но чувство дистанции — было. Сам Булат варил кофе! Вы знаете, для меня это так же, как если бы Александр Сергеевич мне чай заваривал...
>
> Он не просто был абсолютно нормальным в общении человеком, но, чтобы всё время сглаживать эту дистанцию, даже

старался быть своим парнем, как мне кажется. Я не могу сказать, что он был суперинтересный собеседник или какой-то удивительный рассказчик. И собеседники интереснее бывали, и рассказчики бывали лучше. Даже и умом ведь не поражал. Только вот пушкинские стихи что-то и могут объяснить: «Пока не требует поэта к священной жертве Аполлон». Но вот когда требовал поэта к священной жертве Аполлон, получалось такое, что больше никто и никогда не мог написать.

Знаете, всё можно объяснить. Я сейчас читаю лекции в Международном университете для журналистов, у меня там одна из тем лекций: «Как научить таланту». Таланту можно научить. Можно. Но вот есть то, чему нельзя научить, — то, что мы называем словом «гений». И определить это никак невозможно. Тут просто надо руками развести и порадоваться, что такое вообще в жизни бывает. И радоваться, что это было рядом с нами, что нам выпало такое удивительное счастье.

После такой замечательной преамбулы Леонид Аронович рассказал, как они с Булатом познакомились. И начал издалека:

> Моя первая книжка должна была печататься в издательстве «Советский писатель». Там работала редактором моя соученица по первому курсу Литинститута. Это было, кажется, в 58-м. У меня какие-то рассказы уже печатались. И вот моя бывшая соученица говорит:
> — А чего это ты книжку не соберёшь?
> — А разве можно?
> Я всё время думал, что такие вещи всегда откуда-то с небес приходят — некий посланник на белых крыльях спускается и говорит: «Знаешь, вот тебе уже можно издавать книжку». Ко мне никто не спускался.
> Благодаря гениальному редактору — я потом понял, что она меня спасла: она убрала всё, что тогда было непроходимо, — книжка всё-таки вышла. Книжка называлась «Дом в степи», маленькая, скромненькая.
> И вот, как раз тогда, когда проходила моя первая книжка, эта моя институтская подружка говорит:
> — Ты знаешь, у нас будет вечер в Союзе писателей, приходи. Будет Булат Окуджава!
> Ну, ладно, прихожу. Стоят длинные столы, накрытые...

Лёня Жуховицкий до этого слышал одну песню Булата Окуджава — «О Лёньке Королёве», и она его совершенно поразила. Но ещё раньше у него состоялось неудачное знакомство с песнями неизвестного автора с непонятным именем.

Леонид
Жуховицкий

Был такой поэт Володя Львов, хороший был человек. Как-то мы с ним куда-то ехали, и он мне говорит:

— У меня есть друг, Булат Окуджава. Хороший поэт, и сам под гитару поёт.

Тоже мне удивил! Ну, что такое тогда была гитара? Гитара — это когда парикмахер соблазняет горничную на лавочке и что-то под гитару поёт, какие-то чувствительные романсы. Я так к этому и отнёсся примерно. А он говорит:

— Нет, ты знаешь, это другое.

И спел мне песню с теми словами, которые он помнил, а помнил он не всё. Ну, в общем, получилось по великолепному одесскому анекдоту:

— Сёма, ты знаешь, Карузо приехал.
— Ну и что?
— Ну как что, это же великий Карузо, он же так здорово поёт!
— А, так себе!
— А ты его слышал?
— Нет, мне Хаим показывал.

Вот и Володя Львов мне показал, как поёт Окуджава, и мне это очень не понравилось.

В общем, надо было самому послушать. Обстановка, конечно, совсем не располагала к восприятию серьёзного искусства. Все сидят, выпивают... Какой-то маленький дощатый помостик соорудили, вроде сцены. И выходит Окуджава, совсем несимпатичный.

Первое впечатление ужасное — тощий, волосёнки курчавые, маленькая головка, маленькое личико — ощущение абсолютной незначительности и пошловатости. И ещё усики, ещё и гитара в руках. Типичный парикмахер, соблазняющий горничную. Он ставит ногу на табуретку, которую ему вынесли, и у меня уже ощущение хуже даже, чем от исполнения Володи Львова, хотя Окуджава ещё ничего не спел.

Окуджава запел и спел без перерыва песен пятнадцать. После этого очень узкой компанией человек в двадцать пошли и набились в какую-то крохотную комнату, и там Булат ещё раз спел эти же песни. Леонид почему-то тоже пошёл с узкой компанией.

Сегодня я могу сказать с уверенностью, что более сильного художественного впечатления у меня в жизни никогда не было. Это было как удар молнии. Вот такая поразительная вещь.

Там был мой друг, очень хороший поэт Саша Аронов, который знал Булата по «Магистрали». Мы подходим к Булату, Саша нас знакомит и говорит:

— Булатик, это очень здорово. Но хорошо, если это понравится двум сотням людей в Москве.

А я, обращаясь к Булату, тут же возражаю: «Через три года ваши песни будет петь вся страна!» Из осторожности сказал — знал, что раньше будет. Так и вышло: через полтора года их пела вся страна.

Я ему стал говорить, какие у него хорошие песни, а это самое идиотское состояние для человека: когда его ругают — понятно, а что делать, когда хвалят? И Булат, видимо, для того, чтобы как-то снизить этот момент торжественности, стал рассказывать, как его пригласили выступать, кажется, в театр Вахтангова. И повесили на служебном входе тетрадный листок, где было написано: «Такого-то числа во столько-то будет выступать известный гитарист Булат Окуджава».

Ну, и кто пришёл на «известного» гитариста? Пришли лучшие люди театра: уборщицы, вахтёры. Думали, что под гитару, может, и потанцевать можно будет — пришли культурно время провести. И Булат там провалился. А потом ещё он провалился в Доме кино: там разоблачали пошлость, и тут как раз Булат со своей гитарой подоспел.

Потом я уже спрашивал Сашу Аронова:

— Почему ты сказал, что только двести ценителей этих песен на Москву наберётся?

А он отвечает:

— Ты знаешь, моя знакомая присутствовала при этом жутком провале и рассказала мне. Поэтому я хотел его утешить: мол, ты поэт для элиты, двести человек будут тебя любить — и хватит.

Вот так я с ним познакомился.

Следующая встреча Леонида Жуховицкого и Булата Окуджава случилась через несколько лет. Тогда при Союзе писателей существовало Бюро пропаганды, во главе которого стоял поэт Лев Ошанин. В совет этого Бюро входил и Леонид Жуховицкий.

Это была одна из самых бредовых организаций — совет. Само Бюро пропаганды было прекрасной организацией, потому что член Союза писателей мог поехать в какой-то трудовой коллектив, выступить, и ему за это платили четырнадцать рублей. А если не член Союза писателей, ему платили семь рублей. Но всё равно это были деньги. Я помню, мы ездили в очень неплохих компаниях то в Загорск, то ещё куда-то, по всей стране ездили. А иногда было и так: умные люди ехали в Среднюю Азию, брали с собой двадцать путёвок, а там сразу секретарь райкома отмечал им все двадцать и вёл их есть плов и выпивать. Вот так тогда выступали.

В одну из таких поездок Булат с кем-то поехал в Куйбышев (об этой поездке рассказано раньше Игорем Волгиным — *М. Г.*).

Незадолго до этого редактор журнала «Молодой коммунист» позвонил мне и попросил что-нибудь для них написать. Я ему сказал, что напишу про современную песню. И написал про Булата. Его тогда уже поносили в газетах: «все на борьбу с пошлостью!» — и прочее, и прочее. А я написал, что никто в современной литературе лучше не пишет о любви. Ещё там у меня была такая фраза: «Есть ли у Окуджавы слабые песни? Возможно, есть. И с ними надо бороться. Но как можно бороться с песней? Напишите песню лучше — тогда её будут петь».

Они эту статью напечатали, несколько сократив. В частности, эта фраза была сокращена так: «Есть ли у Булата Окуджавы слабые песни? Возможно, есть, и с ними надо бороться». Точка. Это был кошмар! Я пошёл в редакцию, я на них что-то орал... Они, очень удивившись, сказали: «Да мы тебя спасли, да ты что!»

И вот заседает Бюро пропаганды, мы сидим во флигельке при Союзе писателей, и входят вернувшиеся из командировки в Куйбышев. Среди них и Булат. Он там не понравился какому-то местному литератору-стукачу, и тот, по-моему, в газете «Советская Россия» написал про это безобразие — «кого посылают?!»

Лев Ошанин был человек неплохой, но робкий. Он пережил то очень непростое время — не дай бог его осуждать. Добрый был человек. Но он боялся. Кроме того, как любой поэт, он хотел понравиться любой аудитории. Мне кажется, что это качество — женское, но очень хорошее. Иногда оно бывало спасительным: где-нибудь там, в тиши кабинета с глазу на глаз человек мог говорить одно, а выходя на публику, он говорил совсем другое.

Так вот, входят несколько человек, среди них — Булат. Перед нами газеты, где написано про «это безобразие». И вдруг я вижу в руках у Булата номер «Молодого коммуниста», в котором моя статья. И Булат, когда его начинают обвинять, начинает оправдываться, что он не такой уж и плохой, как это кажется на первый взгляд, то есть плохой, но не до такой степени:

— Вот же, меня похвалили в журнале «Молодой коммунист».

Потом я к нему подошёл, и он стал благодарить, а я — извиняться. Ну, знаете, это самый кошмар — когда какого-то автора в газете испохабят, а он потом всех знакомых при встрече хватает за пуговицу, за галстук, говорит: «Ты знаешь, у меня не так было написано, а было написано вот так».

Всем до фени, конечно, тем более, что никто этого не замечает, а часто и не читает. Меня, например, неоднократно поздравляли со статьями, где меня разве только что посадить не рекомендовали, а всё остальное там было.

Почему, я потом понял: потому что никто ж не читает!

— О, смотри, про тебя там в «Правде» полполосы! Молодец, поздравляю!

А у меня после этой полполосы три года ни одной пьесы не ставили, потому что это были полполосы покойного Юрия Зубкова про спектакль у Товстоногова — «Выпьем за Колумба». Там ругали три спектакля, но два автора как-то счастливо избежали беды, потому что один из них был Гоголь, а другой — Шекспир. И там, конечно, был виноват режиссёр, а в случае со мной был виноват, конечно, автор.

А потом был большой общий эпизод в жизни наших героев, и связан он был с турпоездкой за рубеж.

Я тогда только вступил в Союз писателей, и Булат недавно вступил. И Союз уже мог дать нам рекомендации для поездки за рубеж — пока человек не состоял в здоровом коллективе, ему рекомендацию не давали, а тут давали. И уже давно все лучшие писатели съездили за казённый счёт в Америку, во Францию, ещё куда-то. А тут собрали все, так сказать, отбросы, все отходы — и в Польшу с Чехословакией. Да ещё поездом, так что никто из лучших людей туда не рвался.

Я помню, кроме Булата, там был Жора Владимов, тоже только что принятый в Союз, и был Боря Балтер, который был нашим начальником. Он, бывший военный, с этакой армейской выправкой, и он всё время на нас орал — видимо, привык когда-то орать на солдат.

Я страдал больше других, потому что есть у меня такая черта: я всюду опаздываю. Ходили мы только все вместе — Польша, хоть и не вражеская страна, а наоборот, социалистическая, братская, можно сказать, но... Всё-таки зарубеж, всякие провокации возможны, да мало ли что — вдруг ЦРУ нас выкрадет. Ну да, понятно, ЦРУ же давно за нами охотилось!

Боря выстраивал нас всех, пересчитывал по головам, а может быть, по ушам, а потом на два делил. И дальше, уже ни на кого не глядя, орал: «Где Жуховицкий?» И если я вдруг оказывался на месте вовремя и говорил: «Да вот же я, здесь!» — он смотрел на меня возмущённо, потому что я как бы портил ему эту ежедневную поверку.

И вот случай, ради которого я всё это рассказываю. Стоим мы на вокзале в Варшаве, прощаемся с Польшей, и Боря нас пересчитывает. И вдруг его истошный вопль: «А кто с вещами?» Там вещи мы где-то отдельно сложили. И ему кто-то говорит: «Вещи Окуджава сторожит».

Я, уже тогда понимавший, кто такой Окуджава, подумал: «А если б с нами был Лермонтов в поездке? Михал Юрьича тоже поставили бы, конечно, вещи сторожить».

После этого Леонид Аронович решил поговорить о прозе Булата:

> Мне очень понравилось «Путешествие дилетантов». К повести «Будь здоров, школяр» я сначала отнёсся умеренно хорошо. Сейчас понимаю, что был неправ — это, конечно, очень талантливая вещь. Но «Путешествие дилетантов» — это уже была великая проза. По-моему, Булат был и прозаик просто высшего класса, ни на кого не похожий. Это очень странная проза, очень глубокая, с безумным количеством ассоциаций внутри. Она логическому анализу не поддаётся, как и его стихи не поддаются. Вот попробуйте проанализировать: «Простите пехоте, // что так неразумна бывает она: // всегда мы уходим, // когда над землею бушует весна. // И шагом неверным // по лесничке шаткой (спасения нет), // лишь белые вербы, // как белые сёстры, глядят тебе вслед».
>
> Если вы начнёте анализировать — это абракадабра. Ни одна строка с другой не связана, логики никакой.
>
> Но я это могу сравнивать вот с чем — человек идёт по лестнице — ступеньки, ступеньки, ещё и ещё. А есть другой человек, который может прыгнуть сразу через два лестничных пролёта — был на первом этаже и вдруг оказался на втором. Вот таким был Булат, и в поэзии, и в прозе — он перескакивал логические ступеньки. Но это делалось настолько точно, что мы всё сразу воспринимаем сердцем.
>
> Нормальные хорошие стихи мы воспринимаем головой: мы понимаем, как это хорошо сделано, мы видим, где там аллите-

рация, где ассонанс. И дальше это действует на эмоции. У Булата — прямое воздействие на эмоции, фантастической силы. Это действительно объясняется такими логическими провалами — тем, что ценится везде и фантастически ценится в драматургии. Потому что актёр в этих провалах может вставить себя, как мы, читатели, вставляем себя.

Ну, что говорить — Булат был совершенно уникальной личностью. Как говорил Чехов: «у человека всё должно быть прекрасно». Так вот у гения всё гениально.

Вот такими тёплыми и содержательными воспоминаниями поделился с нами в тот день Жуховицкий. Не зря я его считал одним из самых преданных почитателей Булата Окуджава.

В заключение хочется добавить, что ещё в самом начале семидесятых Леонид Аронович написал повесть «Легенда о Ричарде Тишкове», где главный персонаж был списан с Булата. Там даже приведены реальные слова Булата. Герой повести Тишков — молодой арбатский рабочий паренёк, который неожиданно стал бардом. Его песни так понравились друзьям, что они прозвали его Бог.

В 1973 году Жуховицкий по этой повести написал пьесу «Орфей», которая с успехом шла во многих театрах у нас в стране и за рубежом.

«ВСЕ ВЛЮБЛЕНЫ И ВСЕ КРЫЛАТЫ...»

Нам, конечно, давно мечталось музей на самоокупаемость поставить. Денег, что мы зарабатывали, хронически не хватало. Тоже удивил, скажут мне — денег много не бывает! Да нет, нам на самом деле много и не надо было — на зарплату трём сотрудникам, по сто долларов в месяц каждому. А однажды Ольга Владимировна после очередной напряжённости между нами, вдруг озаботилась и обо мне и спросила, какую зарплату я беру себе. Я ответил, что никакую не беру. Тогда она милостиво разрешила из поступающих в музей денег брать мне на зарплату сумму, эквивалентную ста долларам. У меня хватило ума отказаться от таких щедрот.

А затратная часть не исчерпывалась одними лишь зарплатами. Ну, чай, сахар и сушки с сухарями для гостей — это мелочь, но тоже надо. Много было других расходов.

В общем, надо было что-то делать, потому что христарадничий стеклянный кубик да продажи кассет и брошюр расходов наших никак не покрывали. И для пополнения бюджета надо было начинать «концертную» деятельность не только в музее, но уже и в Москве.

Первым нашим «выходом в свет» после вечера в ЦДЛ месяцем раньше стал вечер, проведённый 26 декабря 1998 года в Музыкальном обществе на улице Герцена. Это вряд ли удалось бы сделать, если б не давняя подруга Шилова Эмма Абрамовна Динерштейн. У неё был большой опыт в этом деле, она ещё в советское время организовывала выступления разных интересных людей — да того же Булата Окуджава — в разных институтах и организациях. Её знала вся «подпольная» концертная общественность Москвы.

Выступление в ДК АЗЛК[18]. Справа Эмма Динерштейн.

Вот она-то и договорилась в Музыкальном обществе о нашем вечере. И с многими из выступающих, которые, естественно, согласились прийти бесплатно, договаривалась тоже она. Не помню, чтобы мы платили что-то Музобществу за зал, но, если и платили, то это были не мы, а партия «Демократический выбор России».

Так что вся выручка, или почти вся, пошла в музейную кассу.

Вёл вечер Лев Шилов. Он вышел, внимательно оглядев зал, и по-свойски сказал:

> Зал такой замечательный, просто не уходил бы с этой сцены! У нас сегодня, как обычно это бывает, кто-то не пришёл, но зато я вижу в зале кое-кого, кого не ожидал увидеть. И если Эдуард Графов и Глеб Скороходов думают, что им удастся отсидеться в последних рядах, я думаю, мы этого не допустим.

Порадовавшись своей зоркости, Шилов продолжил:

---

[18] ДК — дом культуры, АЗЛК — автомобильный завод имени Ленинского комсомола.

Я сейчас отчетливо вспомнил, как Булат мне говорил, что не любит Маяковского. А в 60-е годы кто ж не любил Маяковского? Ведь Маяковский тогда был каким-то просветом, какой-то щёлочкой к большому новаторскому искусству, к правде, к разоблачению людей, которых мы называли бюрократами. Сейчас это трудно себе представить, но поверьте мне на слово — когда по радио пошла постановка «Бани» — это было событием! «Баню» разрешили!

Я пришел к одной знакомой женщине, которая когда-то была учительницей, но этой вещи Маяковского не знала. Она убиралась в своей комнатке в полуподвале, слушая радио.

И она мне сказала:

— Я, когда начала слушать, всё бросила и слушала до конца. Думала: «Ой, господи, что же с ним будет, с этим автором?» Когда услышала, что это Маяковский, так обрадовалась!

Тут Шилов начал сетовать, что современной молодёжи просто невозможно объяснить, что такое 60-е годы, а затем вернулся к Маяковскому:

Так вот, я обожал Маяковского, а Окуджава вдруг на мой вопрос отвечает:

— Нет, нет.

— Но почему?

Булат подумал и сказал:

— Понимаете, Лёва, он — фанатик.

А ведь когда-то Булат тоже обожал Маяковского. Недавно один из членов нашего Клуба ездил в Тбилиси и там получил доступ к архиву Тбилисского университета[19]. Он нам привёз оттуда копию дипломной работы студента Булата Окуджавы на тему «Образ Ленина в поэме Маяковского».

Затем к микрофону вышел Сергей Юшенков. Сергей Николаевич рассказал о своих встречах с Булатом Шалвовичем и о том, как тот интересовался политической жизнью страны и переживал, что всё идёт не так.

Юшенкова сменил артист театра Елены Камбуровой Александр Лущик и спел три песни Булата Окуджава, причём одну из них — «Песенку об открытой двери» он пел частью на русском, а частью на французском языке.

---

[19] Речь идёт о Костантине Акакиевиче Доквадзе. Доступ к архиву ему открыл двоюродный брат Булата, ректор Тбилисского университета В. М. Окуджава.

Затем снова вышел Шилов и вспомнил, как однажды в шестидесятые годы делал передачу для радио на улице Качалова. Это должен был быть вечер сатиры, записанный в Центральном доме литераторов. Времени для передачи было дано много — целый час, но всё равно, весь вечер не помещался, что-то надо было вырезать:

> Трудно было сокращать, много было интересных выступлений. Одно из самых ярких — вы не поверите — Александра Безыменского. Такие злые эпиграммы на графоманов, занимающих довольно видное положение, только он мог себе позволить. Интересные были начинающие — Григорий Горин, ещё кто-то...
> Всё было прекрасно, и вдруг один маленький невинный рассказик про детский садик, про то, как один мальчик там наябедничал, а ему за это дали лишнюю ложку сладкой кашки, вызвал категорическое возражение руководства радио: «Нельзя!»
> А я совсем молодой был, принципиальный и сказал: «Ах, так, тогда я вообще отказываюсь делать эту передачу!» Так вот, человеком, из-за которого не пошла эта передача, был автор этого самого невинного рассказика Марк Розовский. Это замечательный писатель, замечательный, но он, к сожалению, теперь почему-то больше режиссурой занимается. Но мы рады его видеть в любом качестве!

Шилов напрасно беспокоился. Вышедший на сцену Марк Розовский вовсе не собирался сегодня заниматься режиссурой. Правда, и писательского своего дарования он не стал демонстрировать. Вместо всего этого Марк Григорьевич решил сегодня блеснуть своими музыкальными талантами, а именно — композитора и певца. Но для начала всё-таки сказал несколько слов:

> Сегодня очень много говорят о какой-то аполитичности, о том, что не надо лезть в политику. Дескать, всё равно от нас ничего не зависит, но это не так. Нельзя уйти от жизни, от времени, спрятаться, а потом в беленьких перчаточках получить не тобой завоёванную свободу.
> Всё зависит от каждого из нас, от того, какой выбор мы делаем, с кем мы. Булат в этом смысле занимал совершенно определённую позицию. Как жаль, что он ушёл, потому что он всегда был нужен России, а в ближайшие годы, когда Россия пытается делать демократический выбор, он был бы особенно нужен.
> В политике очень много грязи, цинизма, измен, пошлости, подлости, и Булат дал нам образец какого-то гражданского по-

Поёт Марк Розовский

ведения, в котором не было ни грана дешёвки, рисовки, саморекламы, а была именно позиция. Позиция поэта, художника не зависит от того, какое тысячелетие на дворе.

Закончив с преамбулой, Марк Григорьевич заявил, что будет петь песенки на свои мелодии, но предупредил, что ему с его голосом делать это очень тяжело:

— Поэтому не взыщите, но я буду стараться.

Действительно, голоса у Розовского было, пожалуй, даже меньше, чем у современных популярных певцов, но это ничуть не повредило его пению. Потому что он, как и пообещал, старался. Марк Григорьевич пел с такой душой, что быстро завоевал симпатию зала.

Первая песня была на стихи Иосифа Бродского. Предваряя её, Розовский сказал:

> В 65-м году для Иосифа Бродского тема свободы была, как вы понимаете, чрезвычайно актуальной, может быть, самой актуальной, потому что он находился в местах, как у нас по-русски говорят, не столь отдалённых. В тот момент Иосиф вряд ли думал, что станет лауреатом Нобелевской премии, он думал о свободе, и это стихотворение назвал «Песенка о свободе». И посвятил её кому? — Булату!
>
> Нет в живых ни Иосифа, ни Булата, и стихотворение это опубликовано посмертно. Я прочитал его в одном из наших толстых журналов, слава богу, ещё существующих. Ну, раз «песенка», то я осмелился эти замечательные стихи положить на некую

стилизованную музыку и сейчас предлагаю вам вслушаться в эти строки, повторяю, написанные аж в 1965 году:

> Ах, свобода, ах, свобода!
> Ты — пятое время года.
> Ты — листик на ветке ели.
> Ты — восьмой день недели.

Надо заметить, что М. Розовский не первым заметил слово «песенка» в названии стихотворения, и до него это стихотворение уже было положено на музыку. Вот что рассказывал об этом шведский славист Бенгт Янгфельдт:

> Осенью 1990 г. в Москве готовилась телепередача с названием «Браво-90», куда пригласили Бродского. В Москву поехать он не захотел. Я тогда снял интервью с ним (в Швеции, где он в то время находился), которое показал в телепередаче, куда пригласили и меня. Была также приглашена моя жена Е. С. Янгфельдт-Якубович — исполнять песни на стихи русских поэтов. Узнав об этом, Иосиф вдруг сказал: «Подождите, у меня есть что-то для вас», — и пошёл за портфелем (это всё происходило у нас дома). Со словами: «Вот это вы можете положить на музыку», — он дал ей авторскую машинопись своей «Песенки о свободе». Положенная на музыку моей женой, «Песенка» была впервые исполнена ею в программе «Браво-90», показанной в начале 1991 года.

Но мне другая музыка не была известна, поэтому ничто не мешало получать удовольствие от мелодии Розовского. Потом была песня на стихи Юнны Мориц. Марк Розовский предварил её так:

> Когда умер Володя Высоцкий, Юнна Мориц написала стихотворение, которое, я помню, было вывешено в день похорон на стене театра на Таганке. Оно было написано раньше, когда Булат, упоминавшийся в этом стихотворении, был ещё жив.

> На этом береге туманном,
> Где память пахнет океаном
> И смерти нет и свет в окне,
> Все влюблены и все крылаты,
> И все поют стихи Булата.
> На этом береге туманном
> И смерти нет, и свет в окне.
>
> На этом береге зелёном,
> Где дом снесённый вспыхнул клёном,
> И смерти нет, и свет в окне,

> Все корни тянутся к свободе,
> И все поют стихи Володи.
> На этом береге зелёном
> И смерти нет, и свет в окне.

На эти стихи тоже уже существовала другая, замечательная музыка Сергея Никитина, и сейчас восприятию новой мелодии мне помешало знание старой.

На этом запланированное выступление Розовского было закончено, но Шендерович, который должен был выйти вслед за ним, запаздывал, и Марк Григорьевич перешёл в бенефис:

> Спою ещё две песни. Они впрямую не относятся к Булату, которого мы сегодня поминаем и помним. Мне они очень нравятся, потому что они очень поэтичные и относятся к любому творцу, к любому художнику, который пробует себя и приходит к какому-то художественному честному творческому изъявлению даже в то время, когда обстоятельства не способствуют творчеству.

В следующей песне Марк Григорьевич соединил два стихотворения Юнны Мориц — «Не бывает напрасным прекрасное» и «Ласточка, ласточка, дай молока», посвящённое Никитиным. Причём первое из них опять давно уже имело прекрасную мелодию Александра Суханова, к которой я привык.

> Не бывает напрасным прекрасное.
> Не растут даже в чёрном году
> Клен напрасный, и верба напрасная,
> и напрасный цветок на пруду.
>
> Невзирая на нечто ужасное,
> не текут даже в чёрной тени —
> Волны, пенье, сиянье напрасное
> и напрасные слёзы и дни.
>
> Ласточка, ласточка, дай молока,
> Дай молока, четыре глотка —
> Для холодного тела,
> Для тяжёлого сердца,
> Для тоскующей мысли,
> Для убитого чувства.
>
> Выпадало нам самое разное,
> Но ни разу и в чёрных веках —

Рожь напрасная, вечность напрасная
И напрасное млеко в сосках.

Дело ясное, ясное, ясное —
Здесь и больше нигде, никогда
Не бывает напрасным прекрасное!
Не с того ли так тянет сюда?

Ласточка, ласточка, матерью будь,
Матерью будь, не жалей свою грудь
Для родимого тела,
Для ранимого сердца,
Для негаснущей мысли,
Для бездонного чувства.

Не бывает напрасным прекрасное,
Не растут даже в чёрном году
Клен напрасный и верба напрасная,
И напрасный цветок на пруду.

Сила тайная, магия властная,
звёздный звон с берегов, облаков —
Не бывает напрасным прекрасное! —
Ныне, присно, во веки веков...

Ласточка, ласточка, дай молока,
Полные звёздами дай облака,
Дай, не скупись, всей душой заступись
За горячее тело,
За влюблённое сердце,
За привольные мысли,
За воскресшие чувства.

Следующую песню Розовский предварил такими словами:

Поэт Юз Алешковский, ныне известный писатель, будучи мальчишкой, оказался в сталинских лагерях и там написал стихотворение, которое прилетело в мой двор. Я не знал тогда, что я окажусь знакомым с Юзом, а песню уже слышал и помню прекрасно. Поскольку мой отец отсидел 18 лет в сталинских лагерях, то сейчас я буду петь и вспоминать не только Булата, но и своего отца, если позволите. А вы будете вспоминать своих близких тоже.

И Марк Григорьевич спел песню «Товарищ Сталин, вы большой учёный», правда, уже не на свою музыку.

Затем был небольшой перерыв, после чего на сцену снова вышел Розовский и сказал зловеще:

— Сейчас я буду петь ещё одну песню!

Угроза его не возымела действия — в зале раздался одобрительный смех. Но Розовский всё же поспешил успокоить публику:

— Шучу, шучу, — и объявил Виктора Шендеровича.

Наконец вышел долгожданный Виктор Шендерович, не столько даже залом, наверное, сколько Марком Розовским долгожданный, и сходу тоже начал пугать публику:

— Петь я не буду, не рискну, а пьес почитаю немного, штук двадцать. На самом деле, я ведущий драматург современности, просто не все знают, что у меня 178 пьес написано за последние лет пятнадцать.

Но зря пугал Шендерович — двадцать пьес не заняли очень много времени, потому, что были они не очень длинными. Для примера приведём одну:

Душа:
— Где это я?
Архангел:
— В раю.
Душа:
— А почему колючая проволока?
Архангел:
— Разговорчики в раю! (Занавес)

Напоследок Шендерович решил прочесть «масштабное произведение» «Балладу об авокадо». Публика, настроившаяся на многочасовое чтение пьес, не ожидала такого скорого финала и потребовала ещё немного пьес, ещё штук двадцать хотя бы.

Виктор Анатольевич очень обрадовался:

— Можно ещё? Тогда я быстренько на второй этаж за текстом сбегаю и назад. Спойте пока, Марк!

Розовский, как пионер, который всегда готов, не заставил себя долго уговаривать. Он объявил, что сейчас будет песня на стихи Моисея Тейфа в переводе Юнны Мориц, и после паузы сообщил:

— Посвящается Баркашову, Макашову и Илюхину![20]

---

[20] А. П. Баркашов — лидер профашистской организации «Русское национальное единство»; А. М. Макашов и В. И. Илюхин — депутаты

Самый плодовитый драматург мира Виктор Шендерович

Город пахнет свежестью,
Ветреной и нежной.
Я иду по Горького
К площади Манежной.

Кихэлэх и зэмэлэх
Я увидел в булочной
И стою растерянный
В суматохе уличной...

Это был, конечно, коронный номер Розовского из репертуара его театра «У Никитских ворот». Всё здесь, и стихи, и музыка, и вдохновенное исполнение Розовского совершенно потрясли публику.

Пожалуй, Марк Григорьевич получился главным «гвоздём программы». И не потому только, что его выступление было одним из самых интересных, просто ему пришлось находиться на сцене дольше всех. Но получилось это случайно. Сначала он преподнёс залу то, что собирался, а потом вынужден был занимать зал в ожидании опаздывавшего В. Шендеровича и перепел, видимо, весь свой репертуар. Но, думаю, что это только пошло на пользу нашему вечеру.

Тут вернулся Шендерович и сменил настроение. Почитав ещё энное количество пьес, он сказал напоследок:

Государственной думы, отличавшиеся экстремистскими взглядами.

Я хочу сказать, что и при жизни Булата Шалвовича мы понимали, что это счастье, что мы его современники. А время всё больше укрепляет это ощущение, укрепляет, и, конечно, как было сказано у Ахматовой, «когда человек умирает, изменяются его портреты». Изменяются не только портреты, изменяются строчки, по-другому читается всё это. Он один из немногих, кто со временем не будет нас разочаровывать. Чем больше будет проходить времени, тем понятнее будет, какого масштаба это было явление, какое счастье, что мы могли быть рядом с ним, прикасаться к нему.

И я думаю, что музей, который будет, — он уже реально есть, но будет, я надеюсь, и официально — это как раз один из тех немногих музеев, куда, действительно, не зарастёт народная тропа. Я благодарен вам всем, что вы пришли сегодня.

Закрывал вечер Лев Шилов:

У меня такое ощущение, что здесь все свои и нет смысла ничего пояснять. Но всё-таки — вдруг кто-то не знает, что этот вечер организован Клубом друзей Булата Окуджавы при помощи вот этой прекрасной партии («Демократический выбор России» — *М. Г.*), а главное, при помощи ещё более прекрасной госпожи Динерштейн!

Это будет серия вечеров, они будут каждый месяц. Следующий вечер будет в Доме учёных 22 января следующего 1999 года, потом в Политехническом, и так далее, и так далее. Выступать будут разные люди, ну, иногда будут повторяться, ничего страшного. Господи, сколько можно слушать Марка Розовского? Да без конца!

Только эти вечера дают какой-то шанс на существование нашего музея. Музей висит на ниточке, он существует на наши с вами деньги, а у нас с вами оказалось денег очень мало. Мы поставили там такой кубик стеклянный, и люди опускают в него кто сколько может, чаще всего — десять рублей. А это уже событие для нашего бюджета — десять рублей. Очень мало денег у тех, кто любит Булата Окуджаву, почему-то такое вот совпадение. Поэтому если есть какая-то возможность эти вечера проводить, мы будем это делать.

Идея создания Клуба Булата Окуджавы была и в том, чтобы собрать как можно больше сведений из первоисточников. Хотя первоисточники, то есть свидетели очень часто говорят не совсем точно. Так что давайте друг друга перепроверять. Я убеждён, например, что песня «Товарищ Сталин, вы большой учёный» — это уже конец 50-х годов. То есть написана она не в лагере, а уже на свободе. Мне кажется, это так, но очень может быть, что я ошибаюсь, а Марк прав.

«ЧТО КАСАЕТСЯ ЛИЧНО О БУЛАТЕ...»

Приближался новый 1999 год. Последним в этом году выступлением 27 декабря было выступление Юрия Карякина. Мы с Юрием Фёдоровичем знакомы были ещё до открытия музея. Он захаживал к Шилову в музей Чуковского, да и в Мичуринец приходил посмотреть, как идут приготовления к открытию нового музея. Частенько бывал я и у него дома. Знакомство это было приятным. Его замечательная жена Ирина Николаевна Зорина тоже была ко мне благосклонна. Необъяснимым образом мы с Юрием Фёдоровичем сошлись так близко, что как-то он мне сообщил доверительно, почувствовав, наверное, во мне товарища по несчастью:

— А ты знаешь, почему я стал алкоголиком? У меня здоровье было очень хорошее!

Я был несколько озадачен таким удивительным объяснением нашей вековой беды, хотя, конечно, что-то в этом было. Ведь заметил же Жванецкий однажды: «Те силы и средства, что больные тратят на сохранение здоровья, здоровые тратят наоборот...».

А однажды Юрий Фёдорович братишку моего троюродного Рифката, из-за стеснительности всегда уклонявшегося от знакомства с известными людьми, выловил сколачивающим туалет во дворе музея и открылся ему, что он тоже татарин. Рифкат был очень тронут и пытал меня: а кто это? А я ему отвечал, что это тот, кто по главной программе телевидения заявил, что Россия одурела. Хотя, конечно, приуменьшил беду Юрий Фёдорович — это случилось не в одночасье.

Итак, завершал первый календарный год музея писатель и философ Юрий Карякин. Конечно, мы неудачный день для его выступления выбрали, точнее, он сам выбрал. Мало того, что в разгар зимы не всякий отважится ехать куда-то из Москвы

*Фазиль Искандер и Михаил Жванецкий:
— Ты меня уважаешь?
Справа О. Батракова.
Фото В. Ахломова*

в электричке, так ещё и предновогодние заботы у всех — последние выходные перед праздниками, и многие в эту субботу были больше озабочены закупками провианта и подарков, нежели встречей с философом-достоевсковедом.

Посетителей даже десятка не набралось, как мне помнится, но это не смутило гостя. Юрий Фёдорович пристально оглядев аудиторию, заявил одобрительно, что это хорошо, что нас так мало.

— Потому что, может быть, единственное, в чём я с Лениным согласен, — лучше меньше, да лучше, — благодушно пояснил успевший добросовестно опохмелиться с утра философ.

Но мне всё же показалось, что в душе он не так уж сильно радуется, и я был готов сквозь землю провалиться, чувствуя свою вину, хоть и не зная, в чём.

С кратеньким восторженным вступлением вышла Ирина Исааковна Ришина:

— У нас в музее сегодня замечательный день, у нас Юрий Фёдорович Карякин, которого, естественно, представлять не надо, которого вы все знаете, читаете и почитаете! Я только полсловечка скажу.

О, подумал я, вечер будет длинным, а Ирина Исааковна продолжила:

> Вы, конечно, все его прекрасно знаете как замечательного публициста, вы все помните, что он сказал о том, что Россия оду-

рела. А сейчас, я считаю, что она уже очумела, стала абсолютно красно-коричневой и фашистской, и с каждым днём, к сожалению, это нарастает.

Эх, оглядываюсь я сегодня, четверть века спустя, — всё познаётся в сравнении. А Ришина продолжила:

> Мы знаем Юрия Фёдоровича, который, можно сказать, нам вернул Достоевского, обворованного Советской властью. Те, кому посчастливилось получить собрание сочинений Достоевского с его блистательными комментариями, тем не нужно объяснять, что такое Достоевский, прочитанный глазами Карякина, а тем, кто не читал, советую самому себе сделать такой подарок. Меньше знают Юрия Фёдоровича как пушкиниста, как человека, который впервые написал очень пронзительно — я ни у кого такого не читала — о Высоцком. Возьмите спецвыпуск «Литературной газеты», посвящённый сорокадневью со дня смерти Булата, и почитайте, как он написал о Булате.
> Юрий Фёдорович был близким Булату человеком, вы прекрасно знаете стихи Булата, посвящённые Карякину. Ну, а дальше Юрий Фёдорович гораздо лучше расскажет, чем Ирина Ришина.

Карякин начал своё выступление напоминанием собравшимся, что именно в этот день, 27 декабря, шестьдесят лет назад был убит Мандельштам:

> У Пушкина есть такое выражение — «странное сближение». Странное совпадение. Вот сегодня странное, страннейшее совпадение. Сегодня, 27 декабря, убили Мандельштама. Ровно шестьдесят лет тому назад. Я думаю, что Булат бы, конечно, об этом вспомнил — я знаю, как он его любил.

И не задерживаясь больше ни на чём, Юрий Фёдорович ловко оседлал нашего с ним любимого коммунистического конька:

> От коммунизма люди отходили — от заразы коммунизма, от сифилиса коммунизма, от СПИДа коммунизма — люди отходили каждый по-своему. Булат, заражённый этим вирусом, как и я, отходил от него невероятно благородно — не проклиная, не кляня никого, в том числе своих родителей, а уважая их память, представляя себя на их месте, зная, что там не было нисколечко корысти, а была только, если честно сказать, мировоззренческая глупость. Потому что, став на стезю коммунизма, нельзя не быть глупым — обречён.

Обречён — закон коммунизма состоит в понижении интеллектуального уровня, и, если ты встал на этот эскалатор, ты должен глупеть. Посмотрите на эти профили: Маркс, Энгельс, Ленин, Сталин,... хм, Зюганов. Понимаете, физиогномически виден процесс оглупления — и нельзя иначе. Я знал очень многих людей — куда мне до них: талантливейших и бесспорно умных — и я видел, как они глупели, и в ужасе убежал оттуда. Это, когда я работал в ЦК КПСС.

Дальше Карякин принялся пространно рассуждать о гордыне, грехе и Достоевском, и я подумал грешным делом, что хорошо бы уже как-то половчее закруглить сегодняшнее выступление, потому, что те десять человек, что сидели в зале, заметно заскучали.

Но неожиданно выступающий вспомнил про «сегодняшнего грустного, трагического юбиляра Мандельштама» и изъявил желание прочитать его стихи, пояснив, что когда-то он читал их Булату и тот был потрясён одной датой, о которой он скажет позже. И прочитал стихотворение «Среди лесов, унылых и заброшенных...»

Прочитавши, Юрий Фёдорович стал удивляться, что стихотворение это было написано пятнадцатилетним мальчишкой, и снова безнадёжно ударился в философские размышления. Надо ли говорить, что ни к какой потрясшей Булата дате мы в этот день больше не возвращались.

Наконец, в какой-то момент лектор спохватился:

— Что касается лично о Булате... — и принялся рассказывать о Белле Ахмадулиной.

Покончив с Ахмадулиной, Юрий Фёдорович заявил неожиданно, что Булат для него — это пушкинский лицей, а пушкинский лицей — это вообще фантастика.

Последовали длинные размышления о пушкинском лицее, неожиданно перетёкшие к философу Мерабу Мамардашвили, который очень просил Карякина познакомить его с Булатом.

Всё кончается — закончилось и выступление Юрия Фёдоровича.

После перекура сели пить чай. Разговаривали о разном, из которого выделю лишь воспоминание Карякина о том, что с ним случилось после того, как он на всю страну открыл секрет полишинеля про интеллектуальное падение России. Заодно уж напомню, что стало поводом для отчаянного возгласа Карякина. Это были выборы 1993 года, когда неожиданно так называемая партия ЛДПР — проект КГБ с посаженным ими же клоуном во главу этой «партии» — набрав очень большое количество голосов, заняла второе место.

Когда у меня выбрякнулось: «Россия, ты одурела!», — началась совершенно дикая кампания с обвинениями меня в том, что я антипатриот. И хотя у меня довольно железные нервы и я виду не показывал, но было, по правде говоря, неприятно всё это терпеть. Вдруг — тихий, спокойный звонок Булата, и он говорит:

— Не обращай ты на них внимания. Дай им сейчас Пушкина, Чаадаева — они бы и их затравили за антипатриотизм.

И мне стало... не то что спокойно, а даже весело как-то стало. Очень мне помог этот чудный звонок Булата.

На этом можно было бы и закончить эту главку, но мне не хочется, чтобы у читателя сложилось впечатление, что Карякину почти совсем нечего было сказать о Булате — просто в этот день он был несколько рассеян. Я же могу привести здесь какие-то слова Карякина, сказанные им в другие дни и в других местах — кто мне может запретить?

В конце 60-х годов я публично выступил против травли А. И. Солженицына — со всеми вытекающими отсюда последствиями. И вот в мае 1969-го на гурзуфском рынке я стою и прикидываю, как бы хитрее истратить трёшку с мелочью. Вдруг кто-то сзади тихо дотронулся до меня. Оборачиваюсь: Булат! Поговорили, а когда расставались, он очень тактично и даже сухо, по-деловому вдруг даёт мне 500 рублей:

— Я знаю, как тебе сейчас, сам был в такой шкуре. Разбогатеешь — отдашь.

Позже я узнал, что он так же тихо помогал десяткам людей.

На прощанье он сказал:

— Приезжайте с Ирой к нам в Ялту 9 мая.

Мы с женой подумали, что на День Победы он нас приглашает, а оказалось, что и на его день рождения.

Каждая встреча с ним, каждый его звоночек — подарок, лучик счастья!

А ещё мне очень нравится такая фраза Юрия Фёдоровича:

«Этот тихий голос заглушил весь тот чудовищный грохот лицемерия, цинизма, лжи, в котором мы жили».

Остаётся сожалеть, что сегодня таких тихих голосов не осталось. Только лицемерие, цинизм и ложь.

«ЖЕНЯ-ЖЕНЕЧКА» И АМАЗОНСКИЕ КРОКОДИЛЫ

Однажды ранним утром совсем уже уходящего 1998 года я сидел во дворе музея, покуривал, рассеянно поглядывая на безжизненно заснеженную дорогу. Вдруг вдалеке замаячила фигура в огромной шапке-ушанке с опущенными ушами. Фигура приближалась к калитке музея вальяжной походкой классика и вскоре оказалась только что прилетевшим из Америки Евгением Александровичем Евтушенко.

Я с удовольствием и благоговением сопровождал взглядом его шествие. Наконец, классик поравнялся с нашим входом, но не прошёл мимо, а завернул к нам! Не помню в подробностях разговора, но главным было то, что он просил записать его на 1 января. Я и так беспокоился, что на последнем в этом году мероприятии 27 декабря народу не будет, а тут вдруг человек хочет выступать 1 января!

Пытался его отговорить: дескать, не горячность ли — ну кто к нам придёт после бессонной пьяной праздничной ночи? Классик настаивал.

Ну, кому-кому, а Евгению Александровичу я отказать не мог. Не говоря о его поэтической сущности, к которой я всегда относился хорошо, он мне и как человек был симпатичен.

Сейчас особенно было приятно, что он сам пришёл. Бывает, звонишь кому-то, чтобы попросить выступить, а тот выкобенивается: дескать, некогда мне, дескать, чего мне там делать, не знаю, о чём говорить. А этот сам, без машины, по снегу пришёл и просится.

В назначенный день Евгений Александрович пришёл ровно к трём часам, как было намечено. Он был в строгом костюме вместо привычных на нём канареечных одеяний, которые принято называть «пожар в джунглях». Вокруг него сразу засуетилась Ирина Исааковна Ришина: «Женечка, Женечка...»

Евтушенко, как приличествует классику, был ко всем доброжелателен и улыбчив. Народу собралось ужас сколько, чего я никак не ожидал 1 января.

Сначала, как обычно на выступлениях классиков, долго и пространно говорила Ришина. Рассказывала в основном о том, как сильно дружны она и Евгений Александрович, но не забыла в своём вступлении уделить место и труду Евтушенко «Строфы века», который Булат Окуджава, по её словам, назвал «подвигом».

Мне показалась несколько бестактной реклама самодостаточного поэта как составителя цитатника чужих произведений, но тогда Ирина Исаковна меня ещё не так сильно раздражала.

Наконец, вступление Ришиной закончилось, хотя многие в это уже не верили, и смог открыть рот Евтушенко, ради которого собрались все эти недопраздновавшие и недопившие люди.

Гость первым делом объявил, что сейчас прочтёт очень старое, 1972 года, стихотворение, посвящённое Булату. И начал рассказывать предысторию появления этих стихов. Евгений Александрович успел только рассказать, как председательствовавший на собрании по исключению из партии Булата Окуджава Сергей Смирнов спасал героев Брестской крепости, как вдруг его занесло в Америку, да не в простую, а в Латинскую.

Оказывается, в маленьком колумбийском посёлке живут индейцы — охотники на крокодилов. И вот они (охотники, а не крокодилы), а также их жёны, дети, собаки, кошки и куры прознали, что к ним едет сам Евтушенко! Естественно, все бросили свои дела и собрались на поляне в предвкушении праздника. Из соседнего болота выглядывали заинтригованные крокодилы.

«Где-то там, на заднем фоне, уже зажгли костёр — и медленно вращали тушу дикого кабана», — неутомимо витийствовал классик.

А я с тоской подумал, что мне так и не удастся сегодня узнать продолжение — ладно уж, не про стихи, посвящённые Окуджава, — а хотя бы про Смирнова, спасавшего героев Брестской крепости.

Евгений Александрович читал охотникам свои стихи по-испански и по-русски. Неясно, какой вариант им оказался милей, но они «вдруг вступили хором и стали меня поддерживать и подпевать каким-то завыванием, ухватывая каждый раз, когда они так делали, ритм стихотворения. Это было удивительно».

Это, действительно, было удивительно. Но вдруг возле костра (над которым я уже мысленно вращал Евгения Александровича) возник местный индейский... библиотекарь! (Согласитесь, Евтушенко — великий писатель!) «Это был очаровательнейший, с красивым лицом, горбатый такой человек с очень нежными чертами лица, влюблённый в литературу».

Под всё ниже и ниже падающую мою челюсть индейский библиотекарь привёл Евтушенко в библиотеку и стал показывать разные дарственные надписи на книгах, так как оба они оказались коллекционерами автографов. На одной из книг, «Докторе Живаго», был автограф Сергея Смирнова. Оказывается, к этим крокодилам уже когда-то приезжала советская писательская группа, но книг с собой, естественно, не придумала захватить, и Сергей Сергеич решил подписать своим именем книгу идеологического врага. Вообще, в этом индейском посёлке, похоже, была исключительно насыщенная культурная жизнь.

Я был так потрясён быстротой сменяемости кадров у Евгения Александровича, что совсем сник.

А Евтушенко тем временем уже рассказывал, как он ходил на приём к первому секретарю московской партийной организации, члену Политбюро ЦК КПСС Гришину, как тот ему жаловался на протекающие молочные пакеты. Но Евгений Александрович тогда не дал Виктору Васильевичу удалиться в дебри Амазонки и спросил напрямик: «Вы за что Булата Окуджаву исключили из партии?» Тот начал горячо оправдываться, что в Мюнхене, дескать, вышла книга стихов и песен Окуджава с совершенно антисоветским предисловием...

На что Евгений Александрович вроде бы сурово заметил:

— До какой поры действия партийной организации Союза писателей будут диктоваться из Мюнхена?

И Гришин тут же потух, схватил «вертушку» и исключение отменил.

Расправившись с Гришиным, Женя поспешил порадовать Булата.

Когда я пришёл к Булату и всё это рассказал, он поблагодарил и слегка улыбнулся, когда я описывал Гришина. А потом сказал: «Ну, в каком-то смысле, я даже и жалею уже, что всё так повернулось».

Имелось в виду несостоявшееся исключение из партии. Так это было на самом деле или нет — одним амазонским крокодилам теперь ведомо, но вполне допускаю, что в тот момент Окуджава мог так сказать. Его уже исключили, он уже успел свыкнуться с этой новостью. Может, они с женой уже вещи собирали и обсуждали, как он сможет устроиться на новом месте и где это место вообще будет: в Америке или в Германии?

Евтушенко так и не вернулся больше в этот день на берега Амазонки, а закончил рассказ об исключении Булата из партии маленькой новеллой о Константине Михайловиче Симонове, «который Булата очень любил». Оказывается, в разгар событий вокруг партийной жизни Булата случился у Евгения Александровича день рождения. Среди прочих его гостей были Константин Симонов и космонавт Виталий Севастьянов. Евтушенко попробовал привлечь Симонова себе в союзники в деле спасения Окуджава, но тот вдруг заявил, что Окуджава как член партии должен был «подчиниться решению первичной партийной организации».

На это именинник без лишних слов указал своему величайшему в те годы коллеге Симонову на дверь. Космонавт Севастьянов, видимо, тоже успел высказать своё мнение по поднятой проблеме, потому что был тоже изгнан.

К счастью, так печально подобравшись вплотную к обещанному вначале стихотворению, Евтушенко всё же закончил мажорно:

— Между прочим, прошло много времени, у нас восстановились отношения с Симоновым, и он мне однажды сказал, что я был прав. Нужно найти в себе мужество, чтобы это признать.

Надо сказать, что это не единственный и даже не первый день рождения, когда из-за Булата со скандалом выгоняли гостей, так что Евтушенко здесь не оригинален. В первый раз такое случилось лет за десять лет до казуса с Симоновым, и пострадал тогда Ярослав Смеляков на дне рождения у Михаила Светлова. Выпившему, как всегда, лишнего, Ярославу Васильевичу не понравилась гитара Булата, и он высказал свои соображения по этому поводу. На что тут же получил:

— Ярослав! Уходи из моего дома. Ты оскорбил моего гостя!

Это кричал фальцетом тишайший Светлов, добрейший Михаил Аркадьевич.

— Это ты мне, Миша? — тихо спросил Смеляков, как будто сразу отрезвев, — мне, другу?

— Уходи!

Ярослав надел кепчонку, короткий свой плащик. И ушёл[21].

Однако вернёмся к обещанному в самом начале стихотворению, пока нас с Евгением Александровичем ещё куда-нибудь не занесло:

> Простая песенка Булата
> всегда со мной.
> Она ни в чём не виновата
> перед страной.
> Поставлю старенькую запись
> и ощущу
> к надеждам юношеским зависть
> и загрущу.
> Где в пыльных шлемах комиссары?
> Нет ничего,
> и что-то в нас под корень самый
> подсечено.
> Всё изменилось — жизнь и люди,
> любимой взгляд,
> и лишь оскомина иллюзий
> внутри, как яд.
> Нас эта песенка будила,
> открыв глаза.
> Она по проволоке ходила,
> и даже — за.
> Эпоха петь нас подбивала,
> Толкала вспять.
> Не запевалы — подпевалы
> нужны опять.

---

[21] Огнев В. Колокольчики Булата // Голос надежды. [Вып. 4]. М., 2007. С. 39.

Евгений Евтушенко: «Простая песенка Булата всегда со мной...»

Но ты, мой сын, в пыли архивов
иной Руси
найди тот голос, чуть охриплый,
и воскреси.
Он зазвучит из дальней дали
сквозь все пласты,
и ты пойми, как мы страдали,
и нас прости.

Замечательное стихотворение, но справедливости ради должен сделать литературоведческое открытие. Дело в том, что стихотворение это написано не по горячим следам исключения из партии Окуджава, не в 1972 и не в 1971 году, как значится в разных источниках, а лет на десять раньше. Во всяком случае, его первый вариант, сильно отличающийся от окончательного, Евгений Александрович читал ещё в Политехническом музее при съёмках фильма «Застава Ильича». И хотя стихи тогда не вошли в фильм, сохранилась полная запись всех выступлений на одном из вечеров в Политехническом, где прозвучало это стихотворение.

Потом Евтушенко прочитал другие стихи, посвящённые Булату Окуджава, «Похороны Окуджавы»:

Сколько б жизнь меня ни ухудшала,
я из тех,
　　　в ком вечен Окуджава.
Отвергая жирную державность,
худенькая совесть удержалась
акробаткой-девочкой в стране
на гитарной тоненькой струне.
Попрощаться шёл с тобой,
　　　　　　　Булат,
весь в шестидесятниках Арбат.

Мы пионерлагерники. Мы
беглецы из крымской Колымы,
той,
　　　где красногалстучных калек
у своих костров ковал Артек.
Мы не стали копиями точненькими
Павлика,
　　　　не стали «будьготовчиками»,
Не сгорели мы на тех кострах.
Мы —
　　　плеяда победивших страх,
но у нас на лицах,
　　　　　　как овраги,
отпечатки танков наших в Праге.

Шли семидесятники вослед —
в тюрьмах не пришлось им досидеться
до надежд прекрасных диссидентства —
ни надежд,
ни диссидентов нет.
Каждой новой власти не подстать
те, кто помогли ей властью стать.

Шли семидесятницы-старушки,
до сих пор легендами не став,
а когда-то гордо шли в психушки
девочками в беленьких носках.
Но и в лагеря к ним прилетала,
утешая всё-таки во сне,
та гитара
 с простенькой верёвочкой,
та гитара с песенкой-дюймовочкой
на покрытой инеем струне.

Шли восьмидесятники.
　　　　　　　Им всем
выпала лишь вера в IBM,

ибо верить больше было не во что,
но всё та же худенькая девочка
их не оставляла насовсем,
и, качаясь на струне Булата,
верила во что-то виновато,
чувствуя огромную страну,
как свою огромную вину.

Шли они —
           ни лирики,
                      ни физики,
первые идеалисты-бизники,
прежде, чем возникли бизнюки —
в блейзерах Версачи слизняки.

Девятидесятников почти
не было.
Слиняли.
          Не почли.
Им скушна тусовка при гробах.
Любящий стихи
              в их поколеньи
редок,
       вроде дикого оленя
в дискотеке
            с васильком в зубах.
Появилась новая свобода
неприхода
молодых на похороны тех,
кто свободу добывал для всех.
Сладкая свобода нечитанья
перешла в ленцу непочитанья,
даже в похоронную ленцу.
Неужели поколенью наших
отпрысков,
           очередей не знавших,
очередь у гроба не к лицу?

Впрочем,
         при потере поколения
в будущем верней возможность гения.

И притихший кроха-девяностик,
розовый, как поросячий хвостик,
на Арбат смотрел, как на Лицей,
поднят над стотысячной толпою,
над усталым веком, над собою
бабушкой-шестидесятницей.

> Нет, не бессловесный гимн державы —
> она пела песни Окуджавы
> потихоньку внуку своему,
> и поверх попсовщины бездарной
> по струне гитарной, легендарной
> девочка-надежда шла к нему.
>
> Научили горькие уроки —
> есть в своём отечестве пророки.
> Смелость их берёт все города, —
> правда, запоздало иногда.
> Как же я в России разуверюсь,
> если в ней поруганная ересь
> классикой становится всегда?
>
> Поколенья целого потерю
> в поколеньях возместит иных
> твой, моя Россия, вечный стих.
> В девятидесятников не верю.
> Верю в девяностиков твоих!

Ну да, ну да... Блажен, кто верует. Девяностики подросли и пошли в Украину убивать ни в чём не повинных людей. И повезло Евгению Александровичу не увидеть крах своей веры.

Закончив читать стихотворение, Евтушенко стал вспоминать свои московские детские и юношеские впечатления:

> Когда я приехал со станции Зима в конце войны в Москву, мама, у которой были театральные связи, — она была певицей, небольшой, незнаменитой, но у неё были друзья во всех театрах — достала мне билеты в еврейский театр на Бронной на «Короля Лира». Я посмотрел «Короля Лира» и Михоэлса в «Короле Лире» раза три-четыре и был совершенно потрясён, причём я видел, как этот маленький по росту человек вырастал. Тут не было никаких сценических эффектов, просто он сам вырастал на глазах.
>
> Потом я узнал, что его сбила машина в Минске, — так мне сказала мама, что с ним случилось несчастье. Я, конечно, не помню содержания того, о чём говорили люди, но мама меня взяла на гражданскую панихиду, и я очень хорошо запомнил Фадеева, который произносил, видимо, главную речь. Он почти не мог говорить, у него всё время были рыдания, он фразы не мог закончить. И, кроме того, по какому-то перешёптыванию, по какой-то особой мрачности я понимал, что произошло что-то страшное. Было такое ощущение чего-то страшного.
>
> Всё-таки похоронили его с почётом тогда, а в 1952 году не удержались и уже посмертно назвали Михоэлса сионистско-

американским шпионом и всем чем угодно. То есть расписались в этом убийстве, не удержались.

Я видел, как арестовывали нашего соседа на 4-ой Мещанской Иосифа Керна, который сейчас живёт в Израиле. Очень хорошо это помню. У нас было два еврея в Литературном институте: Алла Киреева и Лёня Жуховицкий. Я никогда не забуду, как они стояли в курилке в тот день, когда было напечатано известие об аресте врачей-убийц. Их никто не оскорблял, просто к ним никто не подходил. И на них не смотрели. Это я не забываю. Конечно, убийцы Михоэлса не предполагали, что через 50 лет после его смерти в Большом театре откроется фестиваль искусств, посвящённый этому великому артисту.

Мне тогда оказали огромную честь, пригласив меня на выступление. Там игралась «Тринадцатая симфония», я читал «Бабий яр». И меня попросили или сказать речь, слово о Михоэлсе, или написать стихи. Я выбрал второе, я написал стихи как бы от имени Шекспира.

Удивительная история, вы знаете, вот у нас сейчас вроде бы нет политической цензуры. В одиннадцати изданиях это стихотворение было выкинуто, и я до сих пор не могу его напечатать в России! Оно переведено практически на все цивилизованные языки. И вот совсем недавно выходил цикл моих стихов в одном издании, но почему-то это стихотворение опять вылетело — без всякой мотивации.

Евтушенко прочитал «Монолог Шекспира о Михоэлсе» и ещё с десяток последних своих стихов. Потом перешли к вопросам.

Кто-то спросил:

— Скажите, пожалуйста, какой была ваша первая встреча с Булатом и когда? Каково ваше впечатление?

Евтушенко начал рассказывать:

— С Булатом я познакомился в издательстве «Молодая гвардия», когда он заведовал там, по-моему, переводами...

Тут вдруг он увидел в зале Сергея и Татьяну Никитиных и сразу забыл обо всём на свете:

— Боже, какая радость! Тут два моих действительно любимых лица. Я как-то разговаривал с Виктором Пелевиным и сказал ему: «Может быть, вы запишете мой телефон?» «А зачем, Евгений Александрович? — сказал он. — Я и так всегда с вами».

Вот вы всегда со мной — где бы я ни был, я всегда вас слушаю. Когда я преподаю в Америке, я открываю окно — и на полную катушку, и студенты начинают слушать, им нравится, они не знают, что это за язык, но им нравится. Спойте что-нибудь. Вы без гитары? Я так счастлив вас видеть!

Тут он вдруг вспомнил про заданный ему вопрос и продолжил:

— Ну вот, когда я увидел Булата...

Но не в силах справиться с радостью встречи с Никитиными, снова перебил себя:

— Как я могу не верить в жизнь, когда двое таких людей есть на свете? Как я могу?! Когда мне плохо, я читаю хорошие книги, встречаюсь с людьми, которых люблю, иногда это чистый взгляд ребёнка, моего собственного или чужого. Разве есть чужие дети? И книга, песня, люди, мать природа, столько ощущения того, что жизнь дарована единственный раз, и, несмотря на всю грязь, в ней есть что-то прекрасное. Вот посмотрите, если говорить о политике...

Но, не договорив о политике, Евтушенко неожиданно вспомнил, что недавно вернулся из Израиля. С горечью поведав нам об убийстве Рабина и драках в кнессете, он загрустил вдруг об Америке, которая находится в очень большом духовном тупике...

Не дав нам толком посопереживать американской трагедии, Евгений Александрович вспомнил, что недавно, в поездке по Уралу, попал на застолье в городе Чусовая. Застолье в честь его приезда устроили тамошние учительницы, которые год не получали зарплату. Зажаренного на вертеле дикого кабана, конечно, не было, но учительницам тоже не хотелось ударить в грязь лицом перед амазонскими крокодилами, и они постарались. Потратили, наверное, свои последние сбережения.

Затем был рассказ о женщине — диспетчере на шахте в Новокузнецке, которая три года не получала зарплату. О ней Евтушенко узнал из газеты New-York Times. Закончив с диспетчером, наш новогодний гость перешёл к писателю Короленко. Отдав должное гражданскому мужеству Короленко, Евтушенко вспомнил его фразу: «Человек создан для счастья, как птица для полёта».

Потом был долгий разговор о счастье и засилье соцреализма в американском кинематографе. Выяснилось, что сейчас Евтушенко преподаёт в Америке кино. Причём одновременно в двух университетах, между которыми шесть часов лёту на самолёте.

Подумалось: почему так сложно, неужели второго такого специалиста во всей Америке не нашлось?

Упаси боже, чтобы кто-нибудь сейчас подумал, что я издеваюсь над уважаемым человеком. Я его и сам безмерно уважаю. И если я несколько игриво рассказываю о его выступлении у нас в музее, «так это от любви, что в том дурного?» Я, конечно, понимаю, что ценность Евтушенко-профессора для американцев в первую очередь в том, что он — ЕВТУШЕНКО.

Далее шёл очень подробный рассказ об американской жизни с множеством имён и названий, из которого запомнилась восторженная фраза Аль Пачино, сказанная нашему гостю: «Ну, Evgen, у тебя и фантазии!» И ещё отклонение от основного американского рассказа о том, как Федерико Феллини пригласил Евгения Александровича на премьеру «Джинджера и Фреда», «когда ещё Джульетта была жива»[22].

Он ещё долго рассказывал... И о том, что был в 94 странах, и что хороших людей больше, чем плохих... И я постепенно забыл, что он так и не ответил на вопрос, как он познакомился с Булатом.

Мне уже казался достаточным ответ: «Ну вот, когда я увидел Булата...»

---

[22] Имеется в виду Джульетта Мазина, супруга Феллини.

«Я ОЧЕНЬ ОСТРО И ПО-СВОЕМУ ЕГО ЛЮБИЛА И ЛЮБЛЮ»

В следующую субботу 9 января в музее гостила Вероника Долина.

Помню, как насторожена она была в начале разговора, когда я позвонил, чтобы договориться о её выступлении.

— А что мне там делать? Если вы ждёте, что я что-то буду вспоминать о Булате, мне сказать нечего!

Дескать, поищите себе других мемуаристов. Чувствовалась застарелая обида на того, в чей музей её звали выступить. Но сейчас я не буду затрагивать эту тему, и вообще, не моё это дело — взаимоотношения Булата Шалвовича и Вероники Аркадьевны.

Она совсем уж было собралась попрощаться, но я успел перехватить инициативу:

— Нет-нет, вовсе мы не ждём ничего подобного! Мы ждём ваших песен.

Это её успокоило, и мы назначили дату её выступления. И вот этот день пришёл.

Не помню точно, возможно, Долина задерживалась, потому что в ожидании её пел Володя Альтшуллер. А может быть, Вова просто пел — он всегда поёт, когда не говорит.

Вероника Аркадьевна сразу взяла в руки гитару и совсем уже собралась петь, как вдруг спохватилась и спросила подозрительно:

— А что это у нас сегодня? На что вы настроены?

Ришина попыталась её успокоить:

— Как угодно, как угодно! Хотите, начните с песен, хотите, расскажите сначала о Булате.

Я испугался, что Долина сейчас взорвётся, обидевшись на то, что ведь она заранее предупреждала, что не собирается ничего рассказывать, а от неё опять ждут чего-то не того. Но Вероника Аркадьевна сегодня была настроена миролюбиво:

Вероника Долина: «Это если удастся, это очень редко удаётся...»

— Это если удастся, это очень редко удаётся...

Мне показалось, что ей так много есть чего рассказать о Булате, что она опасается это делать, чтобы не рассказать чего-то лишнего.

После этого Вероника спела несколько песен. Поёт она, по-моему, замечательно, голос очень проникновенный, вкус безупречный. Не говоря уж о том, что и стихи прекрасны, что с бардами случается нечасто.

Затем Долина рассказала, как когда-то давно из Америки ей доставили письмо от Коржавина, а она не имела ни сил, ни возможностей на него ответить — «хотелось, но не моглось, и это продолжалось долго, лет семь-восемь». Долго не могла узнать отчество Коржавина, но не это, конечно, было главным препятствием для написания письма.

Эта история и явилась поводом для написания следующей песни:

> Смеркалось, только диссиденты
> руками разгоняли мрак,
> любви прекрасные моменты
> не приближалися никак,
>
> когда, помыслив хорошенько,
> не срам, не пасквиль, не донос,
> всемирный голубь Евтушенко
> письмо за пазухой принёс.

Я над ответом хлопотала,
письмо вертела так и сяк,
но что-то в воздухе витало,
один лексический пустяк,

чего ждала, уж не команды ль —
спаси меня и сохрани,
но все твердили — Эмка Мандель,
и было отчество в тени.

Кого спрошу, никто не дышит
в окошко дома моего,
и каждый пишет, да не слышит,
кругом не слышит ничего.

Обременён нездешней славой,
любимец всех концов Земли,
наш письмоносец величавый
исчез в сапфировой дали.

На всякий случай на пожарный
я в Шереметьево приду
с цветами глупыми, пожалуй,
стоять в каком-то там ряду.

Смеркалось — да — но тих и светел
приёмник «голоса» ловил.
Один Коржавин нас заметил
и чуточку благословил.

Потом ещё было много песен, и под конец перешли к вопросам. Ришина кротко попросила вспомнить всё-таки хоть что-нибудь и о Булате, хоть самую малость. Вероника Аркадьевна начала рассказывать, с паузами, тщательно подбирая слова:

Мы познакомились в 1977 году, в начале 1977 года. Это было для меня значительно, а для него никак, наверное. И так мы в некоторых отношениях довольно много лет пребывали, для меня это чрезвычайно значительно, а для него... не могу вам в двух словах обозначить как.

Мы виделись несколько раз в году, я прибегала, приносила новые стихи или рассказывала то, что со мною происходит. А он очень... держал дистанцию, и я думала, что этому надо обязательно у него научиться. Этих уроков я взяла у него очень много. Как оберегать себя от людей. И от тех, кто зачем-то звонит, и от тех, кто хочет зачем-то прийти и встать у тебя на пороге. Я всё время вспоминаю такое специально отчуждённое выражение лица, это через годы я пронесла. Кроме этого, были у нас разные электрические нити, про которые рассказывать очень трудно, на самом деле в строчках разных, явных и тайных этого достаточно много.

Потом шли годы, и наши нелинейные отношения как-то странно запутались таким образом, что я вообще не смогла ни бывать у него, ни рассказывать ему какие-то свои новости. Но для меня это не было особенно важно, потому что он был для меня и со мной присутствовал практически всегда, что продолжается и сейчас. Когда он умирал, у меня была странная история, я не буду рассказывать, это ужасно.

Вообще, у меня, можно сказать, горячая линия была с госпиталем, где он умирал. Мой сын работает на «Эхе Москвы», и они там были постоянно на связи с Гладилиным. Так что я узнала сразу же, как только его не стало. А потом были невероятные и неожиданные для меня по электричеству и по ярким эпизодам похороны... Про это я вам рассказывать не буду. Я когда-нибудь, когда смогу, может быть, запишу. Но я не думала, что будет таким ... особым сценарием для меня — его уход из жизни.

Ну, а дальше полтора года без него... Я стою в стороне от всего, что связано с публичными воспоминаниями о нём и с публичным увековечиванием памяти о нём, я не желаю участвовать в этом хоре, который бывает то очень приватен, то очень обширен, я ничего в этом не понимаю... Я помню всё, помню то, что было, я помню этот уход, а дальше... дальше надо жить без него... Я про себя говорю — писать стихи как можно лучше, жить среди своих близких как можно сердечнее... хотя... я ужасно не безукоризненна..., но, скажем, и он был не сахар..., совсем не сахар, если говорить о какой-то безукоризненности, каком-то ореоле...

Тут вступил Иосиф Раскин, специально приехавший на выступление Долиной:

— Вероника, скажите, есть два принципа, какой вам ближе и какой вы считаете более правильным: «про мёртвых или ничего, или хорошо» или «про мёртвых или ничего, или правду»?

Я ничего не знаю насчёт правды. Что касается Окуджавы, я кое-что знаю о любви..., а правды... режущей..., колющей... Ничего я про это не знаю. Во мне была и есть и будет только огромная к нему любовь, она совершенно моя собственная. Он был человеком... по-своему, очень грешным..., по-своему, великолепным... Всё очень взаимопроникающе. И правда, и мифы... Он был человек чрезвычайно художественный, что ж тут говорить, — подлинно, природно художественный. Стало быть, миф о нём значительно выше его самого. Так должно быть! И так будет — сколь-нибудь художественный человек этим и занят — вольно и невольно он занимается мифотворчеством, и нам с вами ничего другого, кроме такого, по возможности, нежного наблюдения за прохождением мифа перед нашими глазами, ничего и не нужно другого знать.

— Скажите, а помимо вот этого умения держать дистанцию, чему вы у него научились? — спросила наша музейная коллега Женя Азимова.

— Там увидим, там увидим, мне ещё не пора резюмировать. Я ещё буду, наверное, и жить, и работать, и учиться...

— А чему вы хотели бы у него научиться?

— Не знаю, не знаю... Я уже, к сожалению, большая, а когда мы познакомились, я была почти маленькая. Сейчас меня по большому счёту не интересует ничто, кроме искусства, всё остальное значительно дальше. Давайте я спою последнюю песню и поеду к своим кастрюлям, к своим детям...

Вероника почти совсем уже начала петь, но вдруг остановилась:

— Нет, меня этот вопрос очень задел... я как-то не задумывалась раньше... Главное, чему у него можно научиться, чем от него очень веяло, это очень просто. Он был совершенно свободный человек, человек несоветский. Вот это главное, чего он был носитель, на мой вкус, и без этого впечатления из его квартиры трудно было уйти. Именно это, прежде всего. И много работать. Много работать, это очень важно. Я просто ничего не знаю больше, что может с этим состязаться, по радости, по утешительности. Конечно, много работать и всё.

После этого Вероника спела последнюю на сегодня песню:

> О, женщина, летающая трудно!
> Лицо твоё светло, жилище скудно,
> На улице темно, но многолюдно,
> Ты смотришься в оконное стекло.
>
> О, женщина, глядящая тоскливо!
> Мужчина нехорош, дитя сопливо...
> Часы на кухне тикают сонливо —
> Неужто твоё время истекло?
>
> О, женщина, чьи крылья не жалели!
> Они намокли и отяжелели...
> Ты тащишь их с натугой еле-еле,
> Ты сбросить хочешь их к его ногам...

«БРОСЬТЕ ЭТУ ЗАТЕЮ, ЛЁВА!»

Выступление Наума Коржавина, о несостоявшейся переписке с которым рассказывала Вероника Долина, по странному совпадению случилось непосредственно после её выступления, то есть уже в следующие выходные.

Но сначала надо рассказать об окончании дня, когда выступала Вероника.

После ухода всех гостей мы засиделись с моей женой, с Женей Азимовой и с Лёвой Алексеичем в музее, и последний, как это иногда бывало, разговорился. Сегодня очень жалею, что не всегда в этих случаях я догадывался включить камеру или диктофон. А в тот раз меня, видимо, кто-то надоумил — или Надя, или Женя Азимова, поэтому осталось, что рассказать, ведь всё, что не записывалось, по большей части за давностью лет вылетело из моей хорошо проветриваемой головы.

К моменту включения камеры Шилов дочитывал стихотворение Маяковского «Юбилейное» 1924 года. Он очень хорошо стихи читал, и мы слушали его заворожённо.

Шилов дочитал последние строки:

> Мне бы
>   памятник при жизни
>   полагается по
> чину.
> Заложил бы
>   динамиту
>   — ну-ка,
>   дрызнь!
> Ненавижу
>   всяческую мертвечину!
> Обожаю
>   всяческую жизнь!

И, помолчав, промолвил задумчиво:

— Думаю, что это одно из самых трагичных стихов в мировой поэзии, что проходит мимо нашего поверхностного внимания. Посмотрите — всё: кончилась любовь и кончились идеалы, и даже ревности уже нет, полное опустошение, конец. Всё! И уже в загробном мире он один, сам с собой, всё уже решено. Всё уже неважно...

Тут Женя спросила:

— А как вы к Карабчиевскому относитесь?

Она, конечно, имела в виду книжку Карабчиевского «Воскресение Маяковского», но я не сразу это понял.

— Плохо. Он человек талантливый. Но книжка плохая. Он там передёргивает.

На что я тут же ехидно заметил, что вряд ли какая-нибудь книга о Маяковском может понравиться Шилову, если только она не написана им самим.

Он, как всегда, кротко перенёс мою граничащую с хамством иронию, тем более, что доля истины в моих словах, наверное, была — ведь самая первая книжка Лёвы Алексеича называлась «Здесь жил Маяковский».

Лев Шилов начинал свою трудовую деятельность в музее Маяковского, очень хорошо знал предмет и очень его любил. В отличие от Булата Окуджава, который в молодости тоже безмерно любил Маяковского, но с годами остыл, Шилов пронёс свою любовь через всю жизнь.

Тут Лев Алексеевич решил сменить тему и рассказал вдруг о том, как однажды, очень давно Булат Окуджава пригласил его к себе на дачу. Вернее, не к себе, никакой дачи у него тогда не было, в то лето они с семьёй снимали дачу где-то возле Истры. Целый день они провели вместе, собирали грибы, обедали, разговаривали о том о сём до самого вечера. Приятно провели время. А вечером Лев Алексеевич ехал домой и думал: «А зачем он всё-таки меня приглашал?»

— Булат был очень благожелателен ко мне. И в тот день, и вообще всегда. А с моей стороны к нему всегда был интерес искренний, активный и почтительный в то же время. Он чувствовал моё хорошее отношение к нему, я чувствовал его хорошее отношение ко мне, но вместе с тем я немного стеснялся. Мы много общались на протяжении многих лет, но, я думаю, он всегда меня ценил, ещё и потому, что сам я обращался к нему только по делу. Лишь однажды я его подвёл. Но кто знал, что так сложатся обстоятельства?

Как-то я попросил у него автограф для Лукьянова.

Тут мне надо прервать речь Шилова, чтобы кое-что объяснить. Дело в том, что сейчас уже не все знают, кто такой был Лукьянов и почему ему нельзя было давать автограф. Так вот, Лукьянов был ни много ни мало как Председателем Верховного Совета СССР. Так что же связывало Лёвушку, никогда не водившего дружбы с власть предержащими, с одним из лидеров коммунистического государства? А связывало их общее увлечение.

Анатолий Иванович Лукьянов был страстным коллекционером. Но собирал он не марки и не значки с олимпийской символикой, а старые литературные фонограммы, и на этом поприще им со Львом Шиловым никак нельзя было не подружиться. Эта профессиональная дружба их продолжалась много лет, и в дни величия Анатолия Ивановича, и в дни опалы его после участия в ГКЧП[23].

Справедливости ради нужно заметить, что не только Шилов не пользовался этим знакомством в личных целях, но и Лукьянов не использовал богатства шиловской коллекции, а сам находил какие-то редкие записи, которые потом, году, наверное, в 2000 и издал крошечным тиражом в изящно оформленном комплекте из десяти дисков. Один экземпляр он и мне подарил и надписал тепло — как человеку дружившему с его другом. И общались мы запросто, хотя он был ярым коммунистом, а я, скорее, наоборот. Но уточнить год выпуска я теперь не могу, потому что этот подарок, как я подозреваю, у меня украли. У меня вообще часто крадут, но не всего мне жалко, запоминаются лишь некоторые вещи.

Впрочем, вернёмся от меня, любимого, к тому ужасному случаю, когда Шилов так страшно подвёл Булата Окуджава. И здесь, чтобы полноценно вернуться, снова нужно немножечко отвлечь-

---

[23] Государственный комитет по чрезвычайному положению в СССР — самопровозглашённый орган власти в СССР, существовавший с 18 по 21 августа 1991 года.

ся. Дело в том, что Анатолий Иванович Лукьянов был не просто так коллекционером. Он вообще поэзию любил. Настолько сильно любил, что и сам стихи писал. Единственная книга его стихов «Созвучие» вышла в 1990 году под псевдонимом Анатолий Осенев. И вот эту свою книжку он захотел подарить Булату Окуджава. Надписал её очень тепло. И передал с Лёвушкой. С кем же ещё — других общих знакомых у них не было. При этом Анатолий Иванович попросил, конфузясь:

— Хотелось бы и от него получить книжку. С автографом, если можно...

Ах, как интересно! Почему Лукьянову захотелось подарить книжку именно Булату Окуджава? Может, не такой уж он и ярый коммунист, этот глава коммунистического государства? Странное сближение одного из лидеров коммунистической страны и писателя, о котором в Советском Союзе писали так:

«Замкнувшийся в своём узком мирке, он словно не слышит гула великой стройки, ведущейся в родной стране, не видит, с какой боевой страстью участвуют в созидательном труде миллионы его сверстников»[24].

Или вот ещё:

«Я не хочу умереть» — вот всё, к чему сводятся мысли и устремления «героя», более чем странного для нашей литературы. <...> Скверные идеи, неприглядный герой, <...> убогонькая концепция повести Б. Окуджавы»[25].

Но всё же вернусь к рассказу Лёвы Алексеича.

Вот эту свою почтальонскую деятельность и вспомнил сейчас Шилов:

— Булат надписал ему свою книгу, я передал. Анатолий Иванович был рад и счастлив. А потом начались эти события... После подавления путча и выхода Лукьянова из тюрьмы к нему пришли корреспонденты, увидели книжку Булата Окуджава и прочитали дарственную надпись. А потом спросили у дарителя, как же, дескать, получилось, что он подписал книжку будущему члену ГКЧП?

---

[24] Адов И. Бремя славы // Веч. Москва. 1962. 20 апр.
[25] Новиченко Л. «Я, человек, я, коммунист...» // Дружба народов. 1962. №7. С. 261

Окуджава ответил, что ему принесли книжку и попросили подписать, что здесь такого? Кто принёс, не помнит. Хотя, конечно, он прекрасно помнил, что это Лёва Шилов принёс. Корреспонденты раструбили по всему свету, что вот, Окуджава отвернулся от своего ближайшего друга гэкачеписта! А Булат там написал совершенно нейтрально, не как близкому знакомому — ведь лично они никогда даже не встречались.

Лукьянов, кстати, в своё время сыграл решающую роль в издании нотной книги Булата, о чём тот даже и не знал. Книга эта в какой-то момент застряла в издательстве «Советская музыка»[26].

Лев Шилов:

> Это было одно из самых коррумпированных издательств, где взятки просто рекой текли. Там издавались очень богатые люди — композиторы-песенники. Там своих мелодистов и поэтов навалом, и было пять-шесть человек, которые держали всё в своих руках, мафия, они все завязаны там. Я не буду называть фамилии, это все ведущие советские композиторы-песенники. Кроме известных авторов, там было ещё несколько десятков человек — мы с вами их даже не знаем — которые тоже очень богатые люди. Они делали подтекстовки и очень разбогатели на таких «переводах».
>
> С книгой сначала всё шло-шло и вдруг легло. Я не сразу понял, в чём дело. Какие-то отговорки они всё время находили, то типография занята, то ещё что-то. Потом нам с С. Авакяном говорят (Авакян за гроши делал художественное оформление книги): переделайте всё, будет другой формат, другая типография — и показывают нам образец типа брошюрки.
>
> Так проходит примерно полгода. Я между делом говорю об этом Лукьянову, он говорит — а чего вы туда ходите, нужно идти к председателю Госкомиздата. Я записался к нему на приём, но в назначенный день меня принял его заместитель — «председатель занят». Я не стал с ним разговаривать, а позвонил Лукьянову. Тот сказал, что завтра сам поговорит с ним по телефону.
>
> И вот после этого дело пошло. Не так, конечно, чтобы розами стелили, но пошло. С Авакяном поступили по-хамски: сняли его обложку и поставили обложку своего художника.
>
> Но всё-таки книжка вышла, на роскошной бумаге. Потом второе издание, конечно, уже на другой бумаге и в мягкой об-

---

[26] Речь идёт о нотной книге «Песни Булата Окуджавы», составителем которой был Л. Шилов.

ложке. Я Булату не говорил про все эти сложности. Сказал только однажды, что книжка застряла, а он мне:

— Да ладно Лёва, бросьте эту затею...

После рассказа о Лукьянове мы попросили Лёву Алексеича вспомнить, как впервые Шилов узнал про Булата Окуджава, и он охотно начал вспоминать:

> Это был 1959 год, наверное. Была свадьба то ли Вали Оскоцкого, то ли сестры его жены (мои друзья Володя Стеценко и Валя Оскоцкий женились на сёстрах).
>
> С Оскоцким мы учились в университете параллельно, виделись эпизодически, а сблизились с ним в Ташкенте. Там в октябре 1958 года проходила конференция писателей стран Азии и Африки. Валя был там от Литгазеты, а я от музея Маяковского. И там-то мы с ним и подружились.
>
> Это была молодёжная свадьба с довольно скромной закуской, без пьянки, интеллигентная свадьба — с придумками всякими: тут шарады, там пение, там ещё что-то. Развернуться было где — свадьбу гуляли в маленьком частном домике за Смоленской площадью. Тогда ещё такие оставались.

О, да это же Шилов рассказывает про хорошо известный случай, о котором много кто рассказывал, и даже сам Булат Окуджава написал рассказ «Гитарист»[27]:

> *Это случилось в пятьдесят девятом году. Я работал в «Литературной газете». У меня уже были первые песенки и первая широкая известность в узком кругу. Это очень вдохновляло меня. Я очень старался понравиться именно им, моим литературным друзьям. Один из них, назовём его Павлом, позвал меня на свой день рождения. Были приглашены и некоторые другие сотрудники из нашего отдела литературы.*
>
> *Я отправился к Павлу, конечно, вместе с гитарой и со своим ближайшим другом тех лет, начинающим писателем Владимиром Максимовым.*
>
> *Мы добрались до Плющихи, нашли дом. Нам открыли дверь. Гостей было уже с избытком, и наши уже были здесь.*

---

[27] Автобиографические анекдоты // Лит. газ. 1996. №43 (23 окт.). С. 3.

Ага, у Булата Окуджава Плющиха, что не противоречит рассказу Лёвы Алексеича, у которого действие происходит за Смоленской площадью. Слушаем Шилова дальше:

> Основные гости были университетскими товарищами жениха и невесты. Но были ещё и какие-то пожилые интеллигентные дамы. И, как мне помнится, была напечатанная на машинке какая-то шутливая программка. И там в шутливом ключе было написано про Булата: «гитарист». В этом ничего обидного не было, там все гости были шутливо «обозваны».

Ходил, ходил Лёва из комнаты в комнату — «тут шарады, там пение, там ещё что-то» — и, наконец, забрёл:

> Он сидел и пел в маленькой комнатке. Вокруг него сидели несколько человек, я приоткрыл дверь, заглянул — ерунда какая-то, что-то вроде песенок Петра Лещенко, как мне показалось. Закрываю дверь и иду дальше. В другой комнате что-то поинтересней было.

Таким получилось первое мимолётное знакомство Шилова с творчеством Булата Окуджава, которому дальше снова предоставляем слово:

> *Я пел и попутно обмозговывал свой небогатый репертуар. И вот конец: «...и боль, что скворчонком стучала в виске, стихает...» — и последний аккорд. Кто-то из своих захлопал. И вдруг из дальнего угла крикнули требовательно:*
> *— Весёлую давай!.. «Цыганочку»!..*
> *— «Цыганочку»!.. — загудели гости, и кто-то затянул «Ехал на ярмарку ухарь-купец...»*
> *Я не понимал, что происходит. Стоял, обнимая гитару. Тут ко мне подскочил Максимов, дёрнул меня за руку и прошипел:*
> *— Пошли отсюда!.. — и повёл меня насильно в прихожую. — Давай одевайся! Скорей, скорей!.. Пошли отсюда!..*
> *Мы вышли из квартиры. Ноги у меня были деревянные. Голова гудела.*
> *— Я не хотел тебе говорить, — сказал, кипя, Максимов уже на ночной улице, — когда мы пришли, там, на столике в прихожей, лежал список гостей, и возле твоей фамилии было написано — «гитарист»!*

Шилов считает, что Максимов перебрал в тот вечер, вот ему и показалась шуточная программка со словом «гитарист» обидной. Ну, ладно, Максимов, а Окуджава тоже перебрал или сгущает краски? Или всё-таки не только Шилову не понравились песенки «под Петра Лещенко»? Было-было, кое-что было.

Валентин Оскоцкий, оказывается, вообще плохо помнит ту свадьбу. Он только вспомнил, что, когда молодёжь начала петь свои песни, старшим это не понравилось, и они запели что-то своё, чуть ли не «Варшавянку». Так что конкретно для Булата ничего обидного там не было.

А Лёва Алексеич закончил про свадьбу и перешёл к другому эпизоду своей биографии:

— Вот так я увидел Булата в первый раз, мельком. И, наверное, через полгода после этого я прихожу к Лёве Аннинскому и у него слушаю магнитофон. Самую первую запись Булата. И от магнитофона я не отхожу! Я очень отчётливо помню тот день, помню даже, где и как я сидел. Я как сел, так и просидел весь вечер на одном месте, потрясённый услышанным!

Тут мы с Женей Азимовой с присущим нам тактом перебили интересный рассказ Лёвы Алексеича и, перекрикивая друг друга, начали рассказывать, как каждый из нас впервые услышал эти удивительные песни и какое ошеломительное впечатление произвели они на нас.

Я, хоть и с трудом, всё-таки заставил себя остановиться, и попросил Шилова вернуться к его рассказу. Он продолжил:

> Через какое-то время я переписал плёнку Аннинского и хорошо помню, что там было всего восемь песен. Это странно и необъяснимо, но Аннинский пишет, что там было много песен.
>
> Я стал добиваться, чтобы самому записать Булата. Это было несложно, потому что у нас с Булатом было много общих знакомых, я ему звонил и договаривался. Однажды я даже официально позвонил от музея Маяковского и сказал, что мы у себя в музее делаем открытые вечера звукозаписи, хотим и его записать.
>
> И вот тут я грешен — у меня путаются две, если не три его записи, которые я тогда сделал. Но всё это были либо 59-й, либо 60-й, либо 61-й год. Первая, думаю, всё же была в 1959-м. На одну из этих записей без зрителей он сам пришёл к нам в музей, в другой раз со зрителями дело было, а на третью я ездил к нему в Шереметьево на дачу «Литературной газеты».
>
> А потом мы устроили его вечер на Химфармзаводе, потому что в музее Маяковского мы не имели права устраивать ве-

чер Булата Окуджавы — где Маяковский и где какой-то никому не известный Окуджава! А на заводе, для рабочих, пожалуйста.

Ну на Химфармзаводе какие рабочие — в основном интеллигенция работала. Там мы вполне нашли понимание и в профкоме, и в парткоме. Зал был не очень большой, человек на 150–200. Из них 20 человек со мной пришли. Но там я ничего не записывал — аппаратура была громоздкая.

Это был уже 1962 год. Почему я хорошо это помню — в те же примерно дни Булат пришёл ко мне домой и, конечно, набилась вся наша компания, человек восемь. Запись получилась очень хорошая технически, я писал на «Днепр-3», специально для этого купленный. Там даже есть немножечко разговоров, совсем немножко — плёнку мы тогда экономили.

Между прочим, эта домашняя запись в 2002 году стала основой для диска «Музыка арбатского двора». Выпускала диск компания «Белый ветер», и я хорошо помню, как представитель компании Анна Барабанова уговаривала нас с Шиловым быть его составителями. Предлагали составить любой, на наше усмотрение, тематический альбом. Шилов сразу отказался — сказал, что я и без него прекрасно справлюсь с этой задачей, а я пытался объяснить Анне, что не могу быть составителем никакого диска Булата Окуджава — его вдова не позволит упоминать моё имя на обложке. Но Анна Барабанова не верила в такую нелепицу. Я ей предложил пари, и Аня запальчиво пообещала в случае моей правоты в качестве гонорара выдать мне не сто, как было предусмотрено контрактом, а пятьсот готовых дисков!

Так что у меня до сих пор этих дисков много — раздарить пятьсот штук я не сумел.

Тема диска для меня была очевидна — Арбат Булата Окуджава, поэтому и название искать долго не пришлось — «Музыка арбатского двора». Мне хотелось дать в этот альбом побольше уникальных, никому доселе не известных записей — надоели постоянно выпускающиеся вдовой и её Фондом одни и те же, но с разными обложками и названиями, записи выступлений уже старого и с трудом поющего поэта.

Когда я ещё общался с наследниками Окуджава, я очень удивлялся — почему вдова не выпускает дисков своего мужа? Ведь не только огромное количество качественных записей молодого Окуджава ждут своего часа — большинство его песен вообще оставались неизвестными широкому кругу слушателей. И однажды я с таким вопросом обратился к сыну Булата Окуджава. Ответ его меня просто поверг в шок — оказывается, мама придерживает хорошие записи на потом, сначала хочет издать плохие.

Возвращаясь к «Музыке арбатского двора», замечу, что этот диск стал первым и, по-моему, на сегодняшний день, последним диском, где можно услышать голос молодого Булата Окуджава. Потому что в него вошли несколько записей с той самой домашней записи Шилова, которую он делал на специально купленном магнитофоне «Днепр-3», и записи эти до выхода на диске никто, кроме Шилова и вашего покорного слуги, не видел и не слышал.

Тем не менее имя Льва Шилова, как правообладателя записей Ольга Арцимович забыла упомянуть. Вместо этого там значится:

«В составе альбома — фонограммы разных лет из домашней коллекции О. Окуджава».

Правда, строчкой ниже Лев Шилов упомянут в странном качестве:

«Выражаем благодарность Л. Шилову — за помощь в поиске фонограмм и составлении диска».

Так и видишь, как Лев Шилов, обладатель крупнейшей коллекции записей Булата Окуджава, копается дома у Ольги Владимировны, в её «домашней коллекции», в поисках своих домашних фонограмм. И кому он помогал составлять диск, непонятно. Великодушнейший Лёва Алексеич в своей последней книге «Голоса, зазвучавшие вновь» не стал уточнять, кто и у кого по стеллажам шарил тёмной ночью с фонариком, ограничился одной фразой о диске «Музыка арбатского двора»:

«...её составил Марат Гизатулин».

А коли так, я и остальные подробности выложил, сильно уступая Лёве Алексеичу в великодушии.

Однако я опять сильно отвлёкся и улетел вперёд, а в тот вечер после концерта Вероники Долиной Лёвушка рассказал ещё об одной своей ранней записи Булата Окуджава:

> Потом, в 1962 году, была большая запись в музее Маяковского, открытый сеанс звукозаписи, с афишей. Булат был недоволен, что пришло много народу — человек 30. Он предполагал, что будет только сеанс записи, а получился концерт. И вот тут я его снимал на последнем полукадре, это он в снегу стоит. Эта фотография получила название «Мартовский снег».

«ПО ОБРАЗУ И ДУХУ»

17 января, как я уже сказал, через неделю после Вероники Аркадьевны и посиделок с Шиловым была встреча с Наумом Коржавиным.

Замечательный поэт, замечательный человек, мне он был ещё и близок почти одинаковым зрением, точнее, его отсутствием. Я, вообще-то, не то чтобы совсем ничего не вижу и пока ещё с удовольствием сижу за рулём, правда, только при ярком дневном солнце. Но Коржавина понимаю очень хорошо и чувствую, что у меня есть все шансы, если вдруг доживу до возраста выступающего, окончательно сравняться с ним, если не по таланту, так хотя бы по этой физической особенности.

Наум Моисеевич начал издалека:

> Это было в конце 50-х годов, во времена так называемой оттепели. Булат работал в «Молодой гвардии»[28], я к нему приходил — мне надо было печатать всякие переводы, а он там как раз переводами заведовал. Смотрю, какой-то такой человек, вроде очень ко мне расположенный. Я не знал, что он сам пишет, в первую нашу встречу он ничего об этом не говорил, но, когда я пришёл во второй раз, он предложил: «Хочешь, я тебе свою книжку подарю?» Я прочёл его книжку. Она была талантлива. Я почувствовал, что в ней что-то есть. Не так чтобы она меня очень обрадовала, но было в ней что-то привлекательное. Потом как-то мы с Рассадиным разговорились, и я ему сказал про Булата: «Знаешь, он талантливый человек». А я этим словом — «талант» — никогда не разбрасываюсь. Потому что в наше время всё утрировалось, и слово «талант» теперь — расхожая монета. А Стасик мне отвечает: «А ты знаешь, что у Булата песни есть? Они очень хороши!» И Рассадин спел мне какие-то песни Булата. Они мне

---

[28] Имеется в виду издательство «Молодая гвардия».

Выступление Н. Коржавина. Справа Ю. Карякин и И. Раскин

понравились. Вызвали любопытство, и симпатия моя к Булату усилилась.

Булат тем временем перешёл работать в «Литературную газету» заведующим отделом поэзии. До него эту должность занимал другой очень хороший поэт, которого долгое время многие недооценивали, только сейчас начинают понимать. Это Валентин Берестов, он был больше известен как детский поэт. Валя Берестов человек был очень мягкий, поэтому поэты-графоманы оккупировали его кабинет, и ему иногда просто негде было сесть в своём собственном кабинете, а сказать об этом ему было как-то неудобно. Работать там было совершенно невозможно.

Когда пришёл Булат, то первым делом он их всех выгнал. Просто взял и выгнал, и всё. И стал работать. Ну, как он работал... Вообще, я его ценю не за это, не за работу. К «Литературке» я имел какое-то косвенное отношение — был там даже оформлен как внештатный работник: я отвечал на письма читателей, которые подписывал не я. Такой был порядок.

«Литературка» печатала тогда Ахматову, Цветаеву (но это позже), Смелякова какие-то хорошие стихи, вообще, там старались печатать что-то хорошее. Булат, конечно, этому всему способствовал насколько можно, но сам большой энергии не проявлял, я не помню его инициатив.

Как-то был организован вечер, посвящённый павшим на фронте поэтам-ифлийцам[29]. Это был первый такой вечер. До этого они были под каким-то негласным запретом — при Сталине их практически не печатали и даже упоминать их как-то не было принято. Ну, можно было сказать, что вот ифлийцы ушли на фронт, погибли, но не более того. Был этот вечер где-то в районе Парка культуры, не помню точно. Вечер был хороший, только там один неприятный момент был. Выступил Вознесенский и прочёл «Параболу», которая как будто бы должна была понравиться Кульчицкому[30]. Какое-то неприятное чувство у меня из-за этого было — как это, читать свои стихи на вечере павших поэтов... Евтушенко тоже сидел в зале, но стихов не читал.

Окончился вечер поздно, я жил тогда в Мытищах, Булат и говорит мне: «Пойдём ко мне, у меня коньяк есть, посидим, поговорим, почитаем». И мы пошли к нему. Он снимал квартиру на Фрунзенской набережной. Он налил коньяку, мы разговаривали, потом он мне прочёл стихи. Я ему говорю: «Булат, эти стихи — очень талантливые. Ты знаешь, что я этим словом не разбрасываюсь. Но мне чего-то не хватает, чего-то..., я не знаю..., какого-то крайнего, последнего обобщения не хватает».

Булат ничего не ответил. Ещё посидели, поговорили, потом он спел. И я ему говорю: «Булат, так мне вот этого как раз и не хватало!»

И из этого опыта мне сегодня хочется сделать очень серьёзные обобщения. У Высоцкого есть такое высказывание, что песни Булата показали всем, как может музыка усиливать стихи. Эта фраза не имеет отношения не только к Булату, но и к самому Высоцкому, к лучшим его вещам, потому что они сами по себе хорошие. Музыка усиливать стихи не может. Никакая музыка не усилила «Я помню чудное мгновенье» — оно как было сильным стихотворением, так и осталось. Музыка может сделать из какого-то посредственного произведения хорошую песню, но не усилить его как поэзию. Это будет другое произведение, очень хорошее, может быть, но это будет текст, который использовала музыка или подняла его и, собственно даже, создала. То есть в настоящей поэзии реализовано уже всё, и музыка её никак не может «усилить». Но у Булата другой случай — музыка просто присуща его стихам, ставшим песнями, она внутри них, составляет с ними единое целое. Есть много стихов, которые Булат не пел никогда, и всё равно чувствуется, что там должна быть музыка.

---

[29] ИФЛИ — институт философии, литературы и истории.
[30] Имелась в виду, видимо, «Параболическая баллада»; М. В. Кульчицкий — поэт, выпускник ИФЛИ, погиб в 1943 г.

Я часто говорю, что не люблю Бродского. И многие меня считают завистником. У Бродского есть хорошие стихи, в некоторых стихах он мне более близок, некоторые даже наизусть помню, но в принципе, как явление, я это терпеть не могу. Так вот, Бродскому я завидовать не могу, потому что мне его стихи не нравятся. А Булату я завидую и всю жизнь завидовал. Всю жизнь. Более того, завидовал бессильно, потому что я такие песни не только писать — петь не умею. Но это меня восхищает, это что-то такое... это невероятно! В общем, я ему всегда завидовал, всегда это открыто говорил. Это для меня какое-то чудо. Солженицын когда-то сказал про него: «Смотрите — просто поёт, а это сразу столько людей забирает».

Понимаете, вот говорят: «новаторство, новаторство». Я должен вам открыть один секрет: все новаторы друг на друга похожи. Есть стандарт новаторства, и все они... какой-то общий алгоритм у них, абсолютно неверный.

А это творчество. Это не может быть ни новаторством, ни староверством. Творчество — всегда новое. Пастернак сказал: «Талант — единственная новость, которая всегда нова». Булат «новатором», слава богу, не был, он был поэтом. Но есть какие-то вещи у него... Вот простая вещь: ну, кто может углядеть новаторство в каком-нибудь «Ваньке Морозове»? Так, шуточки-прибауточки. Вот посмотрите: «Не думал, что она обманет, ведь от любви беды не ждёшь». Так вот, это «от любви беды не ждёшь» — новаторство! Какое же это новаторство, скажете вы? Это на улице валялось, в пыли, просто подними, возьми, встань. А этого никогда до него не было, никто не поднял.

И у него много таких перлов — он говорит, кажется, совершенно банальные вещи, а они не банальные, они вновь открытые. Вот у него есть замечательная песня, все вы её знаете, «Московский муравей». Эту песню я услышал, наверное, одним из первых, на именинах у Стасика Рассадина. Булат тоже был на этом дне рождения, его попросили спеть, и вдруг он спел новую песню. И вот он поёт:

Мне надо на кого-нибудь молиться.
Подумайте — простому муравью
вдруг захотелось в ноженьки валиться,
поверить в очарованность свою.

Замечательно — «поверить в очарованность свою»! Господи! Он абсолютно точен был. Тоже, кажется, просто: «поверить в очарованность свою». А другой бы сказал: «очаровать, проникнуть, взлететь в небо» Да нет, ничего такого, надо именно «поверить в очарованность свою». Песня звучит дальше:

И муравья тогда покой покинул.
Всё показалось будничным ему.

Мне это жутко понравилось! И вдруг:

И муравей создал себе богиню
по образу...

И тут у меня всё оборвалось, я подумал: «Неужели он сейчас скажет: "подобью" (по образу-подобью своему)? Я знал, что если он сейчас произнесет: "подобью", то всё пропало! Пропала песня. А мне она уже так понравилась!

А Булат тем временем заканчивает куплет:

...по образу и духу своему.

Я просто чуть не выматерился от облегчения. То есть у меня было ощущение, что человек перескочил через пропасть. А он и не перескакивал через пропасть, он и не собирался говорить: «подобью». Какой же дурак влюбляется в своё подобие? Хотя тянет, затягивает, вот как Маршак говорил: «Голубчик, надо всегда грести, а то заносит». А я ему потом сказал: «Булат, я очень восхищен, как ты это проскочил всё».

Он смеётся:

— А вот Юра Левитанский сказал, что нужно «подобью».

Ещё поразило меня когда-то стихотворение «До свидания, мальчики!»

Получилось так, что мне из «Посева»[31] написали, что Булат Шалвович согласился на второе издание у них своей книги «Проза и поэзия». Может, кто-нибудь видел такой сборник с котом на обложке? И они захотели, чтобы я был составителем и автором предисловия. Но я автором стал не предисловия, а послесловия, поскольку там впереди была проза, а о прозе я писать не хотел, да и не очень умею. Но дело не в этом. Он там кое-какие стихи выбросил, а какие-то я не дал ему выбросить. Например, он хотел выбросить «Сентиментальный марш». Я стихотворение это оставил, и, по-моему, он потом никогда недоволен этим не был. Он дал мне полный карт-бланш в составлении книги.

Ну вот, я писал послесловие, и мне пришлось разобрать это стихотворение, «До свидания, мальчики!», которое я очень люблю, но надо было понять, как оно построено.

Знаете, что в этой песне самое тяжёлое? Это то, что в ней два времени: время, когда происходит действие, и наше время, когда

---

[31] «Посев» (ФРГ) — издательство русской эмигрантской организации Народно-Трудовой Союз. Существовало с 1945 по 2000 год.

поют. И они не сходятся, эти два времени. А человек, который поёт, знает, что никаких счётов ни с какими сплетниками сведено не будет, что это вообще невозможно, отчасти по жизни, отчасти по той подлости, в которой мы опять оказались, — по всему вместе. Это духовная трагедия, которая в основе всей нашей жизни и сегодня, и вчера.

Затем Наум Моисеевич перенёсся на несколько лет вперёд:

Булата я потом видел раза два в эмиграции, когда он приезжал в Америку, он ко мне заезжал. И был он такой, как всегда. Там появилась какая-то идиотская статья Марка Поповского о том, что вот, Советы забросили идеологический десант — Белла Ахмадулина, Булат Окуджава, ещё кто-то там был, что они приехали сюда для того, чтобы показать, что в Советском Союзе — свобода. А я Поповскому написал: «Вы понимаете, у нас многие люди, эмигранты, хорошо устроились, тем самым показывая, что в Советском Союзе довольно хорошее образование. Поэтому лучше бы им вообще устроиться дворниками, чернорабочими, чтобы все видели, что в Советском Союзе всё плохо и никакого образования нет».

Я не хочу повторять всех гадостей, которые там были написаны по этому поводу. Булат на них обиделся, конечно, а потом задумался и сказал мне:

— А может, действительно, меня посылают будить в вас ностальгию?

А я ему на это:

— Знаешь, в мои расчёты это тоже входит. Буди в нас ностальгию. Власть думает, что это ей выгодно, а я думаю, что это мне выгодно. Пока у людей есть ностальгия, они ещё люди. А когда они теряют это, они не люди.

У меня есть очень старое стихотворение, 1960-го года, — «Комиссары». Я посвятил его Булату Окуджаве, но в советском издании, в сборнике «Годы» я снял посвящение. Я Булату сразу сказал, что снимаю посвящение. Потому что так, может, и проскочит, а если увидят, что это Булату посвящено, то прочтут всё внимательно, а я не хотел, чтобы те люди читали внимательно.

Это стихотворение я могу прочесть. Оно неслучайно посвящено Булату Окуджаве. Конечно, оно связано с его «Сентиментальным маршем».

Где вы, где вы? В какие походы
Вы ушли из моих городов?..
Комиссары двадцатого года,
Я вас помню с тридцатых годов.

Вы вели меня в будни глухие,
Вы искали мне выход в аду,
Хоть вы были совсем не такие,
Как бывали в двадцатом году.
Озарённей, печальнее, шире,
Непригодней для жизни земной...
Больше дела вам не было в мире,
Как в тумане скакать предо мной.
Словно все вы от части отстали,
В партизаны ушли навсегда...
Нет, такими вы не были — стали,
Продираясь ко мне сквозь года.
Вы легко побеждали, но всё же
Оставались всегда ни при чём.
Лишь в Мадриде встречали похожих,
Потому что он был обречён.
О, как вы отрешённо скакали,
Зная правду, но веру храня.
И меня за собой увлекали,
Отрывали от жизни меня...
И летел я, коня погоняя,
Прочь куда-то, в пыли и в дыму.
Почему — я теперь уже знаю,
А куда — до сих пор не пойму.
Я не думал о вашей печали,
Я скорбел, что живу, как во сне,
Но однажды одни вы умчались
И с тех пор не являлись ко мне.
И пошли мои взрослые годы...
В них не меньше любви и огня...
Но скажите, в какие походы
Вы идёте теперь — без меня?

Затем Наум Моисеевич прочёл ещё несколько своих стихотворений и закончил своей знаменитой «Балладой об историческом недосыпе». Впрочем, это когда-то она была знаменитой, а сейчас, наверное, многим она неведома и непонятна. Недаром он сам предварил её рассказом про то, как он читал эту балладу эмигрантам. Некоторые из них никогда в России не жили, и они её понимали. А не так давно он прочёл её в какой-то московской школе, и там это вызвало много недоумённых вопросов.

Поэтому, прошу простить, но мне здесь хочется привести эту балладу 1969 года.

ПАМЯТИ ГЕРЦЕНА,
или
БАЛЛАДА ОБ ИСТОРИЧЕСКОМ НЕДОСЫПЕ
(Жестокий романс по одноименному произведению
Владимира Ильича Ленина)

Любовь к Добру сынам дворян жгла сердце в снах,
А Герцен спал, не ведая про зло...
Но декабристы разбудили Герцена.
Он недоспал. Отсюда всё пошло.

И, ошалев от их поступка дерзкого,
Он поднял страшный на весь мир трезвон,
Чем разбудил случайно Чернышевского,
Не зная сам, что этим сделал он.

А тот со сна, имея нервы слабые,
Стал к топору Россию призывать,
Чем потревожил крепкий сон Желябова,
А тот Перовской не дал всласть поспать.

И захотелось тут же с кем-то драться им,
Идти в народ и не страшиться дыб.
Так родилась в России конспирация:
Большое дело — долгий недосып.

Был царь убит, но мир не зажил заново.
Желябов пал, уснул несладким сном.
Но перед этим рабудил Плеханова,
Чтоб тот пошёл совсем другим путём.

Всё обойтись могло с теченьем времени.
В порядок мог втянуться русский быт...
Какая сука разбудила Ленина?
Кому мешало, что ребёнок спит?

На тот вопрос ответа нету точного.
Который год мы ищем зря его...
Три составные части — три источника
Не проясняют здесь нам ничего.

Он стал искать виновных — да найдутся ли? —
И будучи спросонья страшно зол,
Он сразу всем устроил революцию,
Чтоб ни один от кары не ушёл.

И с песней шли к Голгофам под знамёнами
Отцы за ним, — как в сладкое житьё...
Пусть нам простятся морды полусонные,
Мы дети тех, кто не доспал своё.

Мы спать хотим... И никуда не деться нам
От жажды сна и жажды всех судить...
Ах, декабристы!.. Не будите Герцена!..
Нельзя в России никого будить.

«ХОРОШО ТОМУ ЖИВЁТСЯ, КТО ПРОБИЛ СЕБЕ МУЗЕЙ»

22 января, в пятницу, у нас было «выездное заседание» — большой вечер, посвящённый памяти Булата Окуджава в Центральном доме учёных. Называлось это — благотворительный концерт в помощь Дому-музею Булата Окуджавы. Основным организатором мероприятия и главным ведущим был Виктор Семёнович Берковский. Второй соведущей была Лидия Борисовна Либединская.

Повторюсь, организатором был Берковский, а не мы с Эммой Динерштейн, поэтому о существовании некоторых выступавших я даже не подозревал, и в частности, открытием для меня стало трио «Реликт», начавшее концерт исполнением нескольких песен виновника торжества.

За ними выступил замечательный композитор Владимир Дашкевич:

— Я не пою песен Булата, я могу только выразить своё восхищение и преклонение перед его гением, вспомнить те счастливые дни, когда он был рядом. Он был первым, кто написал рецензию на нашу с Еленой Камбуровой пластинку «Послушайте!» Я принимал участие в его пластинке, где придумал голос скрипки, который записал поверх его песни.

Владимир Сергеевич исполнил на рояле мелодию из фильма «Собачье сердце», который Окуджава, по словам Дашкевича, очень ценил.

Затем вышла Елена Камбурова, и они с Дашкевичем исполнили его песню на стихи Юлия Кима «19 октября», которая очень подходила к сегодняшнему концерту.

Объявляя следующего гостя, Лидия Борисовна сказала, что назовёт три его фильма — «Женя, Женечка и «катюша», «Белое солнце пустыни» и «Звезда пленительного счастья» — и все поймут, о ком идёт речь. Да это был Владимир Яковлевич Мотыль, давний друг и соавтор Булата Окуджава.

Мотыль сказал:

> Давно уже и не однажды мне доводилось слышать, что несчастные, пережившие ампутацию руки или ноги, долгое время продолжают испытывать боль в потерянной конечности.
> В наших душах — людей, которые близко знали Булата, да и не только, — в душах людей нашего поколения, образовалась такая пустота, которая болит. И наверно, эта боль ещё долго будет продолжаться. Я мог бы вспомнить немало страниц прожитых лет, дней и часов общения с этим великим человеком, но я сейчас не готов к этому. Наверное, должно пройти время, когда уляжется боль и мы поймём, что да, эта потеря навсегда.
> Образ муравья Булат примерил на себя. Но муравей несёт огромную непосильную ношу, которая в десятки раз превосходит его размер. И вот Булат был одним из очень немногих, кто через наш страшный век тянул эту тонкую ниточку гуманизма, как однажды мне сказал Каверин о песнях Булата.

После Мотыля выступил Владимир Качан, который когда-то незабываемо исполнил песню Шварца на стихи Окуджава в фильме «Звезда пленительного счастья».

Затем вышли Ольга Ермолаева, Анатолий Головин и Александр Исаев — «Грушинское трио».

Уже знакомый нам Марк Розовский спел свою «Песенку о свободе» на стихи Иосифа Бродского.

И уже под конец несколько своих песен на стихи Булата Окуджава исполнил Виктор Берковский с помощью, конечно, Дмитрия Богданова.

А завершила вечер божественная Елена Антоновна Камбурова в сопровождении своих великолепных музыкантов Олега Синкина и Вячеслава Голикова.

Но музей не остался без еженедельного мероприятия, и уже через день, в воскресенье у нас выступала журналистка из Варшавы Анна Жебровска, хорошо знавшая Булата Окуджава.

К сожалению, я не сумел найти у себя записи выступления Анны Жебровской, а может быть, её и не было, а стало быть и меня, наверное, не было на выступлении Анны. Иначе я запомнил бы хоть что-нибудь.

Марина Кудимова представляет Олега Хлебникова

А через неделю, 31 января, в музее снова выступал Олег Хлебников. Снова потому, что он был уже у нас 14 ноября 1998 года, о чём рассказывалось раньше. Но тогда он был вместе с коллегами по «Новой газете», теперь же пришёл выступать сольно со своей новой поэмой. Это была совсем свежая поэма, законченная всего два месяца назад, называлась она «Новый год на улице Павленко».

Речь в поэме шла о писательском посёлке Переделкино, точнее, о его обитателях, поэтому чтение этого произведения было как нельзя кстати именно здесь. Все герои поэмы были узнаваемы, некоторые из них уже выступали у нас, некоторые ещё будут выступать. А некоторые даже сейчас сидели в зале на выступлении Олега и слушали про самих себя, например, два Юрия — Щекочихин и Карякин.

Со вступительным словом выступила живущая по соседству с музеем Марина Кудимова. Она сказала, что этой поэмой Олег выполнил долг поэтов своего поколения перед поколением поэтических сверстников Булата, старшими товарищами и учителями:

— У поколений в литературе отношения очень непростые, на это есть много объективных и субъективных причин, и Олег единственный, кто сумел творчески преобразить и преодолеть их актом поэзии и актом любви. Мне кажется, Булат этому обстоятельству очень порадовался бы.

Олег сразу заявил, что ничего другого сегодня читать не будет:
— Этого и так достаточно, тем более, что я понимаю, как страшно сегодня звучит слово поэма — ужас какой-то — как можно в наше время писать поэмы! Но я давно для себя сформулировал, что в то время, когда романсы не слушают, надо писать оперы. Но в данном случае я не специально написал эту поэму. Начинал-то я писать стихотворение, а оно идёт и идёт. У этих стихов оказалось длинное дыхание, и так случайно получилась поэма. И написалась она очень быстро, на одном дыхании.

Потом Олег попробовал напугать присутствующих тем, что поэма будет читаться минут сорок, и попросил набраться терпения. В заключение вступления Олег вспомнил, как когда-то ему Тарковский читал свои стихи здесь неподалёку, в переделкинском Доме творчества. И часто пролетали самолёты, заглушая голос поэта. Но Арсений Александрович не переставал читать, а потом объяснил: «Стихи нельзя прерывать, как и половой акт».

Я не буду здесь пересказывать или цитировать поэму Олега, любой желающий может почитать её сам. Расскажу лучше другую историю.

Буквально накануне выступления Хлебникова в газете «Вечерний клуб» появилась статья за подписью Николая Михайлова «Не спешите увековечивать». И подзаголовок очень красивый — «Хорошо тому живётся, кто пробил себе музей».

Автор статьи был сильно обеспокоен чрезмерным количеством мемориальных досок и домов-музеев в Москве и Подмосковье. Особенно музеи тревожили Н. Михайлова.

Но весь пафос огромной статьи, как нетрудно заметить, был направлен против одного конкретного музея. Тем более, что кроме нашего, других мемориальных музеев в последнее время как будто бы не появлялось. И автор, в общем, не особо-то и скрывал адрес своей статьи.

Я был не столько возмущён позицией автора, сколько поражён ограниченностью столичного журналиста с филологическим образованием МГУ. Он мне напомнил один случай, о котором как-то рассказывал тот, чей музей так подпортил настроение журналисту.

Останавливает как-то инспектор ГАИ машину Булата Окуджавы за какое-то правонарушение. А тот как раз из издательства ехал, где получил авторские экземпляры своего нового романа «Похождения Шипова». И вот нарушитель, чтобы задобрить стража порядка дорожного движения, вытаскивает одну ещё пахнущую типографской краской книжку и предлагает гаишнику в подарок.

Тот повертел её в руках и поинтересовался:
— А о чём книжка?
— Да это, в общем, про Льва Толстого... — начал было объяснять автор, но милиционер не дослушав, протянул книгу обратно:
— Не, про Толстого я уже читал.

Вот и нашему горе-журналисту казалось — и он в этом не стеснялся признаться — что ему достаточно одной песни Булата Окуджава, услышал где-то случайно на улице и ничего нового ему уже больше никто не расскажет и не покажет.

Кстати, о фотографиях, «большинство из которых (если уже не все) опубликованы массовыми тиражами». У меня в архиве есть сотни фотографий, связанных с Булатом Окуджава, никогда не публиковавшихся. И не только каких-нибудь современных, а даже 20х-30-х годов. Да что там фотографии?! Чуть ли не половина песен Булата Шалвовича никогда не выходила ни на пластинках, ни на дисках и до сих пор остаётся неизвестной широкому кругу слушателей. Но это уже такая политика наследников.

Впрочем, я отвлёкся.

Статья в «Вечернем клубе», мягко говоря, не оставила меня равнодушным. Неприятно было, что это опубликовал тот же «Вечерний клуб», который несколько месяцев назад, 27 августа 1998 года, писал об открытии нашего музея так: «В жизни возможно всё — даже добрые дела. То, что случилось в минувшую субботу, 22 августа, вполне можно назвать праздником добра — может, самым ярким и радостным в этом году».

Но что больше всего меня возмутило, это то, как автор сокрушался о бюджетных деньгах, которые нагло получают всякие ненужные музеи. И это понятно — страна бедная, денег от нефти и газа горстке уважаемых людей едва-едва хватает, где уж тут ещё и на музеи тратиться! Но ведь мы-то из государственного бюджета ни копейки не получали, мы сделали всё это за свои деньги!

В общем, захотелось мне ответить. Написал я хлёсткую статейку и название ей дал соответствующее: «Любил ли Сталин музей Окуджавы?» Дело в том, что у Николая Михайлова в статье был некий пассаж по поводу выдающегося оперного певца Максима Дормидонтовича Михайлова, которому не повезло с пишущим однофамильцем. Рассуждая о вредности мемориальной доски на доме, где жил великий бас, автор статьи в «Вечернем клубе» так обосновывает свою мысль: «...любимый оперный бас Сталина, между прочим». Это меня и навело на название моего ответа.

В общем, написал я и думаю — дальше-то что? Прихожанам читать? Прихожанами Ришина называла посетителей музея.

А Олег Хлебников мне ещё в первую встречу очень понравился. Какой-то несуетностью и интеллигентностью. И в последний раз, когда мы с ним курили во дворике после его выступления, он мне сказал, чтобы я обращался к нему, если будут какие-то проблемы с музеем. И вообще, чтобы обращался.

Вот я и обратился к нему. Олег прочитал мои листочки, ухмыльнулся и сказал, что пойдёт. И действительно, в номере от 15-21 февраля «Новая газета» мой злобный пасквиль напечатала. Приведу уж здесь его целиком, чтобы потом для полного собрания сочинений не искать по архивам:

ЛЮБИЛ ЛИ СТАЛИН МУЗЕЙ ОКУДЖАВЫ?

В газете «Вечерний клуб» от 30.01.99 опубликована статья «Не спешите увековечивать» за подписью «Николай Михайлов». Автора беспокоит обилие мемориальных досок и домов-музеев в Москве и Переделкине. Вот куда уходят бюджетные деньги! Количество мемориальных досок в Москве столь велико, а знакомых Николаю Михайлову имён на них так мало, что он решил выступить с предложением ввести мораторий на открытие новых досок. И количество мемориальных музеев его просто ужасает. Их в Москве более 40, — пугает нас автор. — И если так дело пойдёт и дальше, то... — здесь силы оставили Николая Михайлова. Что будет, если так дело пойдёт и дальше, выяснить не удалось. Боюсь вызвать шок у Н. Михайлова, но мне кажется, что мемориальных музеев в Москве должно быть не 40, а хотя бы 400.

Статье предпослан эпиграф: «Хорошо тому живётся, кто пробил себе музей». Позволю себе две длинные цитаты из Николая Михайлова:

«Я, как и вы, — с большим уважением отношусь и к Окуджаве, и к Высоцкому. Но я не очень хорошо представляю, что нового расскажет мне о них музей. Ну, покажут мне гитару, на которой Он играл. Ну, Его личные вещи. Ну, фотографии, большинство из которых (если уже не все) опубликованы массовыми тиражами. Что ещё? *Зачем мне музей, когда есть книги с Его стихами* (курсив мой — *М. Г.*), диски и кассеты с Его песнями — вот он самый прямой путь от Него ко мне».

«Ну, а если уж нет сомнений в гениальности современника, то пусть его музей станет не только хранилищем реликвий, а в первую очередь — местом поэтических, музыкальных, научных — словом, творческих встреч. Как это задумала Ирина Антонова, директор Государственного музея изобразительных искусств им. Пушкина, создавая в Москве Музей-квартиру Святослава Рихтера. Музейщик экстра-класса, она понимает: память о великом человеке живёт не только в фотографиях и в вещах. Она жива до тех пор, пока в этой квартире остаётся музыка, пока лучшие музыканты и лучшие слушатели будут приходить сюда друг к другу. Насколько мне известно, подобные (но, естественно, поэтические) вечера устраивает в доме-музее Пастернака Андрей Вознесенский.

Жаль, что это понимают не все».

Теперь маленькая справка.

Дом-музей Булата Окуджавы в Переделкине был создан на общественных началах подвижником литературоведом Львом Алексеевичем Шиловым с группой единомышленников при поддержке вдовы поэта Ольги Владимировны и был открыт 22 августа 1998 года. При этом создатели музея не просили и не получали денег ни у Николая Михайлова, ни у газеты «Вечерний клуб», ни из бюджета. За прошедшие с тех пор полгода члены семьи Булата Шалвовича ни одного дня не жили в этом доме. («Не знаю, какие бюджетные деньги идут на эти музейные квартиры, каков статус наследников-хранителей»). Зато в музее побывали более 4000 посетителей из 15 стран мира. В музее еженедельно, а иногда и два раза в неделю, проводятся творческие встречи с писателями, музыкантами, актёрами, певцами. Чтобы не утомлять читателя, назову лишь тех, кто выступил уже в новом году: Евгений Евтушенко, Вероника Долина, Наум Коржавин, Лев Шилов, Дмитрий Межевич, Александр Городницкий. На 14 февраля намечено выступление Андрея Вознесенского. Почему же Николай Михайлов отказывает Музею Булата Окуджавы в праве на существование?

А вот почему.

Все наши беды происходят не оттого, что у нас много мемориальных досок и музеев, а оттого, что люди с низким профессиональным уровнем работают у нас везде — от правительства до эстрады. Журналист и филолог, кичащийся тем, что он не знает писателя Николая Ляшко (не обязательно читать, но знать-то, что был такой, можно было бы), радуется, что все его друзья и коллеги, «успешно окончившие в разное время филфак и журфак МГУ», тоже не знают Н. Ляшко. Чтобы доказать вредность мемориальной доски певца М. Михайлова, журналист в скобках замечает: «любимый оперный бас Сталина, между прочим». Между прочим, Сталин ещё очень любил пьесу М. А. Булгакова «Дни Турбиных». Что ж, теперь сжечь книги Булгакова? Писать о музее, не только не побывав в нём, но даже не удосужившись прочитать заметку кого-нибудь из своих коллег о музее, — это и есть низкий профессиональный уровень.

Взяться за перо меня заставило одно обстоятельство — название газеты «Вечерний клуб». Это — газета, членом общественного совета которой много лет был Булат Шалвович и которую в Музее Булата Окуджавы считали дружеской.

«Хорошо тому живётся, кто пробил себе музей»?

Приезжайте в музей и посмотрите, как нам живётся. Мы всегда рады гостям.

6 февраля в музее выступали Александр Юдахин и Лилия Карась-Чичибабина. Я на этом выступлении, к сожалению, не был, потому что валялся дома с гриппом. Но зато была моя жена Надежда, которая, как всегда, записывала на видео эту встречу, благодаря чему я и могу сегодня об этом рассказать.

Юдахин с супругой Аллой приехали пораньше и, пока ждали Лилию Семёновну, Шилов общался с ними кулуарно. Юдахин рассказывал о легендарном литобъединении «Магистраль», которым руководил Григорий Левин:

— Там собирались молодые начинающие поэты, которые потом стали цветом нашей литературы — Владимир Леонович, Владимир Войнович, Евгений Храмов, Николай Панченко, Нина Бялосинская...

Тут вступила Алла:

— Я помню какой-то юбилейный вечер «Магистрали» в Большом зале ЦДКЖ[32], в 60-х годах это было. Вечер даже снимало телевидение. И пришёл Булат с гитарой. Там выступали магистральцы, бывшие и нынешние. Дошла очередь до Булата, и он выходит на сцену страшно растерянный и говорит, что у него ис-

---

[32] Центральный дом культуры железнодорожников.

чезла гитара. Кто-то побежал, моментально нашли ему другую гитару, но у него уже пропало настроение петь. Он спел одну песню совершенно без настроения и ушёл.

Шилов вспомнил, что активным участником «Магистрали» тогда был Станислав Куняев. Юдахин возразил, что тот не был активным, активными были Панченко, Бялосинская. И, конечно, руководитель литобъединения Григорий Левин:

— Мы звали его «Катер связи». Потом Женя Евтушенко написал стихотворение с таким названием и даже книгу так назвал, а на самом деле так называли Левина.

Наконец прибыла Лилия Карась-Чичибабина и вечер начался. Открыл его Шилов и первым делом рассказал о возмутительной статье в «Вечернем клубе». Затем он передал слово Ришиной, и она тоже долго возмущалась пресловутой статьёй. Она, оказывается, даже написала реплику, но пока в газету не отнесла. Хотела подождать, пока её гневный запал уляжется и подправить статью.

Как я уже сказал, меня в тот день не было, и некому было их успокоить тем, что ответ на статью уже скоро выйдет.

Дальше Ирина Исааковна рассказала о Борисе Чичибабине, вдова которого сегодня у нас в гостях, показала номер «Литературной газеты» за 1991 год, где она сделала целую полосу, посвящённую Чичибабину.

Потом начал своё выступление Александр Юдахин. Он вспомнил, как в этот дом он по поручению Булата впервые привёл Бориса Чичибабина с Лилией Семёновной. Юдахин заявил, что с Булатом начал дружить с начала шестидесятых годов. Впервые они встретились в «Магистрали».

> Он тогда уже был известный магнитофонный поэт, создавший марш «Магистрали», «Сентиментальный марш». Он был неформальный лидер нашего литобъединения, хотя там были Володя Войнович, Володя Львов, Николай Панченко. Лидия Борисовна Либединская бесконечно приходила, Михаил Аркадьевич Светлов бесконечно приходил, Юра Левитанский бесконечно приходил. Забегали туда и Евтушенко, и Вознесенский, они очень любили там читать свои новые стихи, апробировать их на нашей аудитории. Очень часто приходил Арсений Тарковский, книги которого тогда только начали выходить. Мы к Булату относились с пиететом, но через полгода он заставил меня перейти на «ты».

Борис Чичибабин с супругой и Александр Юдахин в гостях у Булата

Здесь я прошу прощенья, но при просмотре этой записи, мне вспомнилась сцена из «Мастера и Маргариты»:

> Чем жизненнее и красочнее становились те гнусные подробности, которыми уснащал свою повесть администратор..., тем менее верил рассказчику финдиректор. Когда же Варенуха сообщил, что Стёпа распоясался до того, что пытался оказать сопротивление тем, кто приехал за ним, чтобы вернуть его в Москву, финдиректор уже твёрдо знал, что всё, что рассказывает ему вернувшийся в полночь администратор, всё — ложь! Ложь от первого до последнего слова.
>
> Варенуха не ездил в Пушкино, и самого Стёпы в Пушкине тоже не было. Не было пьяного телеграфиста, не было разбитого стекла в трактире, Стёпу не вязали верёвками... — ничего этого не было.

Вот-вот. Не было этого ничего — ни завязавшейся дружбы в «Магистрали» в начале шестидесятых годов, ни неформального лидерства с маршем «Магистрали», ни требования перехода на «ты». Мне кажется, чтобы придумать такое, надо совсем не знать Булата Окуджава. Но достаточно хотя бы того, что с 1957 года

Выступает Лилия Карась-Чичибабина

Окуджава на заседания «Магистрали» уже не ходил, а Юдахин там появился, как он сам говорит, только в начале 60-х годов. Да, на юбилейный вечер, о котором рассказывала Алла, он приходил, но не более того.

Не было «бесконечно приходящих» Лидии Либединской и Михаила Светлова. Раз или два были, но не бесконечно. То же самое с Юрием Левитанским, который мог там бывать в 1955-57 годах, когда там бывал и Окуджава, но не было Юдахина. Мог, но, судя по воспоминаниям участников, не бывал. А вообще, он жил в Иркутске и в Москву переехал только в 1963 году.

С Лидией Борисовной Либединской я был хорошо знаком, неоднократно бывал у неё дома, и она угощала меня водочкой. А вот своего посещения «Магистрали» она совсем не помнила.

В общем, Александр Владимирович мне представляется большим выдумщиком.

Дальше Юдахин ещё рассказал об их нежной с Булатом дружбе до самого конца, но я, пожалуй, это опущу.

Затем Александр Юдахин прочитал свои стихи, посвящённые его трагически погибшему юному сыну. Стихи пронзительные, и я искренне ему сочувствую.

В конце вышла Лилия Семёновна Карась-Чичибабина и рассказала о своём муже и его тёплых отношениях с Булатом Окуджава. Здесь мне возразить нечего, но пересказывать я не буду потому, что всё это уже опубликовано в других местах.

«И НЕКОГО ПОСЛУШАТЬ, И НЕКОМУ ПОДПЕТЬ»

Начало февраля получилось очень насыщенным, и уже на следующий день 7 февраля у нас выступал Александр Моисеевич Городницкий. Я продолжал болеть, но записывала на видео опять Надя, впрочем, как и всегда. Я, когда и бывал в музее, занят был другими делами.

Народу собралось — яблоку упасть негде. Начал гость с разговора о присуждении ему премии имени Булата Окуджава:

> Я расцениваю этот факт как знаменательный, потому что впервые в истории России барду вместо травли и гонений — премия. Но подчеркну главное — я отношу эту премию не к себе, ибо были гораздо более достойные авторы, ушедшие из жизни и не дождавшиеся никаких премий. Высоцкий не дождался даже напечатанной афиши. Я считаю, что премию дали старику из того поколения. Для меня высокая честь, что мне присудили премию, которая носит такое высокое имя.
>
> С Булатом Окуджавой я познакомился в Ленинграде. Он, когда женился на Ольге Арцимович, переехал на какое-то время в Ленинград, и мы его в то время считали чуть ли не своим, ленинградским автором. А до этого в начале 60-х годов он приезжал к нам несколько раз из Москвы, и в Ленинграде у него было несколько выступлений. Все они были скандальными, сопровождались патрулированием конной милиции. Возле Дома искусств на Невском набралось столько людей, не сумевших попасть внутрь, что там ломали двери и выбивали стёкла. Я вспоминаю, что после концерта в гардеробе Дома работников искусств стоял обласканный властями композитор Иван Дзержинский — сейчас его вряд ли кто-то помнит — и очень возмущался:
> — Я не позволю! Я не позволю какую-то Окуджаву слушать! Я Дзержинский! Я Дзержинский!

Александр Городницкий со своим неизменным помощником Александром Костроминым

Расходившемуся композитору внимала группа актёров, и среди них гениальный Евгений Лебедев. И вдруг Лебедев подошёл к композитору и, похлопав его по плечу: сказал:
— А я Фрунзе!

Да, первое официальное сольное выступление Булата Окуджава, выступление в ленинградском Дворце работников искусств, прошло с ошеломительным успехом. Но потом была гнусная доносительская статья в газете ленинградских комсомольцев «Смена», моментально перепечатанная и в центральной «Комсомольской правде». Мы ещё вернёмся к этой статье, сейчас же дадим слово ещё одному свидетелю тогдашнего оглушительного выступления Булата Окуджава.
Рассказывает математик Леонид Руховец:

> Когда мы с женой подошли к Дворцу, я увидел огромную толпу, плотной стеной забаррикадировавшую вход. Толпа запрудила проезжую часть Невского проспекта, примыкающую к Дворцу, так что конная милиция вынуждена была направлять транспорт, следующий от Московского вокзала, в сторону Адмиралтейства, на противоположную сторону движения.
>
> Наши попытки пробраться к входу были тщетны. Не помогали даже билеты — нам отвечали в духе Ильфа и Петрова: «У всех есть билеты». Позднее я понял, что далеко не все при этом шутили. Дело в том, что незадолго до нашего прихода толпа, по-видимому, прорвала кордон (состоявший в основном из ста-

рушек-контролёров). После этого входная дверь была закрыта для всех, в том числе и тех, кто имел билеты.

Шансы попасть на концерт представлялись довольно призрачными. Внезапно я увидел, что неподалёку от нас к входу пытается пробиться артист Евгений Лебедев. В 1961 году будущий народный артист СССР был ещё мало известен. Он тогда работал не в БДТ, а в Ленинградском театре им. Ленинского комсомола. Я видел его в некоторых спектаклях и запомнил. Лебедев медленно, но верно двигался по направлению к заветному входу, громко произнося одну фразу: «Я член президиума Театрального общества, пропустите!» Как ни странно, фраза срабатывала. Подозреваю, некоторые из толпы реагировали лишь на первую её часть и на всякий случай пропускали члена какого-то президиума. Я пристроился к Лебедеву сзади и, держа за руку жену, продвигался к входу. Попав в конце концов в зал, мы увидели огромное количество людей, сидевших и стоявших в проходах.

В этот день Городницкий рассказывал немного — в основном пел и читал — но вспомнил, как однажды пригласил Булата Шалвовича для выступления в свой родной Институт океанологии и, представляя его, назвал автором песен и историческим писателем, на что тот несколько обиделся:

— Есть писатели и не писатели. Разве «Война и мир» это исторический роман?

На этом Александр Моисеевич стал заканчивать вечер и прочитал стихотворение, написанное 20 июня 1997 года:

> В развороченном сердце Арбата
> Я стоял возле тела Булата,
> У недвижных Булатовых ног
> С нарукавным жгутом красно-чёрным
> В карауле недолгом почётном,
> Что ещё никому не помог.
>
> Под негромкие всхлипы и вздохи
> Я стоял возле гроба эпохи
> В середине российской земли.
> Две прозрачных арбатских старушки,
> Ковылять помогая друг дружке,
> По гвоздичке неспешно несли.
>
> Песни шли, словно солнце по кругу,
> Изгибаясь в пространстве упруго,

Чтобы снова начаться с начала
После паузы небольшой,
Демонстрируя в ходе финала
Разделение тела с душой.

И косой, как арбатский художник,
На столицу пролившийся дождик
За толпою, как дворник, стирал
Все приметы двадцатого века,
Где в начале фонарь и аптека,
А в конце — этот сумрачный зал.

И глотая, как слёзы, слова,
Нескончаема и необъятна,
Проходила у гроба Москва,
Чтоб уже не вернуться обратно.

Уже после недолгой моей музейной жизни и незадолго до того, как навсегда мне покинуть Россию, мы с Александром Моисеевичем встречались, будучи членами партии «Либеральная Россия». Это была единственная партия, в которой я когда-либо состоял.

Как-то со съезда мы пришли домой к Александру Моисеевичу, пили чай, обсуждали, как гениально КГБ узурпировал и испохабил понятия «демократия» и «либерализм», подменив демократию своими агентами Жириновским и Зюгановым.

Но недолго мы с Александром Моисеевичем пробыли в партии «Либеральная Россия» — вскоре лидера партии Сергея Юшенкова убили, а других посадили за его убийство.

В день убийства Юшенков получил регистрацию своей партии для выборов. Небывалый случай — первой была зарегистрирована не провластная партия, а та, что настаивала на поиске настоящего виновника взрывов домов в Москве. И в тот же день лидер этой партии был убит!

Эта история напомнила мне события 30-х годов прошлого столетия. Скажем, вызывает Сталин в Кремль какого-нибудь генерала для награждения высоким орденом. Великий вождь сердечно поздравляет счастливого обладателя новенького сверкающего ордена, а после выхода из Георгиевского зала, к тому устремляются сотрудники НКВД, берут его под белы рученьки и ведут на расстрел.

Так любил развлекаться предыдущий гений всех времён и народов.

«БУЛАТА СЕРДЦЕ ИГЛА КОРЯБАЛА»

Через неделю у нас гостевал Андрей Вознесенский. Как обычно перед выступлениями именитых, с длинной преамбулой выступила Ирина Исааковна Ришина. В частности, она сказала, что Андрей Андреевич был одним из первых, кто сказал, что в этом доме должен быть музей. Ну и остальное в таком же духе.

Андрей Андреевич начал с того, что познакомился с Булатом, когда тот работал в «Литературной газете». Рассказал, какая чудесная компания сотрудников там собралась — заведующий отделом поэзии Булат Окуджава, Станислав Рассадин, который «очень любил стихи», Зоя Крахмальникова, которая «была очень красивой». Частенько захаживал в отдел поэзии Наум Коржавин, который в «Литературке» не работал и не печатался, но был авторитетом в области поэзии.

Вознесенский с удовольствием делился с собравшимися:

— Мы приходили туда, в кабинет Булата, с утра и сидели иногда целый день — читали стихи, болтали.... Свои первые стихи я читал там.

Там-то там, но я человек дотошный до нудности и за справедливость. И вот, справедливости ради, должен поправить выступающего. Дело в том, что впервые в «Литературную газету» молоденький Андрюша пришёл годом ранее описываемых им событий. Тогда там не только Наум Коржавин не мог витийствовать о прелестях поэзии, но и никакими Окуджава с Рассадиными близко не пахло. Тогда «Литературку» возглавлял махровейший из махровейших русофил и юдофоб, комично знаменитый Всеволод Кочетов. Знаменит он гениальной пародией на него Зиновия Паперного «Чего же он кочет?»[33] Этим и остался в литературе.

---

[33] Пародия написана на роман В. Кочетова «Чего же он хочет?». Е. Азимова из детства помнит эту пародию, но под другим названием — «Чего же ты, Кочет?»

Выступает Андрей Вознесенский

И про то, что Окуджава никак не мог появиться в «Литературке» при Кочетове, можно вычитать даже из самой пародии Паперного:

> Булатов не терпел Булатов — тех, что бренчат о последних троллейбусах.
> — Ну почему последний? — искренне недоумевал он под одобрительный гул и сочувственный хохот рабочего класса.
> — Что у нас, троллейбусов мало, что ли?

И в газете при Кочетове работали такие же оголтелые патриоты, как их главный редактор. Вот они-то, а именно завотделом русской литературы Михаил Алексеев и его заместитель Владимир Бушин и дали путёвку в жизнь молодому Андрею. Но сначала к ним привёл Вознесенского сотрудник этого же отдела Дмитрий Стариков, который через три года прославится в литературном мире разгромом евтушенковского «Бабьего Яра».

Лев Шилов, который учился со Стариковым в университете, рассказывал мне, что сначала Дима был вполне себе пристойным человеком, а потом с ним вдруг что-то случилось. Я покопался в интернете и обнаружил, что студентом Стариков женился на дочери одиозного главного редактора «Огонька» Анатолия Софронова. Вот ларчик и открылся.

Володя Альтшуллер допрашивает Андрея Андреича

К слову, Стариков имел довольно типичную биографию для многих антисемитов — мама у него была еврейка. Как у С. Куняева или И. Шафаревича.

Впрочем, мы отвлеклись. Вознесенский, конечно, не виноват, что первыми его приветили не Окуджава с Коржавиным, а совсем наоборот. И то, что он вспоминает первыми последних, вполне нормально — человеческая память старается оставить в себе приятное.

Андрей Андреевич вспомнил, как прочитал тогда в редакции «Литературки» стихи «Бьют женщину», и на Булата они произвели такое впечатление, что из последних двух строф он сделал песню, сочинив на них мелодию:

> ...Она, как озеро, лежала,
> стояли очи, как вода,
> и не ему принадлежала,
> как просека или звезда,
> и звёзды по небу стучали,
> как дождь о чёрное стекло,
> и, скатываясь, остужали
> её горячее чело.

Вспомнив об этом, Вознесенский добавил, что не только Булату, но и Эмме Коржавину, «который сурово ко мне относился», эти стихи понравились. За это воспоминание Андрей Андреевич был жестоко наказан — в конце вечера Вова Альтшуллер подскочил к нему и учинил допрос с пристрастием, требуя вспомнить мелодию. Пришлось гостю и вокальные свои возможности продемонстрировать.

Но это было в конце, а пока Вознесенский продолжил выступление и вспомнил своё самое первое посвящение Булату, написанное ещё в 1960 году:

> К нам забредал Булат
> под небо наших хижин
> костлявый как бурлак
> он молод был и хищен
>
> и огненной настурцией
> робея и наглея
> гитара как натурщица
> лежала на коленях
>
> она была смирней
> чем в таинстве дикарь
> и темный город в ней
> гудел и затихал
>
> а то как в рёве цирка
> вся не в своём уме —
> горящим мотоциклом
> носилась по стене!
>
> мы — дети тех гитар
> отважных и дрожащих
> между подруг дражайших
> неверных как янтарь
>
> среди ночных фигур
> ты губы морщишь едко
> к ним как бикфордов шнур
> крадётся сигаретка

Другие свои посвящения Булату Вознесенский пропустил и прочитал сразу стихи, написанные на смерть Булата:

> Прими, Господь, поэта улиц
> И со святыми упокой
> За соколиную сутулость,
> Нахохленную над струной.

> Прощай, Булат. Политехнический.
> И те, кто рядышком сидят.
> Твой хрипловатый катехизис —
> Нам как пароль. Прости, Булат...
>
> Он жил, как жить должны артисты.
> По-христиански опочил.
> Стихами, в бытность атеистом,
> Тебе он, Господи, служил.

Затем гость вспомнил об их последней встрече. Это было буквально за несколько дней до последней поездки Булата в Германию. Во МХАТе праздновался юбилей Беллы Ахмадулиной, и именинница с друзьями сидела на сцене. Булат не пел, он уже не мог петь. Накануне Андрей по телефону прочитал Булату новые стихи, посвящённые ему. Это были так называемые изостихи, которыми Вознесенский в последние годы увлёкся, и их надо было ещё нарисовать. И вот сидят они на сцене, и Окуджава спрашивает Вознесенского между прочим:

— Андрей, а где стихи, что вчера ты мне прочитал?

Но Вознесенский ещё не успел их нарисовать, и они договорились, что к возвращению Булата из зарубежной поездки Андрей их нарисует. И нарисовал их так, что слова закручиваются в спираль, как звуковая дорожка на виниловой пластинке. Они так и назывались, эти стихи — «Пластинка». Но не суждено было Андрею преподнести другу подарок — Булат не вернулся.

> Старая песенка
> мне боль ослабила,
> сняла все прессинги,
> как раньше, набело,
> легла мне на сердце,
> на «раза табула» —
> табулатабулатабулатабулатабулат
> булатабулатабулатабулатабулатабула
> табулатабулатабулатабулатабулата
> булата сердце
> игла корябала
> нам на усладу.

Потом Вознесенский прочитал несколько своих новых стихотворений и закончил выступление стихами «Прощание с Политехническим», сказав, что это было чудесное время — они целую неделю снимались в фильме Марлена Хуциева.

В Политехнический!
В Политехнический!
По снегу фары шипят яичницей.
Милиционеры свистят панически.
Кому там хнычется?!
В Политехнический!

Ура, студенческая шарага!
А ну, шарахни
по совмещанам свои затрещины!
Как нам мещане мешали встретиться!

Ура вам, дура
в серьгах-будильниках!
Ваш рот, как дуло,
разинут бдительно.
Ваш стул трещит от перегрева.
Умойтесь! Туалет — налево.

Ура, галерка! Как шашлыки,
дымятся джемперы, пиджаки.
Тысячерукий, как бог языческий,
Твоё Величество — Политехнический!
Ура, эстрада! Но гасят бра.
И что-то траурно звучит «ура».

12 скоро. Пора уматывать.
Как ваши лица струятся матово.
В них проступают, как сквозь экраны,
все ваши радости, досады, раны.

Вы, третья с краю,
с копной на лбу,
я вас не знаю.
Я вас люблю!

Чему смеётесь? Над чем всплакнёте?
И что черкнёте, косясь, в блокнотик?
Что с вами, синий свитерок?
В глазах тревожный ветерок...

Придут другие — ещё лиричнее,
но это будут не вы — другие.

Мои ботинки черны, как гири.
Мы расстаёмся, Политехнический!

Нам жить недолго. Суть не в овациях,
Мы растворяемся в людских количествах
в твоих просторах,
Политехнический.
Невыносимо нам расставаться.

Я ненавидел тебя вначале.
Как ты расстреливал меня молчанием!
Я шёл, как смертник, в притихшем зале.
Политехнический, мы враждовали!

Ах, как я сыпался! Как шла на помощь
записка искоркой электрической...
Политехнический, ты это помнишь?
Мы расстаёмся, Политехнический.

Ты на кого-то меня сменяешь,
но, понимаешь,
пообещай мне, не будь чудовищем,
забудь со стоющим!
Ты ворожи ему, храни разиню.
Политехнический — моя Россия! —
ты очень бережен и добр, как бог,
лишь Маяковского не уберёг...

Поэты падают,
дают финты
меж сплетен, патоки
и суеты,
но где б я ни был — в земле, на Ганге, —
ко мне прислушивается магически
гудящей раковиною гиганта
ухо
Политехнического!

Фильм «Застава Ильича» — знаковый для недолгой эпохи оттепели, равно как знаковыми стали снятые в фильме поэты — Белла Ахмадулина, Андрей Вознесенский, Евгений Евтушенко, Римма Казакова, Булат Окуджава, Григорий Поженян, Роберт Рождественский. Мне довелось беседовать со звукооператором Леонардом Буховым, имевшим самое непосредственное отношение к тем событиям. Леонард Семёнович не работал над фильмом

Политехнический 1962. Борис Слуцкий и Григорий Поженян:
«Когда тебя вижу, Булат, два зрачка от чрезмерности зренья болят»

«Застава Ильича», но именно он записывал ставшие знаменитыми благодаря фильму вечера поэзии в Политехническом и не только там. И он мне об этом подробно рассказал.

Сначала эти вечера поэзии они снимали в доме культуры Энергетического института. Там было два или три вечера, а потом Хуциеву удалось договориться о съёмках в Большой аудитории Политехнического музея. Там было устроено четыре или пять вечеров. Это были самые обычные вечера поэзии с обычными зрителями. Один раз даже Светлов туда пришёл, и Слуцкий на двух или трёх вечерах был.

> Светлов был в задрипанном костюмчике, в руке авоська, в ней какие-то потрёпанные тетрадки. Вот в таком вот виде он ходил, что нисколько его не умаляло, потому что все относились к нему с огромным уважением...

Происходило это так: на сцене всё время стоял микрофон, и в тонвагене всё время велась запись. Поставили не только аппарат с 35-миллиметровой плёнкой, но и обычный магнитофон,

> Киностудия имени М. Горького приглашает Вас на вечер поэтов __22/VIII__ 1962 года к __16__ часам в зал Центрального лектория политехнического музея.
> Одновременно с вечером будет происходить съёмка фильма "Застава Ильича".
>
> На вечере читают стихи:
>
> ЕВТУШЕНКО Е.   ОКУДЖАВА Б.
> АХМАДУЛИНА Б.   СВЕТЛОВ М.
> РОЖДЕСТВЕНСКИЙ Р.   ПОЖИНЯН Г. и др.

Приглашение на поэтический вечер в Политехнический музей

по тем временам это был МЭЗ, хороший и большой студийный аппарат. Техник просто менял бобины одну за другой, и запись из зала велась всё время, без перерыва.

Таким образом записанным получилось всё, не только то, что снималось для картины. На завершающем этапе картины, как всегда, не хватало времени, и на помощь пригласили несколько человек: женщину-монтажёра, режиссёра Сегеля, он помогал на перезаписи, я помогал на озвучивании и в монтажной, и на перезаписи тоже. В общем, какое-то участие в этом я принимал, надо сказать, достаточно активное. Картину сдали. Она была принята, потом её начали долбать, это история всем известная, как Хрущёв посмотрел картину и сказал, что плохо одетые пьяные молодые люди у вас там бродят и неизвестно, чем занимаются.

И тогда я подумал, что надо спасать этих поэтов. Я подошёл к звукооператору фильма Александру Моисеевичу Избуцкому и спросил, что он собирается делать с этими фонограммами.

— Ну вы же видите, что происходит, наверное, это надо будет всё стирать.

— Как стирать?

— Я не хочу, чтобы у меня были неприятности.

Он ведь мало того что членом партии был, он ещё был секретарём парторганизации цеха звукооператоров. Тогда я ему сказал:

— Разрешите мне, я всё это соберу и скопирую.

Я занимался этим целый месяц. Нужно было собрать все фонограммы, которые были и на шестимиллиметровой ленте, и на перфорированной, всё это прослушать, выписать на магнитофон. Делал я это урывками. По два-три часа в день. Я даже не стал ничего систематизировать. Правда, я сделал большую глупость — мне почему-то пришло в голову, что нужно пение Окуджавы вынести в отдельный ролик. В результате Окуджава, читающий стихи, остался на одной фонограмме, а пение было записано на отдельный ролик. И этот ролик, к сожалению, не сохранился.

Всё это много лет у Леонарда Семёновича лежало, и он беспокоился — годы уходят, все мы не вечны, да и магнитная лента подвергается старению. Сначала он предложил это в дом звукозаписи на Качалова. Там сказали, что им этого не нужно. Потом он познакомился с «Эхом Москвы», и они любезно согласились забрать сокровище.

Мы потому, собственно, и познакомились с Буховым. Откуда-то мой любимый друг Лев Меерович Абрамзон прознал про эти записи, отданные на «Эхо Москвы», и доложил Шилову. А тот уже «науськал» на Бухова меня.

Но что-то мне подсказывает, что на радио подарок всё-таки потеряли. Хорошо, что Леонард Семёнович и мне копии успел дать. Хорошо-то хорошо, но я, со своими бесчисленными переездами, похоже, их тоже потерял. Так же, как и кассету с песнями Игоря Окуджава, которую мне дала Алёна Габрилович.

Ну, а теперь, чтобы не заканчивать тему на грустной ноте, предоставим слово ещё одному участнику поэтических вечеров в Политехническом. Вспоминает Лев Шилов:

> Это было давно. Москвичи поймут, насколько давно это было, если я скажу, что тогда мимо Политехнического музея ещё ходил трамвай. Он огибал музей, и его остановка была как раз напротив входа в Большую аудиторию. Никакого сквера там тогда не было, а всё это довольно большое место занимал огромный каменный дом с букинистическим магазином на углу.
> Короче говоря, это было в один из дней осени 1962 года.
> Уже из трамвая я увидел густую толпу и милицию перед входом и понял, что попасть на этот поэтический вечер без билета будет непросто. Билета у меня не было, но зато был огромный и тяжёлый магнитофон «Днепр-3». Подняв его на плечи и выкрикивая что-то вроде: «Пропустите технику!», я ринулся в самую гущу. И меня... пропустили. Другие, не такие нахальные любители поэзии посторонились, а милиционеры мне даже помогли.
> Так мне удалось не только попасть на этот замечательный, необычный вечер, но и записать на домашний магнитофон вы-

ступления любимых поэтов: Ахмадулиной, Окуджавы, Слуцкого, Евтушенко, Вознесенского.

В зале и на эстраде стояли прожекторы и другая довольно громоздкая кинотехника. Шёл вечер очень долго, часа четыре, а то и пять, и необычно было, что не было никакого «доклада» или «вступительного слова», а просто поэты один за другим читали стихи и отвечали на записки из зала. Причём почти каждый выступал по несколько раз. Только Светлов и Ахмадулина выступили по одному разу и были на сцене сравнительно недолго. Остальные же участники вечера — там ещё были Рождественский, Казакова, Поженян — находились на сцене почти всё время. Главным действующим лицом на сцене был прирождённый эстрадник Евгений Евтушенко. Ему же были обращены и большинство записок, и он имел наибольший успех.

Зал был, конечно, переполнен, стояли во всех проходах, сидели на ступеньках, на краю эстрады... Публика — студенческая и рабочая молодёжь — с восторгом и благодарностью внимала своим кумирам, легко понимала любые намёки, охотно сопереживала лирическим откровениям выступающих.

Что-то из этого можно увидеть и теперь в фильме Хуциева. Но в фильме этот эпизод занимает всего несколько минут, а «в жизни» он шёл много часов. В Политехническом музее вечер был повторен несколько раз, были съёмки и ещё в одном московском институте.

Вечера эти запомнились какой-то особой праздничной атмосферой и тем, что многие выступления шли на грани «дозволенного», а иногда и пересекали эту грань. Причём публика прекрасно это понимала.

Дело в том, что, несмотря на «оттепель», поэтам тогда разрешалось читать с эстрады лишь стихи, уже опубликованные. Правда, официального запрета или какого-либо закона на этот счёт не существовало, но ведь в те времена почти вся наша жизнь управлялась не столько законами, сколько «инструкциями» и «указаниями». Были ещё и некие магические формулы: «есть мнение», «директивные органы»...

Андрей Вознесенский наряду со стихами, прославляющими Ленина и разоблачающими американский образ жизни, читал и очень смелые по тем временам стихи о спившейся учительнице. Это стихотворение было только что опубликовано, но без последней ключевой строки.

А Евтушенко после патетических стихов, прославляющих революционную Кубу (стихотворение «Три минуты правды» я и сегодня считаю прекрасным стихотворением), читал разоблачительное «Мосовощторг в Париже» о том, как и для кого организовывались тогда редкие заграничные поездки.

Но дело было не только в текстах. Дело было в интонации: победительной, насмешливой, торжествующей. Даже читая уже опубликованные стихи и не отклоняясь от «утверждённого» текста, поэты своей интонацией подчас придавали им новые, «крамольные» оттенки, и чуткий зал мгновенно взрывался благодарными аплодисментами.

Большинство из присутствующих в зале было уверено, что вот-вот наступит торжество «социализма с человеческим лицом» и безвозвратно канет в прошлое проклятье сталинизма. Ведь уже было можно — пусть и полулегально, пусть и полуофициально — но услышать с эстрады, а не только читать в рукописном самиздате такие стихи, какие декламировал в тот вечер Борис Слуцкий: «Когда русская проза пошла в лагеря»...

Слуцкий читал сурово, просто, весомо, несколько отрывисто. Был он тогда уже довольно известен среди «понимающей» публики. Особенно часто цитировалась его строчка «что-то физики в почёте, что-то лирики в загоне», и всем запомнилось потрясающее его стихотворение «Лошади в океане».

Я почти не помню выступлений Риммы Казаковой, Григория Поженяна, Роберта Рождественского (про которого тогда шутливо говорили «это наш, советский Евгений Евтушенко»). Они, конечно, имели и в этом зале своих поклонников и поклонниц, их свежие, энергичные, искренние стихи не могли не нравиться молодёжной публике.

Но в тот вечер (я был на двух, но вспоминаются они мне сейчас, как один) на эстраде явно господствовали Вознесенский и Евтушенко.

Они как бы соревновались, читая стихи, всё более и более «заводящие» публику. Евтушенко в этом соревновании, пожалуй, победил. Он ведь был очень артистичен, у него был несомненный актёрский дар. Причем, не в умении перевоплощаться (как раз его чисто актёрские работы, например, в фильме «Циолковский», оказались, как мне кажется, малоудачными), но в способности мгновенно, глубоко и искренне пережить и воспроизвести в своей декламации определённые эмоциональные состояния: тоски, отчаянья, любви, победы...

И всё это он виртуозно демонстрировал в тот вечер, читая подряд такие тематически далёкие друг от друга стихи, как, например, исповедальное «Заклинание» и публицистическое «Сопливый фашизм».

Как и все в зале, я был в восторге от этой декламации и больше других поэтов записывал на свой домашний магнитофон и снимал своей любительской фотокамерой именно Евгения Евтушенко. А теперь, прослушивая те давние записи и рассматривая старые фотографии, понимаю, что самыми ценными являются снимки и записи Бориса Слуцкого и, особенно, Булата Окуджавы.

Причём записи не только тех песен, которые Окуджава тогда спел, но, прежде всего, тех стихотворений, которые тогда прочитал.

В фильм Хуциева вошла из спетых в тот вечер только песня о «комиссарах в пыльных шлемах». Кажется, примерно в то время Окуджава, по совету Евтушенко, изменил в ней одну строку и вместо «на той далёкой, на гражданской», спел «на той единственной гражданской». А ещё он пел уже тогда знаменитую песню об Арбате, песенку о старом короле, и, главное, он в тот вечер ещё и читал стихи.

Шутливое стихотворение «Как я сидел в кресле царя» предварил небольшим комментарием о том, как проходили когда-то придворные празднества в Павловске, летней резиденции русских царей. Другое же стихотворение с безобидным названием «Стихи об оловянном солдатике моего сына» им никак не комментировалось, было принято публикой достаточно тепло, но, думаю, что всерьёз оно не было воспринято почти никем.

Это стихотворение — предостережение о грядущих усобицах, в которых так безрассудно самоистребляется человечество, стихи о вечной вражде и вечном недоверии. Долгие годы оно у нас не публиковалось, но через пять лет именно за него Булату Окуджаве на международном конкурсе поэзии в Югославии будет вручен высший приз — «Золотой венец». В той самой Югославии, которая, конечно, и не подозревала тогда о том, что именно её народам в первую очередь надо было бы услышать это предостережение Булата Окуджавы — сына грузина и армянки — русского поэта.

В Политехническом Борис Слуцкий одним из первых решился публично читать антисталинские стихи и стихи об антисемитизме.

Но не столько политические стихи и «намеки», сколько сам талант, свежесть, красота, молодость, стремление к справедливости — всё то, что так ощутимо присутствовало в стихах, звучавших со сцены, — заставляло аудиторию воспринимать их столь горячо и восторженно.

…Судя по первоначальным вариантам сценария фильма «Застава Ильича», сцены в Политехническом были для режиссёра лишь характерным колоритным фоном, на котором развивался сюжет. И позже, уже в монтажных листах, предусматривалось, что чтение поэтов будет дробиться и перекрываться разговорами действующих лиц. Но, увидев отснятый материал, режиссёр понял его самостоятельную художественную ценность и включил эти кадры в фильм щедро и бережно.

«Я ЕГО ЗНАЛА С ДЕТСТВА»

В следующую субботу в музей пришла Олеся Николаева, поэт хороший, но человек уж слишком набожный, на мой вкус. Ришина её соответствующим образом и представила:

> В 1991 году в «Литературной газете» наконец-то стало возможно писать слово Бог с большой буквы, и мы тогда с присутствующей здесь Мариной Кудимовой открыли рубрику, которая называлась «Скрижали». Мне кажется, что это было большое и заметное явление и для «Литературки», и для тогдашних миллионов подписчиков. «Скрижали», обращённые к 10 божьим заповедям, эти десять публикаций были совершенно замечательными, знаковыми. Мы их отдали только тем людям, которых считали высоконравственными, чистыми и честными людьми. Первую заповедь комментировал Сергей Аверинцев.
> И среди авторов этой рубрики была Олеся Николаева.
> Я помню Олесю маленькой девочкой. Отец Олеси был поэт, фронтовик, который вернулся с войны без руки. Все его очень уважали.

Ирина Исааковна ещё некоторое время рассказывала про родственников Олеси Николаевой, но мы это опустим. Я уже говорил, по-моему, но повторюсь, что Ришина, приглашая гостей, говорила им обычно, что это будет их творческий вечер, за что я на Ирину Исааковну очень серчал. Мне хотелось, чтобы гость побольше рассказывал про хозяина дома, ну, а в самом конце, чёрт с ним, пусть почитает пару своих стихотворений. Согласен, что это другая крайность, но уж очень эгоистичен я был, не в обиду всем нашим замечательным гостям.

Вот и перед выступлением Олеси Николаевой я провёл для Ришиной инструктаж.

Однако Олеся Александровна с места взяла в карьер и начала своё выступление так:

*Олеся
Николаева*

Я хочу рискнуть и почитать вам необычную вещь, она никогда не была опробована на аудитории, и я не знаю, как она слушается, достаточно ли она внятна для восприятия на слух. Эта вещь называется «Пологий человек». Это как бы стихи в прозе, объединённые единым сюжетом. А потом я вам почитаю обычные стихи, которые рифмуются.

Тут Ришина испуганно спохватилась и попросила гостью:
— Хорошо бы немножко о Булате, мы в его доме...
И Олеся Александровна послушалась:

Я могу рассказать, потому что Булата Шалвовича я очень любила. Я его знала с детства, он был другом моих родителей, причём близким другом. А потом как-то незаметно отношение к нему как к старшему человеку перешло в дружбу, и мы уже с ним непосредственно и лично были друзьями. У нас была особая интонация уникальная, которая бывает только между людьми, связанными друг с другом какими-то глубокими чувствами. Эти чувства я смею назвать любовью. Эти отношения были немножко ироничными, шутливыми и игровыми.

Мы очень дружили и дружим с его женой Ольгой Владимировной. С ней мы провели совершенно дивное время, имели большое количество всяких мистических приключений и путешествий.

У нас был период, когда мы с ней ездили по православным монастырям. В Печоры, в Троице-Сергиеву лавру... И всегда нам выпадали какие-то удивительные злоключения и приключения, и великая помощь Божья нас из этих злоключений выводила.

С Ольгой у нас были отношения двух подружек. Булат Шалвович с нами, конечно, не ездил, хотя нам очень этого хотелось. Ольга вообще мечтала, чтобы Булат Шалвович покрестился, но уговорить его не могла. Поэтому она ездила к великим старцам и просила их, чтобы они помолились за то, чтобы Булат Шалвович всё-таки принял святое крещение.

И тут я подхожу к такой черте — я неизбежно буду потом об этом писать, это свидетельствует о великой славе Божьей и заботе Господа о судьбе каждого человека! Поэтому я смею кое-что вам рассказать.

Я несколько приуныл и подумал, что лучше бы она стихи свои читала. Но дальше всё пошло ещё печальней.

Вот приехали мы с Ольгой в Псковско-Печёрский монастырь и решили во чтобы то ни стало попасть к замечательному совершенно старчику отцу Иоанну Крестьянкину. Это очень известный в православном мире и очень духовный человек, но попасть к нему очень трудно, потому что он очень старенький. Нужно иметь очень большую духовную необходимость, потому, что по евангельской заповеди, только имея такую необходимость, ты неизбежно попадёшь к нему. И мы с Ольгой решили, что не уедем из монастыря, пока к нему не попадём. Решили мы действовать и прямо, и всякими обходными путями, то есть через других монахов, входя в доверие к другим монахам.

Ух ты, какие, оказывается, божьи люди ушлые и предприимчивые! Впрочем, чему тут удивляться, по патриархам всё отлично видно.

И мы там очень долго молились и пытались проторить эту дорожку, и в конце концов отец Крестьянкин нас принял и довольно долго разговаривал с Олей, потом ещё и меня позвал. И это, конечно, было совершенное счастье. Потому что это человек, от которого исходит в чистом виде любовь, и она переливается через край.

Он сказал:

— Оленьки, Оленьки ко мне приехали! Сейчас буду давать Оленькам всякие гостинчики!

И стал собирать у себя по полочкам и лавочкам какие-то апельсинчики, свечечки, мазал нас каким-то чудотворным маслом. Мы стояли и смеялись от счастья!

И он сказал:

— Оленька! Ты не беспокойся. Твой Булатик обязательно покрестится. Ты покрестишь его сама, уже на смертном одре. И всё будет хорошо.

Она была несколько в недоумении:

— А как же я его покрещу, когда у него имя Булат.

А он ответил:

— А ты его покрести с именем Иоанн.

И Ольге показалось, что это мистический какой-то знак, потому что именно это имя было очень близко самому Булату Шалвовичу, так звали его любимого героя.

Я уже как-то писал, что большой грех совершила без пяти минут вдова, насильно, как средневековый крестоносец, окрестившая умирающего мужа, находящегося в бессознательном состоянии. Не только по-человечески грех, но и по церковным канонам. А ведь он до последнего говорил, что уважает чувства верующих, но просит уважать и его, безбожника, чувства.

Драматург Юлиу Эдлис вспоминал, как они с друзьями встречали в Шереметьеве самолёт с гробом Булата и какая весёлая и воодушевлённая вышла из самолёта новоиспечённая вдова. Встречающие были обескуражены и, кажется, Аксёнов спросил, чему она так рада. Оказалось, она была рада видеть встречающих.

Далее Эдлис рассказывает:

> Ольга с каким-то огорошившим нас торжеством сообщила, что перед смертью — хотя мы знали, что он умирал в бессознательном состоянии, — она успела мужа окрестить и наречь его церковным именем Иоанн. Нам ничего не оставалось, как растерянно переглянуться: Иоанн — и это Булата, всю жизнь прожившего атеистом, уж во всяком случае внецерковным человеком... И под каким же именем на надгробной плите будет он покоиться?..

Вернёмся, однако, к выступлению Олеси Николаевой:

> Потом был ещё такой случай забавный, когда Оля решила освятить квартиру. Она, конечно, очень боялась, что это не понравится Булату Шалвовичу, и решила сделать это втайне, когда он был в отъезде. Пригласила священника и, освящая дом, он увидел у Булата Шалвовича на столе чугунненького чёртика и сказал:
>
> — А это что за гадость?! Ну-ка мы сейчас выкинем это в окно.
>
> И выкинул. Ольга говорит:
>
> — А если прибьёт кого-нибудь?
>
> А поп ответил, что ничего, если прибьёт, то кого надо прибьёт.

При освящении дома положено маслом кресты рисовать на стенах квартиры, но Ольга боялась, чтобы Булат не увидел, и сказала:

— Давайте мы это сделаем под картинами.

Так и сделали.

Вернулся Булат Шалвович домой, походил по комнатам и вдруг кричит:

— Оля, Оля, иди скорее сюда, произошло чудо!

Она бежит и спрашивает, что случилось.

— Ты представляешь, у нас на стене крест появился!

Смешно? Очень смешно! Браво, Оленьки!

К счастью, дальнейшие воспоминания Олеси Александровны не были столь «духовными», а то я уже собирался выйти из зала.

Потом у нас была ещё такая история. Мы с Булатом Шалвовичем и ещё с несколькими писателями отправились в путешествие буквально за три моря. Это было время перестройки, когда случались всякие неожиданные благотворительные поездки. Не знаю, с какой целью их устраивали, говорят, что кто-то отмывал деньги или какую-то рекламу себе делал.

И вот мы от журнала «Новый мир» поплыли в Афины, потом в Иерусалим, потом в Египет и потом ещё в Стамбул-Константинополь. Эта поездка для всех была совершенным чудом. Кроме писателей, там ещё много всякого народа было — и артисты, и учёные — каждой твари по паре. Писательская компания была очень странная. Многих уже нет, некоторым эта поездка была как бы предсмертный им подарок. Там был Владимир Солоухин, Виктор Астафьев, Александр Борщаговский...

Мы с Булатом Шалвовичем, когда куда-то приезжали, выходили с теплохода, садились в каком-нибудь кафе и разглядывали чужбину, болтали, хихикали. Помню, в Египте к нам пристали какие-то мальчишки, выцыганивали деньги. Они сразу распознали, что мы русские, и стали кричать, тыча в нас пальцами:

— Русские! Русские! Русские!

И от них никак нельзя было избавиться. А они всё кричали. Тогда Булат Шалвович стал тыкать в них пальцем и тоже кричать:

— Египетские! Египетские! Египетские!

Там есть такие повозки с лошадками, и мы решили на такой прокатиться. Мне даже разрешили управлять этими лошадьми, я влезла на место кучера, и мы лихо покатили по Александрии. А на обратном пути наш возница сам сел на козлы и через какие-то непонятные узенькие улочки повёз нас в непонятном направлении, в какие-то трущобы. Оказалось, что он привёз нас в какой-то магазинчик, чтобы мы там что-нибудь купили. Видимо, он в доле был в этой лавочке.

Наш пароход должен был отправляться где-то уже через час, и возница нам сказал, что, если мы ничего не купим, он нас никуда отсюда не увезёт. Мы зашли в лавочку, а там всякая дрянь — какие-то подсвечнички, какие-то картинки, в общем, чушь собачья. И мы задумались, что же нам купить. Продавец достал какие-то серёжки с непонятными камушками и сказал, что это камни, по которым ходил Моисей, выводя свой народ из Египта. Ну, раз Моисей ходил, мы эти серёжки купили, и возница домчал нас обратно.

Окончание этой истории очень грустное, потому что через два года на каком-то вечере мы сидели с Булатом Шалвовичем рядом и он мне вдруг говорит:

— О, какие у тебя интересные серёжки!

Я говорю:

— Как же вы не помните, Булат Шалвович, мы же их вместе покупали в Александрии!

Он удивился:

— Что ты говоришь? Я был в Александрии?!

Ну, у меня ещё есть куча всяких историй, связанных с ним, и я надеюсь, что со временем об этом напишу.

На этом воспоминания закончились, и Олеся Николаева принялась читать свои произведения, а нам осталось ждать обещанных написанных воспоминаний.

НАМ ИСПОЛНИЛОСЬ ПОЛГОДА

28 февраля мы отметили полугодовой «юбилей» музея. Собрались все наши сотоварищи — язык не поворачивается назвать их сотрудниками: Евгения Азимова, Константин Доквадзе, Надежда Зарудная, Всеволод Лазутин, Наталья Пьяниченко, Ирина Ришина, Лев Шилов. Пришли поздравить наши добрые соседи Юрий Фёдорович Карякин и поэт Марина Фёдоровна Кудимова. Разговор получился почему-то непраздничный, грустный.

Задал тон Лев Шилов. Он вспомнил, как разные чиновники заматывали и забалтывали все наши усилия по открытию музея. Нет, на словах никто против музея не был, все были за. Но дальше слов дело не шло. Но чиновники — это с одной стороны. А с другой — все перипетии создания музея показывают большую слабость современной интеллигенции. Её упадок, бессилие, разобщённость и неумелость.

Кто-то возразил:

— Почему современная? Русская интеллигенция всегда была такой. Она умела только жертвовать собой...

Здесь Шилов горячо перебил возражавшего:

— Не-не-не-не-не!!! Насчёт жертвовать собой — это уже давно вышло из моды, этого нет. Сейчас интеллигенция, вернее, остатки её, осколки, занимается борьбой за существование, озирается вокруг в поисках какого-то выхода.

Мне сейчас, из сегодняшнего дня, подумалось, что если остаткам и осколкам интеллигенции умело включить телевизор, то и вовсе без остатков задача решается. Интересно, много ли интеллигенции в нынешней Северной Корее?

Шилов сокрушался, что не может найти для музея Чуковского сотрудника. Правда, у него требования завышенные —

У самовара Кристина Андерсон, Зоя Крахмальникова, Марина Кудимова и Ирина Ришина

он хочет, чтобы человек хороший был, но при этом ещё и не сумасшедший. Оказывается, подавляющее большинство соискателей просто сумасшедшие.

Тут подхватила Марина Кудимова:

— Это очень заметно по газетной почте. Девяносто процентов писем приходит от сумасшедших. Раньше писали в основном пенсионеры, жалобщики и желающие рассказать о непорядке в родном колхозе.

И мне подумалось, что не может быть, чтобы девяносто процентов сумасшедших было, скорее, — это мы сумасшедшие, собравшиеся здесь и сокрушающиеся по поводу душевного здоровья народа.

Потом Шилов рассказал таинственную историю о том, как недавно у нас из музея пропала картина, прямо из экспозиции, — большой графический портрет молодого Булата. Она пропала, а потом вдруг появилась в разбитом виде у Ольги Владимировны. Она её нашла на дороге.

— Совершенно непонятная история! — сокрушался Шилов.

Хотя нам с ним эта история не казалась такой уж загадочной. Дело в том, что тот день, когда пропал портрет, был выходным. И в музее никого, помимо меня и заехавшей на минутку Ольги Владимировны, не было. Я, конечно, за ней не следил и не могу сказать, что видел, как она выносила портрет, но сам я его тоже не выносил и на дороге не бросал, это я хорошо помню.

Тем не менее был обвинён я, пока ещё только в халатности. И здесь, в общем-то, не поспоришь — у нас любой желающий мог вынести, что ему понравится, ведь ни охраны, ни смотрителей в залах у нас не было. Но других случаев воровства я больше не припомню.

Помню, я тогда только познакомился со знаменитым в каэспэшных кругах Андреем Крыловым, в то время заместителем директора музея Высоцкого И чуть ли не первый его вопрос ко мне был такой — сделал ли я уже опись экспонатов. Как же, мне только до описи было!

Да, с халатностью у нас всё было в порядке. Ришина очень дельно высказалась, что в кабинете Булата шторы почти всегда были задёрнуты, он не хотел, чтобы выгорали его фотографии на стене, и открывал шторы только, когда работал. А мы проводим экскурсию и, заканчивая её, шторы не задвигаем.

Потом Карякин рассказал, как он впервые услышал песни Булата Окуджава. История очень любопытная и парадоксальная — к этой «растлёнке» его приобщили не где-нибудь в белоэмигрантском подполье, а в журнале «Проблемы мира и социализма», органе международного отдела ЦК КПСС. Журнал был призван освещать «вопросы марксистско-ленинской теории, стратегии и тактики мирового коммунистического движения, положение рабочего класса, борьбу за демократию и социализм в странах развитого капитализма и развивающихся странах, строительство социализма и коммунизма в странах социалистической системы, проблемы национально-освободительного движения, внутрипартийную жизнь коммунистических и рабочих партий».

Журнал был общим для всего соцлагеря и издавался в Праге. Юрия Карякина туда «сосватал» будущий академик член ЦК КПСС и помощник Андропова Георгий Арбатов, работавший тогда в этом журнале.

Карякин приехал в Прагу 13 июля 1960 года, и Арбатов пригласил его к себе домой. В разгар вечера Арбатов вдруг, как заправский разведчик, завёл гостя в ванную, открыл все краны, чтобы не подслушали, и на малой громкости включил магнитофон.

— Вот при таких обстоятельствах, — поведал Юрий Фёдорович, — впервые я услышал песни Булата Окуджава.

К слову прибавим, что, рассказывая это, Карякин не сразу вспомнил фамилию Арбатова и сказал, что впоследствии тот стал помощником очередного генсека.

Я попытался прийти на помощь Карякину и подсказал:

— Черняев?

Карякин отмахнулся было, но, вспомнив фамилию Арбатова, вернулся к моей подсказке:

— Марат, это ты кстати мне напомнил, Черняев чуть позже в диком восторге тоже дал мне кое-что прочитать — стихотворение Коржавина:

> Не мстить зову — довольно мстили.
> Уймись, страна! Устройся, быт.
> Мы все друг другу заплатили
> За всё давно, —
> и счёт закрыт.
> Ну что с них взять —
> с больных и старых.
> Уж было всё на их веку.
> Я с ними сам на тесных нарах
> Делил баланду и тоску.
> Они считали, что безвинны,
> Что их судьба, — как с неба гром.
>
> Но нет! Тому была причина
> — Звалась: великий перелом.
>
> Предмет их гордости... Едва ли
> Поймут когда-нибудь они,
> Что всей стране хребет сломали
> И душу смяли ей — в те дни
> Когда из верности науке,
> Всем судьбам стоя поперёк,
> Отдали сами — властно — в руки
> Тем, кто не может,
> тех, кто мог.
> Чтоб завязалась счастья завязь,
> Они — в сознаньи вещих прав, —
> Себе внушили веру в Зависть,
> Ей смело руки развязав.
> В деревне только лишь...
> Конечно!

Что ж в город хлынула волна?
Потоп!
Ах, где им знать, сердечным,
Что всё вокруг — одна страна.
Что в ней — не в тюрьмах,
в славе, в силе,
Они — войдя в азарт борьбы,
Спокойно сами предрешили
Извивы собственной судьбы.
Кто б встал за них — от них же зная,
Что совесть гибкой быть должна.
Живой страны душа живая
Молчала в обмороке сна.
Не от побед бывают беды,
От поражений... Мысль проста.
Но их бедой была победа. —
За ней открылась — пустота.

Оказывается, Анатолий Черняев, тоже будущий член ЦК КПСС и помощник очередного генсека, только уже Горбачёва, тоже работал тогда в этом журнале в Праге!

Да, подумал я, хорошенькую компашку пригрел под своей крышей журнал, занимающийся вопросами марксистско-ленинской теории, а так же стратегией и тактикой мирового коммунистического движения.

Надо добавить, что Арбатов и Черняев, хоть и не стали впоследствии ярыми антисоветчиками, как Карякин, но навсегда остались приверженцами весьма и весьма либеральных взглядов.

Затем поговорили о прослушке, и Карякин сказал, что недавно ему позвонил Сергей Филатов[34] и по звуку разговора тому показалось, что телефон Юры прослушивается. А Карякин ему на это ответил: теперь-то ты сам у власти, стало быть, это ты меня подслушиваешь! А после этого ему довелось говорить с директором ФСБ Степашиным, и Карякин пожаловался ему на прослушку. Степашин посмеялся:

— Как ты не понимаешь, у нас теперь денег нет всех вас прослушивать!

---

[34] С. А. Филатов — в 1993–96 гг. руководитель Администрации Президента Российской Федерации.

КАК ЗАРОЖДАЕТСЯ КУЛЬТ ЛИЧНОСТИ

Следующими нашими гостями были Валентин Никулин и Вадим Егоров. Они выступали не вместе — сначала, 7 марта, Никулин, а затем, 14 марта, Вадим Егоров. Но я их объединил потому, что на выступление Никулина в качестве зрителя пришёл Егоров, а на выступление Егорова, соответственно, Никулин. И посиделки после их выступлений были общими, и разговор продолжался, как будто без перерыва на неделю.

Никулин пел, читал стихи. В перерыве мы с Юрием Карякиным вышли покурить. Слово за слово, и разговор вдруг зашёл о качестве материала многостаночников, то есть писателей, работающих в разных жанрах. Я рассказал Юрию Фёдоровичу, что однажды спросил у Булата Окуджава, как тот относится к стихам Фазиля Искандера. И Окуджава мне ответил, что так же замечательно, как и к его прозе. И вот недавно с похожим вопросом я обратился к Искандеру, — как тот относится к прозе Булата. Так же замечательно, как и к стихам, был ответ.

Карякин выслушал меня и безапелляционно заявил:

— Оба врут!

После выступления Никулина мы пошли пить чай. На чаепитии были почти все наши музейные: Лидия Васильевна Кириллова, Наталья Васильевна Пьяниченко, Женя Азимова, Сева Лазутин, наш художник Сергей Авакян и, конечно, моя жена Надя. Никулин с Карякиным принесли по бутылочке беленькой и выпивали аккуратно каждый из своей бутылочки.

Вадим вспомнил, как однажды в восьмидесятые годы они выступали в Казани, там было много бардов, в том числе и набиравший тогда популярность Александр Розенбаум. И Окуджава тогда наклонился к Егорову и спросил потихоньку:

— А кто это? Что это?

Вадим ответил:

— Ну как вам сказать? Мне это не нравится, не моё это.

— А сколько он песен написал?

— Он говорит, что за 500!

— А сколько ему лет?

— Ну, не знаю, лет 35.

— Ммм, а я всего 160 написал...

Дальше у нас разговор зашёл, не помню в какой связи, о каких-то роскошных коробках для дисков и буклетах, и Егоров сказал, что это лишнее, ему это всё не нужно. Я тут встрял с сообщением, что вчера был юбилей Искандера и там продавался совершенно роскошный фотоальбом юбиляра за 450 рублей.

Тут встрепенулся Никулин:

— Но это же помимо Фазиля, это же всё они придумали вокруг! Фазиль другой человек!

И тут Юрий Карякин неожиданно продолжил тему Искандера. Он сказал, что Фазиль, конечно, очень мудрый человек и глубокий философ, но вот как-то расфилософствовался он по своему обыкновению и что-то такое ошибочное высказал. Но Марат его тут же осадил:

— Фазиль, ты не прав!

Я прямо опешил, а бедный Вадим встрепенулся в ужасе:

— Что?!! Кто?!! Какой Марат сказал, что Фазиль не прав?

Юрий Фёдорович досадливо поморщился:

— Ну какой-какой! Ну наш Марат, конечно.

Вадим Егоров, открывши рот, несмело и благоговейно посмотрел на меня, а я и сам сидел с открытым ртом. В жизни своей никогда не обращался я к бесконечно любимому мною Фазилю Абдуловичу на «ты», даже выпимши изрядно. Да и сказать, что он не прав — нет, столько мне не выпить.

Наконец, оставили в покое Фазиля Искандера, и Никулин решил прочитать стихотворение в честь завтрашнего 8 марта. Затем Вадим прочитал стихотворение, опасливо поглядывая на строгого критика — меня.

Обменявшись стихотворениями, перешли на обсуждение прозы хозяина дачи. Пришли к мнению, что проза замечательная, но тут я озвучил высказанное часом ранее мнение Карякина

Валентин Никулин в музее

на этот счёт. Никулин с Егоровым, видимо, чтобы не раздражать меня, согласились, что, возможно, Окуджава с прозой очень старался, чтобы избавиться от какого-то комплекса.

Но тут Женя Азимова решилась вступиться за своего любимого автора и напомнила, что Булат — прирождённый прозаик, потому что ещё в детстве писал большой роман о китайском добровольце, и этот роман даже недописанным побил по объёму «Войну и мир» Толстого.

И вот через неделю мы все снова встретились в музее. Только теперь уже выступал Егоров, а Никулин был зрителем. Как это часто у нас бывало, все желающие в зале не поместились, и люди стояли в коридоре. Очень много было молодёжи, что меня удивило.

Вадим начал с того, что никогда не был в числе друзей Булата Окуджава.

В том плане, что он меня никогда не выбирал в число друзей. И это вполне естественно, потому что между нами была и возрастная дистанция и, может быть, какая-то ещё. Слава богу, отношения у нас были добрые и ровные, но встречи бывали очень редкими.

Последняя встреча с Булатом Шалвовичем у меня была лет пять тому назад, мы с ним оба оказались в жюри в Загорске (тогда это ещё был Загорск) на каком-то конкурсе авторской песни,

Всего за месяц до этого я в первый раз побывал в Переделкине. Я тогда только что вступил в Союз писателей и, воспользовавшись льготами, приехал сюда на месяц в дом творчества. Узнав, что я здесь теперь бываю, Булат Шалвович дал мне свой здешний телефон, сказал, что в Москве он больше не живёт и пригласил меня в гости, если я ещё буду в Переделкине.

И вот сегодня я пришёл к нему в гости. К сожалению, с опозданием.

Дальше Егоров сказал, что первые стихи и песни сегодня, конечно, будут связаны с Булатом Шалвовичем, и исполнил песню, которая была написана в конце 1974 года, буквально через несколько часов после его знакомства с Булатом Окуджава.

> Я сегодня очень весел,
> Я сегодня, как в бреду.
> Ах, мой зритель, встаньте с кресел
> В восемнадцатом ряду
> И застыньте, и замрите,
> И в накуренном дыму
> Вы поймёте, ах, мой зритель,
> Всё, что сам я не пойму:
>
> Почему длинна и стойка
> Эта чёртова зима,
> И от дури счастья столько,
> Сколько горя от ума,
> Почему, терзая струны
> Перед зрительским судом,
> Я снаружи очень юный,
> А внутри совсем седой.
>
> Мимо грубости и ласки,
> Мимо гама детворы

> Мчатся годы, как салазки
> С ослепительной горы.
> Годы мчатся в снежной пыли,
> Нас несут, несут, несут...
> Вы бы, годы, не спешили,
> Кабы знали, что внизу.
>
> Я кончаю, я кончаю —
> Отбуянил, откричал.
> Как кораблик, я отчалю
> И забуду про причал.
> Звук замрёт на верхней ноте,
> И умрут прожектора,
> А вы, зритель мой, зевнёте
> И уснёте до утра.

Другую песню, посвящённую Булату Окуджава, самую первую, Вадим пообещал спеть чуть позже, а пока решил прочесть два стихотворения, которые были написаны в день похорон Булата Шалвовича. Первое написалось прямо в той скорбной очереди, которая тянулась по Арбату к театру Вахтангова, чтобы проститься с любимым поэтом.

> К нему — в последний раз согреться ли,
> К нему — проститься ли, покаяться —
> Тек ручеек интеллигенции,
> Вконец не высохший пока ещё.
>
> Тысячеглаво коронованный
> Над ним парящею гитарою,
> Вдоль берегов Арбата нового
> К нему, певцу Арбата старого.
>
> Даря мерзавцам индульгенции,
> Кончался век непроницаемый,
> А ручеек интеллигенции
> Всё тек. И не было конца ему!

И второе стихотворение, написанное в тот же день:

> У костлявой с нами общая расплата.
> Вот ещё один её косой зарезан.
> У отечества отныне нет Булата,
> Нет Булата, только злато и железо.

> Под уютной переделкинскою кровлей
> Нет Булата, а в покинутой державе
> Только злато, отливающее кровью,
> И железо, обесцененное ржавью.
>
> То по-ангельски звучащих, то по-птичьи
> Много слыхивал мелодий век двадцатый,
> Но булатовский бесхитростный мотивчик
> Мне милей порой, чем реквием Моцарта.
>
> Отложив свои ристалища и плутни,
> Враз забыв досужих сплетен постулаты,
> Из конца в конец столетья держим путь мы
> Без Булата, без Булата, без Булата...
>
> Там, где звёзды и мудрее, и добрее,
> Где земное не оттягивает плечи,
> Вечно быть ему дежурным по апрелю,
> По апрелю нашей молодости певчей.

После этого Егоров спел, наконец, очень старую песню, написанную им ещё в семнадцатилетнем возрасте и предварил её словами:

— С тех пор прошли не годы, а десятилетия, но я эту песню всё чаще пою:

> Друзья уходят как-то невзначай,
> друзья уходят в прошлое, как в замять,
> и мы смеёмся с новыми друзьями,
> а старых вспоминаем по ночам,
> а старых вспоминаем по ночам.

Это известная песня, поэтому всю её я приводить не буду.

Затем Вадим спел написанную им к шестидесятилетию Булата Окуджава песню «Баллада о певчей стае», рассказав связанную с этой песней смешную историю:

> Это был, наверное, 1987 год. Случилось удивительное для Москвы событие, когда вдруг повсюду появились афиши, которые извещали о концерте бардов на спортивной арене Лужников. Тогда мы все почувствовали, что в этой стране что-то изменилось.
>
> Мы дали тогда четыре концерта. Я сейчас не помню тогдашний наш состав, нас было, наверное, человек десять во главе с Окуджавой. И конечно, Окуджава завершал концерт.

Вадим Егоров

К тому времени Окуджава эту песню уже слышал — я пел её у него на юбилее. И вот он подошёл ко мне в Лужниках и попросил, чтобы я выступал перед ним и закончил своё выступление этой песней. Мне показалось, что это будет естественно — в продолжение этой песни выходит сам Окуджава и заканчивает концерт.

И вот первый концерт, огромный зал спортивной арены битком набит зрителями, я выхожу, как положено, предпоследним, пою какие-то свои песни и завершаю выступление этой песней. Допеваю последние строчки:

> Они уже из тьмы, но мы ещё пока — из света.
> Кормушек сторонясь, на княжьи не садясь палаты,
> летит наш певчий клин, которому названья нету,
> и впереди вожак, которого зовут Булатом.

Но не успеваю допеть, как зал взрывается аплодисментами — я обрадовался: какую хорошую песню я написал. А оказалось, что это Окуджава уже вышел из кулис и идёт по сцене к микрофону. Песня была ему симпатична, но дословно он её, конечно, не помнил.

Итак, я заканчиваю песню, и к микрофону подходит Булат и начинает петь. Начинает он с замечательной своей песни о дураках. Поёт, поёт и доходит до строчек:

> *Дураки обожают собираться в стаю,*
> *Впереди их главный во всей красе.*

Раздался гомерический хохот всего стадиона. А Окуджава никак не может понять, в чём дело. Потом я ему всё объяснил, и следующие концерты он с этой песни уже не начинал.

В этот день Вадим Егоров читал много стихотворений из своей новой книги «Танцы на пашне», и, завершая встречу, раскрыл секрет названия книги. Оказывается, Лев Толстой очень пренебрежительно относился к поэзии как к жанру вообще. И свою нелюбовь с присущей ему могучестью выразил в одной фразе: «Писать стихи — это всё равно, что идти за плугом и приплясывать». Вдохновлённый этой фразой, Егоров решил написать ответ:

> Пегасов пару запрягши цугом,
> По отпечаткам копыт пегасовых
> иду за плугом, иду за плугом,
> иду за плугом — и приплясываю!
>
> Другой бы даже не стал пытаться,
> а я, рискуя пропасть в безвестности,
> овладеваю искусством танца
> на рыхлой почве родной словесности.
>
> Упав, не ною. Встаю, упавши.
> С крылатой парой умею справиться,
> Мне — если честно — плевать на пашню:
> мне просто сами танцульки нравятся.
>
> Лев Николаич, не обессудьте!
> Иные пашут, кряхтя и ахая,
> а я в искусстве — танцор по сути,
> который так и не станет пахарем.

Очень тепло прошла встреча, в конце зрители даже требовали на бис, а мне повторюсь, было удивительно и приятно, что пришло много совсем юных ребят. Это внушало надежду, что мы не задохнёмся в музейном нафталине.

Потом было чаепитие для узкого круга — Вадим с супругой, Лёва Шилов, Лидия Васильевна, Наташа Пьяниченко, Женя Азимова и я с женой Надей. Зашла речь о нашем Клубе, и Вадим поинтересовался, что же это за клуб у нас такой. И Шилов охотно и лаконично объяснил:

— Клуб Окуджавы — это милые люди, большинство из них настолько высокодуховны, что руками ничего делать не умеют.

Единственное оправдание этого клуба в том, что на его заседание однажды пришёл Марат.

На этом месте я поперхнулся горячим чаем, а Вадим Егоров сделал глубокий поклон в мою сторону, всё ещё не веря своему счастью быть знакомым с таким матёрым человечищем. Он вспомнил, конечно, рассказ недельной давности, как я осадил зарвавшегося Искандера, и понял, что в прошлый раз не ослышался.

А Шилов невозмутимо продолжал:

— Марат как-то шёл просто по своим делам, увидел на двери Литературного музея маленькое объявление и на свою голову завернул.

Егоров сравнил это объявление с фонарём, на который ловят рыбу, а Шилов продолжал развивать свою мысль, обзывая теперь уже нас с Женей Азимовой «золотым песком».

Потом почему-то восторги Шилова поменяли акцент и сместились на Булата Окуджава, что мне показалось несколько неуместным и даже как-то неприятным.

Потом заговорили о предстоящем 75-летии виновника всех наших торжеств и о том, как нам лучше его провести. До моего 75-летия было ещё далеко, и я смирился.

«ОН БЫЛ ПРЕКРАСНЫМ ПЕВЦОМ И КОМПОЗИТОРОМ»

21 марта у нас гостил писатель Юлий Крелин. По своей основной специальности Юлий Зусманович был врачом и на этом поприще познакомился со многими писателями как с пациентами. И со многими подружился. А там уж бог велел не отставать от друзей и самому стать писателем.

Проза Юлия Крелина во многом автобиографична, есть у него и ряд произведений, посвящённых его друзьям-коллегам по писательскому цеху.

Представляя его, Шилов сказал, что сейчас выступит человек, который знал Булата очень давно. В 1960 году Крелин серьёзно заболел и продолжительное время сидел дома на больничном. Тут у него как раз день рождения случился, и, чтобы больной не скучал, драматург Александр Володин подарил ему магнитофон. А чтобы опробовать магнитофон, театральный критик Юрий Ханютин попросил своего коллегу по «Литературной газете» Булата Окуджава, чтобы тот напел на плёнку свои песни. Запись эта была подарена Юлику.

Крелин рассказал, что она у него потом исчезла, и снова он услышал эту запись, когда ему из Израиля прислали пластинку с песнями Булата. Это была та самая запись.

А с Булатом лично Юлий познакомился месяца через два, в том же 1960 году на поэтическом вечере в той же «Литературке». Это был вечер двух поэтов — Булата Окуджава и Юрия Левитанского.

Левитанский тогда жил в Иркутске и бывал в Москве только наездами. Он начал своё выступление словами извинений перед зрителями за то, что они пришли послушать Булата, а им подсунули какого-то провинциального поэта.

Юлий Крелин. Справа от него главный сотрудник нашего музея Лидия Васильевна Кириллова и давний член Клуба Володя Ларионов (без очков).

Позже Крелин и Окуджава подружились, встретившись на отдыхе в писательском доме творчества в Дубултах. И в последующие годы они часто ездили туда вместе, обычно зимой — зимой туда ездили те, кто хотел не только отдохнуть, но и поработать.

Юлий Зусманович вспомнил, что прозу Булат любил писать лёжа на кровати:

— Напишет три строчки и идёт к столу с машинкой. Но машинка стояла не на столе, на столе стоял стул. А уже на стуле была машинка, и Булат стоя печатал на ней.

Затем Крелин прочитал свой рассказ «Кепка Окуджавы». Рассказ публиковался, поэтому пересказывать его мы не станем. Затем был прочитан рассказ «Тайна Городницкого».

После чтения этих рассказов Ирина Ришина спросила мнение Крелина как врача, мог бы Булат остаться живым, если бы не поехал в Париж.

Крелин ответил, что он не думает, что французская медицина хуже российской, и что смертность на Земле вообще стопроцентная, а смерть Булата и вовсе не была неожиданностью — в последние полгода-год было явственно видно, что он угасает.

Заодно Крелин вспомнил и обстоятельства, предшествовавшие смерти Булата, а именно насильственное крещение, о котором мы уже писали. Юлий Зусманович сказал, что он очень огорчён этим, что считает это надругательством над умирающим, и вспомнил о предсмертном интервью, которое Окуджава дал перед отъездом «Известиям», где он ещё раз напомнил, что он атеист.

Затем Крелин прочитал ещё несколько своих рассказов и узким кругом мы перешли к чаепитию. Женя Азимова для гостя испекла пирог.

А через неделю вместе с женой Лизой к нам пожаловал знаменитый бард Александр Суханов. Говорил мало, в основном пел. Сразу заявил, что с Булатом Шалвовичем был знаком лишь немного, общались они редко и коротко.

> Единственное близкое общение у нас было на фестивале в Казани, когда был бардовский концерт на стадионе. Я там тоже участвовал, и мы общались с ним довольно долго.
> Я всегда его очень любил, пел его песни с самых молодых лет. И когда сам стал сочинять, писал песни, посвящённые ему.
> Мне говорили, что ему нравилась моя первая песня, которая называется «Аист улетает в облака». Это действительно моя первая песня, написанная в 69-м году. Вот с неё я и начну.

Суханов спел две песни, а потом сказал, что приехавши в Москву он сначала познакомился с Юрием Визбором и Сергеем Никитиным, а потом уже, через них, стал общаться и с Булатом Окуджава.

— Я очень любил военные рассказы Окуджавы. Под влиянием этих рассказов я в 1983 году написал песню «Тот нелёгкий бой», которую посвятил ему.

> Я помню тот нелёгкий бой.
> Пехота шла в атаку.
> В бою погибнуть мог любой,
> но живы мы, однако...

> Сочиняя эту песню, я выписал некоторые слова из его военной прозы, которые мне очень понравились. Я вообще люблю язык Булата Окуджавы, но стихи его особенно.
> Когда умер Высоцкий, Окуджава написал на его смерть стихи «О Володе Высоцком». Потом у него появилась и музыка к этим стихам. А я не знал, что он написал и музыку. Я сочинил свою и пел её на концертах. Но когда услышал, что у Окуджавы есть своя мелодия, я перестал петь свою.

Его всё же упросили спеть эту песню на свою музыку.

Александр Суханов ещё рассказывал и про Грушинский фестиваль, и про Брайтон-Бич. Рассказывая про Грушинский фестиваль, он сказал, что по слухам, Окуджава там хоть однажды, да был. И ему, Александру Суханому, почему-то верится, что был.

А потом, как будто что-то вспомнив, он заговорил о другом:
— С моей точки зрения, Окуджава пел прекрасно, он был великолепным певцом. Конечно же, он и поэт прекрасный, и прозаик, но я не об этом сейчас хотел сказать. Он был прекрасным певцом и композитором. И музыкант он был очень хороший, хотя часто говорил, что владеет только тремя аккордами или пятью, но это, по-моему, из скромности.

Потом Суханов ещё много пел, а в конце вечера его жена Лиза показала собравшимся колокольчик:

> Это колокольчик, про который Булат Шалвович знал, но не видел. В последний раз мы разговаривали с ним по телефону в апреле, перед его последней поездкой в Германию, причем позвонил сам Булат Шалвович. Мы с Сашей давно уже привезли этот колокольчик специально для Булата Шалвовича из Греции, но никак не было случая подарить его. Он помнил об этом и в последнем разговоре спросил: «А что, колокольчик ещё жив?» Мы договорились встретиться, когда он вернётся. Но он не вернулся...
>
> Простите, Булат Шалвович, мы не успели вам его передать. Теперь мы хотим передать это в дар музею.

Услышав о том, что Окуджава звонил Сухановым в апреле, накануне своей последней поездки, я встрепенулся — вот нашёлся ещё один из тех, кому он тогда позвонил, нашёлся. Я уже говорил, что, когда мы впервые пришли с Шиловым на опустевшую дачу Булата Окуджава, мы нашли на его столе вырванный из блокнота листочек с выписанными именами и номерами телефонов. Там было около пятнадцати абонентов, в том числе и Шилов. Мы потом со многими говорили из этого списка, и они подтвердили, что Булат им звонил перед отъездом в Германию. Похоже, он действительно чувствовал, что не вернётся, и хотел попрощаться.

С Александром Сухановым и его женой Лизой мы подружились, и кто знает, может быть, дружили бы и до сих пор, но через короткое время я уехал из страны и теперь уже, похоже, навсегда. Очень он мне был симпатичен, нравился своей несуетностью и интеллигентностью. И Лиза тоже замечательная.

«ОН ПЕЛ БОЖЕСТВЕННО!»

На следующей неделе 4 апреля в музее выступал ближайший друг Булата с ранней юности Зураб Казбек-Казиев. Мы с ним уже были знакомы и общались не раз. Впервые он выступал на заседании Клуба год назад, в Гослитмузее, когда нашего музея ещё не было. Он приходил тогда с ещё одним другом юности Булата Филиппом Тер-Микаэляном. В тот день был и поэт Михаил Поздняев.

И вот мы встретились в музее.

Зураб Александрович снова вспоминал события более чем пятидесятилетней давности:

> Я с ним познакомился в школе. Это было в Тбилиси, куда Булат переехал из Москвы ещё до начала войны. После ареста его родителей он остался с братом и с бабушкой, и тётя, сестра его матери, забрала его к себе. Она жила в Тбилиси и взвалила на себя всю заботу о племяннике. Там он учился в школе. А я попал туда в эвакуацию, и мы с ним случайно встретились. Он узнал, что я из Москвы, и подошёл ко мне поговорить.
>
> Так состоялось наше знакомство и продолжалось оно всю жизнь. Мы тогда были молодыми, он не был знаменитым поэтом, а был нормальным, обыкновенным товарищем, прекрасным товарищем. И писал стихи. Правда, потом он от них отрёкся, от всех своих юношеских опусов, как он говорил. Он писал ко дням рождения, по поводу своей влюблённости (он там влюблялся то в одну девочку, то в другую, это нормально). Мы с ним в нашем школьном самодеятельном театре выступали.
>
> Потом он удрал, буквально убежал на войну. Это было в 42-м году, он ещё не закончил школу — только девять классов, когда ушёл на войну. Булат попал сначала на обучение, а потом на фронт, на Северный Кавказ, где был ранен, лежал в госпитале. Вернувшись в Тбилиси, доучился в школе, поступил в университет, женился. Я был на его свадьбе.

В школе он учился весьма средненько, а я был отличником. Драмкружок — это была особая статья. У нас была замечательная учительница по литературе, Анна Аветовна Малхаз. Она была восторженная женщина, удивительно образованная. Почти всю её обстановку в квартире составляли книги. Они лежали везде.

У неё раньше были большие связи с Москвой, поэтому она была знакома почти со всеми актёрами МХАТа. В 37-м году её мужа посадили и расстреляли, она осталась одна с дочерью. И отдала себя детям — ученикам, которых она воспитывала до конца своей жизни. Она приглашала нас к себе домой на чай, приглашала туда артистов, которых в годы войны в Тбилиси было видимо-невидимо. У неё бывали и Качалов, и Книппер-Чехова, и Балашов, был такой мастер художественного слова. Она нас всех знакомила с великими артистами, а мне поручила организовать драмкружок. Почему она меня выбрала, я не знаю...

И вот я встал во главе драмкружка. Я выбирал туда будущих актёров. Была война, и мы ставили патриотические пьесы, очень дурацкие. Или читали произведения классиков. Причем иногда доходило до полной глупости. Нас пригласили выступить в госпитале для раненых бойцов. А у меня был рассказ Чехова про больной зуб, ничего умнее я не мог придумать, чем читать раненым бойцам про боль!

В кружок пришла девушка, в которую тогда был влюблён Булат. Такая была красивая девочка, Ната Мелик-Пашаева, с очень выразительным лицом. И Булат тоже пришёл. Не для того, чтобы заниматься сценическим искусством, а из-за Наты, он очень страдал от своей любви. Я был против его романа с этой девочкой: мне она казалась немножко мещанистой. Но он был влюблён, а я ходил, как зануда, и повторял: «Она тебя недостойна».

Играл он далеко не первые роли. Тогда на первых ролях был я. А он был на последних. Но постепенно так получилось, что мы поменялись местами. Он читал стихи. И ещё у него было одно блестящее качество — он пел, и пел божественно. Этот голос, который вы сейчас слышите, этот голос уже позже у него таким стал, а тогда был просто божественный!

Он пел чужие песни, своих тогда у него почти не было, но слух и голос были от бога. Есть мнение, что грузины — музыкальная нация, а армяне — не очень. В таком случае он взял у своего грузина-отца всю эту свою музыкальность.

Многие девочки приглашали нас на именины. Мы обычно ходили большой компанией в гости, человек по 8–10 — в Тбилиси это нормально. Тем более, что в годы войны мальчиков было мало, и нас даже просили брать с собой друзей. А какая еда была во время войны — винегрет да лобио, и хорошо, если хоть это было. А больше ничего и не надо, ведь вина — сколько угодно, почти бесплатно. Во время войны из Грузии не было вывоза вина, поэтому в подвалах разливное вино было — копейки. Вина выпили и поём.

Запевал обычно я, а Булат включался немножко позже. Удивительно, но когда он запевал, то все сразу смолкали. И пел он с удовольствием.

Потом Зураб Александрович рассказывал про родителей и других родственников Булата, про то, как они боролись против прихода к власти в Грузии Лаврентия Берия и как они проиграли эту битву. Я уже описывал эти события в других книгах, поэтому сейчас этот рассказ опущу.

Переместимся в Москву, куда Булат переедет из Калуги через пятнадцать лет после своих дофронтовых песнопений в Тбилиси и последующего побега на фронт.

Вначале они с женой Галиной и сыном Игорем жили у мамы Булата на Краснопресненской набережной. Потом в Шереметьеве — в дачном посёлке «Литературной газеты». Но не целую дачу они занимали, там у них были комнаты.

Уйдя из «Литературки», Булат стал снимать комнату в Москве, в доме напротив Лужников, между Фрунзенской набережной и Комсомольским проспектом. Это был дом, где жили работники Совета министров, и у одного из них они снимали комнату. Это благодаря Гале — она была в дружбе с хозяйкой. Там семья Окуджава прожила года два-три, втроём в одной комнате.

Потом они купили кооперативную квартиру в писательском доме возле метро «Аэропорт», но там Булат уже не жил, уйдя от Галины к другой. Потом какое-то время Булат жил с новой женой в Ленинграде, а затем снова в Москве, у Речного вокзала. Там у них была трёхкомнатная квартира, но малюсенькая-малюсенькая. У Булата был огромный письменный стол, кажется, сделанный ещё дедом Степаном, отцом его мамы, прекрасным краснодеревщиком. Этот стол занимал почти всю комнату.

Я помню, как-то мы справляли день рождения Булата — я с женой, Храмов с женой, ещё кто-то, но народу было немного. Я даже не представляю, как мы там все разместились — повернуться было негде. Причём часть гостей ушла в коридор, но всё равно мы все разместились с трудом.

А потом, совершенно случайно, мы оказались соседями и до конца уже жили в одном дворе. Это случайность, абсолютная. Я купил кооперативную квартиру возле Безбожного переулка, а потом Булат вдруг мне сообщает: «А мы с тобой стали соседями». Оказывается, ему дали квартиру в соседнем доме. Это был новый писательский дом, и квартира там у него была огромная.

Выступает Зураб Казбек-Казиев

И третий наш друг тбилисской юности, Филипп Тер-Микаэлян, тоже оказался с нами — я его затащил в свой кооператив. Это было очень удобно — мы в пижамах ходили друг к другу в гости.

Но даже когда он жил на Ленинградском проспекте возле Речного вокзала, мы всё равно часто бывали друг у друга. Мне запомнился такой случай. В начале 60-х годов он побывал за границей. Там он получил какой-то гонорар, и, вернувшись, он привёз мне в подарок рубашку из модной тогда немнущейся материи, из нейлона. Это было очень трогательно.

Он отовсюду привозил мне подарки, хотя денег на зарубежную поездку давали совсем немного. Но ему там платили гонорары зарубежные издательства. Хотя тоже очень немного. Помню, он поехал в Югославию, и там его издали в переводе на сербский язык. И гонорар оказался такой маленький, что Булат даже не хотел его брать. Но когда выяснилось, что переводчик получил ещё меньше, Булат решил не обижаться. Правда, там у него взяли кучу интервью, а за всякое интервью ведь платили, и он стал богатеть на глазах.

Затем Казбек-Казиев рассказывал о том, что Булат любил на свой день рождения уехать из Москвы в Калугу. Они ездили большой компанией — кроме Зураба и Филиппа, был ещё четвёртый друг их юности — Владимир Мостков, профессор Московского инженерно-строительного института. Был ещё близкий друг Булата физик Александр Кулыманов с супругой, в разные годы приезжали ещё друзья — Давид Боровский, Вениамин Смехов, Александр Ширвиндт...

Выступает Лев Шилов

— Там, не доезжая до Калуги, была замечательная гостиница, и мы там располагались. Привозили с собой всю еду, и отмечали день рождения Булата.

Потом у нас в музее было ещё долгое, тёплое и приятное чаепитие и много разговоров, но мы, пожалуй, двинемся дальше.

Через год мы встретились с Зурабом Александровичем на могиле Булата на Ваганьковском кладбище. Он очень сетовал, что между мной и вдовой «чёрная кошка пробежала», и надеялся нас помирить. Я, смеясь, сказал, что это невозможно, но он был очень оптимистичен. Потом и другие замечательные люди питали такие же надежды, но все их усилия были тщетны. Последним, кто с энтузиазмом собирался устроить «потепление отношений», был замечательный наш писатель и великодушный мой друг Дмитрий Быков. Но и он, конечно же, потерпел фиаско. Примирение с вдовой было невозможно хотя бы потому, что сам я не хотел никаких потеплений и отношений. Как у Украины с Россией.

Спустя неделю после встречи с Казбек-Казиевым выступил Лев Шилов. Он рассказывал о своей основной работе — работе звукоархивиста.

И, конечно, рассказ он начал со своего любимого поэта. Оказывается, Окуджава был одним из немногих писателей, которого интересовали не только свои записи, но и другие.

Я работал тогда в фонетическом кабинете при Союзе писателей. Мы записывали разные голоса современных писателей. Параллельно я искал старые записи.

У нас была небольшая комната, вся уставленная стеллажами с разными записями. И обычно, когда какой-нибудь писатель к нам приходил, он выискивал на полках, есть ли тут его запись. Другие записи его не интересовали. В этом нет ничего особенного. Это свойственно большинству писателей, особенно поэтам.

А Булата интересовали и другие записи, в частности, он с интересом слушал голос Льва Толстого. Потом я понял, что возможно, Толстой его заинтересовал ещё и потому, что в это время он работал над «Похождениями Шипова».

Позже я подарил ему пластинку с записями голоса Толстого, и он с большим удовольствием её принял. Для него было важно проникнуть в то время и услышать оттуда живой голос человека.

Об этом я вспомнил много лет спустя в разговоре с режиссёром Виктором Викторовым, когда объединение «Экран» вздумало снимать фильм о моей скромной персоне. Фильм назывался «Путешествие за исповедью», и там я рассказывал о поисках и находках голоса Льва Толстого. Викторов предложил пригласить в фильм Булата Окуджава. Мне показалось неудобным беспокоить Булата, но Викторов уже загорелся этой идеей, и я набрался смелости пригласить Булата.

А Булат в фильме играл, как настоящий артист! Он играл самого себя. Это было до художественного фильма «Храни меня, мой талисман», где Булат тоже играл себя. Фильм получасовой, и Булата там, конечно, немного, минуты полторы.

Дальше Шилов продолжил рассказ о своих поисках и о реставрации записей Толстого, прервав на время рассказ о Булате Окуджава. И этот его рассказ тоже был очень интересным.

Оказывается, на пластинке «Говорят писатели» есть рассказ Ираклия Андроникова о том, что Лев Толстой был первым писателем в России, голос которого записан, и произошло это в 1908 году, когда изобретатель Эдисон прислал ему в подарок фонограф. Авторитет Андроникова был столь высок, что долгое время никто не смел предположить, что это не совсем точно. Но через несколько лет вышла книга Леонида Волкова-Ланита «Искусство запечатлённого звука», где автор упомянул о записи Толстого, сделанной гораздо раньше, в 1895 году. Шилову, конечно, очень интересно было послушать эту запись, но оказалось, что слушать её невозможно — валики очень плохо сохранились.

Лев Алексеевич и Нина Григорьевнам Шиловы

Это был 1965-й или 66-й год, когда только-только начинали заниматься реставрацией старых фоноваликов. Когда аппаратная для реставрации была готова, я рассказал об этом в журнале «Кругозор», получил командировку в Ленинград в фонограмархив, где хранились эти валики. Этот архив когда-то был вторым в Европе и, по-моему, первым по самой старой записи.

Рассказ, как обычно у Льва Алексеича, был очень интересный, но в нашу книжку он не помещается, и мы оставим его для другой. Отмечу лишь одну деталь. В ходе своих поисков Лев Шилов подружился с жившей в США внучкой Шолом-Алейхема. Она ему даже привезла в Москву какой-то валик с голосом Толстого. В свой приезд она подарила Лёве драгоценный подарок — ручку своего великого деда.

И вот прошло много лет, мы с Лёвой Алексеичем в музей Булата Окуджава уже и дорогу позабыли, когда вдруг эта ручка всплыла. Мы с Шиловым и его замечательной супругой Ниночкой сидели в зрительном зале в антракте какого-то спектакля или концерта, сейчас уже не помню. И вдруг Лев Алексеич достаёт из кармана ручку и, рассказав её историю, торжественно вручает мне. При этом бормочет какие-то слова, что, дескать, тебе она нужнее. В это время я уже начал бумагу марать и написал очерк о житье-бытье Булата Окуджава в калужской деревне Шамордино. Тогда Шилов, выбрав момент, когда меня не будет дома, позвонил мне и наговорил на автоответчик кучу каких-то очень лестных для меня слов, от которых мне даже сейчас неловко.

Увидев, как её муж распоряжается семейными реликвиями, бедная Ниночка аж в лице переменилась, но стоически перенесла удар и даже попробовала улыбаться. Так я стал обладателем ручки Шолом-Алейхема, правда, ненадолго. Через короткое время мои семейные обстоятельства изменились и ручка, как и другие уникальные подарки осталась в первой семье. А там в сердцах все мои подарки выбросили или раздарили азиатским гастарбайтерам.

Однако вернёмся к выступлению Шилова в музее, посвящённому записям голоса Толстого. В своих постоянных поисках ему удалось выяснить, что, оказывается, и не первым русским писателем, увековеченным в звуке, был Лев Толстой. Первым был поэт Полонский, записанный на фоновалик двумя годами раньше Толстого. В нью-йоркской публичной библиотеке Шилов обнаружил книгу отзывов на изобретение Эдисона и в ней большой автограф Полонского о том, какое это великое изобретение и как интересно ему было услышать свой голос.

А позже Лев Алексеевич узнал, что самая первая запись на аппарат Эдисона в России была сделана в 1892 году и принадлежала она императрице Александре Фёдоровне. Это было в Гатчине, тогда хотели записать голос самого Александра III, но он записываться не захотел и предоставил слово жене.

ОЧЕНЬ ДЛИННЫЙ ДЕНЬ

17 апреля выступала Елена Аксельрод. Было уже тепло, и мы открыли сезон выступлений во дворе. Помогать ей приехали наши замечательные давние друзья, много раз выступавшие на заседаниях Клуба — композитор Игорь Егиков и его жена, певица Ирина Воронцова. Она пела песни на музыку своего мужа Игоря и на стихи Елены Аксельрод, а он аккомпанировал ей на фортепиано. Из известных гостей были так же поэты Марина Кудимова и Александр Юдахин и актёр Валентин Никулин.

Но перед запланированным выступлением случилось незапланированное. К микрофону вышел Лев Шилов и объявил, что к нам в гости зашла писательница Людмила Москвина с тем, чтобы подарить музею свою книгу.

Тут надо заметить, что в музей часто захаживали всякие графоманы, чтобы подарить нам свою книжку, а, если повезёт, то и почитать свои стихи. Обычно мы пресекали такие попытки вежливо, но решительно. Особенно, если непрошенный гость врывался на уже запланированное выступление.

Но здесь гостьей был нанесён упреждающий удар — оказывается, о её книге якобы «тепло отозвался сам Булат Шалвович». Возразить было нечего, но всё-таки не желая затягивать неожиданный экспромт, Лёва Алексеич довольно бесцеремонно ткнув пальцем в меня, прохаживающегося взад-вперёд в ожидании начала концерта, сказал:

— Вот директор! Где книжка?

Мне эта ситуация напомнила эпизод из блистательного фильма «Вокзал для двоих», где в купе вот-вот отправляющегося поезда персонаж Никиты Михалкова нетерпеливо поторапливает героиню Людмилы Гурченко, потому что на весь секс у них только несколько минут.

Но не тут-то было! Гостья с чувством пожала руку директора, однако книги не отдала. Пришлось Шилову отступить, сделав вид, что так всё и было задумано:

— Скажите несколько слов, как это произошло.

Гостья начала издалека:

— Во-первых я хотела бы для начала рассказать, какими у меня были соприкосновения с Булатом Шалвовичем. Можно я расскажу? — она обернулась к Шилову, на что тот неопределённо пробормотал «Ну...» — и страдальчески мотнул головой

Сочтя это приглашением к подробному рассказу, гостья начала:

> В начале 60-х годов я работала на радио в молодёжной редакции, и мы были в туристической поездке по Финляндии. С нами была такая Надя Киселёва, работавшая в детской редакции. И после этой поездки мы все, кто был в Финляндии, встретились у Нади дома.

Рассказывая это, мемуаристка ежесекундно поглядывала на Шилова, ища одобрения. Лёва Алексеич отвечал ей ненавидящим взглядом, но не стирал с лица улыбки. Воодушевлённая гостья продолжала:

> И тогда Надя сказала: «Сейчас я поставлю вам на магнитофон плёночку, вы послушаете её и поймёте, что об этом человеке скоро все будут знать». И тут я увидела у Нади фотографию Юры Ханютина. Я его знала, мы вместе с ним играли в студенческом театре МГУ, и я спросила Надю, с чего это у неё тут фотография Юры Ханютина. А она ответила, что Юра — её муж. Оказывается, Юра был знаком с автором этих песен, он и записал эту плёночку. Я допытывалась у Нади, кто же это пел на плёнке. А она ответила, что фамилию не помнит, помнит только, что там была буква «ж». Я запомнила тогда одну песню.

И гостья запела:

> *Девочка плачет*
> *Шарик улетел...*

Шилов продолжал улыбаться, но взгляд его из ненавидящего превратился в страдальческий.

На самом деле, всё, что мы сейчас слышали, было интересно, и в другой бы раз мы расспросили увлёкшуюся гостью поподробней. Но сейчас у нас была другая программа и запланированные выступальщики томились в ожидании. Но Людмилу Степановну было не остановить, как бегущего бизона или поющего Кобзона из эпиграммы Александра Иванова. Она ещё немного повспоминала о своих тогдашних восторгах и Юре Визборе и перешла к следующему эпизоду:

— Потом кто-то написал о Булате Окуджаве — я забыла кто — и принёс заметку к нам в редакцию. И мы хотели это пустить у нас на радио. Написано было очень хвалебно, и мы пригласили Булата Шалвовича к нам, чтобы показать готовящуюся публикацию. Он посмотрел, что о нём написали и не дал своего согласия на публикацию, сказав, что такое писать ещё слишком рано.

Я удивился — оказывается, Окуджава с самого начала знал цену своим песням, но не хотел торопить события.

— Потом ещё один случай был такой: мы делали передачу об одном комиссаре Гражданской войны и хотели туда вставить стихотворение Булата «Сентиментальный марш», но не могли найти этот текст. Стихотворение уже было напечатано, но книжку эту совершенно невозможно было достать.

Это уже на телевидении было, мы готовили телевизионную передачу. А Окуджава тогда только вернулся из Ленинграда в Москву и жил возле станции метро «Речной вокзал». Телефона у него не было, но мы нашли его адрес и приехали к нему, чтобы записать текст. Он встретил нас, и мы сказали ему о нашей проблеме — мы не очень хорошо расслышали все слова песни. Нам казалось, что трубач «зОрю» сыграет, а он нас поправил, что не «зОрю», а «отбой».

Тут Шилов сделал решительный шаг вперёд и сказал, что надо будет нам встретиться отдельно и поговорить обо всём подробней, на что гостья сказала, что всё, закругляется, и скомкала рассказ о посещении Булата в квартире возле Речного вокзала. Шилов продолжал стоять возле неё, натужно улыбаясь и кивая головой.

Наконец гостья перешла к сути — к книжке, которую она принесла в подарок музею. Шилов вытолкал меня на сцену, чтобы поскорее произошло вручение подарка. Но нет, мне пришлось ещё долго стоять, тоже улыбаясь и кивая головой.

Людмила Москвина дарит музею книжку

Оказывается, книжка называется «Дядя Визбор — мой кумир», но она не про Визбора, а про одного молодого человека, у которого Визбор был кумиром. Автор книги принялась очень многословно рассказывать про свою книгу. Тут на сцену вышел мрачный Юдахин и встал рядом с нами, устремив скорбный взгляд в небо. Теперь мы стояли на сцене вчетвером, и только одна из нас была весёлой и непринуждённой.

Я ещё несколько раз успел сказать «спасибо», пытаясь выхватить книжку из рук разошедшейся писательницы, но она была ловчее и всякий раз успевала отдёрнуть её. На Юдахина страшно было смотреть. Наконец, гостья стала зачитывать слова, которые Булат Окуджава написал ей в письме: «Спасибо за книгу! В ней есть судьба и печаль, и, наверное, вечность». Но эту фразу она тоже не сразу прочла, отвлекаясь на разные объяснения.

Наконец, Людмила Степановна отдала мне книгу, и я не мешкая убежал со сцены, пока словоохотливая гостья ещё чего-нибудь не вспомнила.

Тут, наконец, заговорил Александр Юдахин:

> Если бы Булат был жив сейчас, он бы сегодня сам представил Лену, потому что Елена Аксельрод — давно известный поэт. Она так же, как и Булат, и ваш покорный слуга, и Николай Панченко, и Тамара Жирмунская, и многие, многие другие поэты, входила в литературное объединение «Магистраль» ещё в давние шестидесятые годы.

Есть замечательный художник Меер Аксельрод, его не надо долго представлять. Так же и Лену не надо долго представлять. Она автор многих книг. Девять лет Лена живёт в Израиле. Я думаю все здесь будут рады встрече с поэтом Еленой Аксельрод.

Нужно заметить, что Елена Мееровна действительно большой поэт, достаточно хотя бы сослаться на авторитет Арсения Тарковского:

> Это прекрасный пример того, как выгодно быть честным и чистым человеком... Вы видите совершенно наглядно, какие прекрасные плоды это приносит, как дорого то, что делается людьми такого рода, которые с подлинно святым упрямством, с железной волей пробиваются сквозь все преграды.

После вступительного слова Юдахина вышла Елена Аксельрод и начала свой рассказ:

> С Булатом мы познакомились в 1958 году. Я была тогда ещё не очень взрослой, но меня привели на «Магистраль», и первое, что я там услышала, это были стихи Булата. Булат читал стихотворение — я не помню его дословно — о том, как он чистит воблу и чешуйки отлетают, как монеты. Я была совершенно поражена этим стихотворением и решила, что там все так пишут. Я подумала, что если тут такие люди, то я буду ходить сюда регулярно. И ходила, а потом уже мы собирались на квартирах, на кухнях пели. Я тогда полюбила Булата и продолжаю его любить всю жизнь, но в этом я не оригинальна. В Израиле большая русскоязычная аудитория, и Булат звучит абсолютно везде — в домах, на концертах, его поют местные певцы, и каждую пятницу по русскому радио идёт передача, которая называется «Прогулки фраеров». Ведёт её очень хороший ленинградский режиссёр Игорь Мушкатин. В начале каждой передачи звучит «Моцарт на старенькой скрипке играет», а в конце — «Каждый пишет, как он слышит».

Я уже здесь писал, что Окуджава в «Магистраль» перестал ходить году в 1957 году, а Елена Мееровна вспоминает, что встречалась там с ним в 1958 году. Ну, хорошо, будем считать, что в 1958 году он туда заходил ещё несколько раз. Почему, скажете вы мне, ты такой избирательный — Аксельрод веришь, а Юдахину нет? Да потому, что весь рассказ мемуариста позволяет безошибочно, на мой взгляд, понять, фантазёр он или нет. Иногда незначительной детали бывает достаточно, чтобы понять, что мемуарист

Назым Хикмет в гостях в литературном объединении «Магистраль». Слева направо: сидят Н. Бялосинская, И. Миронер, Н. Хикмет, Э. Котляр, Б. Окуджава. Стоят Н. Астафьева, А. Аронов, неустановленный, Г. Левин.

«врёт». «Врёт» в кавычках потому, что чаще всего мемуарист «врёт» не специально — просто в силу разных причин его так память подводит. Но бывает, что мемуаристу хочется показать себя в более выгодном свете и тогда он действительно склонен немного приврать. Я записывал, наверное, сотни людей и думаю, научился распознавать ценность тех или иных воспоминаний.

Это всё к тому, что рассказ Елены Аксельрод мне представляется абсолютно достоверным и я не боюсь передавать его в подробностях. Мне скажут, что это не научный подход, а я и не претендую на научность.

Дальше Елена Мееровна читала свои стихи, а Ирина Воронцова и Игорь Егиков перемежали её чтение песнями на её стихи. За исключением одной, которую Игорь написал на стихи Булата Окуджава, называлась она «Тель-авивские харчевни».

По окончании концерта Игорь с Ириной расслабились на весеннем солнышке и потеряли бдительность. Тут-то на них коршуном налетел наш замечательный Вова Альтшуллер и минут десять терзал их своим вкрадчивым голосом, пытаясь объяснить, что ему от них нужно. Они, конечно же, ничего не поняли и жалобно поглядывали на меня, ища защиты.

Я знал, чего может хотеть Вова от наших гостей — подробных показаний о связях с хозяином дачи, где мы собрались. Но Вова был так витиеват, что даже я засомневался в его намерениях.

Наконец он сумел сформулировать первый вопрос:

— Вы сначала познакомились с произведениями Булата Шалвовича или с ним самим?

Игорь ответил:

> Конечно с произведениями. А знакомства, встречи — это случилось после того, как я прочитал «Путешествие дилетантов» и сразу же загорелся написать оперу. Я очень полюбил этот роман, что-то совпало в нём с моим мироощущением, он показался мне продолжением поэзии. Мне он виделся весь, как одно стихотворение. Много раньше у меня была уже написана песня на стихи Булата Шалвовича, но я человек скромный, а тогда был сверхскромный и знакомиться с ним не думал.

Тут Ирина вспомнила, что с 1977 по 1979 год они работали с Еленой Камбуровой — Игорь был у неё пианистом. Она пела много песен Булата, и Игорь тогда играл много его музыки.

Игорь продолжил:

> А самая первая песня, которую я написал, была «Молитва Франсуа Вийона». Прошло лет десять, и только благодаря этому роману я решил познакомиться с Булатом Шалвовичем, потому, что мне казалось, что никто, кроме него, не сможет перевести роман в либретто. Мы долго готовились, чтобы ему позвонить.

Дальше опять говорила Ирина:

— Перед Булатом Шалвовичем Игорь очень робел, хотя при этом непринуждённо общался и дружил с другими поэтами, с Юнной Мориц, например, или с Давидом Самойловым.

Наконец Игорь набрался храбрости и позвонил. Имя Игоря Егикова ни о чём тогда Булату не говорило, и прежде всего он спросил, есть ли у Игоря пластинка. Когда услышал, что есть, согласился встретиться. Но потом выяснилось, что он ещё и у Шварца спросил, кто такой Егиков, и тот ответил ему, что Егиков — хороший композитор.

Ирина продолжила:

— Мы приехали к нему в Безбожный переулок, это был ноябрь 1982 года, и показали ему какие-то песни Игоря на стихи других поэтов. К счастью, дома у Булата был рояль. Вначале он слушал с вежливым интересом, но потом ему действительно становилось всё интереснее.

Но вот с будущей оперой Булат огорошил Игоря:

— Я ничего не понимаю в либретто и помочь вам не смогу. Попробуйте написать сами.

— Но для либретто же нужны стихи, как мы их напишем?

Тогда Окуджава пообещал подыскать у себя какие-то стихи, которые могут иметь отношение к роману. И дал им три стихотворения: «Надежда, белою рукою», «Вертись, вертись веретено» и «Лошадь устала».

Ирина:

> Разговор у нас получился длинный, было много интересного. Мы чувствовали себя очень окрылёнными, и Игорь мгновенно, буквально за несколько дней сочинил музыку к стихам, которые дал нам Булат. Там было ещё одно стихотворение, «Надежды крашеная дверь». Но мне эта песня не понравилась, и я сказала Игорю, что эту песню Булату показывать не надо. Мы очень сильно поспорили тогда, даже поссорились.

Тут Игорь вставил, что тогда это был единственный случай, когда Ира забраковала его песню.

> В общем, в скором времени мы снова были у Булата и показали ему три песни, которые нам обоим нравились. Но ещё до этого мы побывали на выступлении Булата в музее Герцена, наверное, это был декабрь 1982 года. Булат спросил, на чью фамилию оставить нам билеты, и мы сказали — на фамилию Амилахвари. Мы с большим трудом пробились к окошечку администратора, чтобы забрать пригласительные.
>
> Это был удивительный, совершенно замечательный вечер. Там мы впервые увидели Ольгу. Там ещё была Алла Демидова и что-то говорила про Булата.

И вот они приехали к Булату Окуджава домой и показали ему три песни. Музыку одной из них, про веретено, Булат забраковал:

— Так быстро?! Это невозможно!

Ирина возразила ему, что веретено и должно вертеться быстро, но Булата это не убедило. Но Игорь переделывать музыку отказался. Он понял, что с Булатом придётся каждую ноту отстаивать. Ушли от него они грустные, потому что непонятно было, как дальше работать.

Игорь решил больше ничего Булату не показывать, пока опера не будет написана в общих чертах. Наконец они нашли либреттиста, но написанное им Игорю с Ириной не понравилось. Окуджава прочитал и тоже сказал, что это никуда не годится. Попробовали заказать либретто ещё одному автору, тоже не понравилось. Стали пока исполнять готовые песни отдельно, объявляя в концертах, что это будущая опера.

Потом вышла пластинка с этими песнями, и Игорь с Ириной подарили её Булату. Тот дал им ещё ненапечатанных стихов: «Старый романс», «Мерзляковский переулок», ещё какие-то. Результатом Булат оказался очень доволен, особенно «Старый романс» ему понравился. Окуджава сказал, что он такую музыку никогда написать не сумел бы.

Снова вспоминает Ирина:

> Я помню, как мы в кабинете у него сидели, это уже 1985 год был, что-то предпраздничное в тот день было. Мы привезли Булату видеокассету с фильмом про нас, сделанным Ленинградским телевидением. К счастью, у него тогда уже был видеомагнитофон.
>
> Фильм был сделан очень смешно, например, когда шла песня «Вертись, вертись, веретено», режиссёр заставил меня бегать вокруг рояля. Кстати, к этой песне Булат потом привык, и она ему стала нравиться.
>
> Фильм ему очень понравился, он воодушевился, принёс кахетинского вина, гору винограда и сказал, что выход фильма надо отметить. И стал нам всё рассказывать и показывать. Показал нам своё самиздатовское 12-томное собрание сочинений в красивом переплёте, которое в единственном экземпляре сделали к его шестидесятилетию энтузиасты из Клуба самодеятельной песни.

В количестве томов собрания сочинений Ирина Воронцова, как и многие другие вспоминавшие об этом, ошибается. Вот свидетельство одного из создателей этого собрания Виктора Юровского:

> Поздним вечером в конце августа 1984 года я вместе с сопредседателем Московского КСП Аркадием Гербовицким и Ан-

дреем Крыловым, главным редактором газеты «Менестрель», оказался в московской квартире Булата Шалвовича Окуджавы. Произошло это после вечера, посвящённого его шестидесятилетию, на котором юбиляру в качестве подарка от Клуба было преподнесено одиннадцатитомное собрание сочинений, специально подготовленное в единственном экземпляре.

Двенадцатый том, издателями действительно был запланирован, но выпущен не был.

Однако вернёмся к рассказу Ирины:

> Потом мы встречались реже потому, что никто так и не сумел написать нам либретто. Зато Игорь написал ещё два цикла на стихи Булата. Один называется «Вдоль по Пятницкой». Туда вошли «Как мне нравится по Пятницкой», «Хочу воскресить моих предков» и «Старый романс», он тоже туда вошёл. Получился такой экскурс в прошлое. В 1988 году вышла пластинка с этими песнями, и мы её тоже подарили Булату.
>
> И ещё один цикл, «Странная музыка», название которому дало стихотворение «На странную музыку сумрак горазд», был написан Игорем. Мне этот цикл совершенно не понравился, я сказала, что петь этот цикл не буду вообще. Мы с Игорем тогда так поссорились, что даже развелись в результате.
>
> Мы всё-таки решили показать его Булату и приехали к нему сюда, на дачу. Я пела, но через силу и с трудом, только чтобы показать Булату. Мы рассказали ему, что развелись, и он был растерян — кому же из нас теперь подписывать новую книгу? Это был 1991 год. Он сделал кофе, принёс коньяк. Мы сидели, и он жаловался, что после операции на сердце врачи ему разрешают курить только две сигареты в день. А как же коньяк? Коньяк можно.

Я должен был везти гостей в Москву, и Елена Аксельрод терпеливо ждала, когда Володя Альтшуллер отпустит своих развоспоминавшихся собеседников. Они чувствовали себя неудобно, извинялись перед Леной за то, что она мёрзнет по их вине, но воспоминания их не отпускали.

> Последняя наша встреча была летом 1992 года, я уже одна поехала к нему на дачу — мне надо было посоветоваться с ним по личному делу. Приехала без предупреждения. Булат поливал цветы на клумбе и удивился моему визиту.
>
> Больше мы не встречались — чувствовалось сопротивление Оли. Когда мы пытались позвонить Булату, то чаще всего попадали на неё, и мы чувствовали с её стороны какое-то неприятие.

Замёрзшая Елена Аксельрод кутается в ватник Булата

И, конечно, идти в дом, где ты неприятен, нам не хотелось. Я, женщина, очень чувствовала, что это, похоже, ревность была.

Виделись мы ещё один раз на его вечере в Концертном зале Чайковского 4 мая 1985 года. Попасть туда было совершенно невозможно, но Булат зарезервировал нам билеты. Это было грандиозное событие. Мы там увидели многих друзей Булата, они все сидели рядом с нами в первых рядах — все, кто получил билеты от Булата лично — Давид Самойлов, Зиновий Гердт...

В общем, он сыграл совершенно фантастическую роль в нашей жизни. Мне кажется, что с того момента, как Игорь начал писать музыку на стихи Булата, качество его музыки очень изменилось.

Игорь подхватил:

— Я написал 14 песен на стихи Булата Окуджава, но стихи у него такие, что можно открыть книгу и от начала до последней страницы всё на музыку положить. Это удивительное качество его стихов.

День клонился к закату, но Володя не собирался отпускать гостей. Я, не вступая в беседу, — это ещё больше бы нас задержало — нарезал нервные круги вокруг увлёкшихся приятной беседой. В какой-то момент мы с Леной всё-таки не выдержали и решительно направились к беседующим. Игорь опасливо посмотрел на нас.

Я ласково спросил Володю Альтшуллера, сверля его зловещим взглядом:

— Что, пресс-конференция продолжается?

Но Вову не так просто сбить с толку. Он кротко сказал, что ещё чуть-чуть, самую малость, ему надо кое-что уточнить, И, считая наш разговор законченным, он снова повернулся к Игорю с лучезарной улыбкой:

— Скажите пожалуйста, а «Молитва Франсуа Вийона» у вас единственная песня, на которую музыка есть и у Булата Шалвовича?

— Да, остальные он сам мне давал и говорил, что сам на них музыку писать не будет.

— А «Молитву» вы писали до его музыки или после?

— Я, к стыду своему, не знал его музыки. Я написал её в 1969 году, когда ещё был студентом у Арама Ильича Хачатуряна. Она даже была кем-то записана на радио, правда, в эфир так и не пошла.

— А можно... вы её споёте? Если Марат, конечно, не возражает.

Я не возражал, но Ирина с Игорем, опасливо посмотрев на меня, петь отказались. Володю это не обескуражило, и он задал следующий вопрос:

— А когда впервые и какие именно песни Булата Шалвовича вы услышали?

Тут я понял, что сегодня не только мне — всем гостям придётся заночевать в музее, а тут ещё подошедшая к нам Лена Аксельрод решила поддержать разговор:

— Я в 1958 году услышала — «Из окон корочкой», «А мы швейцару: Отворите двери», «Вы слышите, грохочут сапоги», «Шарик» и «Комиссары в пыльных шлемах».

Плохо, конечно, что Вова пришёл позже и выступления Лены не слышал. Поэтому он обрадовался и кинулся пытать Лену об обстоятельствах. И она, забыв про холод и сгущающуюся ночь, послушно повторила то, что говорила несколькими часами ранее, только ещё подробней:

> Мы познакомились в 1958 году, когда Женя Храмов, с которым мы дружили, привёл меня на заседание литобъединения «Магистраль». Я очень упрямилась и не хотела идти. Я считала себя уже классиком, потому, что у меня уже были опубликованы переводы, детские книжки были — чего я пойду, там все приготовишки. Пришла, а там Булат читает свои стихи про воблу, которую он чистит, а чешуйки отлетают, как монетки.
>
> Я удивилась — так вот здесь какие приготовишки! И, действительно, там были хорошие поэты. Потом свои стихи чита-

ли Саша Аронов и Володя Войнович, который тогда тоже ещё писал стихи.

Потом мы часто собирались на квартире у Вити Забелышенского. Был такой человек, он был инженером, но тоже писал стихи. Я ещё не знала, что Булат сочиняет песни — в «Магистрали» он только стихи читал, но потом мы собрались у Вити дома, и я впервые услышала его песни.

Вова совсем воодушевился и собрался, наконец, поговорить:
— И какое ваше первое впечатление было?
— Обалдение полнейшее! Я сразу в него влюбилась! Да что я — в него все влюблялись!

Там, в «Магистрали», было два человека с усами. Булат и был ещё такой Жора Долдобанов. Внешне очень похожи — оба были кавказской внешности, черноволосые, с усиками. Вначале я даже их путала. Но когда Булат запел, путаница закончилась. Там была Алла Стройло, там была Эльвира Котляр, Нина Бялосинская, там было много талантливых людей. Ну и масса графоманов, конечно! Была помню, очень старая женщина, которая всех чудовищно рисовала и всем дарила их портреты. С каким-то странным именем типа Айседора Габриак или Дорлиак.

А с Булатом мне всё сразу было совершенно понятно. Потом начали появляться статьи, где его ругали и разоблачали. Но его все обожали.

Руководил объединением Григорий Левин, сам он поэт не очень сильный, но человек обожающий поэзию, одержимый просто. Он умел приглашать на свои заседания известных и хороших поэтов. Там я впервые услышала Арсения Тарковского. И Нагибин туда приходил.

Читали по кругу, Григорий Михайлович никогда не умел останавливаться, поэтому всё это затягивалось до глубокой ночи. Сначала читали те, кто получше, потом уже подряд все графоманы. Графоманы, в отличие от тех, кто получше, всегда читают много и длинно.

Всегда очень много говорил Саша Аронов. У него был комсомольский темперамент, и он любил поучать, как надо писать. У самого у него не очень судьба сложилась, хотя он был очень талантливый.

Игорь попытался возразить:
— Ну почему не сложилась?
— Да у него первая книга вышла, когда ему было пятьдесят три года! Все знают его по песне «Если у вас нет собаки...»

из «Иронии судьбы», но при этом никто не знает, кто написал текст этой песни! В общем, трагическая судьба у него.

Разговор переключился на Аронова, и я понял, что в Москву мне сегодня попасть не удастся. Впрочем, я не беспокоился по этому поводу и чувствовал себя вполне комфортно. Я ведь до этого за Лену Аксельрод беспокоился, а теперь чего уж, когда она и сама торопиться перестала. Жалко только, что Людмила Москвина уже ушла, теперь смогла бы выговориться.

А Елена Мееровна продолжала развивать тему Саши Аронова:

> Помню, мы вместе ездили в командировку в 1965 году, тогда как раз был суд над Синявским и Даниэлем. Нас послали в рекламную поездку по Поволжью. Был ноябрь, бездорожье, мы постоянно застревали, и трактора нас постоянно вытаскивали из бездорожья. Саша Аронов возглавлял эту поездку, а я представляла журнал «Весёлые картинки». А Саша очень ярый был комсомолец — он даже всегда носил комсомольский значок.
>
> И вот у нас одна ночёвка была в Куйбышеве. Мы приехали туда с большим опозданием из-за бездорожья, и нас поместили в какую-то мужскую ночлежку. Там лежало сто пьяных мужиков, и Саша привязал мою ногу к своей, чтобы я дёргала верёвку, если что.

Дальше Лена продолжила добросовестно пересказывать своё дневное выступление, обогащая его новыми подробностями. В частности, мы узнали, хотя я знал это и раньше, что Лариса Герштейн — большой политический деятель в Израиле — очень хорошо поёт песни Булата.

Но, пожалуй, пора закончиться этому очень длинному дню. Приведу только последнюю фразу Лены Аксельрод:

— Булат — часть моей жизни, с самых молодых колен и до сих пор.

Алаверды!

«ОТНОШЕНИЯ ЛЮБВИ И ОГРОМНОГО УВАЖЕНИЯ»

Через неделю 25 апреля в музее выступала Алла Гербер. Она рассказывала про свою автобиографическую книгу «Мама и папа». Рассказывала, конечно, и много другого — Алла Гербер была, что называется, «в теме». Это с её лёгкой руки, после её статьи в «Юности» в 1963 году о новом жанре и его авторах, стали называть бардами всех авторов и исполнителей песен.

То есть ей было что вспомнить о Булате, но мне вспомнить из этого вечера нечего, а посмотреть негде. Помню, что записывал, но запись куда-то пропала. Наверное, кто-нибудь взял, чтобы помочь с расшифровкой, расшифровать не расшифровал, да и источник не вернул.

А ещё через неделю, 2 мая, в музей пришёл Фазиль Искандер.

Он сходу заявил, что не знает, что нужно делать, поэтому просто почитает свои стихи и рассказ.

— Потом, если у нас какой-то разговор возникнет, я готов, если смогу, ответить на ваши вопросы.

Ну, слава богу, хоть так. Я-то уже опасался, что он сейчас заявит, что вообще знаком с Булатом не был. Я уже говорил неоднократно, что частенько малознакомые с Окуджава люди пытаются преувеличить степень знакомства с ним и наоборот.

Ещё раз повторюсь, что обычно я ждал от всех выступавших у нас подробностей о человеке, в чьём доме мы собирались. А не чтения их произведений. Не потому, что я настолько ограниченный, что меня больше ничего не интересует, а просто мне жалко потерянного на такое чтение времени вместо того, чтобы вспомнить лишний эпизод или подробность из жизни Булата Окуджава. Но к Фазилю Абдуловичу это не относилось. Я готов

Фазиль Искандер изучает стенд, посвящённый его выступлению

был слушать его сколь угодно долго, что бы он ни читал и о чём бы ни рассказывал.

Искандер почитал свои стихи и рассказы «Муки совести, или байская кровать» и «Антип уехал в Казантип» и без обиняков стал прощаться:

— Ну, если нет вопросов...

Зрители зашумели: как это нет вопросов?!

Первый вопрос был о знаменитом подпольном альманахе «Метрополь», напечатанном сначала самиздатом, а потом и тамиздатом, где опубликовались многие друзья Булата.

— А почему самого Булата в альманахе не было.

Искандер ответил:

— Вы знаете, насколько мне известно, Булат отказался принимать участие в нём потому, что у него и без этого уже достаточно сложные отношения были с властями. Василий Аксёнов предлагал ему, но он отказался.

На самом деле у Булата Окуджава почти всегда были «сложные отношения с властями», и есть мнение, что поучаствовать в альманахе ему помешала сложная ситуация с сыном Игорем. Василий Аксёнов рассказывал, что у Игоря были проблемы с правоохранительными органами из-за наркотиков и его отца предупредили, что если папа выкинет какой-нибудь фортель, его сына посадят.

Искандер продолжил рассказ о «Метрополе»:

> Мы хотели опубликовать этот альманах в Советском Союзе, поэтому сразу договорились, что никаких политически острых рассказов или стихотворений печатать не будем. Главное, чего мы хотели, это чтобы издание было бесцензурным, впервые за годы советской власти.
>
> Поэтому мы подготовили рукопись в трёх или пяти экземплярах, и один дали в Союз писателей, чтобы те ознакомились с ним.
>
> Ну, и тут началась грандиозная шумиха. У начальства Союза писателей сборник вызвал дикую ярость, потом это дошло до ЦК партии... Что их так напугало? Иногда удавалось в наших журналах опубликовать вещи гораздо более острые. Но сама постановка вопроса — без цензуры — этого они принять не могли.
>
> Нас очень долго таскали в Союзе писателей, вместе нас вызывали, по отдельности, пытались добиться какого-то отречения, извинения, склонить повинную голову. Но этого не случилось, этого они не добились. Шум был очень большой, хотя никто из советских читателей, конечно, не знал о содержании альманаха. При этом многие статьи, всячески издевающиеся над нами и альманахом, печатались в прессе.
>
> Потом один экземпляр альманаха появился в Америке и там был издан. И так этот «Метрополь» стал такой... исторической вехой, что ли, на пути к свободе.
>
> Все участники альманаха были наказаны, меня года три после этого не печатали.

Тут Фазиль Абдулович лукаво улыбнулся и продолжил:

> Кстати, публикация моего «Сандро из Чегема» в Америке (он тоже не был у нас опубликован полностью, только чудовищно исковерканными фрагментами) почти совпало по времени с публикацией там альманаха. Через месяц или два после альманаха «Сандро» вышел.
>
> Но на нас столько гнева выпало по поводу «Метрополя», что у них уже сил не осталось на «Сандро». У меня только спросили, как он попал в Америку. Я сказал, что рукопись ходила по рукам, как действительно и было, и в конце концов как-то попала в Америку.

А потом, через некоторое время я уже так обнаглел, что и «Кроликов и удавов» дал за границу напечатать.

Следующий вопрос из зала был про то, как наш гость познакомился с Булатом.

С Булатом я познакомился совершенно банально и случайно. Я тогда жил в Сухуми, иногда наезжал в Москву, чтобы пытаться протолкнуть что-нибудь в печать. И вот как-то я пришел в «Литгазету» со стихами, а там, оказывается, тогда Булат работал. Ещё у него никакой славы не было, я его не знал, просто так познакомился с ним, печатался он очень редко.

Но он мне понравился очень, один раз мы пообедали вместе, и он показался мне очень приятным и оригинальным человеком.

Потом я уехал в Сухуми, и как раз в эти годы слава его хлынула и дошла до меня. И в следующий раз я его видел в Сухуми. Он приезжал тогда со своей молоденькой женой Ольгой. Я сидел на причале, рыбачил. В издательстве, где я работал, ему сказали, где меня найти, и они с Ольгой подошли ко мне. Как сейчас помню его тогда, солнечного, улыбающегося, в хорошем настроении.

Потом я переехал в Москву, и мы иногда виделись, хотя довольно редко, это были такие отношения любви и огромного уважения, такая дружба была... без панибратства. Я думаю, что Булат вообще этого не любил. Не помню, чтобы у меня даже тень обиды была на Булата или, как мне кажется, у него на меня.

Он был вообще очень дружественный человек, но с таким нетерпимым слухом к любой фальши. И иногда очень резко обрывал людей, когда они начинали фальшивить. Многие не замечают, что начинают фальшивить, а он замечал.

И в конце встречи кто-то спросил, почему люди экстремистского толка организуются всегда лучше, по сравнению с людьми демократического и гуманистического настроя, на что Фазиль Абдулович ответил:

Думаю, что психологически это объяснимо легко, потому что люди гуманистической склонности, они чаще личности, а личность всегда имеет какое-то интуитивное нежелание сливаться в толпу. Тогда как там, где отсутствует личность, она как бы идёт в толпу, организуя некую коллективную личность. Это вечная драма. Когда-то Толстой говорил: что низкие злобные люди объединяются, а вот если бы умным добрым людям так же объединиться, всё было бы решено. Но, к сожалению, последние не склонны объединяться. Ну, во всяком случае в обычной жизни. Может, загнан-

После выступления Фазиля Искандера. Вверху наш неизменный помощник по технической части Всеволод Лазутин и Н. С. Козлова, ниже О. Л. Зарудная и Л. А. Шилов (демонстрирует свой прекрасный затылок), и в первом ряду справа налево И. Н. Зорина-Карякина, старейший член клуба Булата А. В. Миль держит за руку Тимура Гизатулина, Ф. А. Искандер, С. В. Ким, Е. В. Азимова. Остальные — неустановленные гости музея

ные в угол, они, в конце концов, будут объединяться, но пока этого не видно.

Потом все вышли на улицу, и я сфотографировал присутствующих с Искандером на память об этой встрече.

Потом мы ещё постояли с ним, покурили, поговорили. Я напомнил Фазилю Абдуловичу его старый рассказ «Начало», где он среди прочих смешных вещей писал, как, приехав в Москву, был удивлён не совсем здоровым интересом москвичей к прогнозам погоды, и спросил, продолжает ли он удивляться этому.

Он засмеялся:

— Уже нет.

Я рассказал ему, как сам приехал в Москву двадцать лет назад и так же, как и он, первое время очень удивлялся этим интересом москвичей к погоде, на что наша музейная Наташа Пьяниченко ехидно вставила:

— Так ты и сейчас удивляешься! — намекая на то, что я, в отличие от Искандера, остановился в своём развитии.

Мы стали обсуждать этот феномен, я предположил, что это свойственно жителям больших городов, кто-то ещё версии выдвигал...

И тут Фазиль Абдулович вдруг заявил с улыбкой:

— Мне кажется, подсознательно люди понимали, что передача о погоде не политизирована. Просто это оставалось единственным, что можно было ругать.

На это кто-то возразил:

— Но тоже же врут, всё равно же врут!

Искандер согласился:

— Да врут, но уже безыдейно, безыдейно, просто так врут, бескорыстно.

Так, посмеявшись, стали расходиться. Совсем уже напоследок я испросил разрешения у Фазиля Абдуловича сделать кассету с сегодня прочитанными им произведениями для продажи в музее, и он, конечно, согласился.

«ОТДЕЛЬНЫЕ НЕУДАЧИ СРЕДИ СПЛОШНЫХ УДАЧ»

Близился день рождения Булата Окуджава, и не просто день рождения, а юбилей, семидесятипятилетие, и в музее мероприятия стали проводиться практически каждый день.

На следующий после выступления Искандера день, 3 мая, было выступление Юрия Ряшенцева. Этот замечательный поэт у всех на слуху, но большинство, к сожалению, кроме «Пора-пора-порадуемся на своём веку» ничего вспомнить не может.

Вместе с ним выступали Игорь Егиков и Ирина Воронцова, исполняли песни на его стихи.

Для начала Ряшенцев спросил, сколько времени у него есть. Ему ответили, что он может себя не ограничивать.

— Ну, прям уж, — засомневался Ряшенцев.

Я потом понял, почему он засомневался. Оказывается, Юрий Евгеньевич может очень долго выступать. И на его опасливое:

— Тогда вы мне скажите просто, когда закругляться, ладно?

Я обнадёжил его:

— Скажем, скажем...

Но опасения его были напрасны, рассказывал он очень интересно, так, что никто из слушателей даже не заметил, как пролетело время. И стихи свои Юрий Евгеньевич читал замечательно.

Начал Ряшенцев с грустного, сказал, что вчера в Израиле умерла жена Юлия Кима, «надо будет Юлика как-то поддержать нам отсюда».

Потом он предупредил собравшихся, что никогда не был в числе близких друзей Булата Окуджава, и привёл такую свою строчку: «Я люблю народных героев ненавязчиво, издалека», — и сказал, что это в точности относится к Булату.

Игорь Егиков и Юрий Ряшенцев

— Я смотрел на него влюблённо, по возможности издали, пока нас не поселили в одном гостиничном номере. Это было в Грузии, в Кутаиси, после чего он очень долгое время, встречая меня, говорил: «Юра, ты, уезжая, забыл свою мыльницу, она у меня, надо будет как-то тебе её передать».

Вспомнил Ряшенцев, как когда-то, очень давно, когда он ещё работал в школе, впервые услышал от своего друга эту фамилию: «Окуджава». Друг тогда сказал, что этот Окуджава «лучше всех песни пишет», а Ряшенцев удивился необычности этой фамилии, как и необычной и категоричной оценке творчества этого не то японца, не то незнамо кого своим другом.

— А потом я услышал эти песни и потерял голову, как потеряли её все.

Затем Ряшенцев вспомнил о знаменитом концерте в московском Доме кино, когда во время выступления Булата из зала кто-то выкрикнул:

— Осторожно, пошлость!

И как он, Ряшенцев, прочитав разгромную статью в «Комсомольской правде» про это выступление Булата, написал стихи:

> Когда во всех концах державы,
> Магнитной лентой шелестя,
> Возникли песни Окуджавы,
> Страна влюбилась в них, хотя

> Какая брань, какие клички
> Тем песням выпали в свой срок...
> И некто (кажется, Лисичкин)
> Их грозно пошлостью нарёк.
> Ау, Лисичкин, где ты ныне,
> Апологет голубизны,
> Ни в коем случае до сини
> Не доходящей. Для страны
> Ты вроде бы и не жил, грустно.
> Как верил ты себе во вред,
> Что письменно тому, что устно —
> Начальство и авторитет.
> А впрочем, зря я вспомнил это,
> И ты, конечно же, не тот,
> И голос певчего поэта
> В твоих стенах поёт, поёт.

События происходили в 1960 году, но надо заметить, что Юрий Евгеньевич здесь немного напутал. Во-первых, фамилия автора статьи в ленинградской молодёжной газете «Смена», потом перепечатанной и в центральной «Комсомольской правде», не Лисичкин, а Лисочкин. И выступление Булата Окуджава, вызвавшее резкое неприятие Лисочкина, состоялось не в московском, а в ленинградском Доме кино. Там как раз никто «Осторожно, пошлость!» не кричал. Наоборот, выступление было встречено восторженно.

«Осторожно, пошлость!» — кричали в другой раз, в московском Доме кино. Возможно, именно под впечатлением от статьи Лисочкина «О цене шумного успеха».

Но зато в тот раз не появилось разгромных статей. Да и с чего бы им появляться — Окуджава на сцене пробыл всего несколько минут. После оскорбительных выкриков, он повернулся и ушёл со сцены.

Однако вернёмся к рассказу Ряшенцева:

> Мне было безумно дорого знакомство с ним. Мы стали разговаривать, и вдруг он огорошил меня совершенно неожиданной просьбой:
> — Юра, говорят, ты тренируешь женскую команду?
> — Да, институтскую волейбольную команду тренирую.
> — У меня к тебе просьба. Ты идёшь сегодня на тренировку? Я хочу посмотреть.

Я ответил, что пожалуйста, но команда не того класса, чтобы её смотреть особо. А он мне вдруг говорит:

— У тебя там выразительные девочки есть?

Я насторожился и про себя думаю: эээ, да ты вон куда!

А он говорит, что по его сценарию сейчас снимается фильм[35] и ему не хотелось бы, чтобы в главной роли там была профессиональная актриса

— Режиссёр хочет профессиональную актрису, а я не хочу: они все надоели, примелькались, а я хочу снять выразительную, не имеющую отношения к актёрской профессии девочку.

Я говорю:

— Ладно, Булат, сегодня в семь часов тренировка. Пединститут Ленина на Пироговской.

Ряшенцев предупредил своих волейболисток

— Девочки, я прошу отнестись очень серьёзно к тому, что я скажу. Вас не «клеить» приходят. Знаете, вы в таком качестве этому человеку совершенно не нужны. Вы нужны, потому что нужен свежий тип для кино. Если кто-то из вас подойдёт, её за государственный счёт отправят на четыре-пять дней в Ялту на пробы.

Девочкам в этот день было не до игры. Ждали высокого гостя. Наконец, он приехал и сел в уголок выбирать будущую актрису. В конце тренировки Окуджава подошёл к тренеру и назвал номера трёх приглянувшихся ему студенток. Правда, ничего из этой затеи не вышло — двоих не пустили мамы, а третья тоже никуда не поехала потому, что через несколько дней Булат сказал, что Тодоровский уже утвердил актрису без него.

Затем Ряшенцев рассказал, как одно время жил вместе с Булатом в Доме творчества Союза писателей в Дубултах.

Это была довольно дружная и тесная, но странная компания. Там были совершенно потом несовместимые люди. Например, в этой компании были Булат Окуджава и Таня Глушкова. Сегодня такое невозможно представить себе. Так же, как в Тбилиси когда-то мы были и в компании с нами Стасик Куняев. Это было время, когда резкого размежевания ещё не произошло.

И там Булат рассказал Юре очень смешную историю, которую потом описал в рассказе. Речь шла о рассказе «Отдельные неудачи среди сплошных удач», в котором два друга решили

---

[35] «Верность». Режиссёр П. Тодоровский. 1965 г.

снять девушек для приятного времяпровождения. Рассказ был напечатан, и можно было бы не вспоминать сегодня эту историю, но в рассказе концовка отличается от того, что рассказывал Окуджава в Дубултах.

В рассказе знакомство с девушками закончилось для главного героя потерей новенького пальто, чтобы расплатиться за ресторан, в устном же рассказе в Дубултах незадачливым ухажёрам тоже не потрафило с девушками, но без материальных потерь. Девушки пригласили новых знакомых к себе в общежитие, и когда друзья вошли в указанную им комнату, там стояли ряды стульев и сидело всё общежитие. И гитару приготовили, не забыли...

Кстати, написанный рассказ посвящён упомянутому выше Петру Тодоровскому. И если вторым действующим лицом в этой истории был именно он, жалко, что девчонки вторую гитару приготовить не догадались — ведь Пётр Ефимович был замечательным гитаристом.

Ряшенцев продолжил свой рассказ:

> Мне с Булатом было легко, с некоторыми другими людьми, кого я так же люблю, мне было тяжелей гораздо. Например, мне было гораздо тяжелей с Давидом Самойловым, которого я очень любил. Ну, с Давидом Самойловым, вообще, всем было непросто, его очень боялись, когда он в подпитии говорил всем правду в глаза.
>
> Однажды был очень смешной случай, когда журнал «Иностранная литература» получил нового редактора. Этим редактором был Н. Т. Федоренко, крупный дипломат, который до этого был нашим представителем в ООН. Ну и он решил, что создаст в журнале европейские нравы. Впервые была организована встреча авторов «Иностранной литературы», да не просто так, а с коньяком! И пришёл Самойлов. Пришёл, значит, сидит, коньячок выпивает.
>
> Тут Федоренко начал речь говорить — с сознанием собственной значимости, с сознанием того, что такого здесь не видели, с сознанием того, что сейчас все будут его благодарить. А Самойлов знай себе на коньячок налегает. Наконец, Федоренко закончил свой доклад и спрашивает:
>
> — Ну, может быть, кто-нибудь хочет высказаться?
>
> Тут поднимается совсем уже тёпленький Самойлов:
>
> — Я хочу сказать... я хочу сказать, что вы говорили долго, скучно и совершенно непрофессионально. Я поэт Давид Самойлов, я не могу здесь больше оставаться.

И ушёл.

И вот я его тоже очень издали люблю. Как-то в ЦДЛ подымаюсь из нижнего кафе, где в ту пору мы ещё в настольный теннис играли, и вдруг навстречу мне сверху двое двухметровых поклонников ведут Дезика проветриться. Он уже изрядно принял, и я так бочком освобождаю ему дорогу. И вдруг он качнулся и загородил мне дорогу очень агрессивно, встал передо мной, на ступеньку выше меня стоит, и я понимаю, что сейчас случится страшное.

А он вдруг и говорит:

— Зна... знаете что?

Я говорю:

— Что?

— Вы очень хорошо пишете стихи и переводы, — и пошёл дальше.

Я был совершенно счастлив. Но мне было с ним сложно. Никогда не известно, что он выкинет... А вот Окуджава был удивительно комфортный для меня человек.

Дальше Юрий Евгеньевич рассказал несколько смешных историй из своей работы в театре и кино, но это выходит за рамки нашего сегодняшнего интереса. Упомянем только, как Юрий Евгеньевич однажды укорял Булата Шалвовича за то, что тот кучу стихов посвятил его, Ряшенцева, жене.

Это, конечно, шутка, но в ней есть доля правды. Дело в том, что когда-то Окуджава очень ухаживал за девушкой, по имени Оля Батракова, и посвятил ей несколько песен и стихотворений. А Оля Батракова впоследствии стала женой Ряшенцева.

И к слову, то, что она тёзка вдовы, сыграло дурную шутку с посвящениями ей. После смерти Булата его вдова сократила некоторые посвящения Оле Батраковой, оставив только имя «Оле»...

«Я БЫЛ В НЕГО НЕОБЫЧАЙНО ВЛЮБЛЁН...»

И следующий день был насыщенным. Нам повезло, что все эти майские дни стояла хорошая погода. Вот и 4 мая был солнечный день, и послушать знаменитого драматурга Михаила Рощина собралось много народа. Михаил Михайлович уже тогда чувствовал себя плохо, у него были проблемы с ногами, передвигался он с трудом на костылях, и на выступление в музей его с женой я привёз на своей машине.

Жил он в маленькой комнатке в переделкинском Доме творчества. Мы с ним встречались часто, пока я тоже обитал в Переделкине, и общение с ним всегда мне доставляло радость.

Для начала Михаил Михайлович задумчиво, как бы про себя, пробормотал:

— Тут, наверно, покуривать не положено...

На что тут же получил ответ, что выступающему можно. Рощин обрадовался:

— Тогда, может быть, какое-нибудь грязное и чёрное блюдечко найдётся?

Грязного и чёрного блюдечка для гостя искать было некогда, пришлось довольствоваться тем, что было, — белым и чистым.

Рощин — драматург, песен не поёт и даже стихов не пишет, поэтому я опасался, что кто-нибудь из большого числа собравшихся будет разочарован или устанет слушать. К счастью, страхи мои были напрасны. Михаил Михайлович оказался таким замечательным рассказчиком, что все слушали его, затаив дыхание, более двух часов.

И ещё один момент меня очень беспокоил — рядом с выступающим примостился наш завсегдатай актёр Валентин Никулин. Это бы ничего, но Валентин Юрьевич сегодня уже с утра пьяненький и своими репликами мог помешать, — так потом и было, конечно. Время от времени, когда реплики его становились всё длиннее и длиннее, я ему показывал украдкой кулак, и он на какое-то время затихал. Я уже говорил раньше, что мы с Никулиным довольно близко подружились, поэтому ничего странного в том, что я грозил ему кулаком, не было.

Рощин начал с того, что он не был в числе близких друзей Булата, и это обнадёжило. Я повторюсь, что те, кто был близко знаком с Булатом Окуджава, обычно говорят, что в друзьях его не были, виделись мало... И напротив, когда человек начинает говорить, что они с Булатом очень близко дружили, — считай, что знакомы они были лишь шапочно. А бывает, некоторые за родственников себя выдают, — так эти, как показала практика, вообще знакомы не были.

Как-то вскоре после смерти Булата Шалвовича ко мне, стоящему возле его могилы на Ваганьковском кладбище, подошёл помятый плачущий мужчина и сказал, что он брат покойного и не буду ли я столь любезен дать ему немного денег, чтобы помянуть брата. Он, конечно, неудачно выбрал именно меня, который, вместо того, чтобы посочувствовать, сказал: «Если ты брат, то я сестра».

О существовании другого «родственника» мы с Андреем Крыловым узнали во время своего пребывания в Нижнем Тагиле. Там нам многие с гордостью рассказывали, что у них в городе живёт некий Нодар Окуджава, не то двоюродный, не то троюродный брат поэта.

И он там признан, уважаем и даёт интервью в газетах, рассказывая о любимом брате. Сам он работает на заводе и там тоже пользуется почётом за счёт знаменитого брата. Я позвонил Нодару Григорьевичу и попросил о встрече. Сначала он был благодушен, и я приготовился к очередному интервью. Но я допустил ошибку — не дождавшись встречи, позвонил ещё раз и задал несколько наводящих вопросов, из которых он понял, что меня ему не провести. И он вдруг стал отговариваться, что сейчас не может, сейчас он на даче и неизвестно, когда вернётся. Конечно, я поступил глупо, хорошие следователи так себя не ведут, но в оправдание могу сказать, что я ведь не ожидал, что он самозванец.

Но я уже не настаивал на встрече, всё было ясно из одного единственного его ответа. Он сказал, что его предки происходят из Абхазии, а там жили совсем другие Окуджава, наши были выходцами из Мингрелии.

Ну вот, Рощин, значит, рассказывает, а Никулин вставляет реплики в его рассказ, но Михал Михалыч не ропщет и время от времени вступает с Валей в полемику.

Своё выступление Рощин начал издалека — с того, как он с родителями приехал в Москву, как впервые попал в Большой театр и какое сильное впечатление оставил в нём театр. Всё это было очень интересно, но я вынужден оставить за рамками нашего повествования то, что не относится к нашей теме. А то я и сам часто отвлекаюсь и ухожу в сторону, и, если позволить это ещё и другим, мы далеко не уедем. Попробуем придерживаться окуджавской темы:

> У нас с Булатом не было какой-то постоянной общей компании. Но когда я оказывался в компании, где был Булат, я бывал просто счастлив. Он был настолько человек тонкий и внимательный к другим, что знал, какие его песни я особенно люблю и мог просто сказать: «А вот эту песню, Миша, я специально для тебя спою».
> Я был в него необычайно влюблён — в его поэзию, в его песни.
> Надо учесть, что у нас была разница в возрасте — он был постарше на те пять-шесть лет, которые в молодые годы имеют значение.

Тут вступил Никулин:
— Мишка, эти годы ничего не решают!

На что Рощин начал ему терпеливо объяснять, что эти пять-шесть лет (на самом деле девять) разделили их на разные поколения, что Булат принадлежал к военному поколению.

Никулин ответом удовлетворился, и Рощин продолжил рассказ. Оказывается, у него есть какой-то заветный ящик, куда он складывает самые значительные письма. И там есть письмо Булата, написанное о какой-то из его пьес:

> Уж не помню теперь, о какой именно, но знаю, что такое довольно горячее и непосредственно после какого-то спектакля

письмо, под его впечатлением. О каком-то из поздних спектаклей, по-моему, о современниковском.

Чаще всего мы тогда встречались в «Современнике», потом появилась «Таганка», это был новый этап.

Рощин немного рассказал про «Современник», про Таганку, про МХАТ, но внезапно о чём-то вспомнив, перешёл на другое:

> Потом в наших отношениях был какой-то период, немножко сложный не только для Булата, но и для всех нас, кто так или иначе был с ним близок. Я имею в виду этап, когда появилась Оля, это был какой-то новый период в наших отношениях. Несомненно, была какая-то сильная коррекция сразу на все прочие отношения.

Рощин замолчал, и видно было, что думает он о чём-то неприятном, но справился с собой и закруглил эту тему:

— Но Булат был замечательный и в этот период тоже... У меня был даже какой-то момент зависти к тому, как он был горячо и сильно влюблён.

Потом Михал Михалыч вспомнил, что была у них с Булатом своеобразная игра. Началось с того, что как-то он попросил Булата дать ему плёнку с песнями. Тот отговорился, дескать, нет у меня никаких плёнок, потом как-нибудь.

И дальше при каждой встрече Рощин напоминал Булату про плёнку, на что Булат всякий раз продолжал находить какие-нибудь отговорки.

Тут встрепенулся задремавший было Никулин:

— Потрясающе!.. Да?

Но Рощин не обратил внимания на Валин возглас и продолжил вспоминать, как он просил плёнку:

— Ну что, будет когда-нибудь плёнка или нет?

А Окуджава в ответ:

— Отстань, надоел ты мне уже с этой плёнкой, сам сделаешь!

И вот однажды оказался Рощин в Америке. Туда «Современник» привёз его пьесу «Эшелон».

— Как раз премьера была, помнишь, Валечка? — обратился к вновь задремавшему Никулину Рощин. Тот помнил.

И там, в Америке, Рощин познакомился с потомком знаменитого педагога Ушинского. Тот привёл Михал Михалыча к себе домой. Хорошая русская семья, жена, две дочки. Первым делом гостю включили магнитофон. И оттуда зазвучал голос Булата.

Рощин встрепенулся:

— Пожалуйста, ради бога, перепишите мне эту плёночку окуджавскую, у меня нету!

— Как это у вас нет? — опешил хозяин.

— Вот нету!

— Но вы же знакомы с ним?

— Дружен!

— И как же у вас нет его плёнки?

— Так получилось...

Вернувшись из Америки, Миша первым делом позвонил Булату и сказал:

— Не нужна мне больше твоя плёнка! Теперь у меня есть такая, какой и у тебя самого, поди, нет!

И рассказал, откуда она у него взялась.

Тут Рощин снова обратился к ещё не успевшему вновь задремать Никулину:

— Послушай, Валечка, а я вспомнил ещё другой случай замечательный. Ты наверняка вспомнишь тоже. Помнишь, когда мы вышли из «Современника» после премьеры «Вкуса черешни»?

— Конечно! Конечно! — встрепенулся Никулин.

— Какой замечательный вечер был, а? Булат написал песни к спектаклю...

— Аппетитно! — перебил его Никулин.

— Да, замечательный был спектакль, очаровательные песни Булата...

— Аппетитно! — настаивал на своём Никулин.

— В театре толком выпить не получилось, и мы все вместе, и Булат с нами, вырвались из театра, двинулись в ВТО и всю дорогу от Маяковки до Пушкинской шли в обнимку и пели «Ах, пане, панове» из этого спектакля.

— Ах, пане, панове... — запел Никулин и тут же резюмировал: — Аппетитно!

После этого Никулин снова ушёл в покой, а Рощин, напротив, продолжил потчевать слушателей интересными рассказами:

После выступления Михаила Рощина. В верхнем ряду слева направо: С. В. Ким, Н. С. Козлова, её дочь, неустановленный юноша, Н. Н. Татиева, Л. А. Шилов, Н. Л. Зарудная, Е. В. Азимова, Р. В. Симонова. В нижнем ряду сидят: Н. В. Пьяниченко, супруга М. М. Рощина Татьяна и сам он, В. Н. Никулин с подругой Наташей. Остальные не установлены.

Я вчера ночью перечитал историю о кожаном пальто[36] и вспомнил свою историю про кожаную куртку, которую я однажды — похвастаюсь — подарил Булату. Мы где-то встретились случайно, и на мне была новенькая кожаная куртка, которую я откуда-то привёз, может быть, из той же Америки, уже и не помню. Ничего такая была, мягкая, приличная довольно курточка.

Булат сказал:

— Какая хорошая курточка у тебя!

— Тебе нравится?

— Да, ты знаешь, я тоже хочу такую. Ты где взял?

В этом месте вновь проснулся Никулин:

— Ну, Мишка, он действительно любил курточки, — и тут же снова уснул.

Михал Михалыч не отреагировал на его слова и продолжил:

---

[36] Имеется в виду рассказ Булата Окуджава «Искусство кройки и житья».

— Ну, если тебе нравится — возьми! — снял я куртку и отдал её Булату.

Тот пытался отнекиваться:

— Ну что ты? Зачем? С ума сошёл?!

Но Рощин, не слушая возражений, натянул куртку на Булата. Из аудитории раздались крики восхищения рощинской щедростью, но тот замахал руками:

— Это было нормально, в этом не было ничего такого... ну вот, если бы я у него попросил кожаную курточку, я знаю, что он бы мне тоже отдал, если бы мне очень захотелось. Такие были отношения. Я считаю, что это норма.

Михал Михалыч закурил и надолго замолчал. Никулин спал, и некому было заполнить паузу. Докурив, Рощин вдруг сказал:

> Булат был, конечно, душа-человек, ну что ж говорить? Причём душа изящная, прекрасная, добрая. Он излучал добро, несомненно. Может быть, это было главное его качество — добро.
>
> Вообще, жалко как-то этого времени... Может быть, потому что мы были молодыми. Сейчас нас обругивают... Вошло даже в моду обругивать шестидесятников, какие, мол, мы были дураки и к чему мы, дескать, всё это делали? Ну, наверно, а что ж сделаешь? Казалось, что получится что-то ...

Он замолчал и снова закурил.

На этом выступление Михаила Михайловича Рощина в музее Булата Окуджава закончилось.

Незадолго до своей смерти Рощин, наконец, получил собственную писательскую дачу, недалеко от булатовской, но боюсь, порадоваться уже не успел. Ему ампутировали ногу, а может быть, даже и обе, точно не знаю — я уже был очень далеко.

ЮБИЛЕЙ

Юбилейные торжества достигли своего апогея, конечно же, 9 мая, в день рождения героя музея. С раннего утра в музее выступали молодые артисты театра «Школа современной пьесы», затем действие переместилось в Москву на Трубную площадь к упомянутому театру, где до самого вечера шёл большой концерт, а вечером празднество переместилось непосредственно в театр.

Надо сказать, что замечательный главный режиссёр театра «Школа современной пьесы» Иосиф Леонидович Райхельгауз замечателен ещё и тем, что он много лет был и остаётся близким и преданным другом Булата Окуджава.

Ещё в 1994 году Иосиф Райхельзауз устроил у себя в театре грандиозное празднование 70-летия Булата, которое вылилось даже и на площадь перед театром.

И вот через пять лет снова грандиозный праздник, устроенный Райхельгаузом, но теперь уже на весь день — с раннего утра до позднего вечера.

В этот день поговорить подробно с Иосифом Леонидовичем, конечно же, было невозможно. Да и не было необходимости, потому что подробно мы с ним поговорили за полтора месяца до юбилея, 23 марта 1999 года.

Это, правда, было не в музее Булата Окуджава, а в Гослитмузее в Москве, где Райхельгауз выступал в Клубе друзей Булата. Но рассказ об этом выступлении, думаю, здесь будет не лишним.

У меня, наверное, как и у каждого, свой Булат Шалвович. Мне очень повезло, потому что много лет — лет десять — я с ним близко общался. Это было большое счастье.

Когда-то в ранней юности я услышал эти песни и понял, что с этим я буду жить всегда. А потом, будучи студентом четвёртого курса ГИТИСа, я в первый же свой спектакль[37], преддипломный, вставил песни Окуджавы.

Этот спектакль получился, меня заметили, пригласили в хорошие театры работать. И для меня навсегда стало обязательным знаком присутствие Окуджавы в любом спектакле, хотя бы одной его строчки.

Всего я поставил более шестидесяти спектаклей и снял десять, приблизительно, телевизионных фильмов. И думаю, что в половине из них обязательно звучит Окуджава.

Я очень хотел с ним познакомиться, но никак не получалось — я боялся. В 1985 году я снимал телевизионный фильм «1945», и там у меня должны были быть поэты-фронтовики Левитанский, Окуджава, Поженян, Самойлов.

И вот со всеми мне было очень легко. Я очень спокойно позвонил Левитанскому, сказал, что я режиссёр, работаю в театре «Современник», назвал ему какие-то свои спектакли. Он знал мои спектакли, я легко к нему приехал, и мы легко его сняли. То же самое с Поженяном, то же самое даже с Самойловым. Он жил в Прибалтике, и мы договорились, что к нему поедет оператор.

А вот с Булатом Шалвовичем я боялся — никак не мог к нему подойти. Валентин Никулин привёл меня в Дом литераторов, когда там выступал Окуджава. Да я много раз видел, как он говорил, читал, выступал в разных местах. А подойти не мог — и всё!

В своей профессиональной деятельности я имел дело со многими крупными писателями, в том числе и с Константином Симоновым, и с Чингизом Айтматовым, и я не боялся с ними общаться, хотя они относились ко мне снисходительно, как бы разрешали работать с ними.

А с Булатом Шалвовичем всё было по-другому. Когда я открывал свой театр, я всё-таки решился позвонить ему с просьбой выступить на открытии театра. Он взял трубку, и я залепетал, что вот я, такой-сякой, что вот я, много лет..., что все мои спектакли..., и в театре на Таганке я работал..., и не могли бы вы прийти на открытие театра и выйти на сцену... И знаете, что он мне ответил? Он ответил:

— Почту за честь!

Я эту фразу запомнил навсегда. С тех пор прошли годы, и теперь я с почётными званиями, руковожу театром, руковожу мастерской артистов театра и кино во ВГИКе.

И когда мне звонят даже из какой-то глухой провинции или вообще из детского сада и просят о чём-то, иногда мне хочется ответить, что нет времени у меня, что я чудовищно занят, но я вспоминаю фразу Булата Шалвовича, сказанную когда-то мне.

---

[37] «Мой бедный Марат» по пьесе А. Арбузова.

Когда мы с ним познакомились, мы договорились встретиться как-нибудь и посидеть, поговорить поподробней. Я звонил ему время от времени, но Булат Шалвович всё не мог выбрать время для встречи. Встреча затягивалась, а мне неловко было звонить часто, отрывать его от работы. Так тянулось месяца три или четыре.

И вот как-то звоню я в очередной раз, а он и говорит:

— Знаете, нехорошо, что мы столько раз договариваемся и всё никак не встретимся. Давайте на какой-нибудь день сейчас точно договоримся и не будем перезваниваться, уточнять. Когда у нас, скажем, ближайшая суббота?

Я говорю:

— Тринадцатое января.

— Вот, давайте, тринадцатого и встретимся.

Я заметил, что это ещё и праздник — старый Новый год.

— Ну, вот, заодно и отметим!

Договорились встретиться вместе с жёнами.

13 января мы с Мариной приехали и потрясающе встретили старый Новый год с четой Окуджава. Была замечательная ночь, Булат Шалвович придумывал какие-то замечательные розыгрыши. Оля — Ольга Владимировна — тоже придумала какие-то маски, что-то ещё.

Прощаясь, мы договорились, что в следующем году обязательно проведём этот день вместе.

Тут я открою вам небольшой секрет. Я довольно много лет знаком с Анатолием Борисовичем Чубайсом. Мы когда-то учились вместе с его женой Машей в университете в Ленинграде. В общем, давно знакомы и общаемся довольно регулярно.

И вот на следующий год дня за два до старого Нового года мы разговаривали по телефону, и Маша Чубайс предложила встретиться 13 января.

Я говорю:

— Нет, не получится! Я с Булатом Шалвовичем буду встречать старый Новый год!

— Да? — удивилась она, — вот повезло-то!

На том и расстались. А через полчаса звонит Маша и говорит:

— Я сказала Анатолию, и он так огорчился! А нельзя ли попросить Булата Шалвовича, чтобы и мы подъехали?

Я говорю:

— Ладно, попробую.

Чубайс тогда был первым вице-премьером, а премьером был Гайдар.

Я позвонил Булату Шалвовичу и говорю:

— Извините, у меня есть друг, он в правительстве занимается приватизацией, такой Чубайс. И он очень просится тоже к вам в гости...

Окуджава на это ответил: если члена правительства не смутит его скромная комнатка, пусть приезжают.

Я позвонил Чубайсам и сказал, что получил добро:

— Приезжайте!

А двенадцатого января вдруг звонит Чубайс и говорит:

— Иосиф, тут как-то неловко получилось... Гайдар назначил правительственное совещание 13 января, а я ему сказал, что не могу, потому что еду к Окуджаве встречать старый Новый год. А Егор мне на это:

— Ах, ты гад! Вы едете к Окуджаве, а меня не берёте! Тем более, что моя жена Маша — дочь Стругацкого! Пусть Иосиф и за меня замолвит словечко!

Я звоню Булату Шалвовичу и говорю:

— Булат Шалвович, извините, но не только первый вице-премьер, но ещё и премьер спрашивает, нельзя ли с вами встретить старый Новый год.

А он мне отвечает:

— Понимаете, Иосиф, я ничего против не имею, но тут ведь даже пройти к нам нельзя, не то что проехать — у нас всё снегом засыпало. Я, конечно, попробую завтра почистить дорожки, но много ли я успею — остаётся один день.

Я позвонил Чубайсу и сказал, чтобы он порадовал Гайдара — разрешение получено!

А сам думаю: отменю-ка я завтра все репетиции с утра и поеду в Переделкино, может, и своих студентов попрошу, и мы почистим все дорожки.

Наутро звоню:

— Булат Шалвович, я отменю все репетиции, возьму нескольких студентов, и...

А он меня перебил:

— Нет, нет, ничего не надо! Вы знаете, Иосиф, что-то очень странное происходит. Вокруг моего дома ходит много людей, чистят снег, проехал бульдозер, вычистил всю основную дорогу... Я беспокоюсь... Вы их предупредите, может быть, это за ними следят.

В девять часов вечера 13 января мы с Мариной подъехали на моих стареньких «Жигулях» к самому Белому дому — тогда ещё вокруг него не было забора. Приехали и обе Маши — жена Гайдара и жена Чубайса. Мы вместе ждали окончания правительственного совещания, которое очень затянулось. Уже десять часов, пол-одиннадцатого... В одиннадцать из здания вышел Козырев, затем Шохин и, наконец, где-то в четверть двенадцатого

Е. Гайдар и А. Чубайс в гостях у Булата Окуджава

выбежали Гайдар с Чубайсом. И Егор Тимурович виновато сказал Чубайсу:

— Придётся, иначе мы не доедем...

Я вскоре понял, что это значило. Это значило, что в Переделкино нас доставят очень быстро. Впервые в жизни я ехал в эскорте — нас сопровождала милицейская машина с мигалкой, мотоциклисты, все светофоры были зелёными. И я на своих стареньких «Жигулях» в этом эскорте. От Белого дома до Переделкина мы доехали минут за десять-двенадцать, там все дороги были расчищены до самой дачи Булата Шалвовича.

И с тех пор каждый старый Новый год мы встречали в этой компании. Иногда, кроме нас, бывал в этой компании ещё кто-нибудь. Несколько раз с нами встречал старый Новый год Владимир Войнович.

Ещё хочу вспомнить один потрясающий случай, связанный с Булатом Шалвовичем.

Однажды у нас в театре была какая-то премьера, я сейчас не помню... Булат Шалвович ходил на все премьеры, а в тот раз пришёл и Марлен Мартынович Хуциев. Они когда-то очень дружили, а в последнее время виделись редко. Я даже знаю, почему. Потому что Окуджава не оценил последний фильм Хуциева. Я-то думаю, что Булат Шалвович был неправ, потому что считаю, что этот фильм Хуциева — «Бесконечность» — выдающийся, просто потрясающий.

Это автобиографический фильм, но главного героя там играет такой огромный, мощный актёр. И я как-то спросил Булата Шалвовича, смотрел ли он этот фильм. Он ответил, что да, но фильм ему понравился не очень.

Я говорю:

— А мне показалось, что фильм — гениальный, потрясающий.

А он отвечает:

— Ну, понимаете, мы ведь с Марленом маленькие. А он всё хочет, чтобы мы были большие, и на главную роль взял артиста крупного телосложения, и я сказал ему об этом.

А я Хуциева знаю хорошо — он обиделся. И обиделся очень серьёзно. Да, они продолжали здороваться, Марлен не подавал вида, но тем не менее он очень обиделся на Булата. А для меня оба эти человека очень много значили, и я страдал.

И вот они оба оказались у нас на спектакле. Я в нашем служебном буфете сказал, чтобы они там хороший стол накрыли, а я постараюсь их привести после спектакля.

И мне это удалось. Они сели, стали выпивать, разговаривать, чего-то вспоминать... А вспоминать им было что — они же оба из Тбилиси. И вдруг они стали петь на два голоса какие-то грузинские песни. Они долго пели, это был просто большой концерт! И как они пели! Просто потрясающе пели, а у меня не было под рукой магнитофона!

Вот я сейчас рассказываю вам всё это, и будто бы с Булатом Шалвовичем встретился. Это такое большое счастье! Мне вообще в жизни очень повезло встречаться и общаться, и работать со многими замечательными и интереснейшими людьми.

Но знакомство с Булатом Шалвовичем, конечно, один из самых дорогих подарков в моей судьбе — можно считать, что жизнь прошла прекрасно. Иногда мне бывает грустно, и тогда я стараюсь думать: «Ну что ж такое? Дети есть, деревья растут, и я был знаком с Булатом Шалвовичем. Это оправдывает!»

Окуджава любил употреблять слово «оправдывает». Вот знакомство с ним и меня оправдывает.

Мне только хотелось бы добавить, что, кроме всего прочего, Иосифа Леонидовича оправдывает то, что он Гражданин своей страны с большой буквы. Это особенно ярко проявилось в 2022 году, когда Россия развернула войну в Украине.

Ну, раз уж я рассказал о встрече с Райхельгаузом 23 марта 1999 года, надо уж заодно рассказать и о том, что было в конце той встречи.

Случались у нас большие удачи, совершенно неожиданные, тем приятнее были такие сюрпризы. Иногда в качестве зрителя забредал к нам какой-нибудь важный свидетель и скромно делился своей бесценной информацией.

Участники поэтического семинара, Воронеж, 1954 г.. Среди стоящих четвёртый слева Б. Окуджава, среди сидящих первый слева Е. Исаев, шестой слева Сергей Орлов (тот, что с бородой). Остальные не установлены.

Вот и в тот день, когда Райхельгауз уже закончил своё выступление и все собрались расходиться, в конце зала поднялся какой-то мужчина и заявил, что хочет внести некоторый элемент неожиданности в сегодняшний вечер.

Гость рассказал, что живёт в доме напротив Гослитмузея и давно собирался к нам прийти, потому, что у него есть повод.

Гостя звали Роман Фёдорович Харитонов, и он, оказывается, был участником Межобластной конференции писателей средней полосы России в Воронеже, случившейся в 1954 году. На этом совещании он познакомился с молодым учителем из Калужской области Булатом Окуджава.

Об этой конференции уже рассказывал Андрей Крылов[38], и я тоже рассказывал о том, как попал туда учитель из Калуги[39],

---

[38] *Крылов А.* Размышления о самоиронии, корректности цитирования, агглютинации и конфабуляции, или О том, как и когда молодые поэты «били» Булата Окуджаву // Голос надежды. Вып. 6. М., 2009. С. 247–260.
[39] *Гизатулин М.* Булат Окуджава. Вся жизнь — в одной строке// М., АСТ, 2019. С. 229–237.

поэтому здесь говорить об этом не буду. Но Роман Фёдорович ещё и подарок бесценный принёс — уникальную фотографию участников поэтического семинара конференции, на которой запечатлён и Булат Окуджава.

Роман Фёдорович вспомнил тогдашние события:

— Все мы были тогда молодые, не только Окуджава — Володя Гордейчев, прекрасный ленинградский поэт Владимир Орлов[40]... Но самым корифеем и гением там был Егор Исаев. Некоторые другие тоже уже печатались, а вот Булат Окуджава был простым школьным учителем, имеющим только несколько газетных публикаций. Мы все вместе жили в гостинице, и я не помню тогда, чтобы Булат Шалвович играл на гитаре.

Но через пять лет Роман Харитонов снова увидел Булата Окуджава, к этому времени уже позабыв о нём напрочь.

> В 1959 году я поступил в Литинститут на семинар Льва Ошанина, и примерно месяца через три Лев Иванович сказал нам:
>
> — Я познакомлю вас, ребята, с совершенно необычным явлением, совершенно! Вы когда-нибудь слышали стихи под гитару?
>
> И вот к нам на семинар пришёл Булат Окуджава, с гитарой. Наверное, это было первое публичное выступление Булата Шалвовича. Он выступил и ушёл, а у нас разгорелся спор:
>
> Мнения были самые разные — уж очень было непривычным то, что мы услышали. Многие категорически не приняли необычного поэта:
>
> — Как?! Это стихи?!
>
> Но Лев Иванович убеждённо подвёл итог дискуссии:
>
> — Попомните моё слово, ребята, это будет огромное явление!

Вернёмся, однако, к юбилейному вечеру в театре «Школа современной пьесы» 9 мая 1999 года.

И зрители, и выступающие собрались в театре задолго до начала концерта — ведь многие из них весь день провели на Трубной площади и вечером плавно перетекли в здание театра — те, кто имел билеты, конечно.

---

[40] Р. Ф. Харитонов ошибся — поэт Владимир Орлов жил не в Ленинграде, а в Симферополе. Скорее всего, имелся в виду Сергей Орлов, который, кстати, присутствует и на групповой фотографии с воронежской конференции.

Лев Алексеевич перед концертом развил кипучую деятельность — «вылавливал» в фойе театра, на лестнице, в буфете интересных людей и брал у них блиц-интервью. Видеокамерой управлял Серёжа Филиппов. Они успели сделать шестнадцать интервью, расшифровками которых мне хочется поделиться:

Владимир Качан:

Я познакомился с Булатом Шалвовичем Окуджавой очень давно. Тогда я сочинял и пел всякие пародии, в их числе была и на Окуджаву, с темой «Раз, два, три, четыре, пять — вышел зайчик погулять». И там что-то было вроде:
Непременно я заячью косточку в землю зарою,
чтобы выросли зайцы весной, как горох и морковь,
чтобы зайцы взошли, как восходит луна над землёю,
чтоб исчезли охотники, но чтоб осталась любовь.

Как-то я спел эту пародию в числе прочих на каком-то вечере в ВТО, которое потом сгорело. На том вечере мы оказались с Булатом Шалвовичем за одним столом. И после моего выступления он мне мягко сказал:

— Я никогда не предполагал, что я пою таким противным голосом.

Он захотел, чтоб эта пародия у него была в печатном виде, и попросил её прислать по почте. Жил он в Безбожном переулке, в районе проспекта Мира. И он попросил:

— Володя, пошлите мне, ради смеха, не на Безбожный переулок, а на Божественный, интересно, дойдёт или нет.

Дошло, как ни странно.

Это было начало. Потом был фильм «Звезда пленительного счастья», где я спел его знаменитый теперь романс «Кавалергарды, век недолог». Потом он приходил к нам в театр юного зрителя, где я играл главную роль в спектакле «Три мушкетёра».

Время от времени мы встречались, и знакомство и тёплые отношения продолжались.

У меня есть несколько книг с его автографами. И даже, когда я сломал ногу, он мне написал на своём портрете, который теперь висит у меня дома: «Не ломайте ног, запчастей для нас нет». У меня есть несколько песен на его стихи последних лет, к которым он сам не успел сочинить музыку.

Одним словом, Булат Окуджава со мной давно и на всю мою оставшуюся жизнь. И даже если бы я захотел проститься с Окуджавой, окружающие этого не позволят, потому что куда бы я ни пришёл, где бы ни пел, всюду меня просят спеть одно — «Кавалергардов».

Иосиф Райхельгауз:

Так случилось, что в последние годы многие выступления Булата Шалвовича проходили здесь, в этом театре, а вот в этой комнате после концертов он сидел с друзьями и продолжал либо читать стихи, либо петь, либо ему читали. Здесь Михаил Михайлович Жванецкий прочёл ему свой замечательный монолог про грузинское сердце, армянское сердце и русское сердце Окуджавы с американскими заклепками. Вон там висит фотография Юрия Роста — это последнее прощание Булата Шалвовича со зрительным залом на нашей сцене.

Я, естественно, вместе со всеми скорблю, что его нет с нами, и вместе со всеми радуюсь, что теперь каждый год в День Победы 9 мая, мы можем проводить на Трубной площади день Булата Окуджавы. Вы видите, как сегодня с утра, вначале у дома Булата Шалвовича в Переделкине, потом на бульваре и вот теперь вокруг балкона театра собираются люди, и на всех этих площадках появляются актёры, поэты, писатели, композиторы и поют в его честь, в его славу.

Савва Кулиш:

Я хочу рассказать о первом впечатлении от песен Булата. Познакомился я с ним (вернее, не с ним, а с его песнями) в военных лагерях. Тогда во ВГИКе, где я учился, была кафедра военной подготовки, и мы отправлялись раз в два года в военные лагеря.

Мы маршировали и на марше пели очередную солдатскую песню «Где бы мы с тобой ни жили, всюду клали кирпичи». Потом мы ещё пели ужасно контрреволюционную песню, но старшина не очень понимал, что мы поём, это «Взвейтесь, соколы, орлами», с определённым припевом, достаточно вольным. И вдруг навстречу нам промаршировал Лесотехнический институт, который пел странную песню, необыкновенную: «Девочка плачет, шарик улетел, её утешают, а шарик летит». На нас это произвело совершенно сногсшибательное впечатление. Вечером мы отправились в палатки Лесотехнического института, чтобы выяснить, что они пели. Но мы их застать не могли, потому что они все уже были на гауптвахте, их арестовали за исполнение неуставной песни. Через день их выпустили — ведь нельзя же арестовать целый институт или целый курс института.

Так в нашу жизнь ворвалась какая-то необыкновенная, удивительная поэзия и странные песни. Я до сих пор не понимаю, почему они волновали нас тогда и почему они волнуют сегодня, и почему это словосочетание «Девочка плачет, а шарик летит» вызывает такое странное, щемящее и очень тёплое чувство.

Михаил Глузский:

Я не помню, какой это был год, но это было одно из первых публичных выступлений Булата Шалвовича на эстраде.

Было это в Доме кино, тогда он находился на Васильевской улице. У нас были такие вечера, которые назывались «Устные журналы», и вот писатель Василий Ардаматский объявил, что сейчас перед нами выступит поэт Булат Окуджава. Вышел тщедушный по облику человек, который начал петь песни, удивительные для меня песни. Но зрительный зал постепенно начал устраивать обструкцию его песням. Это было знаменитое выступление Булата в Доме кино, которое завершилось тем, что ему пришлось уйти со сцены. Вот таким было первое моё знакомство с Булатом Окуджавой.

А дальше была картина Хуциева «Застава Ильича», которая в прокате называлась «Мне двадцать лет», где Булат Окуджава вместе с группой поэтов был снят Марленом Мартыновичем Хуциевым и где все они были увековечены в своей молодости, в своём задоре тех лет.

А потом произошло знакомство. Честно говоря, я даже не помню, при каких обстоятельствах, как мы оказались знакомы. Как-то постепенно перешли на «ты».

Могу рассказать один забавный случай. Это было в Париже на бульваре Сен-Жермен. Там есть место, где стоит памятник Тарасу Григорьевичу Шевченко. Я с женой и её подругой направлялся к памятнику и вдруг увидел, что около памятника стоят несколько наших людей, российских. Наши люди очень узнаваемы на фоне Парижа.

Я решил обойти памятник сторонкой, чтобы остаться неузнанным. Но они меня всё-таки увидели и «узнали»: один из них сказал мне замечательные слова, которые я потом передал Булату:

— Вы знаете, когда ваши песни запрещали, мы всё равно их пели.

Я был счастлив, что меня приняли не за меня, а за Булата Окуджаву.

Лев Дуров:

Мы так почему-то устроены, что сожалеть о многом начинаем потом. Вот я не могу, например, похвастаться, что я был дружен с Булатом Шалвовичем, а ведь мог совершенно спокойно с ним дружить. Я знаю, что он очень хорошо ко мне относился, вся его семья ко мне очень хорошо относилась. И даже могу похвастаться, что они с Володей Максимовым бывали на всех наших премьерах, когда Анатолий Васильевич[41] был жив, когда спектакли на Малой Бронной были событием. Они всегда приходили ко мне за кулисы и тихо, чтоб никого не обидеть, говорили:

— Ты играешь лучше всех.

Я говорил:

— Нет, вы ошибаетесь.

Они говорили:

— Нет, нет, нет, лучше всех!

Я очень жалею о том, что у нас могла быть замечательная последняя встреча, потому что на последний старый Новый год Булат позвонил в театр и сказал Иосифу Райхельгаузу:

— Возьми с собой Лёву Дурова ко мне.

Они традиционно встречали старый Новый год у Булата на даче. А я, когда узнал, кто ещё едет, застеснялся и от стеснения сказал:

— Вы знаете, как-то неловко мне, я не поеду.

И теперь так об этом жалею!

Конечно, когда уходят такие люди, ими оставленная ячейка не заполняется, нет, подобные люди оставляют пустоты, и со смертью таких людей мы становимся бедней. Будут другие люди, а эта ячейка так и останется ячейкой Булата Окуджавы.

Елена Камбурова:

Чем больше времени проходит, тем для меня более ясным становится, что песни, которые сложили мой репертуар, и явились моей школой. И думаю, что главный предмет в этой школе — это Булат Окуджава. И осознание этого очень часто мешало мне в личном общении, потому что с годами я всё больше и больше поднимала на некий пьедестал это имя и, соответственно, этого человека.

Как-то я пришла к ним, когда они ещё с Олей и с Булей жили на Речном вокзале. В это время у Булата, как бывает у всякого поэта, был период, когда не писалось. И что же он делал? Он, в основном, целыми днями делал поделки из дерева. Я так заразилась, что потом года два тоже сама этим занималась.

И ещё очень запомнилась одна встреча, я даже запомнила число — это было 8 апреля 84-го года, тот редкий случай, когда я попала к ним в дом в тот самый момент, когда была написана песня. Это была песня «Музыкант играл на скрипке», и я видела состояние человека, который как бы говорит себе: «Ай да Пушкин! Ай да сукин сын!»

Это было состояние радости от написанного, и было очень приятно наблюдать процесс рождения песни, буквально только

---

[41] А. В. Эфрос (1925–1987).

Поёт Елена Камбурова. За роялем Игорь Егиков

что, ещё какие-то слова менялись, мелодия была не очень точно утверждена, но Буля сидел за фортепиано, а Булат напевал. За этим было потрясающе интересно наблюдать.

Приятно и радостно сознавать, что я — современник Булата Окуджавы.

Юрий Любимов:

За него всегда можно было быть спокойным, что он никакой гадости, никакого подвоха никому не сделает. Судьба ко мне благосклонна — живу долго (тьфу-тьфу!), и такие три удивительных друга у меня были: Галич, Булат и Володя Высоцкий. И все три ушли. И всегда так грустно от этого, но, зато у меня есть с кем там поговорить.

Александр Градский:

В 1973-ем году мы познакомились с Булатом Шалвовичем Окуджавой как с будущим соавтором песен к фильму «Романс о влюблённых». Он написал несколько совершенно замечательных стихотворений. А я взял эти стихи и, по молодости лет, начал их кромсать. И даже приписал несколько строчек. И, как мне показалось тогда, это существенно помогло песне и музыке.

«Было так всегда, будет так всегда!» — это то, что написал Окуджава, а я дописал: «Только я и ты, да только я и ты, да ты и я, да мы с тобой». И потом с большим удовольствием слышал, как пэтэушницы пели: «Только я и ты, да только ты и я».

И вот после этого, как мне показалось, он обиделся, и мы почти двадцать лет с ним не разговаривали. Я не знаю, чем это было вызвано, видимо, тем, что всё-таки были дописаны другие стихи, а он был указан их автором. Он обиделся на меня. Это мне было очень тяжело, потому что я не просто любил, я боготворил этого человека.

Прошло больше двадцати лет, и мы на каком-то дне рождения (я прекрасно помню, на каком, но не стану говорить) сидели за одним столом. Так вышло, что нас случайно посадили рядом, а до этого мы просто ходили мимо друг друга. Мы сидим, выпиваем, не говорим между собой. А рядом с нами сидит очень известный демократический политик и страшно некрасиво ест курицу. Он её ест, практически лёжа на столе, и выкидывает косточки куда-то. Я посмотрел на Булата Шалвовича, потом на этого политика, потом опять на Булата Шалвовича и заметил, что и он сделал то же самое: он тоже посмотрел на меня, потом на политика, потом опять на меня. И вот когда наши взгляды встретились, мы понимающе перемигнулись, я смотрел на него с глубокой нежностью. Окуджава налил водки себе, налил водки мне и сказал:

— А чего ты ко мне не приезжаешь никогда?

Я сказал:

— Булат Шалвович, мне казалось, вы на меня обиделись.

— А за что? — спросил он, и я подумал: «Ну, или он на самом деле не помнит, или он просто решил так вот меня, что ли, ободрить». И отвечаю:

— Конечно, приеду.

Он говорит:

— Всё, приезжай. Вот я сейчас уезжаю, потом вернусь через неделю где-то, приезжай.

А я так и не поехал. Наверное, мне было неудобно, наверное, постеснялся, не знаю, но жалею об этом очень сильно.

А про то, что я боготворил, боготворю его и буду боготворить — он один из очень немногих, чьи песни, чьи стихи со мной останутся навсегда.

Сергей Никитин:

Булат Окуджава — это просто часть моей жизни.

Однажды услышав просто из окна, с магнитофона, голос Окуджавы, я вдруг так разволновался и сразу понял, что это —

моё, причём на всю оставшуюся жизнь. Я и гитару впервые в руки взял, когда мне было пятнадцать лет, с единственной целью — петь песни Булата Окуджавы.

Познакомились мы с ним в конце 60-х годов. Тогда в Москву приехала одна француженка по имени Вивиан и привезла драгоценность — первую его пластинку, которая была выпущена в Париже. Это вообще была самая первая пластинка Булата Окуджавы. Было известно, что один экземпляр у Булата Шалвовича есть, но он его берёг и не крутил. И вот эта Вивиан попросила нас, чтобы мы провели её на вечер Окуджавы, который был в Центральном доме литераторов. Таким образом и мы к этой пластинке присоседились, и встреча состоялась. Булат Шалвович был очень рад, он говорил: «Наконец-то есть второй экземпляр, вот теперь мы послушаем». И вдруг выяснилось, что он что-то такое слышал обо мне, он даже напел мне песенку про пони. Я был настолько поражён, что сам Булат, мой кумир...

После окончания вечера Булат Шалвович и Ольга Владимировна пригласили нас с Татьяной и Вивиан к себе домой. Они жили тогда на Речном вокзале, и нужно было как-то добираться. Наконец, мы поймали такой «газик», который убирает улицы, туда запихнулось человек пятнадцать, совершенно невероятно. Мы ехали, и смеялись: «Мы едем, заметая следы». Вот такая была первая наша встреча.

Мы с Татьяной счастливы, что несколько лет отдыхали вместе с Булатом Окуджавой и Зиновием Гердтом на турбазе Дома учёных на реке Гауя в Латвии. Это был палаточный городок. Мы, конечно же, старались не нарушать покоя мастера, но иногда он сам приходил в нашу компанию (у нас там было такое кафе, «Вечерний звон» называлось), сам, без всяких просьб с нашей стороны брал в руки гитару, исполнял свою новую песню. Я помню, тогда он сочинил песню «Музыкант играл на скрипке...», мы с Татьяной тут же её разучили, и нам было очень важно мнение Булата о нашем исполнении.

Были ещё встречи. Я помню один его концерт на заводе АЗЛК. Булат Шалвович пригласил нас с Татьяной исполнить несколько его песен, и мы заметили, что на сцене, скромно, бочком, сидел человечек профессорского вида, в очках, и очень внимательно слушал. Потом выяснилось, что это был Андрей Дмитриевич Сахаров. Для нас этот эпизод очень важен: мы выступали на сцене вместе с Булатом Окуджава, а в зале сидел и слушал нас Андрей Сахаров.

Белла Ахмадулина:

Булат был необыкновенно добр, он всегда смеялся только над собой. Всегда, что бы он ни рассказывал, он там попадал в глупое положение, все остальные люди были хороши.

Б. Окуджава
и Б. Ахмадулина

Вот, например, Булат любил рассказывать, что он однажды выступал и начал так:

— Голоса у меня нет, на гитаре играть не умею, нот я не знаю...

И вдруг из зала с задних рядов раздался молодой свежий голос:

— Ну, и чего тогда ты сюда пришёл?

Рассказывая об этом, Булат смеялся таким счастливым смехом!

У Булата был любимый грузинский анекдот, он у нас с ним стал даже поговоркой:

Пасха. Богатый грузин сидит на веранде в Тифлисе, а бедный идёт внизу, говорит: «Христос воскресе!» Богатый отвечает сверху: «Знаю, знаю».

Когда Булату говорили какие-нибудь комплименты, он очень не любил этого. То есть, доброе слово понимал и ценил, но не любил подобострастия, особенно связанного с какой-то фамильярностью, и как-то отстранялся от этого.

Виктор Берковский:

Однажды мы с ним едем в машине, он за рулём. Это была его первая машина, он её звал Дуня и очень её любил. Вся семья любила эту Дуню. И вот мы едем, и тут знак ограничения скорости — 40 километров, он не снижает скорости, и из-за кустов появляется инспектор, останавливает его, требует права, начинает ему выговаривать, угрожает проколоть дырку в правах.

Потом читает права: «Окуджава», и глаза и голос у него меняются, и он уже начинает говорить:

— Ну, как же вы так, Булат Шалвович, нарушаете!

А тот отвечает:

Михаил Жванецкий на юбилейном вечере

— Да, вот так получилось.

И инспектор пытается ему отдать назад права. Но Булат Шалвович с его принципиальностью отказывается:

— Если заслужил — колите!

Инспектор взял и проколол. На этом история и кончилась.

Михаил Жванецкий:

Он мне предложил:

— Говори мне «ты» и говори «Булат».

От этого можно было сдвинуться! Мальчику из одесского порта, сменному механику, чтоб я говорил ему «ты» и «Булат»! Привёл меня к нему, по-моему, Визбор. Я просто дрожал весь. Все дрожали, все дрожат до сих пор. Потому что играющих на гитаре и поющих — миллионы, а талантливых — очень мало, а он — вообще один.

Он был всегда со мной откровенен, и мне страшно хотелось его рассмешить, я делал всё, чтобы он смеялся. И он смеялся. Знаете, вот пять лет назад я здесь на его семидесятилетие читал ему приветствие, и он смеялся. И от этого я начинал распускать павлиний хвост.

Мне так же трудно о нём говорить, как, наверное, трудно говорить о маме, о папе. Он слишком как личность, как человек, достоин того, чтобы за ним идти. Сейчас его нет, и становишься самостоятельным, как ребёнок, руку которого выпустили. Ты ходишь по тротуару и не знаешь, где машины.

С его уходом между нами и смертью не осталось никого. С его уходом между нами и бесчестьем не осталось никого. С его уходом между нами и бездарностью не осталось никого. Ориентира нет, маячка нет. Вот сейчас сам я пытаюсь зажечь свой свет взамен его, свой маленький свет, который будет ориентиром хотя бы для тех, кто возле меня. Потому что они на меня смотрят, они меня спрашивают: «А вы за кого?» И мне приходится отвечать.

...Мужество определяется в старости, когда есть, что терять. В молодости это просто бесстрашие от слабости мозгов.

Теперь его нет. Как оно получится с его песнями, разберутся дети, а то, что у них живого такого не будет, это жаль. Их жаль.

Евгений Бачурин:

В Доме художников на Кузнецком мосту где-то в 86-м году был концерт Булата. Я вёл этот концерт и сейчас вспоминаю о том, как это всё было, сколько там сидело и стояло в проходах народу.

А в конце концерта я спел посвящённую ему песню, которую только что написал.

Я взял его гитару и думаю: «Боже мой, как можно играть на такой гитаре — струны от грифа отстали вот на столько». И настроена она была как-то странно, но всё-таки я справился с этим делом и спел. Песня называлась «Первый менестрель», поскольку я всегда считал его и сейчас считаю воистину первым.

Юлиу Эдлис:

Мы познакомились в 43-м году в Тбилиси. Я учился в школе, а он вернулся с фронта после ранения. И мы встретились с ним в литобъединении при газете «Молодой сталинец». Я писал рассказики, он писал стихи.

Когда худо на душе, я ставлю пластинки Булата. Просто я убеждён, что из всего этого большого количества людей, которых теперь называют шестидесятниками, никто так не выразил дух этого времени, надежды этого времени, печаль этого времени, обречённость этого времени и, главное, нежность, как Булат. Мне кажется, Булат — это очень надолго. Дольше, чем кто-либо другой из нас.

Кристина Андерсон:

Я думаю, Булат — подарок от природы или от бога, просто подарок, который нам нужен. Без таких людей, как Булат, я думаю, было бы очень трудно жить. Это просто подарок — такой человек.

Среди опрошенных в тот день перед концертом были ещё Андрей Вознесенский и Наум Коржавин, но их интервью я опущу, чтобы не повторяться — они уже рассказывали это в своих выступлениях в музее в начале года. Да и интервью некоторых других мне пришлось подсократить.

АЗНАВУР, МИРЕЙ МАТЬЕ И ЕЩЁ КАКИЕ-ТО ЗНАМЕНИТОСТИ

После такого мощного залпа 9 мая мы отдыхали две недели, и очередное выступление в музее состоялось только 23 мая. Выступал актёр и бард Михаил Стародуб. Раньше я его не знал и выпустил на нашу сцену, ни с кем не посоветовавшись.

Здесь я вынужден повиниться, что бардовскую песню знаю плохо. Пальцев рук мне хватит, чтобы перечислить любимых. Уверен, что среди оставшихся много замечательных авторов и исполнителей, но я с их творчеством просто незнаком.

Что же касается Михаила Стародуба, должен признаться, что стихи и песни его мне не понравились. Но, возможно, у меня плохой вкус.

К счастью, Михаил в этот день не только пел, но и рассказал одну любопытную историю, которую я здесь приведу:

> Однажды, когда я работал в театре Советской Армии, я получил роль в очень странном спектакле, который назывался «Снеги пали». Там было шесть или семь песен композитора Евгения Птичкина на стихи Булата Окуджавы. Это были хорошие, но не гениальные песни. В спектакле пели Нина Сазонова, Николай Пастухов, Ирина Дёмина и я. Мне досталась, как мне кажется, самая трудная песня, какая только может быть. Там стихи совсем не окуджавские:
>
> *Вся земля, вся планета — сплошное «туда».*
> *Как струна, дорога звонка и туга.*
> *Все, куда бы ни ехали, только — туда,*
> *и никто не сюда.*
> *Все — туда и туда.*

Не знаю, почему начало этого стихотворения Стародубу не показалось «окуджавским», но продолжение ему понравилось больше, а про концовку Михаил Михайлович сказал: «Это уже совсем Окуджава!»

Тем не менее:

Петь это было очень трудно!

И вот пришёл мэтр послушать наше исполнение. Нине Афанасьевне сказал:

— Замечательно! Будем делать пластинку, обязательно ваше исполнение пойдёт!

Пастухова тоже похвалил, сказал, что он чудесно поёт свою песню. Хотя тот вообще не поющий актёр. Дёмину тоже похвалил.

Ну, думаю, раз уж Окуджава их так расхвалил, то я-то, настоящий певец, что сейчас услышу про себя?

И вот дошла очередь до меня, и вдруг Окуджава заявляет:

— Вы меня простите, но вы поёте ужасно! Если будем делать пластинку, я эту песню буду петь сам.

Я был просто ошарашен! Никаких подсказок он мне не дал, и я продолжал петь в спектакле так же, как и раньше.

Вот такой печальной получилась моя единственная встреча с Булатом Шалвовичем. Прямо как в анекдоте.

Надо было, конечно, попросить гостя исполнить эту песню, но я был так удивлён его рассказом, что забыл обо всём. Удивлён, потому что по его стихам и песням он мне показался слишком серьёзно к себе относящимся, если не самовлюблённым, и вдруг такое признание!

6 июня у нас выступал драматург Юлиу Эдлис. Это был день рождения Пушкина, поэтому Юлиу Филиппович начал свою речь так:

Вообще сегодня приличнее говорить о Пушкине, тем более, что все мы, и я в том числе, Пушкина знаем лучше, чем Окуджаву.

О Булате же, которого я знал пятьдесят шесть лет, мне говорить очень трудно.

Трудно по двум причинам. Первая заключается в том, что говорить о его стихах я не смею — я к ним не объективен: их писал один из моих самых близких друзей. Кроме того, я не специалист в области стихосложения.

А вторая причина, почему мне трудно говорить о Булате Шалвовиче, состоит вот в чём: большая часть того, что я о нём знаю, относится к интимной жизни. К моей интимной жизни, к его интимной жизни, но под интимом я не имею в виду только женщин, хотя женщины в его жизни играли немалую роль.

Познакомился я с Булатом в конце 43-го года в Тбилиси. Он вернулся с фронта, а я попал в Тбилиси в эвакуацию. Разница между нами была невелика, пять лет. Но тогда это была огромная разница — между нами была война. А это — эпоха, мы были людьми разных эпох.

Довоенный и военный Тбилиси — это был особый мир, исчезнувший. Этого города больше нет. Есть другой город. Под тем же названием, и живут в нём те же грузины и армяне, только дух совершенно иной. Наша дружба до конца дней была чисто тифлисской дружбой: с подначками, всегда с юмором, всегда весёлая.

В тот день Юлиу Эдлис очень много рассказал интересного, и к счастью, не о Пушкине. Но я, пожалуй, очень фрагментарно дам его рассказ и не только потому, что получится слишком длинно, но и потому, что мемуаристом он оказался немножко с богатой фантазией.

Когда приезжали из Тбилиси Шура Цыбулевский, Гия Маргвелашвили, Джансуг Чарквиани, мы собирались, и если бы нас послушали со стороны, то сказали бы — какие пустые собрались люди, какие глупости они говорят! А это были весьма умные (я не говорю о себе, конечно), образованные люди. Вот этот тифлисский акцент на нашей дружбе сохранился до конца наших дней. И не-тифлисцы плохо это понимали. Вот Оля, жена Булата, этот тон не понимала, не принимала. А Белла Ахмадулина, которая очень связана с Тбилиси, прекрасно это чувствовала и понимала.

Итак, 1943 год. Познакомились мы с Булатом в литературном объединении при газете «Молодой сталинец» в Тбилиси, потому что я хоть и учился в 7-ом классе, но уже писал рассказики. Из этого объединения вышло много талантливых людей. Был такой Тодик Бархударян, который потом стал подписываться именем Фёдор Колунцев, был Густав Айзенберг, впоследствии ставший известным киносценаристом Анатолисм Гребневым, был блистательный поэт Шура Цыбулевский.

Руководил объединением поэт Георгий Крейтан, ныне забытый. Я не знаю, какой он поэт, мне уже не вспомнить его стихи, но руководитель он был превосходный, он очень умно говорил, прочтя твоё сочинение.

А вторым руководителем был последний из оставшихся в живых имажинистов Рюрик Ивнев, относительно недавно умерший, друг Есенина и Мариенгофа, высланный за гомосексуализм в Тбилиси.

Мы в объединении дневали и ночевали, Булат — после лекций в университете, я — после школы. А вечера мы часто проводили на квартире ещё одного поэта, Романа Чернявского. У Романа были посажены и мать, и отец, и он жил у дяди-часовщика в крохотной квартире высоко на горе, над Комсомольской аллеей. К нему очень трудно было идти — гора была крутая.

Роман впоследствии бесследно сгинул. Говорят, он жил в Таллинне в последние годы и там сошёл с ума.

Дальше Юлиу Филиппович долго рассказывал про друзей из их литературного объединения, упомянув ещё и Эллу Маркман. Посокрушался, что она давно умерла.

А через год или два мне посчастливилось познакомиться и даже подружиться с «давно умершей» Эллой Моисеевной. И я даже свозил её в гости к Юлию Филипповичу, с которым мы тоже были накоротке. Но об этой истории нужен отдельный рассказ, и он мной давно написан. Поэтому фрагмент из него я здесь и приведу.

Однажды я познакомился с чудесной женщиной, Эллой Моисеевной Маркман. Она была знакома с Булатом аж в 1943 году, они вместе увлекались стихами. Дальше в её биографии всё, как положено, — в 1948 году арест, тюрьма и двадцать пять лет каторги. Теперь, когда каждому школьнику известно, как мог человек пострадать в те времена просто за безобидный анекдот, неудачно рассказанный в кругу даже близких людей, или за пшеничный колосок, подобранный на дороге вдоль колхозного поля, такому повороту в её биографии удивляться не приходится. Но в её случае, я бы даже не сказал, что её ни за что ни про что посадили. Она, видите ли, подпольную группу организовала с незатейливым названием «Смерть Берия!»

И если бы это был не 1948 год, когда её арестовали, не довелось бы мне познакомиться с такой прекрасной, красивой, но в то же время — противной и упрямой тёткой. Просто в 1948 году смертная казнь была ненадолго отменена.

Теперь, видимо, надо ответить за вышеприведённые эпитеты. Отвечу, и с удовольствием. Ей было около восьмидесяти, мне — чуть не вдвое меньше. Она была коммунисткой до мозга костей, я — наоборот, и ещё сильнее, до обгрызанных ногтей. Вообще, её не Элла, а Коммунела звали. Так её назвал папа, которого потом расстрелял Лаврентий Берия. И это имя ей как никакое другое подходило.

Но друзья её звали Ёлкой. И меня через пару дней общения она заставила так себя звать. И исключительно на «ты», что мне поначалу было диковато, но она хотела, чтобы мы были на равных. Ёлка читала мне стихи и поясняла, что только в Советском Союзе могли родиться такие гениальные строчки. Я читал ей стихи и говорил, что да, только в Советском Союзе могли родиться такие трагические и безысходные строки. Она кричала, что Ленин хотел, чтобы было хорошо, а Сталин всё извратил! Я кричал, что она идиотка и жалко, что Берия отменил в 1948 году смертную казнь. Она кричала, что в лагере не так уж и плохо было, какие-то радости и развлечения случались, я плакал и бился головой об стол.

В общем, мы подружились.

И вот однажды я вспомнил, зачем вообще приходил к ней, этой Ёлке замечательной с комсомольскими горящими глазами на девятом десятке лет. И устроил ей сходку с другим участником событий в Тбилиси 1943 года, который тоже хорошо помнил тогдашнего Окуджава. Это был драматург Юлиу Эдлис, живущий в Переделкине прямо около музея Чуковского.

Юлиу Филиппыча я на крючке держал обещаниями, что мы скоро с ним в Тбилиси поедем. За это он в любое время ждал меня с распростёртыми объятиями.

...Обманул я, конечно, старика, продинамил. Он меня потом до смерти не простил.

Но сейчас всё хорошо, усаживаю я красивую Ёлку в свою красивую машину, и мы мчимся в Переделкино к красивому Юлику.

Встреча — не передать: слёзы, поцелуи, объятия! Юлик провёл нас в гостиную и усадил в почётные кресла. Чай, вино, шестьдесят лет не виделись. Я рядом суечусь, не выпуская из рук диктофона.

Выпили, слово за слово, беседа потекла. Ещё выпили. Я чувствую — ложное русло беседы, недалеко до беды — и возвращаю старых друзей в 1943 год. В 1943-м было счастливо и радостно, почти как в Ёлкином лагере. До тех пор, пока какой-то день или час не вызвал разногласий вспоминающих. Ёлка ему укоризненно, но по-доброму — всё-таки она старше не только меня, но и его:

— Юлик, ты путаешь, родненький! В тот день было всё не так, а вот так!

Юлий Филиппович, джентльмен, в совершенстве говорящий по-французски, драматург с мировым именем отвечает:

— Э-э-э, это ты забыла, Ёлочка! Всё было совсем по-другому!

Я начинаю ёрзать в дорогом кресле, потому что оба они говорят ерунду. Я им сейчас объясню, как они ошибаются. Но сдерживаюсь пока.

Они продолжают ожесточённо спорить, наконец, их дискуссия достигает апогея, и я решаю вмешаться, потому что оба они в корне неправы!

Перебив их громкие вопли, я возглашаю, что всё было не так! Тогда, летом 1943-го, всё было совсем иначе и быстро рассказываю, как именно. Ну, я имею право высказаться, я много лет этим вопросом занимаюсь.

Опешивши на мгновенье, что ещё кто-то из свидетелей тех событий здесь рядом, спорщики воззрились на меня. Наконец, они вышли из ступора, и Ёлка закричала, что я всё забыл, потому, что выпиваю часто, а Юлик подытожил, что я вообще в то время в Тбилиси не был, потому что уезжал к маме.

Здесь уже мне в ступор войти пришлось, ибо в этот момент я ещё помнил, что родился через семнадцать лет после вспоминаемых нами событий. И пока я пребывал в выключенном состоянии, они всё-таки умудрились на 1991 год перескочить — и главное, так быстро, нарушив всякую последовательность, что дело стало быстро продвигаться к убийству на почве неприязни с отягчающими обстоятельствами.

Пока я их растаскивал, красный, как портвейн, Эдлис, пытался дотянуться высохшими руками до горла Ёлочки Маркман, а она, белая, как «Московская», в свою очередь, пыталась выцарапать ему глаза своими нежными, воздушными, поэтическими пальчиками.

Я взял её в охапку и отнёс в машину. Юлик с крыльца кричал мне здравицы за то, что я сумел её нейтрализовать.

И это единственное хорошее, что я успел сделать Юлиу Филипповичу Эдлису, ведь в Грузию я его так и не свозил. Но он почему-то запомнил последнее, хотя в тот день был очень благодарен.

Потом почти вся тбилисская компания разъехалась. Юлиу Эдлис появился в Москве в 1960. С Булатом не встречался, но продолжал дружить с Романом Чернявским, тоже переехавшим в Москву. Роман оставил «высокую» поэзию и занимался больше стихотворными фельетонами.

Однажды Рома предложил Юлику:

— Давай встретимся с Булатом, послушаешь его песни.

Юлиу Эдлис в Тбилиси всё-таки не был близким другом Булата и не слышал, как потрясающе пел тогда ещё преимущественно чужие песни юный Окуджава. Поэтому удивился:

— Какие песни, у Булата вроде бы ни голоса, ни слуха, какие песни?!

Роман снимал квартиру на Арбате, в доме рядом с рестораном «Прага», и на входе в подъезд этого дома было написано: «Доктор Ильянов, венерические и мочеполовые болезни». Это была единственная квартира в подъезде, и её снимал Рома Чернявский.

И вот в этих самых «мочеполовых болезнях», в кабинете доктора Ильянова и состоялась моя встреча с Булатом через много лет, и я впервые услышал песни Булата.

Юлиу Эдлис: Марат, ты же в деревню к маме уезжал летом 1943 года!

Я даже не понял, что произошло. Эти песни меня скорее поразили, чем понравились — настолько я был ошеломлён. Я понимал, что за ними стоит что-то странное, мне ещё неведомое и непонятное, и не похожее на те песни, которые я слышу по радио или сам напеваю про себя.

После этого Юлиу и Роман стали ездить по всем домашним концертам Булата и попали на его первое публичное выступление в Доме кино, где любимцы муз и властители встретили его криками: «Позор!» и «Долой!»

И наконец, песни Булата прозвучали в спектакле по пьесе Юлиу.

У Булата не было ни одной цензурованной песни тогда, то есть залитованной[42]. А у меня в это время на Малой Бронной репетировался спектакль «Волнолом», который ставил Андрей Гончаров. Я попросил у Булата две песни для спектакля. И он подарил мне их — «Припортовые царевны» и «Сентиментальный марш». К сожалению, это никак не отражено в его библиографиях и дискографиях. Возможно, потому, что текст пьесы мы послали в Главлит без указания автора песен. Поскольку текст

---

[42] То есть одобренной Главлитом или его многочисленными филиалами в регионах. Главлит — орган государственного управления в СССР, ведавший цензурой печатных изданий и всех прочих текстов, предназначенных для публичного прочтения — на радио, телевидении, в театре, концерте и проч. с 1922 по 1991 гг.

пьесы должен быть залитован целиком, то мы исхитрились не написать автора песен. Мы понимали, что как только появится фамилия Окуджава, пьесу могут запретить. А так — вдруг проскочит. И проскочило.

Возможно, Юлиу Филиппович ошибается и песни Булата Окуджава в его спектакле не были первыми одобренными цензурой. Ведь в том же 1962 году вышел фильм «Цепная реакция», в котором тоже звучала песня Булата Окуджава, причём там даже и сам автор присутствует — поёт в троллейбусе «Последний троллейбус».

У спектакля был оглушительный успех. Я позволяю себе такую вопиющую нескромность потому, что этот успех я целиком отношу на счёт «Сентиментального марша» Булата. К этому времени песни Булата уже у многих были на слуху.

Пьеса была юношеская, романтическая, и её потом не включал ни в одну из своих книг. Там в финале спектакля умирал главный герой, и все пели его любимую песню «Сентиментальный марш», которая проходила через весь спектакль. И зал вставал и пел это вместе с актёрами.

В этом был успех непередаваемый — такого единства, такого слияния зала и сцены я до этого не видел. Такое бывало потом, годы спустя на спектаклях Любимова, Эфроса, а наш спектакль я не считаю выдающимся произведением сценического искусства, но этот «Сентиментальный марш»!..

Когда я вспоминаю об этом спектакле, у меня всякий раз слёзы на глазах наворачиваются.

Дальше Эдлис стал рассказывать о писательской компании, сложившейся в шестидесятые годы.

Это была странная жизнь. Мы каждый день встречались за обедом, обед перерастал в ужин, и так мы жили изо дня в день. Точно так же мы жили в Коктебеле, в Дубултах, в Ялте... Это была совершенно счастливая пора нашей жизни. Мы были молоды, у нас у всех был успех, неожиданный и ранний. Аксёнов, Вознесенский, Евтушенко, Рождественский уже в 1959 году проснулись знаменитыми и богатыми. И очень гордыми собой, сознающими свой талант.

Были и другие замечательные писатели, но только чуть в стороне: Юрий Казаков, Георгий Семёнов, блистательный прозаик, полузабытый теперь. Я думаю, что многие рассказы Казакова и Семёнова можно поставить на полку рядом с Чеховым, с Набоковым.

У нас была очень весёлая и лёгкая жизнь. Потом, когда Аксёнов в первый раз после эмиграции приехал в СССР уже в конце 80-х годов, мы стали вспоминать нашу тогдашнюю жизнь и удивились, что мы помним, когда и что мы ели, с кем пили, с кем спали. Но восстановить, когда мы писали, было совершенно невозможно.

Наверное, Эдлис слишком обобщает насчёт «весёлой и лёгкой» жизни, а может, коварная память оставляет в себе только приятные моменты, но, повторюсь, я замечал, что он присочиняет в воспоминаниях.

Мы жили с Васей Аксёновым в одном доме возле метро «Аэропорт». Прекрасно помню, как мы возвращаемся домой в час ночи в хорошем настроении, а утром Вася заходит за мной, и мы идём на Ленинградский рынок, который тогда назывался Солдатским[43]. Рядом был грязный-грязный пруд, а на берегу пруда стояла такая же грязная зелёная пивная. Мы шли в эту пивную.

А затем домой — бриться, заниматься другими делами. Когда же мы сочиняли, восстановить не могу. При этом у каждого из нас в это время ежегодно выходила повесть, или роман, или поэма, или цикл стихов, или пьеса.

Я прекрасно помню день, когда кончилась наша беззаботная жизнь.

Это был 1968 год. Накануне, 20 августа, мы на веранде Дома творчества в Ялте отмечали день рождения Васи Аксёнова. Помню, был недобор барышень, и мы с кем-то поехали в Феодосию, где в это время гастролировали украинский женский ансамбль «Мрия» и Московский городской дом моделей. И мы уговорили их приехать к Васе на день рождения.

Кончился праздник грандиозной дракой, потому что из-за приглашённых нами артисток подрались местные ребята: дежурные спасатели, ещё кто-то... Приехала милиция разнимать драчунов, и мы перешли допивать на пляж. Там тоже было весело. Гриша Свирский — был такой писатель, он потом эмигрировал — оступился и упал в воду, как был — в костюме, в галстуке! Мы ему не даём выйти, толкаем поглубже, а он кричит:

— Идиоты, у меня же партбилет в кармане!

Зря беспокоился — через год его всё равно исключили из партии.

И мы все полезли в воду как были, в нарядной одежде. Смысл был в том, чтобы доплыть в одежде, в ботинках, до буйка

---

[43] Ю. Ф. Эдлис ошибается. До Ленинградского рынка, который открылся в 1963 году, неподалёку был другой рынок, который назывался Инвалидным. Солдатский рынок был в другом месте Москвы.

с бутылкой в руке и там эту бутылку выпить. Никто не утонул, как ни странно.

Утром мы проснулись поздно и решили идти на пляж. Причём не на вчерашний пляж, где много народа, чтоб не раздражали нас после вчерашнего, а в «Мёртвую бухту», это в отдалении.

Были: Булат с Олей и с Булькой, Вася с Кирой и с сыном Китом, Роберт Рождественский с дочерьми и с Аллой, Толя Рыбаков, Володя Фролов покойный. Ой, что я говорю, почти все же уже покойные... Человек двадцать нас было, наверное, вместе с детьми. Да, Юра Трифонов ещё был.

Кто-то захватил приёмник, и мы, лежа на пляже, не в состоянии разговаривать после вчерашнего, его слушали. И вдруг мы слышим о вводе войск в Прагу.

И вот тут мы поняли: кончилась наша геологическая эпоха. Наступает ледниковый период.

Будь мы малость постарше и поскептичнее, мы бы гораздо раньше поняли, что всё кончилось, ещё когда Никита Сергеевич посетил выставку в Манеже...

Или, во всяком случае, к тому шло, что всё кончится.

Помню, мы молча шли из «Мёртвой бухты» обратно. Булат к тому времени уже лысенький был сильно, пекло солнце, а он без кепки. И я запомнил, как он шёл, прикрыв ладонями лысину, и это был как будто жест скорби — идёт человек, не то посыпающий голову пеплом, не то схватившийся за голову. Его сутулость усиливала это ощущение.

И вдруг Юра Трифонов сказал:

— Ребята, это конец!

Вообще-то, он немножко по-другому выразился, но здесь при дамах я не могу.

После этого наша жизнь сильно изменилась. Я на двадцать лет стал невыездной, в Москве меня лет десять не ставили, но в провинции пьесы мои шли, денег хватало. Жизнь стала какая-то разъединённая, и мы стали редко видеться. Да и Ольга...

Когда Булат получил дачу в Переделкине, мы стали встречаться чаще, потому что на даче он жил один, а я тоже в Переделкине один жил. Иногда я звонил ему из Москвы, собираясь ехать в Переделкино:

— Булат, я куплю мясо по дороге, на Дорогомиловском рынке. Приеду, пожарим.

А он всегда отвечал:

— Нет-нет, без меня не покупай, ты в мясе ничего не понимаешь!

И тогда я приезжал в Переделкино, мы садились на булатовскую машину и ехали обратно в Москву покупать мясо. Булат сам его жарил, он хорошо готовил.

Евгений Евтушенко, замечательный и красивый друг не только рифмы и амазонских крокодилов, но и наш

Затем Эдлис решил поговорить о поэзии своего друга. Сказал, что у Евтушенко рифмы лучше. Вознесенский, которого он, Эдлис, как поэта ставит не очень высоко, всё-таки блистательный метафорист, лучше, чем Булат.

Главным же свойством поэзии Булата Окуджава Эдлис назвал нежность:

> Сам он был человеком сложным, к нежности не склонным, но поэт он был нежнейший. И в этом смысле он единственный в русской литературе.
> Это так, знаете, «когда степь да степь кругом» и только где-то далеко колокольчик, который напоминает, что ещё есть люди, ещё есть жизнь, а, значит, надо жить... Вот так я воспринимаю его «не убирайте ладони со лба». И это, как мне кажется, главное и определяющее свойство поэзии Булата — нежность. Нежность всегда печальна, потому что она беззащитна, потому, что всякий может на неё замахнуться, цыкнуть и так далее. Хрупкая штука нежность. И вот поэзия Булата хрупкая-хрупкая, как муранское стекло. Вот почему кто бы ни пел его песни, даже певица, которую я ставлю очень высоко, Лена Камбурова, всё это не по мне. Потому, что этот хрупкий хрипловатый негромкий голос Булата — это часть эстетики его песен.

Дальше Юлию Филиппович рассказывал, как близко дружили когда-то Булат и Владимир Максимов, а потом рассорились насмерть, то же самое получилось с Юрием Левитанским. Я это опущу, пожалуй, а то и так уже Эдлис очень долго выступает.

Перескажу только напоследок об их совместной поездке в Париж в декабре 1967 года в составе делегации советских писателей. И там они с Булатом, вдвоём из всей делегации, выступили в зале «Мютюалитэ». Первую часть вечера Юлиу Эдлис рассказывал про советский театр. Почему именно Эдлис, а не кто-нибудь ещё из делегации? Ну, во-первых, он — драматург, но даже не это главное. Главное, что он в совершенстве владел французским языком потому, что в детстве учился в Париже. А во второй части выступал Окуджава со своими песнями и имел оглушительный успех. Тогда же и была записана первая большая пластинка песен Булата.

И за эту пластинку Булат получает сумасшедший гонорар в десять тысяч франков! А у Эдлиса в это же время репетируется пьеса в театре «La Cite Internationale». И он тоже получает гонорар, шесть тысяч франков!

> Жили мы с ним в гостинице с очень странным названием, в одной комнате, большой, но довольно грязной. В углу за клеёночкой душ, а туалет на весь коридор один. А называлась гостиница «Вселенная и Португалия». Её теперь нет, снесли весь этот район, там теперь центр Помпиду.

И вот, делегация советских писателей уезжает домой, а Окуджава с Эдлисом разрешают на Рождество остаться в Париже. Надо же им деньги потратить.

> Булату тут же его друзья, которые записывали диск, сняли другую гостиницу, на Монпарнасе, а мои театральные деятели не догадались этого сделать, хотя во главе театра стоял не кто иной, как Жан Виллар.

Рождественскую ночь Булат с Юлиу провели вместе в знаменитом ресторане «Куполь» на Монпарнасе.

> Вместе с нами Рождество праздновали французские звёзды — Азнавур, Мирей Матье, и ещё какие-то знаменитости...

ПОСЛЕДНИЙ КОНЦЕРТ

Строго говоря, это был не последний проводимый музеем вечер в Концертном зале Чайковского, а первый. Но для меня он был так же и последним. На других я уже не бывал. Это было вообще последнее при мне выездное мероприятие музея, но тогда я этого ещё не знал.

Итак, 12 июня 1999 года, в день второй годовщины со дня смерти Булата Окуджава, мы устроили вечер его памяти в Концертном зале Чайковского. Организовать его вновь помогала Эмма Абрамовна Динерштейн. Мы с ней съездили, договорились с администратором зала, наметили, кого пригласим, и она сама обзвонила многих артистов.

Как обычно, все выступали бесплатно, в расходной части была только аренда зала, правда, это была немалая сумма, и чтобы заработать что-то, надо было собрать больше половины зала. Горячая юбилейная пора была позади, а музею хорошо было бы иметь какой-то запас, чтобы пережить зиму. Главной статьёй расхода была зарплата сотрудников, и нам с Шиловым не хотелось, как бывало прошлой зимой, доплачивать зарплату из своего кармана.

Вёл вечер, как всегда очень хорошо, давний друг музея Леонид Жуховицкий. Первым он объявил Александра Городницкого, который буквально вчера получил самую первую Государственную премию имени Булата Окуджава. Потом в разные годы эту премию получили Юлий Ким, Александр Дольский, Белла Ахмадулина, Юрий Ряшенцев, после чего премия была упразднена.

Городницкий начал такими словами:

> Добрый вечер! Действительно, я удостоился большой чести. Вчера Борис Николаевич Ельцин в Георгиевском зале вручил мне премию, носящую великое имя Булата Шалвовича Окуджавы.

В связи с этим хочу сказать, что я, человек старшего поколения, хорошо помню, что основоположники, лучшие представители этого жанра, когда-то гонимого и преследуемого, Булат Окуджава, Александр Галич, Владимир Высоцкий и некоторые другие, не то что о премиях не могли тогда мечтать, они подвергались гонениям и травле со стороны государства и могучего аппарата подавления.

А закончил он своё вступление очень неожиданно:

Что касается меня, считаю своим приятным долгом, полученную мной первую в истории России премию имени Булата Окуджавы, передать в музей Булата Окуджавы для поддержки его благородной деятельности. Прошу директора музея подняться. Спасибо.

Пришлось мне выйти на сцену за премией. Вернувшись на своё место, увидел на конверте написанную фамилию Городницкого, сумму премии 14000 рублей и вычеты налогов, после которых окончательная сумма составила 11 тысяч с хвостиком. Да, государственные премии у нас теперь — курам на смех! Чтобы понятно было современному читателю, скажу, что это было около четырёхсотпятидесяти долларов. Но это не умаляло, конечно, благородства Городницкого, да и нам даже такая сумма была хорошим подспорьем.

Потом Городницкий исполнил свои стихи и песни, посвящённые Булату Шалвовичу, а среди прочего сказал ещё следующее:

Как-то, незадолго до смерти, Булат сказал мне:
— Знаешь, интересно получается, раньше мы были в авангарде, а теперь, вроде как в арьергарде.
Действительно, сегодня авторская песня поменяла своё назначение. Жизнь изменяется. И если раньше мы были неподцензурной, вольной поэзией, то сейчас, наоборот, мы стараемся защищать немногие оставшиеся духовные ценности и бороться за души уже, может быть, следующего поколения.
Потому что в наше время, когда мутная волна прагматизма, с одной стороны, фашизма и реставрации коммунистических идеалов — с другой, начинают захлёстывать не только пожилое поколение, но и нашу молодёжь, авторская песня, может быть, единственная форма духовности, которая борется за души людей, и дай нам бог успеха в этой трудной борьбе.

За Городницким вышел Дмитрий Межевич и исполнил несколько песен Булата Окуджава.

Потом Жуховицкий зачитал письмо, полученное по факсу от Юрия Любимова:

Вспоминая о Булате, испытываю неизбывный восторг от его таланта, неповторимого угла зрения на всё происходящее вокруг. Блестящий поэт, романист, композитор и непревзойдённый автор-исполнитель песен, которые любят и поют уже несколько поколений. За что бы ни бралась его рука, получалось неповторимое произведение искусства. Я счастлив, что судьба подарила мне радость общения с этим человеком, который не только был моим другом, но и другом театра на Таганке. Он очень много дал всем нам. Я благодарен Богу за встречу с ним.

Вечный поклонник до самой смерти и дальше, преданный вам Юрий Любимов.

Затем на сцену вышел старый друг Булата и его соавтор по фильму «Женя, Женечка и "катюша"» режиссёр Владимир Мотыль. Выступление Владимира Яковлевича было грустным:

Мне всегда казалось, что поговорка «надежда умирает последней» не всегда точна. Последним умирает человек, лишившийся надежды. У Успенского есть рассказ «Выпрямила» — о том, как писатель в миг отчаяния увидел Венеру Милосскую, и гармония искусства поразила его настолько, что горести все отступили. Как-то я пришёл к Булату (это было в конце 60-х годов), была отчаянная ситуация, когда мне казалось, что для меня всё кончено, — меня изгнали из кино. Тогда Булат сказал мне:

— Знаешь, Володя, я только что написал песню. Я тебе сейчас её попробую спеть.

И он спел мне «Моцарта». Видимо, я был вторым слушателем этой песни после Ольги.

«Не оставляйте надежду, маэстро, не убирайте ладони со лба»! Эта песня была для меня, как Венера Милосская для Успенского. Я попросил его ещё раз спеть эту песню. А он с лукавой наивностью спрашивает:

— Что? Понравилось? Понравилось?

Это та песня, которая способна «распрямить». Его музыка, его песни в страшные годы тоталитарного режима «распрямляли» сотни, тысячи, а потом и миллионы людей.

Вот эту книжку он подарил мне за месяц до смерти. Тогда я представить себе не мог, что это последний его подарок, что я буду вчитываться в эти стихи, которые, за суетностью нашей жизни, я плохо знал, плохо слышал, не вчитывался в них, и теперь понял один наш диалог, который два года назад произвёл на меня печальное впечатление. Булат тогда был подавлен и сказал мне, наклонившись близко к уху, так, как будто хотел, чтобы никто не услышал: «Знаешь, Володя, ничего у нас не получится».

В контексте нашего разговора я понял, что речь идет о политических явлениях, о жутких событиях в политике. Булат всё это очень переживал, и когда я открыл эти последние страницы его подарка, я понял всю глубину его печали, его тоски, которые выражены в этом стихотворении:

Мне русские милы из давней прозы
и в пушкинских стихах.
Мне по сердцу их лень, и смех, и слёзы,
и горечь на устах.

Когда они сидят на кухне старой
во власти странных дум,
их горький рок, подзвученный гитарой,
насмешлив и угрюм.

Когда толпа внизу кричит и стонет,
что — гордый ум и честь?
Их мало так, что ничего не стоит
по пальцам перечесть.

Мне по сердцу их вера и терпенье,
неверие и раж...
Кто знал, что будет страшным пробужденье
и за окном пейзаж?

Что ж, век иной. Развеяны все мифы.
Повержены умы.
Куда ни посмотреть — всё «скифы, скифы, скифы...
Их тьмы, и тьмы, и тьмы».

И с грустью озираю землю эту,
где злоба и пальба,
мне кажется, что русских вовсе нету,
а вместо них — толпа.

Я знаю этот мир не понаслышке:
я из него пророс,
и за его утраты и излишки
с меня сегодня спрос.

Вот эта самая страшная строка: «С меня сегодня спрос». На обложке этой книги замечательный художник Галина Ваншенкина нарисовала муравья со свечой, который взбирается по стеблю. Булат часто называл себя «московским муравьём». Этот муравей, который, как и подобает муравьям, часто тащит на себе непосильную ношу.

Мне показался очень точным пример, приведённый Мотылём с Успенским и его Венерой Милосской для иллюстрации душевного состояния Булата Шалвовича в последние месяцы жизни. Не помогли автору его песни-«выпрямилы» так же, как Успенский не нашёл в конце жизни спасительную Венеру Милосскую для себя и погиб в психиатрической больнице.

Вот и Булату Шалвовичу виделось, что всё кончилось и ждать больше нечего:

*Вымирает моё поколение,
собралось у двери проходной.
То ли нету уже вдохновения,
то ли нету надежд. Ни одной.*

Через четверть века выяснилось, как же он оказался прав! Всякие надежды кончились...

Однако закончил своё выступление Владимир Яковлевич с оптимизмом, грустным, но оптимизмом:

Когда Булат сказал мне, что ничего не получится, упомянул о ползучей реставрации, я растерялся и не знал, что ему сразу ответить потому, что и у меня на душе было очень неспокойно. Но теперь я знаю. Может быть, он слышит нас, может быть, чувствует нас:

— Булат! Дорогой Булат! Тот маленький оркестрик, который ты создал, не такой уж маленький! Он разросся. Его мелодия под управлением твоей любви ширилась, и этот оркестрик будет звучать всегда, независимо ни от каких политических событий.

Хуже нам будет, лучше нам будет, совсем плохо или будет прекрасно, всё равно, музыка этого оркестра под управлением любви Булата Окуджавы будет вечной!

Вслед за Мотылём Жуховицкий предоставил сцену народной артистке России Людмиле Ивановой. Она начала со своей песни «Бывают дни, когда теряешь вещи», которая удивительным образом перекликалась с предыдущим выступлением о потере надежд, но заканчивалась куда жизнерадостней. Потом очень старую свою песню спел её муж Валерий Миляев, и закончили они своё выступление знаменитой миляевской песней «Весеннее танго» («Вот идёт по свету человек-чудак»). А в конце Иванова рассказала забавную историю, связанную с этой песней. Оказывается, в достопамятные советские времена, когда на фирме «Мелодия» готовилась пластинка Анны Герман, где должна была быть и эта песня, случился скандал.

Последний куплет этой безобиднейшей песни звучал так:

> Поезжай в Австралию без лишних слов —
> Там сейчас как раз в разгаре осень.
> На полгода ты без всяких докторов
> Будешь снова весел и здоров.

И вот звонит Миляеву расстроенная Анна Герман и говорит:
— Валерий Александрович, мне запрещают петь «в Австралию»! Говорят, что приглашаю к эмиграции. Предлагают заменить на Антарктику. Вы не против?

Конечно, смысл получился идиотический, какая, к чертям, в Антарктике осень, но кого интересовал здравый смысл, кроме автора? Главное, чтобы всё было политически безупречно.

Потом Жуховицкий долго объявлял другого давнего друга музея Сергея Юшенкова:

> Булат Окуджава никогда не был политиком, но у него было поразительное чутьё на человеческую суть. И он из политиков как-то безошибочно выбирал порядочных людей. Когда я вижу замечательную передачу «Парламентский час», я вспоминаю другую. Сейчас нет «Белого попугая», а эти передачи одна другой стоят, и наши парламентские «юмористы» выступают в манере Яна Арлазорова, мне это всегда смешно видеть.
>
> Но иногда я там слышу нормальную русскую речь. Это редко бывает, но всё-таки бывает, и тогда я думаю, что, видимо, в этом «зверинце» — Охотном ряду — эти люди работают укротителями. Я всегда боюсь, как бы «гиены» не растерзали укротителей — они-таки иногда кидаются на них. Вот недавно они кинулись на одного порядочного человека в Думе.
>
> Вот, оказалось, что он сейчас здесь, в зале, и я бы хотел, чтобы он вышел на сцену и сказал несколько слов. Это Сергей Николаевич Юшенков.

Забегая на четыре года вперёд, должен с большой горечью констатировать, что опасения Леонида Ароновича были не напрасны. «Гиены» расправились-таки с этим прекрасным человеком — 17 апреля 2003 года.

Сергей Николаевич рассказал о своих встречах с Булатом Шалвовичем, но всё это я уже раньше пересказывал, поэтому двинемся дальше.

После Юшенкова к микрофону вышел Игорь Иртеньев. Он прочитал несколько своих иронических стихотворений. Одно из них он предварил словами, что оно навеяно окуджавской строчкой. Я всё ждал эту аллюзию, а она оказалась в самом конце, в последней строке:

> Я всю Америку проехал
> Буквально вдоль и поперёк,
> Но, хоть убей меня, не въехал,
> Кому там нужен Игорёк.
>
> Нет, никому он там не нужен
> Как гражданин и как поэт,
> Там каждый лишь собой загружен,
> А до меня им дела нет.
>
> Они устроены иначе
> В связи с отсутствием корней,
> Пусть в чём-то нас они богаче,
> Но в чём-то главном мы бедней.
>
> Я заработал там немного,
> Хотя немало повидал,
> Была оправдана дорога,
> Чего никто не ожидал.
>
> И вот теперь я снова дома,
> Среди родных берёз и стен.
> Мне всё до боли здесь знакомо
> И незнакомо вместе с тем.
>
> Вернулся я к родным пенатам,
> Где, подведя итог земной,
> Седой патологоанатом
> Склонится молча надо мной.

Затем вышел Лев Шилов и сказал, что недавно в Московском университете была первая научная конференция, посвящённая жизни и творчеству Булата Окуджава. Там были серьёзные доклады: «Творческий путь», «Сквозная линия», «Метафора», всё было очень интересно, содержательно, но он всё время ощущал какую-то неуютность, пока не понял, что об Окуджава ему ещё очень странно слышать такие академические слова.

Потому что Булат Окуджава, как однажды очень удачно сказал Эльдар Рязанов, это частица нашей души. И вот как же об этой душе слышать такие объективные категории.

Конечно, не для всех Окуджава так значим, не всем он так нужен. Поэтому иногда нас спрашивают: «А почему, собственно, музей Окуджавы? Ведь в Переделкине жили такие знаменитые писатели, классики: Погодин, Серафимович... Что, Окуджава лучше?»

Нет, он, может, по каким-то категориям литературоведения и не выше их, но к нему пошли люди сами, этот музей родился сам.

Тут мне показалось, что насчёт Погодина и Серафимовича — это Шилов мне запоздалый посыл делает в ответ на мою «ковровую» бомбардировку пролетарских писателей 20-х годов, устроенную в Переделкине год назад, под которую случайно угодила тогда и его бабушка Лидия Сейфуллина.

Но почему же тогда Министерство культуры никак не хочет и не может признать этот музей? Мы в затруднении, мы этого объяснить тоже не можем. Но вот, пока не признают. Точно так же не признавали когда-то музей Волошина в Коктебеле. Очень долго власти не признавали и музей Чуковского, и музей Пастернака. Вы думаете, что сейчас власти сменились?

Наверное, что-то есть общее в тех людях, которые попадают наверх.

Пока музей существует благодаря таким замечательным людям, как поэт Городницкий. Сегодня он так существенно поддержал этот музей. А первым этот жест, то есть не жест, а движение души, практическое дело, сделал Сергей Никитин. Помните, был первый концерт памяти Булата Окуджавы в Концертном зале «Россия»? Тогда все выступающие отказались от гонорара, чтобы можно было создать этот маленький музейчик. Низкий поклон Сергею Никитину, которому злые чёрные силы помешали прийти сюда.

Приглашаем вас всех в музей. И большое вам всем спасибо!

После Шилова микрофон вновь взял Жуховицкий:

У нас осталось не так много выступающих. И я думал закончить всё в одном отделении. Но поступило тревожное сообщение. Нам передали, что если не будет антракта, то буфетчицы убьют администраторов зала. Давайте условно считать, что администраторы — тоже люди и их жалко. Мы устроим небольшой перерыв, после которого выступят две совершенно удивительных певицы, а что ещё будет, мы посмотрим.

И ещё мне сказали, что в зале находится человек, похожий на Сергея Кириенко, и я бы просил его не уходить, а после перерыва выйти на сцену. Потому что это один из наших премьеров, которого мы все очень уважали.

Должен сказать, что Сергей Владиленович не раз бывал мной замечен в наших рядах, а однажды на Дне города мы даже вместе с ним хором распевали песни Булата Шалвовича возле Никитских ворот. А сейчас он уже не был премьером, пришёл на концерт и скромно сидел в зале, не собираясь привлекать к себе внимания и, если бы не дальнозоркость Жуховицкого, так и отсиделся бы.

Что там было в перерыве, я совершенно не помню. Впрочем, если быть честным, я и сам вечер помню весьма смутно. Но перед большинством мемуаристов у меня большое преимущество — у меня «все ходы записаны».

После перерыва Жуховицкий начал с извинений:

> Для начала я хочу извиниться, потому что в перерыве ко мне подошла очень милая дама из публики и сделала мне совершенно справедливый выговор за то, что я называл имена каких-то политиков и, видно, показался действительно предвзятым. Я хочу попросить прощения у вас и сказать, что в принципе я люблю всех политиков и этим оправдываю то, чем закончил первое отделение.

Мне, в общем, тоже показалось, что Леонид Аронович несколько перегибал палку, представляя Юшенкова и Кириенко, но не потому, что мне эти политики не так милы, как ему. Наоборот, мы с ним были редкостно единодушны в своих пристрастиях ко всем Гайдарам и Чубайсам, но среди наших соотечественников таких было подавляющее меньшинство, и я опасался, что своими дифирамбами Жуховицкий лишь усилит всеобщую ненависть к ним.

Но Жуховицкий не мог справиться со своими эмоциями и, пока Кириенко шёл к сцене, продолжал:

Согласитесь, в политике он был фигурой очень яркой. Его неслучайно пригласили возглавить правительство и неслучайно убрали, потому что он нашу политическую элиту, при всей своей вежливости, многократно оскорблял: во-первых, тем, что знал английский язык, во-вторых, что ещё более неприятно, он грамотно говорил по-русски. Для политика это непростительно!

Кириенко был краток:

Спасибо, уважаемые друзья! Я не хочу отнимать время от песен Булата Шалвовича. Скажу только, что я рос на бардовской песне. Сам, к сожалению, петь не умею.

Сегодня я привёл с собой дочь, чтобы она знала, что есть не только то, что мы видим с экрана телевизора, но и для души что-то. Это, наверное, лекарство для души, то, что давал нам Булат Шалвович Окуджава. Если мы помним его, если его песни звучат, значит, он жив, значит он вместе с нами, и значит, наша душа будет защищена.

Да, когда-то мы его уважали... А сегодня мне неприятно, что в 1998 году я вместе с Сергеем Владиленовичем пел песни Булата Окуджава возле Никитских ворот. Я думаю, он был там лишним.

Жуховицкий принялся объявлять следующего гостя:

Сейчас — очень приятный сюрприз!
Когда-то один из моих любимых поэтов — Маяковский, которого я всегда очень любил и сейчас люблю, написал такие стихи, по-моему, очень хорошие:
Да будь я и негром преклонных годов,
и то без унынья и лени
я русский бы выучил только за то,
что им разговаривал Ленин.
Я не сомневаюсь, что эти стихи достаточно правдивы, что очень многие негры преклонных годов действительно учили русский, чтобы прочесть в подлиннике «Материализм и эмпириокритицизм». Но должен сказать, что Владимир Владимирович был не одинок в пропаганде нашего родного языка.
В частности, сейчас выступит шведская певица, которая выучила русский, чтобы петь Булата Окуджаву не только по-шведски, но и по-русски. Это удивительная певица — Кристина Андерсон!

Кристина с большим успехом исполнила три песни, ей аккомпанировали замечательные музыканты из театра Камбуровой — гитарист Вячеслав Голиков и пианист Дмитрий Мальцев.

Зрители не хотели отпускать Кристину, но Жуховицкий успокоил публику:

Дорогие друзья! Я хочу вас утешить — 18 июня в Политехническом музее состоится сольный концерт Кристины Андерсон. Те, кому понравилось, как она поёт, могут туда прийти.

(Мне неприятно вспоминать об этом концерте Кристины в Политехническом, потому что я должен был представлять певицу залу, но я по-свински не пришёл).

Жуховицкий продолжал:

Прежде чем объявить последнее выступление в нашей программе, я хочу сказать, что в перерыве мне сообщили о том, что в зале находятся два гостя из далёких стран по ту сторону Атлантики. Одна из них — это Лия Голден из Чикаго. Если она что-то хочет сказать о Булате, пусть поднимется на сцену!

Лия Голден была очень краткой:

Я хочу сделать только два замечания: первое — пожалуйста, не зовите чёрных людей неграми, в Америке это считается очень оскорбительным. А второе — я выучила русский не для того, чтобы читать Ленина, а для того, чтобы читать Пушкина и Окуджаву!

Ведущий не стал уточнять, что Маяковский давно умер и претензии её адресовать некому. Он поблагодарил её и пригласил выйти на сцену другого иностранца, писателя Григория Свирского, ныне гражданина Канады.

Пока Свирский шёл, Жуховицкий сказал, что напрасно мы всё время жалуемся на утечку умов, ведь это одновременно «колоссальная экспансия русской культуры в мир».

Григорий Свирский вспомнил один эпизод:

Париж, гостиница. Булат, с которым мы дружили тысячу лет, говорит:

— Гриша, мне нужно выскочить из отеля незаметно. Ты можешь мне помочь?

— А в чём дело?

— У дверей сидят два гэбиста, охраняют нашу делегацию, а мне как воздух нужно!

Я подошёл к гэбистам, танцевал, плясал, рассказывал анекдоты и отвлёк их на себя. Он выскочил. Оказалось, в этот вечер

Булат отправился в студию звукозаписи и записал свою первую французскую пластинку.

И в заключение Жуховицкий объявил Елену Камбурову.

— ...которая просила выпустить её пораньше, но этого я не сделал сознательно, потому что после неё выступать было бы слишком тяжело. У шестидесятников был чудом прорвавшийся на эстраду свой полулегальный голос. Это был замечательный, сильный и стопроцентно чистый голос Лены Камбуровой.

Камбурова спела три песни, потом на «бис» ещё три, после чего Леонид Аронович закрыл вечер:

> Вы знаете, первая треть прошлого века называлась «эпохой Пушкина», цари и полководцы вошли в неё второстепенными персонажами.
>
> Последняя треть нашего века — это эпоха Булата Окуджавы. Я абсолютно в этом убеждён. В мире было много великолепных поэтов, русская литература фантастически богата, но я думаю, что со времен Нового Завета в мире не было проповеди любви, братства и человечности такой силы, как в поэзии нашего современника, друга и любимого поэта Булата Окуджавы. Если сегодня это не все понимают — завтра поймут все! Спасибо вам большое!

И здесь я с ним был полностью согласен. Был, да... Теперь думаю, что мы были непростительными оптимистами.

ВОЗВРАЩЕНИЕ ДОЛГОВ

20 июня в музее выступал Артём Анфиногенов. Его, как обычно, очень многословно и витиевато представляла Ирина Исааковна Ришина. На сей раз она была особенно в ударе и выступала минут пятнадцать. Наконец, она любезно предоставила слово гостю. Тот было начал:

— Я бесконечно благодарен за столь пространное...

Но договорить он не успел потому, что его снова перебила Ришина, правда, ненадолго, минут на пять, после чего всё-таки заговорил Артём Захарьевич.

Познакомились мы с Булатом в «Литературной газете». Я работал в отделе науки, а он пришёл заведовать отделом поэзии. Наши комнаты были рядом на пятом этаже. Он появился — скромный, тихий, но мы его уже знали — раньше, чем он появился, до «Литературки» дошли его песни. Тогда он только-только начинал, но в «Литературке» он не пел. У нас был ансамбль вёрстки и правки имени первопечатника Ивана Фёдорова. Руководил им Зиновий Паперный. И я был одним из солистов этого ансамбля. Булат в ансамбле участия не принимал, но у себя в кабинете уже что-то такое бренчал на гитаре.

Здесь я вынужден возразить уважаемому гостю, но не перебивая его, а спустя почти четверть века после выступления Анфиногенова в музее. Во-первых, в «Литературке» Окуджава не только пел кулуарно, но даже официально выступал. В частности, в 1960 году был поэтический вечер, на котором, кроме него, выступал ещё Юрий Левитанский.

И в ансамбле Зиновия Паперного Булат принимал самое непосредственное участие. Об этом своём ансамбле Паперный и сам вспоминал потом:

Как во всяком солидном Доме, в ЦДЛ бывают капустники. Выступал здесь сатирический ансамбль вёрстки и правки име-

Ирина Ришина представляет Артёма Анфиногенова

ни первопечатника Ивана Фёдорова. В него принимались люди только двух категорий:
  а) члены Союза писателей;
  б) не члены Союза писателей.

Вот Окуджава как раз и был тогда из второй категории. Есть даже документ — фотография 1959 года, на которой запечатлено выступление этого ансамбля, где самого Анфиногенова как раз нет, на сцене только трое участников действа — Булат Окуджава, Роберт Рождественский и Роман Сеф. Они поют арию закрытого рецензента, строчки, написанные их руководителем:

> И **проза**, и **проза**, и **про запас** держу я мненье.
> Чтоб **роза**-, чтоб **роза**-, чтоб **роза**браться не смогли.

Потрясающий Зиновий Самойлович Паперный обладал непревзойдённым чувством юмора. Ссылку на одну из его пародий, на роман Кочетова, я приводил выше. А почему потрясающий?

Много лет назад я прочитал в журнале «Юность» несколько пародий Зиновия Самойловича на разных поэтов на тему «Жил-был у бабушки серенький козлик». И была там маленькая пародия на Сергея Михалкова, которую я помню до сих пор, хотя номер журнала был за 1964 год, кажется, а прочитал я его никак не позже 1970 года, копаясь в завалах макулатуры в школьном дворе. Попробую привести её по памяти:

Булат Окуджава и Зиновий Паперный

Козёл был худ и сер,
Но волк его не съел —
Козёл тот был из высших сфер.

На этом маленьком примерике
Судите сами об Америке.

Потрясающе! Я запомнил пародию, прочитанную более пятидесяти лет назад! Я так потрясён, что зачесалось мне теперь о Зиновии Паперном книжку написать... Но так мы далеко не уедем — надо закончить хоть эту, тем более, что она уже почти дописана.

Поэтому вернёмся к рассказу Артёма Захарьевича:

У нас в «Литературке» работал мой университетский товарищ Сева Ревич. Они с Булатом подружились и часто бывали на квартире у Севы, где Булат пел свои первые песни, а Сева записывал их на магнитофон.

Что касается этих песен, сейчас я понимаю, что мы тогда чувствовали огромную потребность в неказённом слове нашего современника. Я думаю, что главная заслуга Булата Окуджавы в том, что он своим творчеством вошёл в духовную жизнь наро-

Евгений Евтушенко с сыном и Марианна Соколова

да, отвечая на самые сокровенные его чувства. Поэтому он оказался неотделим от нашего времени.

Обычно я провожу день 9 мая со своими однополчанами. Но в 1965 году 20-ю годовщину Победы я встречал в ЦДЛ. В тот день в ЦДЛ в одной компании оказались писатели-фронтовики, которые, по случайному совпадению, все были 1924 года рождения: Булат Окуджава, у которого как раз 9 мая день рождения, Юлия Друнина, у которой 10 мая день рождения, я, у которого 11 мая день рождения, и Сергей Орлов, он, правда, осенью родился.

Сергей Орлов в тот день вспомнил, как в день окончания войны в 1945 году кто-то у них сказал:

— Ну, всё, ребята, теперь идём на Париж!

Артём Анфиногенов в разные годы занимал разные должности в Союзе писателей и после перестройки часто предлагал и Булату должность в секретариате, но тот всегда отказывался:

— Нет, Артём, это не моё!

Артём Захарьевич неслучайно тогда старался — когда времена изменились, авторитет Булата Окуджава в Союзе писателей был огромным. Не то что прежде, когда он был чуть ли не изгоем. И Анфиногенов мечтал использовать авторитет Булата в благородных целях.

> Если нужно было решить какие-то дела по Союзу, достаточно было заручиться его поддержкой. Его телефонного звонка было достаточно. И всегда была стопроцентная поддержка. Осо-

Михаил Светлов

бенно его любил и даже побаивался Лужков. В окружении Лужкова мне говорили так:

— Артём Захарович, если нужно решить какую-то жилищную проблему, приведите Булата — и всё будет решено!

Но, по-моему, их личная встреча, к сожалению, так и не состоялась.

Через неделю в музее, как и полгода назад, снова выступил Евгений Евтушенко. Только теперь это был не его вечер, а день памяти Владимира Соколова. Народу собралось — пропасть! Разместились во дворе под тентом. Евгений Александрович много рассказывал о коллеге, читал его стихи. Ни строчки своей, только Соколова. На вечере была и вдова поэта Марианна Евгеньевна, но не выступала. Я в очередной раз подивился огромному великодушию Евгения Александровича — далеко не все поэты умеют так радостно любить не только свои творения.

Вечер был длинный, а потом ещё чаепитие под тентом, и совсем узким кругом сотрудников музея мы собрались уже около девяти вечера. И тут Лёва Алексеич эпизод из своей и Владимира Соколова жизни вспомнил:

> Это было в 1963 году. Как-то я шёл через ресторан Дома литераторов, не главный зал, а маленький, где стены расписаны, и вижу, сидит за столиком Михаил Светлов, который вдруг меня

подзывает. Я не понял, узнал он меня или нет, подошёл к нему, и он пригласил меня присесть рядом с ним. Посидели, поговорили минутку, а потом он наклонился ко мне и говорит: «Дай три рубля». Он уже изрядно был подшофе, и я подумал, что не надо бы ему больше пить, и сказал, что у меня нет денег.

Через год он попал в больницу и вскоре умер. Потом я жалел, что не дал ему тогда денег — почему я решил его воспитывать? Да и не имело это значения — все официантки в ресторане ему в долг давали. Мне было совестно. Я организовал его запись для журнала «Кругозор», прямо в больнице, это отдельная смешная история, потом расскажу.

Прошло много лет. И опять там же через ресторан я бегу куда-то, опять тороплюсь. А за тем же столиком сидит Володя Соколов. Он подзывает меня и просит сто рублей. Я тут же вынимаю и даю ему сотню. И потом радуюсь, что он забыл. Но проходит некоторое время, я встречаю Соколова, и он говорит, что помнит о своём долге и вернёт его обязательно. И потом при каждой встрече так говорил.

Но не вернул, не успел.

А я вот тоже долг свой чувствую, но очень надеюсь его вернуть. Всего несколько страничек осталось.

«ЛЁВА, А ВЫ КУДА?»

Странно, но я хорошо помню свой первый приезд в Переделкино, начало нашей музейной эпопеи тоже хорошо помню, но совершенно из памяти моей выветрились обстоятельства моего ухода из музея, точнее, изгнания. Даже не знаю, в какой это было день. Помню, что это была суббота и у нас кто-то выступал. А какая суббота и кто выступал, не помню, и записи этого дня не сохранилось почему-то.

В субботу 3 июля, по моим записям, какое-то выступление в музее было, но чьё именно, я с точностью поручиться не могу. Но тогда меня ещё не выгнали, ибо через неделю, 11 июля, у нас выступала Елена Ржевская, и я её записывал. Но здесь мне, к сожалению, нечего привести из её выступления, ибо рассказывала она в основном про Гитлера, и даже не про него, а про его останки. Очень интересно рассказывала, но книжка моя о другом. Тем более, что все её рассказы давно опубликованы.

Ещё через неделю нас посетил Юрий Карякин, и меня опять не выгнали — он бы меня в обиду не дал. Его выступление предварила, конечно, Ирина Исааковна и порадовала собравшихся, что не будет представлять гостя, «потому что вы пришли слушать его». Тем не менее она не преминула заметить:

>...вы пришли слушать человека, которого я... Замечательный человек — Юрий Фёдорович Карякин. Он выступал в нашем доме уже не один раз. Мы счастливы и очень рады, что он здесь выступал, потому что это близкий друг Булата Шалвовича. Близкий друг и по духу, и по поколению, и по взглядам, по всему. И спасибо ему, что именно Юрий Фёдорович Карякин написал блистательную статью «Лицей Булата Окуджавы». Читайте эту

Елена Ржевская

статью. В Спецвыпуске[44] она была напечатана. Мы её хотим скопировать и повесить на видном месте в нашем главном зале, где рассказывается о друзьях Булата, которым посвящены его стихи. Юрий Фёдорович провёл такое исследование и подсчитал, что таких посвящений больше, чем у кого-либо из поэтов. Всего их, как мы думаем, около ста пятидесяти. Но, может быть, выяснится, что и больше, потому что есть стихи, которые не имеют посвящения. Как, например, Юрию Владимировичу Давыдову или другим писателям.

Юрий Фёдорович попытался что-то возразить, но Ришина ему не дала:

> Но есть стихи, которые не имеют такого прямого посвящения, как Карякину или Давыдову. Но там внутри есть обращение — например, Шура Лившиц (это Александр Володин) или ещё кто-то. Таких тоже очень много. И они пока ещё как бы не взяты в литературоведческий и всякий другой оборот. Я не знаю темы сегодняшнего выступления Юрия Фёдоровича, но догадываюсь, что это будет очень серьёзное, культурологическое, мировоззренческое, философское выступление. И призываю вас слушать Юрия Фёдоровича. Мне просто нечего больше добавить потому, что он умнее, красивее и пригоже.

Я не поверил Ирине Исааковне, что Карякин умнее, красивее и пригоже, но Ирина Исааковна решительно сошла со сцены.

---

[44] Специальный выпуск «Литературной газеты», посвящённый сорокадневью со дня смерти Булата Окуджава.

Юрий Карякин

Пришла очередь Карякина, и он немножко рассказал собравшимся о Дарвине, Эйнштейне, Ньютоне, Ахматовой, Эмили Дикинсон, Александре Николаевне Корсаковой, Татлине, Эрнсте Неизвестном, Лидии Корнеевне Чуковской, Уитмене, Пастернаке, Цветаевой, Петрарке, Микеланджело и Альфреде Гарриевиче Шнитке, вскользь упомянув Достоевского.

Не подумайте, что я издеваюсь над Юрием Фёдоровичем — мы были друзьями, но вы же помните, какой я эгоист, а у него в тот день не только имя Окуджава не прозвучало, но даже ни одного имени на букву О.

Что-то крёстный папочка мне улыбается часто в последнее время, как будто зовёт. Крёстный папочка не буквально, конечно, а в том смысле, что он мне жизнь и профессию сильно изменил.

Для меня стал потрясением момент, когда Лёва Шилов сделал меня директором музея Булата Окуджава.

Следующим потрясением было, когда меня из музея изгоняли.

В какую-то из суббот на выступление очередного гостя сама вдова вдруг пожаловала, а по окончании мероприятия усадила меня на лавочку под тентом и захотела финансовый отчёт увидеть за всё время с приложением всех чеков. Шилова попросила присутствовать. Хотела, чтобы он усовестился, что такое чудовище в музей директором сосватал. Я, как раздолбай последний, половины чеков не смог найти, хотя и знал заранее, что выгонять меня будут именно за воровство.

Но даже и той половины чеков, что я нашёл, было достаточно, чтобы понять, что музей мне должен 14000 рублей, что по тогдашнему курсу было около 600 долларов. Вдова смутилась было, но быстро справилась с собой и сказала, что мы делаем одно большое дело и не будем мелочиться. Я согласился, но она продолжила, что всё равно я не соответствую должности директора музея Булата Окуджава, потому, что…

Она была многословна, как Ирина Исааковна в лучшие дни, но не успела дойти до сути, как я её прервал. Ольга Владимировна только начала перечислять украденные мною музейные экспонаты, когда я встал и пошёл к калитке. Мне неудобно видеть, когда человек чувствует себя неловко.

Я отошёл уже на приличное расстояние и не видел, как встал Лёва и пошёл следом за мной. Только услышал за спиной голос Ольги Владимировны:

— Лёва, а вы куда?

Я спешил скорее сесть в машину и уехать, мне было нехорошо, как будто трупного запаха надышался.

Ольга Владимировна не сразу поняла, что происходит, и ещё раз спросила Лёвушку, уже садящегося в мою машину:

— Лёва, а ты уверен, что садишься сейчас в ТУ машину?

Он обернулся и с обворожительной улыбкой ответил ей:

— Конечно уверен, Оленька! Именно, именно в ТУ!

Я поехал отвезти Лёву Шилова на его родину, в музей Чуковского, но он и меня оставил там и больше не отпустил от себя никогда.

Другие сотрудники музея, из числа членов Клуба, тоже ушли в музей Чуковского.

Потом, после увольнения, я слышал из разных уст недослышанное от вдовы, — что я не только вор, но и похабник. Насчёт последнего не стану дискутировать, но это в первый раз в жизни, когда меня в алкоголизме забыли упрекнуть.

А насчёт воровства имею сказать, что первоначальная экспозиция музея состояла наполовину из коллекций Лёвушки Шилова и моей. И вот я сам у себя потырил, оказывается, какие-то экспонаты. Лев Алексеевич Шилов потратил на этот музей все свои сбережения, я тоже кое-что потратил и отказался от зарплаты, когда вдова в припадке щедрости вдруг вздумала мне её назначить. А я платил зарплату сотрудникам из своего кармана и из прибылей музея, и когда не хватало, я занимался частным извозом на своей машине.

Много чего интересного узнал я о себе в последующие месяцы. Из музея до меня доносились самые невероятные и фантастические сведения о бывшем недолгом директоре. Один мой приятель умудрился попасть в число приближённых Ольги Владимировны. Ненадолго, конечно, но она успела ему поведать потрясающую историю.

Оказывается, Ольга Арцимович не успокоилась после моего изгнания и всё думала, как бы ей меня ещё прищучить. И придумала обратиться к Анатолию Чубайсу, чтобы тот на мой бизнес налоговые или ещё какие-то силы наслал. И находчивый Анатолий Борисович как будто бы ответил ей так:

— Что вы, Ольга Владимировна, он же человек непростой, владелец заводов, газет, пароходов, и к тому же особо приближённый к Лужкову! А с Лужковым связываться мне не хочется.

Не знаю уж, был ли такой разговор или нет, но за что купил, за то и продаю. Самому мне такое ни за что не придумать!

В оправдание Ольги Владимировны должен сказать, что выгнала меня она правильно. Со дня на день музей, наконец, должен был получить официальный статус, и необходимость в Клубе друзей Булата отпала. Инженеры и пенсионеры должны были уступить место высокопрофессиональным специалистам. Штатное расписание у них получилось весьма солидным — помимо директора Ольги Владимировны Арцимович, несколько заместителей директора, экскурсоводы, смотрители, научные работники. Многомиллионное финансирование опять же.

Вот только посещение музея стало платным, и работать он стал не семь дней в неделю, а четыре.

ВСТАТЬ! СУД ИДЁТ!

Через три года после изгнания меня из музея я получил повестку в суд. Получил как председатель Клуба друзей Булата Окуджава. Ничего странного — я давно знал вдову любимого поэта как профессиональную подавальщицу в суд на любого встречного и поперечного. Редкая птица долетит до середины Днепра, не получивши повестки в суд от Ольги Владимировны Арцимович.

За годы нашего знакомства я не переставал удивляться, какой Ольга Владимировна, мягко говоря, недобрый человек. Это подтверждалось не только личными наблюдениями, но и множеством рассказов, воспоминаний разных людей.

В последние годы жизни мужа ей удалось рассорить его даже с близкими друзьями. С Юрием Левитанским, например, или с Зиновием Гердтом. Последний понял, откуда ветер дует и сказал жене Булата прямо:

— Ольга, считай, пожалуйста, что мы с тобой незнакомы. Я вычеркнул тебя из своей жизни.

Лично я, конечно, этой фразы не слышал, передаю со слов вдовы Гердта Татьяны Правдиной. Но вот что я слышал лично — это слова Исаака Шварца об Ольге Владимировне, с которым рассорить мужа она не успела. Привести слова Шварца здесь не могу — там практически нет цензурной лексики, за исключением слова «сука». Но если «чёрная вдова» снова вздумает на меня в суд подать, предупреждаю, что обстоятельная видеозапись разговора с Исааком Иосифовичем у меня имеется. Я приезжал к нему в гости на станцию Сиверская под Петербургом, и мы три часа проговорили, прогуливаясь по его дачному посёлку.

В исковом заявлении на имя заместителя начальника Главного управления Министерства юстиции Российской Федера-

И. Шварц и Б. Окуджава

ции по городу Москве В. Н. Жбанкова пострадавшая требовала прекратить бесчинства Клуба имени её мужа, а именно — использование имени её мужа:

> Дважды за последние два года я обращалась в Главное управление Минюста России по-разному как в личном качестве, так и в качестве директора Государственного мемориального музея Б. Ш. Окуджавы (вместе с членами наблюдательного Совета музея Б. Ахмадулиной, С. Лесневским и М. Федотовым). В обоих случаях речь шла о незаконном использовании имени моего покойного мужа в названии Региональной общественной организации «Клуб друзей Булата Окуджавы». Дело в том, что ни мой муж, ни я как законная наследница не давали данной организации разрешения на использование имени Булата Окуджавы. Отсюда следует, что, используя это имя в своём названии, данная организация нарушает требования части третьей статьи 28 Фе-

дерального закона «Об общественных объединениях» от 19 мая 1993 года №85-ФЗ, который разрешает общественному объединению использовать в своём названии личное имя гражданина **только** с его письменного согласия или с письменного согласия его законных представителей.

Дважды я получала от Вас ответы, в которых сообщалось, что Главное управление вынесло Правлению региональной общественной организации «Клуб друзей Булата Окуджавы» письменное предупреждение (см. исх. №3/2705-99 от 21.12.99 и исх. №5/1222/00 от 12.00).

Насколько мне известно, упомянутая региональная общественная организация — несмотря на два предупреждения — не устранила указанное нарушение и не устранила имя моего мужа из своих учредительных документов. Игнорируя законные требования и продолжая активно использовать имя моего мужа, эта организация существенно затрудняет работу мемориального музея и созданного для его поддержки регионального общественного Фонда Булата Окуджавы.

В этой связи прошу Вас в соответствии с частью четвертой статьи 42 Федерального закона «Об общественных объединениях» подать в суд заявление о приостановлении деятельности Региональной общественной организации «Клуб друзей Булата Окуджавы» в связи с продолжающимся нарушением требований части третьей статьи 28 того же закона.

Я пришёл в суд и попросил показать мне исковое заявление. Оно, конечно, было подписано именем Ольга Окуджава. На что я заметил, что заявление подложное, настоящая Ольга Окуджава была расстреляна осенью 1941 года, и отчество её было Степановна, а не Владимировна. А самозванку, подписавшуюся под заявлением именем «О. В. Окуджава, директор музея», на самом деле зовут Ольга Арцимович. И исходя из того, что заявление фальшивое, оно не должно приниматься к рассмотрению. В этом мне было отказано, и я понял, что исход суда предрешён.

Вскоре я получил по почте ОПРЕДЕЛЕНИЕ судьи Московского городского суда С. Э. Курциньш, которая извещала, что:

    1. Дело по заявлению Главного управления Министерства юстиции Российской Федерации по г. Москве о приостановлении деятельности Региональной общественной организации «Клуб друзей Булата Окуджавы» назначить к рассмотрению в открытом судебном заседании 18 июня 2002 г. в 14-00.

    2. В судебное заседание вызвать

а) представителя Главного управления Министерства юстиции Российской Федерации по г. Москве, известив по адресу:121019, Москва, ул. Новый Арбат, дом 15;

б) представителя Региональной общественной организации «Клуб друзей Булата Окуджавы», известив по адресу: 117454, г. Москва, ул. Коштоянца, дом 11, кв. 24;

в) третье лицо Окуджава О.В., известив по адресу: 129010, Москва, Протопоповский пер., дом 16, кв. 60.

3. Окуджава О.В. представить свидетельство о праве на наследство к имуществу Окуджава Б.Ш.

Можно было, конечно, на суд даже не ходить, тем более что на адвоката у меня денег не было и я должен был защищаться сам. Но я пошёл — интересно же. Суд был открытый, и на его заседания могли ходить и мои подельники по Клубу. Времена были ещё вегетарианские, и меня даже не посадили в клетку.

На первое заседание я принёс ходатайство на имя судьи:

> Ваша честь! Мы не согласны с формулировкой истца «использование личного имени в названии организации». Дело в том, что слово «использование» в русском языке означает «извлечение пользы», в нашем же случае речь идёт не об использовании, а об «упоминании по принадлежности» личного имени, без которого (упоминания) теряет смысл всё словосочетание. Например, если существует организация под названием «Площадь Булата Окуджавы», то используется в этом названии только слово «площадь», а остальное — это упоминание по принадлежности.
>
> Кстати, то же самое написано и в самом исковом заявлении: «В случаях, если имя не присваивалось, ... а упоминалось, разрешение не требовалось». Согласно статье 28 «Федерального закона об общественных объединениях» разрешение на упоминание не требуется и сейчас.
>
> В связи с вышеизложенным, прошу Вас, Ваша честь, либо принять к сведению прилагающуюся справку, либо назначить лингвистическую экспертизу названия «Клуб друзей Булата Окуджавы» на предмет выяснения, есть ли в нём использование личного имени.

Предварительно мы заручились поддержкой Московского государственного университета в виде официальной справки на бланке и с печатью за подписью декана филологического факультета университета профессора М. Л. Ремнёвой. Эту справку я и приложил к ходатайству:

В соответствии с грамматической нормой кодифицированного русского литературного языка словосочетание «Клуб друзей Булата Окуджавы» указывает на определительные отношения (принадлежности). В нем не содержится информации, позволяющей трактовать использование имени поэта в рекламных или коммерческих целях.

Судья великодушно справку из МГУ к делу приобщила. Правда, никак на неё не отреагировала.

О суде расскажу вкратце — читать все перипетии действа будет скучно.

На заседании 4 июля 2000 года, кроме приобщения к делу справки МГУ, судья озаботилась вопросом, а почему, собственно, истца не устраивает упоминание имени Булата Окуджава в названии нашего Клуба. Истцом выступало Главное управление Министерства юстиции Российской Федерации по г. Москве. Истец огласил свои претензии к нам, и судья спросила его:

— Организация была зарегистрирована в 1998-м году. Кто осуществлял регистрацию данного юридического лица?

Истец: Главное управление Минюста России, ну, тогда — Управление юстиции города Москвы.

Судья: И зарегистрирована она была именно с таким наименованием, которое имеет место в настоящее время? Скажите, в тот момент, когда проходила регистрация, было представлено письменное согласие?

Истец: Нет, не было представлено.

Судья: А почему тогда организация прошла государственную регистрацию?

Истец: Потому что в Москве до принятия Федерального закона об общественных объединениях сложилась такая практика, что разрешение законных представителей требовалось только в том случае, если имя, скажем так, присваивалось. И мы полагали, что в данном случае речь не идёт о присвоении имени, а идёт лишь обозначение того, что люди, которые создают эту организацию, являются поклонниками, друзьями поэта, и не думали о том, что это может вызвать чьё-либо раздражение.

Тем более что в Уставе говорилось, что организация создана в целях содействия созданию условий для сохранения и популяризации творческого наследия Булата Окуджавы. Поэтому и полагали, что ничего страшного в этом нет.

Судья: А почему вы стали полагать иначе?

Истец: Ну, если наследник и теперь законный представитель такого согласия не дают, причем активно возражают против использования имени гражданина, значит, мы должны вставать на защиту её нарушенных прав...

Почему-то судья не задала вопроса представителю ГУ Минюста РФ о том, какие права наследницы мы нарушили, и спросила, какие ответы на их представления мы давали?

Истец: В одном из них было сказано, что с согласия вдовы Булата Окуджавы Клуб начал работу по превращению дачи поэта в мемориальный комплекс. И как раз Дом-музей Булата Окуджавы был открыт 22 августа 1998-го года. Получив это письмо, мы, естественно, предположили, что жена поэта знала о создании этого Клуба и, может быть, им удастся урегулировать этот вопрос совершенно мирным путем.

На этом истец был отпущен, и судья вызвал представителя пострадавшей Арцимович и попросила его рассказать поподробнее, почему доверительница считает правомерным своё обращение.

Представитель: Арцимович Ольга Владимировна является законной супругой Булата Шалвовича Окуджавы и, соответственно, после его смерти стала законным наследником на имущество Булата Шалвовича, а также на все авторские права, которые принадлежали Булату Шалвовичу. Она — единственная наследница, что подтверждает свидетельство об авторском праве, представленное в суд. Я ссылаюсь на данное свидетельство, так как защита имени автора подпадает под закон об авторском праве.
Судья: Так что, они нарушили авторские права?
Представитель: Но мы защищаем...
Судья: Авторские права вы защищаете?
Представитель: Нет, мы защищаем как наследники имя автора. Я потому и ссылаюсь именно на это свидетельство.

Сама Арцимович на суд, конечно, не пожаловала, прислала адвоката А. Г. Леонова. И вот на её адвокате судья вдруг решила оттоптаться. У меня не было сомнений в неблагоприятном для нас решении суда, но почему-то С. Э. Курциньш с явной неприязнью относилась не к нам, а к защитнику пострадавшей.

Судья: Вы считаете, что здесь требования в сфере авторского права лежат?

Представитель: Они лежат в сфере Закона об общественных организациях.

Судья: Только лишь?

Представитель: С нашей точки зрения, и в сфере авторского права.

Судья: Ну, тогда расскажите про авторское право: когда и как они нарушают авторские права?

Представитель: Вот у меня в связи с этим возникает ряд вопросов. Издавались ли когда-либо Клубом книги?

Тут судья выразила недоумение ответами адвоката Ольги Владимировны:

— Вы же юрист, как я понимаю...

Смутившийся адвокат Ольги Владимировны пробормотал:

— Вы задаёте мне вопрос, на который я хотел бы ответить после своего выступления.

Судья: То есть в настоящий момент вы не готовы сказать, какие авторские права они нарушают. Скажите, а вот истец, который в суд обратился, он в защиту авторских прав обратился?

Представитель: Он обратился в суд для приостановления деятельности общественной организации. Я правильно вас понимаю?

Судья: Мне вопросов не задают.

Представитель: Извините.

Судья: Она получила свидетельство о праве на наследство авторского права и имущества, так? А сын? Сын вообще не получал свидетельства и не вступал в права наследования?

Представитель: Я данной информации не имею, но я так понимаю, что, если бы сын имел какие-либо права на наследство, я представил бы вам эти бумаги.

Судья: Хотя бы он вообще обращался к нотариусу за оформлением права на наследство?

Представитель: Я так понимаю, что да.

Судья: Обращался. Ему отказали в выдаче свидетельства?

Представитель: Нет, но я так понимаю, что все права на наследство он передал матери.

Судья: Вы так понимаете, либо есть заявление от него о том, что он отказывается от своей доли на наследство?

Представитель: На данный момент на этот вопрос я не могу ответить. Я не знаю.

Судья: А зачем вы сегодня пришли в судебное заседание?

Представитель пробормотал что-то неразборчивое.

Судья: Вы представляете интересы Арцимович Ольги Владимировны. Наверное, ей больше, чем кому-либо, известно о состоянии её наследственных прав.

Представитель: Естественно.

Судья: Вот я вас и спрашиваю, как вы выяснили у своего доверителя о состоянии её наследственного права.

Представитель: На основании данного свидетельства и на основании её объяснений.

Судья: Из этого свидетельства следует, что она унаследовала авторское право, не более того.

Представитель: Но имущественные права на квартиру, на дом и на остальное, я не думал, что они нужны здесь.

Судья: Плохо, что вы не думали. Ладно, расскажите, когда вашей доверительнице стало известно о том, что этот Клуб был зарегистрирован именно с таким названием, какие она действия стала предпринимать и почему.

Представитель: Насколько мне известно, я могу ошибаться по датам, но это было в середине 90-х годов, Ольга Владимировна познакомилась с председателем Клуба, который представляет сейчас интересы Ответчика. Данный гражданин занимался в своё время, как указано в ответе Минюсту, организацией музея. Но на тот момент это было на уровне личной инициативы, то есть никаких бумаг, подтверждающих его деятельность директора или какого-нибудь доверенного лица в государственном музее, не было. В определённый момент у представителя Клуба и у Окуджавы Ольги, Арцимович Ольги Владимировны, не сложились личные отношения, и они расстались.

После этого как раз и был организован Клуб друзей Булата Окуджавы, который активно начал посещать и представляться везде друзьями, устраивать вечера и так далее, и так далее. Потом, как бы, насколько я знаю из слов доверительницы, что она пыталась каким-либо образом приостановить их деятельность, но никаких действий со стороны Клуба не предпринималось, и она была в конце концов вынуждена подать в суд, заявление в Минюст.

Судья: Вопросы есть? Нет вопросов. У ответчика имеются вопросы к представителю третьего лица?

У меня вопросы были. Во-первых, я поинтересовался, на каком основании адвокат утверждает, что мы после ухода из музея собирали материалы и какие-то иные вещи от имени музея Булата Окуджавы, на что представитель Ольги Владимировны ответил:

— Я не утверждаю, что вы собирали от имени музея. Вы собирали материалы, проводили концерты, создали Клуб и от имени музея...

М.Гизатулин: На каком основании вы утверждаете, что Клуб был создан после того, как мы расстались с Арцимович и ушли из музея?

Представитель: Но вы же зарегистрировались в 1998-м году!

М.Гизатулин: Так в 1998-м году только и открылся музей.

Представитель: Все свои доводы я могу представлять только со слов Ольги Владимировны, и, если какая-то информация на данный момент не удовлетворяет суд, соответственно, суд примет решение вызвать саму Ольгу Владимировну на заседание.

М.Гизатулин: Прошу вызвать саму Ольгу Владимировну, потому что меня ответ не удовлетворяет.

Затем судья велела мне рассказать всё с момента создания Клуба. Рассказ мой был длинный, но главная идея была в том, что Клуб был создан в 1994 году в присутствии самого Булата Окуджава, чему есть документальное подтверждение — видеозапись.

Потом мы ещё немного препирались с судьёй по поводу значения слов «использование» и «упоминание». Я настаивал, что слово «использование» означает извлечение пользы. А мы никакой пользы из своей деятельности не извлекали.

Судья предложила присутствующим задавать мне вопросы, и истец спросил меня, зачем вообще нам понадобилась регистрация Клуба как юридического лица. Я ответил, что это как раз была инициатива вдовы. Чтобы сделать музей официальным, то есть юридическим лицом, нужно было иметь какое-то другое юридическое лицо, чтобы обращаться по инстанциям.

Второй причиной оформления Клуба юридическим лицом была необходимость получения гранта от фонда Сороса, но я не помню, чтобы именно на счёт Клуба мы этот грант получили.

Ещё истец поинтересовался, действительно ли Клуб принял «большое участие в создании музея или это было без вас?» Я слукавил, сказав, что участие Клуба было решающим, — на самом деле решающим было участие Льва Шилова. Но если учесть, что на тот момент именно Шилов и был председателем Клуба, то не слукавил.

Тут с вопросами ко мне обратился адвокат Ольги Владимировны:

Представитель: Скажите, пожалуйста, Клубом выпускается какая-либо продукция?

Судья: Вставать надо!

Лев Шилов показывает Булату Окуджава афишу первого заседания Клуба друзей Булата Окуджавы

Представитель: Что-либо — буклеты какие-то там, вообще что-либо?

М.Гизатулин: Нет, не выпускается.

Представитель: Вопрос: поступают ли на расчётный счёт Клуба какие-либо средства?

М.Гизатулин: Нет, не поступают.

Представитель: То есть, у вас постоянно нулевой счёт?

М.Гизатулин: Постоянно нулевой счёт.

Представитель: Вопросов больше нет.

Судья: Присаживайтесь. А у меня к вам имеется вопрос. Скажите, вы можете представить документы, которые подтверждают все наследственные права?

Представитель: Когда?

Судья: Завтра. Перерыв на 10 минут.

После перерыва адвокат обратился к судье:

— Я сейчас связывался с Арцимович, и она сказала, что нужные документы могут быть представлены не ранее понедельника.

Судья не согласилась:

— Нет! Завтра в девять утра!

На этом она заседание суда закрыла и перенесла его на завтра.

На следующий день суд рассмотрел наследственные документы, представленные адвокатом Арцимович, и устав нашего Клуба, после чего адвокат перешёл в атаку:

Представитель: У меня вопрос.

Судья: Вопрос кому? Пожалуйста, встаньте и задайте свой вопрос.

Представитель: Были ли вы когда-нибудь директором Дома-музея?

М.Гизатулин: Нет, никогда, это был народный музей. Там не было никаких должностей и не было никаких штатных расписаний.

Судья: Вопрос не имеет отношения к делу.

Представитель: Я хотел бы представить на обозрение суду визитку данного господина, где он выдавал себя одно время за директора...

Судья: Просите обозреть визитку Гизатулина? Мнение истца? Возражаете. Мнение ответчика? Тоже возражаете. Суд на месте определил отказать в обозрении визитки Гизатулина.

Представитель решением суда не был обескуражен и продолжил меня допрашивать:

— Вы вчера сказали, что не было никаких изданных аудио- и видеокассет. Вот я держу в руках кассету с песнями Булата Окуджавы...

Тут судья его перебила:

— Что вы хотите узнать, и какое это отношение имеет к приостановлению деятельности общественной организации?

Представитель: Я хочу узнать... Вчера ответчик говорил, что...

Судья: Вопрос в чём у вас и к чему?

Представитель: Использовалось ли имя Булата Окуджавы в коммерческих целях? Вчера ответчик отвечал, что они не использовали имя Булата Окуджавы в коммерческих целях...

М.Гизатулин: Совершенно верно.

Представитель: И никаких незаконных действий они не производили.

М.Гизатулин: Вчера такого вопроса не было.

Представитель: Они не использовали имя Окуджавы в каком-либо другом подтексте для ведения своей деятельности, то есть их цель — только собирание материалов, но никак не выпуск ни буклетов, ни кассет, ничего, ничего, только сбор материалов и складывание его в коробочки.

М.Гизатулин: Конечно. Вы эту кассету купили? Чек товарный предъявите.

Представитель: Нет, я её...

М.Гизатулин: Эти кассеты раздавались бесплатно в музее Булата Окуджавы.

Представитель: У меня больше нет вопросов.

Наталья Пьяниченко торгует продукцией музея

Я, конечно, соврал, что кассеты бесплатно раздавались, но отношения к делу это не имеет — продавались они музеем, а не Клубом.

Что касается визитки, где я директором назывался, да, такая была. Вот только сделать её мне велела сама Ольга Арцимович.

Потом были прения и, наконец, суд удалился в совещательную комнату для решения дела.

После перерыва судья огласила своё решение:

> Приостановить деятельность Региональной общественной организации «Клуб друзей Булата Окуджавы» на срок 6 месяцев с момента вступления решения в законную силу. Решение может быть обжаловано в Верховном суде Российской Федерации в течение 10 дней.

Потом она подробно рассказала мне о порядке подачи кассационной жалобы. Хотя это и лишним было — меня и так всё устраивало — я подал жалобу, но на рассмотрение её уже не ходил. Нам действительно было неважно сохранение Клубом юридического лица. Собираться вместе мы могли и так и с каким нам захочется названием.

Я ещё несколько раз видел Ольгу Владимировну в последующие годы. Запомнились две встречи. Один раз на дне рождения Булата 9 мая 2005 года возле театра Иосифа Райхельгауза на Трубной площади. Я пришёл с женой и годовалой дочкой в коляске продавать первый том ежегодного альманаха «Голос надежды. Новое о Булате». А, может быть, и два тома мы уже успели выпустить. На бульваре было много народу, но глазастая Ольга Владимировна нас разглядела и кинулась к Райхельгаузу, что-то горячо ему втолковывая и отчаянно жестикулируя в нашу сторону. Они были далеко от нас, но видно было, как Иосиф Леонидович отрицательно замотал головой.

Второй раз встреча случилась на Арбате возле памятника Булату. В этот раз мы с коллегами уже четыре тома альманаха распространяли, стало быть, это уже 2007 год был. К нам подошла жена одного очень известного барда, купила все четыре тома, радостно объявила, что она сейчас нам ещё покупателей найдёт, и кинулась в толпу кого-то искать. Через несколько минут она вернулась без книг и совершенно обескураженная:

> Я предложила книги Ольге Владимировне, думала, что она обрадуется... Она и обрадовалась, книги взяла, но заплатить за них отказалась. Сказала, что это улики, необходимые ей для суда. Я ей говорю:
> — Как же так? Я ведь свои деньги за книги заплатила!
> — Ничего-ничего, ещё раз заплатите!

Мы компенсировали, конечно, расстроенной покупательнице её потерю, но рекомендовали ей в следующий раз быть бдительней.

Нового суда я так и не дождался и уехал. Клуб, к сожалению, тоже свою деятельность закончил.

ПОСЛЕСЛОВИЕ

Не знаю почему и за что, но всю жизнь мне везло несказанно. Везло на друзей и удивительные знакомства, на неожиданные головокружительные повороты в судьбе.

И одним из таких потрясающих зигзагов в судьбе было знакомство со Львом Алексеевичем Шиловым и последовавшие за этим события. Кто-то может подумать, что события, описанные в этой книжке последними, трудно назвать большим везением и удачей. И ошибётся.

Я достаточно засиделся в музее и закис бы там — постоянство мне вредит. Тем более под неусыпным и недобрым надзором.

А тут, в музее Чуковского, я обрёл свободу. Да, я, наверное, забыл сказать, что Шилов забрал меня в свой музей и даже надстроил там над гаражом второй этаж, чтобы мне было, где жить. И потекли счастливые денёчки! Я же говорю, что везёт мне всю жизнь!

Единственное, что требовал от меня Шилов — это чтобы я писал. Ни дня без строчки!

Ну и о чём я буду писать — мучился я, тупо вглядываясь в монитор? Всё давно уже написано! Я пытался отлынивать, но изувер Лёва Алексеич каждый вечер ангельским голосочком интересовался, много ли я сегодня написал.

А ещё теперь я смог бросить силы на поиск новых материалов о жизни Булата Окуджава. Несколько раз ездил в Грузию, десятки раз в Калужскую область, и даже в Нижний Тагил однажды мы с Андреем Крыловым съездили. Ну, разве возможно такое было бы, оставайся я в стенах музея?

А потом мы с Крыловым и Витей Юровским ежегодный альманах удумали, посвящённый Булату Окуджава, выпускать, и в первом выпуске в качестве автора успел поучаствовать

Последнее фото Шилова. Между нами Алсу Гизатулина

и Лёва Шилов. Десять томов альманаха мы успели выпустить, хотя я вскоре страну покинул и участвовал издалека.

Уход из музея Булата Окуджава стал большим потрясением для Шилова. В результате он заболел страшной болезнью и потихоньку угасал. А тут ещё в стране президент новый случился. Он ещё ничего не сделал, только сказал несколько слов о своём партбилете, о гимне Советского Союза и о геополитической структуре. Но я уже понял, что мне пора паковать чемоданы.

Оставалось только проводить Шилова и 8 сентября 2004 года он ушёл.

Теперь я иностранец. В паспорте моём в графе национальность написано: киприот. И детишки мои некоторые уже здесь родились киприотами сразу.

Но о чём писать, я теперь не беспокоюсь. Всё о том, о том, что было так давно и осталось так далеко, что порою кажется, что не со мною и не в этой жизни это было.

«А если иногда я кружева
накручиваю на свои слова,
так это от любви. Что в том дурного?»

ИМЕННОЙ УКАЗАТЕЛЬ[1]

Абрамзон Л. М. 67, 70–72, 284
Авакян С. А. 67–69, 88, 109, 245, 299
Аверин А. 68
Аверинцев С. С. 288
Адов И. 244
Азимова Е. В. 88, 102, 127, 133, 240–242, 248, 275, 294, 299, 301, 306, 307, 310, 338, 351
Азнавур Ш. 371
Айзенберг Г. — см. Гребнев А. Б.
Айтматов Ч. Т. 354
Акимов К. Д. 104
Аксельрод Е. М. 320, 323–325, 329–331, 333
Аксельрод М. М. 324
Аксёнов А. В. 380
Аксёнов В. П. 79, 122, 150, 153, 291, 335, 336, 378–380
Александр III 319
Александра Фёдоровна, имп. 319
Алексеев М. Н. 276
Алёна 191
Алешковский Ю. И. 215
Алла (дочь А. Т. Гладилина) 112, 114–117
Алла — см. Юдахина А.
Аль Пачино 235

Альтшуллер В. Б. 24, 68, 69, 72, 111, 182, 236, 277, 278, 325, 329, 330
Аметистов Э. М. 100
Андерсон К. 184–189, 295, 370, 392, 393
Андреев — псевд. Б. Окуджава 96
Андроников И. Л. 195, 317
Андропов Ю. В. 296
Аннинский Л. А. 248
Антокольский П. Г. 138, 174
Антонина — см. Хлебникова А. М.
Антонов Ю. М. 34
Антонова И. А. 266
Анфиногенов А. З. 395–398
Анчаров М. Л. 36
Анчишкин А. И. 139
Арбатов Г. А. 296–298
Арбузов А. Н. 354
Ардаматский В. И. 363
Арканов А. М. 150
Арлазоров Я. М. 388
Арнольд В. Д. 68
Аронов А. Я. 203, 325, 332, 333
Арцимович О. В. 41, 48, 51, 54, 59, 74–76, 79, 82–85, 88, 91, 100, 104, 109, 114–116, 120, 123–125, 127, 128, 135–142, 148–150, 190, 193–199, 208, 227, 249, 250, 266,

---

[1] В Именной указатель не включены: персонажи художественных произведений, в том числе и реальные; различные мифические персонажи; фамилии, упоминаемые в полных названиях учреждений и организаций, улиц и т. п.

271, 289–292, 295, 296, 316, 327, 329, 337, 345, 349, 355, 364, 367, 373, 380, 385, 403–406, 408, 409, 411–415, 417, 418
Астафьев В. П. 292
Астафьева Н. Г. 325
Ахмадулина Б. А. 42, 49, 50, 84, 87, 105–109, 113, 122, 133, 178, 190, 222, 256, 279, 281, 285, 367, 368, 373, 383, 407
Ахматова А. А. 75, 135, 170, 218, 252, 403
Бакланов Г. Я. 125
Балашов С. М. 313
Балтер Б. И. 121, 205, 206
Барабанова А. В. 249
Бардини А. 185, 186
Баркашов А. П. 216
Барткулашвили Д. М. 143
Бархударян Т. А. — см. Колунцев Ф. А.
Батракова О. Я. 139, 220, 345
Бачурин Е. В. 370
Безыменский А. И. 211
Бек Т. А. 136
Белинский В. Г. 30
Белова В. А. 184
Берестов В. Д. 66, 252
Берия Л. П. 167, 314, 374, 375
Берковский В. С. 260, 261, 368
Бернес М. Н. 120, 121
Бернс Р. 145
Блантер М. И. 22-25
Богданов Д. С. 20, 261
Богданов С. Д. 18, 20
Боровский Д. Л. 315
Борщаговский А. М. 292
Брехт Б. 184, 186
Бродский И. А. 123, 161, 212, 213, 254, 261
Брумандер Л. 188
Булгаков М. А. 31, 267
Бурбулис Г. Э. 195
Бухов Л. С. 281, 284
Бушин В. С. 276

Быков Д. Л. 137, 316
Бьёркегрен Х. 185, 186, 188
Бялосинская Н. С. 267, 268, 325, 332
Валя (Владимир) — см. Краснухина В. В.
Валя (Новочебоксарск) — см. Худякова В.
Ваншенкин К. Я. 112–114, 117-122, 175
Ваншенкина Г. К. 49, 112, 118, 121, 387
Васильев Г. Л. 76, 109, 117
Васильева А. Е. 184
Ватутина М. О. 177
Вдова — см. Арцимович О. В.
Венгерова Г. 139
Весёлый А. 44
Весёлый С. С. 44–46
Веткина И. И. 26
Вивиан 367
Визбор Ю. И. 7, 45, 153, 186, 310, 322, 323, 368
Викторов В. — см. Рабинович В. Л.
Виллар Ж. 382
Винокуров Е. М. 175
Вишневская (Чубайс) М. Д. 355, 356
Владимов Г. Н. 205
Вознесенский А. А. 79, 101, 176, 266, 268, 275–279, 281, 285, 286, 370, 378, 381
Войнович В. Н. 136, 139, 143, 267, 268, 332
Волгин И. Л. 101, 172–176, 179, 181, 204
Волков-Ланит Л. Ф. 317
Володин А. М. 11, 308
Воннегут К. 45
Воронцова И. Н. 320, 325–329, 331, 340
Высоцкий В. С. 11, 12, 40, 90, 122, 153, 175, 176, 213, 221, 253, 266, 271, 310, 365, 384
Габриак (Дорлиак) А. 332
Габрилович А. Е. 194, 196
Габрилович А. К. 194–196, 198,

199, 284
Габрилович Н. А. 194, 196
Гайдар Е. Т. 153, 195, 355, 356, 391
Гайдар М. А. 355–357
Галин Р. Р. 83–85, 108, 219
Галич А. А. 45, 153, 365, 384
Гарагуля А. Г. 122
Гербер А. Е. 334
Гербовицкий А. З. 328
Гердт Е. П. 14
Гердт З. Е. 330, 367, 406
Герман А. 388
Герцен А. И. 30
Герштейн Л. И. 333
Гизатулин Б. М. 38, 40, 76
Гизатулин Р. М. 3, 4, 8–10, 29–31
Гизатулин Т. М. 338
Гизатулина А. М. 418, 420
Гизатулина В. А. 5, 30, 31
Гизатулина М. Ю. 418
Гитлер А. 401
Гладилин А. Т. 112–115, 117, 150, 153, 154, 239
Гладков Ф. В. 65
Глузский М. А. 363
Глушкова Т. М. 343
Гоголь Н. В. 173, 205
Голан Ш. 101
Голден Л. 393
Голиков В. Л. 184, 261, 392
Голованов Я. К. 50, 101, 107, 149–151, 152, 155
Головин А. И. 261
Гольдин Ю. М. 92
Гончаров А. А. 377
Горбачёв М. С. 298
Гордейчев В. Г. 360
Горелов А. Е. 171
Горин Г. И. 150, 211
Горленко Н. В. 140
Городницкий А. М. 153, 266, 271–274, 383, 384, 390
Гофф И. А. 118, 122
Градский А. Б. 46, 365
Гранин Д. А. 125

Графов Э. Г. 209
Гребнев А. Б. 373
Григорьев И. В. 78
Гришин В. В. 226, 227
Губерман И. М. 101
Гумилёв Н. С. 163, 170
Гурченко Л. М. 22, 320
Давыдов Ю. В. 151, 402
Даниэль Ю. М. 333
Дарвин Ч. 403
Дарел-Рубашова (Эльдар, Хайтина) С. 160, 162–166, 168, 170, 171
Дашкевич В. С. 260
Дементьев А. Д. 7, 34
Дементьева Н. Л. 54, 79
Демидова А. С. 327
Дёмина И. И. 371, 372
Дзержинский И. И. 271
Дикенсон Э. 403
Дикселиус М. 186, 188
Дима — см. Мадгазин Д. Р.
Динерштейн Э. А. 208, 209, 218, 260, 383
Дмитриев В. 177
Дмитриев О. М. 89, 174
Довлатов С. Д. 161
Доквадзе К. А. 68, 69, 86, 88, 192, 210, 294
Долдобанов Г. И. 332
Долин А. В. 239
Долина В. Л. 46, 129, 236, 237, 240, 250, 251, 266
Дольский А. А. 117, 383
Домбровский Ю. И. 161
Достоевский Ф. М. 177, 181, 221, 222, 403
Друнина Ю. В. 398
Дуров Л. К. 363, 364
Евстропов А. Ю. 32
Евтушенко Е. А. 15, 42, 138, 176, 224–227, 229, 232–235, 253, 266, 268, 276, 281, 285–287, 378, 381, 398, 399
Егиков И. А. 320, 325–328,

330–332, 340, 341, 365
Егоров В. В. 299–307
Еланская Е. И. 194
Ёлка — см. Маркман Э. М.
Ельцин Б. Н. 383
Ермолаева О. Е. 261
Есенин С. А. 161, 373
Жбанков В. Н. 407
Жванецкий М. М. 7, 131, 219, 220, 362, 369
Жебровска А. 261
Живописцев А. Н. 145
Живописцева И. В. 56, 136, 137, 142–147, 198
Жигулин А. В. 89–91
Жигулина И. В. 89
Жириновский В. В. 274
Жирмунская Т. А. 54, 96, 323
Жуховицкий Л. А. 11, 101, 103, 104, 200–204, 206, 207, 233, 383, 385, 387–391, 393, 394
Забелышинский В. З. 332
Замятин Е. И. 170
Зарудная Н. Л. 38–40, 88, 102, 121, 131, 241, 267, 271, 294, 299, 306, 351
Зарудная О. Л. 338
Зарудный Л. Б. 31, 39, 65
Затулин Г. И. 87
Земфира 46
Зорина-Карякина И. Н. 219, 223, 338
Зубков Ю. А. 205
Зюганов Г. А. 222, 274
Иванов А. А. 7, 68, 322
Иванов В. В. 79, 94
Иванова Л. И. 387, 388
Иващенко А. И. 7, 109, 117
Ивнев Р. 373
Избуцкий А. М. 283
Икрамов К. А. 135, 136
Ильф И. А. 272
Ильянов 376
Илюхин В. И. 216
Иноземцева В. В. 177
Иртеньев И. М. 129–133, 184, 389

Исаев А. Г. 261
Исаев Е. А. 51, 359, 360
Искандер Ф. А. 38, 49, 50, 93, 99, 121, 150, 152, 220, 299, 300, 307, 334–336, 338–340
Йоффе А. Г. 182
Кабаков А. А. 129
Каверин В. А. 261
Казаков Ю. П. 378
Казакова Р. Ф. 281, 285, 286
Казбек-Казиев З. А. 80, 83, 312, 314–316
Калик М. Н. 121
Камбурова Е. А. 7, 46, 49, 66, 84, 104, 149, 184, 186, 189, 210, 260, 261, 326, 364, 365, 381, 394
Капур Р. 64
Капутикян С. Б. 123
Карабчиевский Ю. А. 11, 242
Карась-Чичибабина Л. С. 267–270
Каримов И. М. 85
Картушев С. 68
Карякин Ю. Ф. 49, 50, 54, 91, 94, 108, 123, 151, 219–223, 252, 262, 294, 296–300, 401–403
Катаев В. П. 172
Катаев И. Е. 36
Кауфман Б. 318
Кацюба Е. А. 103
Качалов В. И. 313
Качан В. А. 66, 261, 361
Кашежева И. И. 174, 175
Керн И. 233
Ким С. В. 338, 351
Ким Ю. Ч. 45, 153, 260, 340, 383
Кира — см. Менделева К. Л.
Киреева А. Б. 233, 380
Кириенко С. В. 53, 111, 391, 392
Кириллова Л. В. 299, 306, 309
Киселёва Н. Н. 321
Кит — см. Аксёнов А. В.
Книппер-Чехова О. Л. 313
Кобзон И. Д. 7, 8, 186, 322
Ковальджи К. В. 54
Кодзима Х. 55, 58, 59, 84

Козаков М. М. 95, 96, 123
Козлова Н. С. 338, 351
Козырев А. В. 195, 356
Колунцев Ф. А. 373
Кольцов А. В. 144
Копелев Л. З. 116
Копелян Е. З. 22
Коптева Л. И. 68, 102
Коржавин Н. М. 237, 241, 251, 252, 256, 257, 266, 275, 277, 297, 370
Корнилова Г. П. 75
Короленко В. Г. 234
Коротич В. А. 7
Корсакова А. Н. 403
Коршилова Т. Ю. 195
Костромин А. Н. 272
Котляр Э. П. 325, 332
Кох Э. 136
Кочетов В. А. 275, 276, 396
Краснухина В. В. 28
Крахмальникова З. А. 123–125, 128, 275, 295
Крейтан Г. В. 373
Крелин Ю. З. 308–310
Кристалинская М. М. 7
Крылов А. Е. 296, 329, 347, 359, 419
Крымова Н. А. 102
Кудимова М. Ф. 262, 288, 294, 295, 320
Кузнецов А. В. 169, 170
Кулаков В. Г. 80
Кулиш С. Я. 362
Куллэ В. А. 138, 141
Кулыманов А. В. 315
Кульчицкий М. В. 253
Куняев С. Ю. 268, 277, 343
Курциньш С. Э. 408, 411–413, 415–417
Лазарев В. Я. 19
Лазутин В. В. 294, 299, 338
Ларионов В. А. 309
Лауфер Н. И. 68
Лебедев Е. А. 272, 273
Левин Г. М. 57, 267, 268, 325, 332
Левитанский Ю. Д. 139, 255, 268, 270, 308, 354, 381, 395, 406
Ленин В. И. 66, 67, 169, 172, 220, 222, 285, 375, 393
Леонов А. Г. 411–416
Леонович В. Н. 42, 267
Лермонтов М. Ю. 206
Лесков Н. С. 197
Лесневский С. С. 407
Лёша 170
Лещенко П. К. 247, 248
Либединская Л. Б. 54, 66, 101, 157, 182, 184, 260, 268, 270
Лиза — см. Хан Е.
Лиснянская И. Л. 94
Лисочкин И. Б. 342
Ломинадзе С. В. 195
Лужков Ю. М. 53, 77, 399, 405
Луконин М. К. 117
Лукьянов А. И. 243–246
Лущик А. Е. 210
Львов В. Ю. 202, 203, 268
Люба — см. Турупалова Л. Н.
Любимов Ю. П. 365, 378, 385
Ляшко Н. Н. 267
Мадгазин Д. Р. 40
Мазина Д. 235
Майков А. Н. 14
Макашов А. М. 216
Маккартни П. 46
Максимов В. Е. 248, 363, 381
Малафеев П. В. 68
Малхаз А. А. 313
Мальцев Д. 184, 392
Мамардашвили М. К. 222
Мандельштам О. Э. 171, 221, 222
Маргвелашвили Г. Г. 373
Мариенгоф А. Б. 373
Маркман Э. М. 374–376
Маркс К. 191, 222
Маршак С. Я. 144, 255
Мать Тереза 176
Матье М. 371, 382
Маяковский В. В. 210, 241, 242, 249, 392
Межевич Д. Е. 12, 13, 21, 266, 385

Межиров А. П. 144
Мелик-Пашаева А. (Наташа) 313
Менделева К. Л. 380
Мессерер Б. А. 79, 88, 105, 108
Месхи Л. С. 192, 193
Микеланджело 403
Микоян А. И. 168
Миллер Л. Е. 158
Миль А. В. 69, 88, 102, 338
Миль Э. И. 69, 102
Миляев В. А. 388
Миров С. Г. 150
Миронер И. Е. 325
Миронов А. А. 22
Митяев О. Г. 110, 111
Михайлов М. Д. 265, 267
Михайлов Н. Н. 263, 265, 266
Михалков Н. С. 320
Михалков С. В. 396
Михоэлс С. М. 232, 233
Мориц Ю. П. 213, 216, 326
Москвина Л. С. 320, 322, 323, 333
Мостков В. М. 315
Мотыль В. Я. 25, 61, 120, 139, 261, 385–387
Моцарт В.-А. 195
Муранова Л. Е. 18
Мурашов А. Н. 200
Мушкатин И. А. 324
Набоков В. В. 161, 378
Нагибин Ю. М. 332
Налбандян А. С. 102, 107, 174
Налбандян Л. Л. 145
Налбандян М. В. 312
Налбандян С. М. 314
Налбандян С. С. 145, 312, 314
Наталья 351
Неизвестный Э. И. 403
Нечаев Л. А. 26
Никитин И. С. 144
Никитин С. Я. 16, 45, 46, 68, 83, 127, 128, 184, 214, 233, 234, 310, 366, 390
Никитина Т. Х. 68, 83, 214, 233, 234, 367

Николаев А. М. 54
Николаева О. А. 100, 288, 289, 291–293
Никольский Б. Н. 150
Никулин В. Ю. 109, 123, 299–301, 320, 347–352, 354
Новиченко Л. Н. 244
Ноткин Б. И. 51
Ньютон И. 403
о. Иоанн Крестьянкин 290
Обновленский Б. Н. 138
Огнев В. Ф. 103, 228
Окуджава Б. Б. 48, 82, 104, 135, 195, 250, 364, 365, 380, 412
Окуджава В. М. 32, 210
Окуджава В. Ш. 312
Окуджава Г. В. 55–57, 136, 140, 142, 145, 198, 314
Окуджава И. Б. 56, 57, 80, 84, 190, 193–199, 284, 314
Окуджава Н. Г. 347
Окуджава О. — см. Арцимович О. В.
Окуджава О. С. 138, 408
Окуджава Ш. С. 176
Ольга Владимировна — см. Арцимович О. В.
Оля — см. Арцимович О. В.
Орлов В. Н. 360
Орлов С. С. 359, 360, 398
Осенев А. — см. Лукьянов А. И.
Оскоцкий В. Д. 102, 246, 248
Островский А. И. 118
Ошанин Л. И. 204, 360
Пазий М. Н. 67, 68
Панфёрова Т. 134
Панфилова Э. А. 195
Панченко Н. В. 89, 138, 267, 268, 323
Паперный З. С. 27, 276, 395–397
Пастернак Б. Л. 31, 49, 172, 173, 254, 266, 403
Пастухов Н. И. 371, 372
Пелевин В. О. 233
Песков В. М. 149
Пестель П. И. 154
Петраков А. Е. 138

Петрарка Ф. 403
Петров Е. 36, 272
Петрушевская Л. С. 50
Пильняк Б. А. 170
Пименов В. Ф. 172
Платонов А. П. 31
Погодин Н. Ф. 172, 390
Поженян Г. М. 281, 282, 285, 286, 354
Поздняев М. К. 80, 312
Познанская Н. А. 181
Покровский М. С. 46
Полонский Я. П. 319
Поперечный А. Г. 89
Поповский М. А. 256
Правдина Т. А. 406
Приставкин А. И. 94, 112, 116, 169
Приходько М. С. 159
Прокопович Н. Я. 30
Птичкин Е. Н. 371
Путин В. В. 420
Пухова Г. В. 159
Пушкин А. С. 49, 102, 197, 200, 201, 221–223, 364, 372, 373, 393, 394
Пушкина Н. Н. 49
Пьяниченко Н. В. 88, 294, 299, 306, 339, 351, 417
Рабин О. Я. 114, 234
Рабинович В. Л. 317
Разгон Л. Э. 94, 151, 183
Райхельгауз И. Л. 97, 109, 195, 197, 353, 356, 358, 359, 362, 364, 418
Раскин И. З. 190–193, 196–199, 239, 252
Рассадин С. Б. 94, 95, 155, 158, 159, 251, 254, 275
Рахманов В. 17
Ревич В. А. 397
Ремнёв М. Л. 409
Решетников Ю. В. 77
Ржевская Е. М. 401, 402
Рихтер С. Т. 266
Ришина И. И. 52, 54, 85, 91, 94, 97, 102, 108, 118, 125, 136, 159, 161, 173, 220, 221, 225, 236, 238, 265, 268, 275, 288, 289, 294–296, 309, 395, 396, 401, 402, 404
Робеспьер Р. 154
Рождественский Р. И. 281, 285, 286, 378, 380, 396
Рожков Н. В. 55
Розенбаум А. Я. 299
Розовский М. Г. 79, 150, 211–218, 261
Рост Ю. М. 362
Рощин М. М. 346, 348–352
Рубашов Л. 168
Рудник А. Э. 77
Русланова Л. А. 145
Руховец Л. А. 272
Руцкой А. В. 176
Рыбаков А. Н. 50, 122, 380
Рыбников А. Л. 25, 26
Рязанов Э. А. 68, 390
Ряшенцев Ю. Е. 340–343, 345, 383
Сабурова Д. Р. 177
Сазонова Н. А. 371, 372
Саква К. К. 195
Самойлов Д. С. 96, 157, 326, 330, 344, 345, 354
Сарнов Б. М. 56, 66
Сахаров А. Д. 367
Саша (внук А. Т. Гладилина) 112
Светлов В. М. 139
Светлов М. А. 228, 268, 270, 282, 285, 399
Светов Ф. Г. 101
Свирский Г. Ц. 379, 393
Севастьянов В. И. 227
Северный А. Д. 46
Северянин И. В. 49
Сегель Я. А. 283
Сейфулина Л. Н. 64, 65, 165, 390
Семёнов Г. В. 378
Серафимович А. С. 65, 390
Сеф Р. С. 396
Силонов А. Ф. 182
Симонов К. М. 101, 227, 228, 354
Симонова Р. В. 351
Синица М. С. 96
Синкин О. И. 261

Синявский А. Д. 333
Скороходов Г. А. 209
Слуцкий Б. А. 101, 176, 282, 285-287
Смеляков Я. В. 117, 173, 228, 252
Смехов В. Б. 315
Смирнов А. С. 25
Смирнов И. А. 138
Смирнов С. С. 225, 226
Смольянинов В. Х. 143, 145, 146, 148
Смольянинова Г. В. —
  см. Окуджава Г. В.
Соколов В. Н. 399, 400
Соколов Л. А. 67, 199
Соколова М. Е. 398
Солженицын А. И. 37, 65, 181, 223, 254
Соловьёв-Седой В. П. 33
Солоухин В. А. 292
Сорос Дж. 86, 105, 414
Софронов А. В. 193, 276
Сталин И. В. 58, 66, 67, 72, 107, 135, 167, 176, 222, 253, 265, 267, 274, 286, 287, 375
Стариков Д. В. 276
Старовойтова Г. В. 182
Стародуб М. М. 371, 382
Степашин С. В. 298
Стеценко В. П. 246
Стройло А. И. 332
Суханов А. А. 46, 14, 310
Сысуев О. Н. 54
Тарасенко В. 177
Таривердиев М. Л. 122
Тарковский Арс. А. 263, 268, 324, 332
Татиева Н. Н. 351
Татлин В. Е. 403
Татьяна (супруга М. М. Рощина) 351
Твардовский А. Т. 117
Тейф М. С. 216
Тер-Микаэлян Ф. М. 80, 312, 315
Тихонов Н. С. 144
Товстоногов Г. А. 205
Тодоровский П. Е. 96, 139, 343, 344

Толстой Л. Н. 16, 264, 301, 306, 317, 319, 337
Торбенкова Н. В. 191
Трифонов Ю. В. 380
Троцкий Л. Д. 72
Турупалова Л. Н. 14
Уитмен У. 403
Успенский Г. И. 385, 387
Ушинский К. Д. 349
Фадеев А. А. 232
Федин К. А. 34
Федоренко Н. Т. 344
Федотов М. А. 100, 407
Феллини Ф. 235
Филатов С. А. 298
Филиппов С. Н. 6, 67, 68, 70–72, 105, 361
Форсель Л. 187–189
Фролов В. И. 380
Фрунзе М. В. 272
Хазова М. М. 355, 356
Хан Е. 310, 311
Ханютин Ю. М. 308, 321
Харитонов Р. Ф. 359, 360
Хасбулатов Р. И. 176
Хачатурян А. И. 331
Хикмет Н. 161, 325
Хиль Э. А. 22, 24
Хлебников О. Б. 155, 262, 263, 265
Хлебникова А. М. 121
Храмов Е. Л. 54, 97, 98, 101, 174, 175, 267, 314, 331
Хрущёв Н. С. 67, 174, 283, 380
Хрущёва Ю. Л. 153
Худякова В. 29
Хуциев М. М. 280, 282, 285, 287, 357, 358, 363
Цветаева М. И. 170, 252, 403
Целков О. Н. 114
Церетели З. К. 59
Цыбин В. Д. 89
Цыбулевский А. С. 373
Чаадаев П. Я. 223
Чайковский Р. Р. 66, 67
Чарквиани Д. А. 373

Челентано А. 31, 46
Черниченко Ю. Д. 101
Чернов А. Ю. 155, 159
Чернявский Р. 374, 376, 377
Черняев А. С. 297, 298
Чехов А. П. 177, 183, 207, 313, 378
Чикунов А. А. 159
Чичибабин Б. А. 161, 268, 269
Чубайс А. Б. 53, 54, 355–357, 391, 405
Чудакова М. О. 66
Чуковская Е. Ц. 162
Чуковская Л. К. 163, 403
Чухонцев О. Г. 50, 58, 82, 90
Чухрай Г. Н. 55
Шазар З. 168
Шафаревич И. Р. 277
Шахалова Н. В. 77-79
Шварц И. И. 25, 26, 261, 326, 406, 407
Шевченко Т. Г. 363
Шевырёв С. П. 30
Шекспир У. 205, 233
Шендерович В. А. 214, 216, 217
Шилов Л. А. 15–17, 20, 21, 28, 51, 54, 55, 58–76, 78, 83–87, 89, 90, 93, 102, 108, 109, 112, 113, 125, 160–162, 164–166, 168, 171, 181, 182, 184, 188, 196, 208–211, 218, 219, 241–251, 266–268, 276, 284, 294, 295, 306, 307, 311, 316–322, 338, 351, 361, 389, 390, 399, 403–405, 414, 415, 419, 420
Шилова Н. Г. 15, 51, 75, 318, 319
Ширвиндт А. А. 315
Шишковский В. Г. 162
Шнитке А. Г. 25, 403
Шолом-Алейхем 318, 319
Шохин А. Н. 195, 356
Шура Лившиц — см. Володин А. М.
Щекочихин Ю. П. 50, 98, 101, 155, 156, 262
Эдисон Т. 317, 319
Эдлис Ю. Ф. 99, 100, 291, 370, 372–379, 381, 382
Эйнштейн А. 403
Энгельс Ф. 222
Энтин Ю. С. 26
Эрнст К. Л. 134
Эфрос А. В. 364, 378
Юдахин А. В. 267–270, 320, 323, 324
Юдахина А. 267, 270
Юровский В. Ш. 85, 328, 419
Юшенков С. Н. 79, 98, 99, 182, 183, 200, 210, 274, 388, 389, 391
Явлинский Г. А. 153
Якир И. П. 340
Янгфельдт Б. 213
Янгфельдт-Якубович Е. С. 213

СОДЕРЖАНИЕ

От автора	3
Плёнка «Тип 2»	5
Шилов и его пластинка	16
Из числа передовых пролетариев	28
«Песни надо писать, песни!»	33
Москва и москвичи	38
Окуджава и окрестности	42
«Нынче я живу отшельником»	48
Страсти вокруг фанерного домишки	52
Лёва Алексеич	60
… И его клуб	66
И ещё одно знакомство	74
Выставка в Литературном музее	77
«…Если б каждый из сограждан дал мне по рублю»	82
Первый гость и последние штрихи	89
Открытие	93
Первые блины комом	103
«Пиво пьёт директор»	110
«И в Германии мы побывали, и во Франции!»	112
«В нём сочетались любовь к общению и тяга к одиночеству»	117
«Когда же я уже перестану тебе мешать?»	123
«Он оказался Окуджавой»	129
«Лучше горькая правда, чем сладкая ложь»	135
«Ни кукушкам, ни ромашкам»	142
«Живём выращиванием картошки»	149
Бурят Окуджава	155
Сильва Дарел Рубашова Эльдар	160

«И всё закончилось закатом» 172
«Окно в доме, где живёт человек, который убил моего отца».....181
«Я его ненавидела!!!»...190
Вещи Окуджава сторожит 200
«Все влюблены и все крылаты…»...208
«Что касается лично о Булате…» 219
«Женя-Женечка» и амазонские крокодилы 224
«Я очень остро и по-своему его любила и люблю».....................236
«Бросьте эту затею, Лёва!»...241
«По образу и духу» 251
«Хорошо тому живётся, кто пробил себе музей» 260
«И некого послушать, и некому подпеть» 271
«Булата сердце игла корябала» 275
«Я его знала с детства»...288
Нам исполнилось полгода 294
Как зарождается культ личности 299
«Он был прекрасным певцом и композитором» 308
«Он пел божественно!»..312
Очень длинный день...320
«Отношения любви и огромного уважения»..............................334
«Отдельные неудачи среди сплошных удач» 340
«Я был в него необычайно влюблён…» 346
Юбилей 353
Азнавур, Мирей Матье и ещё какие-то знаменитости 371
Последний концерт 383
Возвращение долгов 395
«Лёва, а вы куда?»...401
Встать! Суд идёт! 406
Послесловие 419
Именной указатель (Составлен Виктором Юровским)..............421

www.ingramcontent.com/pod-product-compliance
Lightning Source LLC
Chambersburg PA
CBHW070313010526
44107CB00004B/329